21世纪高职高专能力本位型系列规划教材·财务会计系列

统计学原理

主　编　吴思莹　邢小博

北京大学出版社
PEKING UNIVERSITY PRESS

内 容 简 介

本书全面、系统地阐述了统计学的基本概念、原理和分析方法，选取了大量以最新的统计数据为依据的实际案例。在内容编排上充分考虑管理学、经济学专业高职高专学生的特点和高职高专的教学要求，强调应用，使学生明确统计工作任务，系统了解统计学的基本理论和方法，懂得如何开展调查、搜集资料、整理数据，开展分析和预测。本书共分10章，包括概论、统计数据的采集、统计资料的整理、统计数据的描述、时间数列分析、抽样与参数估计、假设检验、统计指数、相关与回归分析、国民经济核算等内容。

本书适合作为管理学、经济学专业高职高专学生的教材，也可供从事统计实践的各类人员自学使用。

图书在版编目(CIP)数据

统计学原理/吴思莹，邢小博主编．—北京：北京大学出版社，2013.1

(21世纪高职高专能力本位型系列规划教材·财务会计系列)

ISBN 978-7-301-21924-9

Ⅰ.①统… Ⅱ.①吴… ②邢… Ⅲ.①统计学—高等职业教育—教材 Ⅳ.①C8

中国版本图书馆CIP数据核字(2013)第005538号

书　　　名：统计学原理

著作责任者：吴思莹　邢小博　主编

策 划 编 辑：李　辉

责 任 编 辑：李婷婷

标 准 书 号：ISBN 978-7-301-21924-9/F·3475

出 版 发 行：北京大学出版社

地　　　址：北京市海淀区成府路205号　100871

网　　　址：http://www.pup.cn　　新浪官方微博:@北京大学出版社

电 子 信 箱：pup_6@163.com

电　　　话：邮购部62752015　发行部62750672　编辑部62750667　出版部62754962

印　刷　者：北京鑫海金澳胶印有限公司

经　销　者：新华书店

787毫米×1092毫米　16开本　19.25印张　447千字

2013年1月第1版　2013年1月第1次印刷

定　　　价：36.00元

前　言

“统计学原理”是高职高专院校财经类专业的核心课程之一。为适应高职高专院校财经专业教学和经济管理人员学习的需要，我们在北京大学出版社的支持和配合下编写了本书。本书比较系统全面地阐述了统计的基础理论、基础知识、基本技术方法及其应用；在叙述上力求概念准确，层次分明，重点突出，简明扼要，深入浅出，通俗易懂。

本书是编者根据自身多年的教学经验，广泛参考各类文献资料，密切联系我国统计改革实践，结合统计专业学生的特点，吸收了有关统计教学和科研的新成果而编写的。在编写过程中，既强调统计学本身的科学体系和内在联系，使读者可以从中了解和掌握统计学的基本体系和要旨；又注意将统计学的一般方法原理与经济管理中的一些实际问题联系起来，使读者通过学习能真切体会到统计学的实用性和广泛的应用价值。

本书在内容编写方面具有以下特点。

(1) 根据经济、管理类专业的培养目标来设计本书的内容体系。经济、管理类专业统计学的教育目的：使学生具备基本的统计思想，掌握基本的统计方法，培养学生应用统计方法分析和解决经济管理中实际问题的能力。由于总学时的限制，非统计学专业的经济、管理类专业难以开设很多的统计学课程，可以根据需要适当选择教学内容。

(2) 为适应高等教育结构的调整、高等专科和高等职业教育蓬勃发展的需要，遵循“理论上够用、注重实际应用能力的培养”的原则，增强实用性，充实了大量实例。本书所举实例均采用最新的统计数据，技术方法科学先进，例证具体实用。同时为了能使学生更好地掌握本书的重点及难点，书中对重点、难点内容做了特别提示。

(3) 考虑到教学改革后，中学数学课程中加入了大量描述统计学的相关知识，本书较大幅度地精简了描述统计学的内容，并且对推断统计学的内容也做了适当的取舍，使教学内容既符合专业培养目标和课程教学基本要求，又适当地增加了一些与统计学原理关系紧密的阅读内容，既有利于教师按需施教、因材施教，也有利于自学者拓展知识广度和深度。除十分必要外，本书不做过多的数学推导与证明，着重通过实例讲述统计思想，培养和提高学生应用统计方法的能力。

(4) 在体例上，每章开篇设有学习目标和案例导入。每章选取了最能突出该章内容的案例，激发学生学习该章内容的兴趣，并使学生对该章内容能够大致了解。每章的学习目标中提出了教学要点和对学生应用统计方法能力的教学要求。每章末附有小结，对教学内容的重点进行了概括，章后还附有职业能力训练，以便学生更好地理解和掌握所学内容。

(5) 本书的职业能力训练不设常见的简答题和论述题，而是通过判断题、选择题、计算题、案例分析题及实训练习，来帮助学生掌握有关概念和计算方法并应用统计的基本理论和基础知识，便于学生自学，同时又培养其独立思考和独立完成作业的能力。本书出版之后，我们还将编制多媒体演示教学课件，提供给使用本书的教师和广大读者使用，课件下载网址：www.pup6.com。

本书由鸡西大学吴思莹、邢小博担任主编。具体分工如下：吴思莹编写了第 2 章、第 4 章、第 6 章、第 8 章、第 10 章，邢小博编写了第 1 章、第 3 章、第 5 章、第 7 章、第 9 章。另外，本书的阅读章节参考了大量优秀教材，在此对原作者一并致谢！

尽管我们为提高本书的质量做了不少努力，但由于水平有限，加之时间仓促，书中难免有不妥之处，恳请同行专家和读者不吝赐教，以便今后进一步修改与完善。

编　者

2012 年 10 月

目　　录

第1章 概论

GAILUN

【学习目标】

知识目标：掌握统计的基本含义；重点掌握统计学研究的基本范畴；认识统计学的研究对象、方法和特点。

能力目标：能够理解日常生活中相关的统计指标，积极了解相关领域的最新消息；能够运用统计学基本概念去描述客观现象之间的数量关系；可通过客观现象的数量变化揭示事物发展的趋势和特点。

【案例导入】

2011 年，我国在校大学生人均国家计划内费用为 5 868.53 元，看似我国高校教育投入很多。

不过在《高等教育公司——营利性大学的崛起》这本书里面有这样一组美国大学的数据，非营利性公立学校的收入来源：学费(18.4%)，联邦政府(11.1%)，州政府(35.9%)，地方政府(4.0%)，私人礼金、赠款、财产转让(4.0%)，捐款收入(0.6%)，销售与服务(23.0%)，其他(3.0%)。其中政府拨款占高校收入来源的 51%。据此计算，我们的高校教育投入应该是多少呢?

【解析】

2011 年高校在校生人数在 1 738 万左右，按照学费每年每人平均至少 3 500 元(实际数据能达到 5 000 左右)计算，1 738×3 500 = 6 083 000 万元，则以美国投入比例，我国应投入的教育经费为 6 083 000÷18.4%×51%≈16 860 489 万元，人均应为 9 701 元。

9 701 : 5 869，约为 1.65 : 1，从这个数据来看，我国的教育投入还远远不足，这只是均数，不排除地区差异等诸多因素。

我们的统计数据多以百分比和数量两种方式体现，这些统计数据根据需要，采取的方式也不同。

若基数低，则选用提升百分比的方式，如 5 375.94 元，提升 9.16%即为 5 868.53 元，同样的比例若是在 9 701 元的基础上提升呢?

若数量大，则用直接的数量值，如扶贫、工资等，不一而足。

学好统计学是看透数据真相的前提，这就是学好统计学的原因。

1.1 统计学的学科性质

“统计”一词源于欧洲，出现于中世纪的拉丁语 status，指各种现象的状态和状况。由这一语根组成的意大利语 stato，表示国家的概念，是关于各国的国家结构和国情这一方面知识的总称。

统计一词最早当做学科名称使用是在 18 世纪的德国。哥廷根大学政治学教授 G. 阿亨瓦尔(G. Achenwall，1719—1772)给“国势学”一个新名称：Statistic，即统计学。

古往今来，统计作为一种认识工具，在人类社会生活中发挥着十分重要的作用。利用统计揭示事物本质、探寻行动方向的典型事例比比皆是。

1.1.1 “统计”的含义

在不同场合，人们对“统计”主要有三种不同的理解，即统计工作、统计资料和统计学。

(1) 统计工作即统计实践，它是对社会经济现象客观存在的现实数量方面进行搜集、整理和分析的活动过程。

(2) 统计资料即统计工作成果，是统计实践活动过程中所取得的各项数字资料以及与之相关的其他实际资料的总称。

(3) 统计学即统计科学，它是在统计实践活动的基础上形成和发展起来的，是关于统计的原理、原则和方法的一门科学，同时也揭示了统计对象的本质特征和发展规律。

特别提示

统计工作、统计资料和统计学三者之间既有区别，又有密切联系。

统计资料是统计工作的成果，所以统计工作和统计资料是过程与成果的关系；统计学是统计实践活动的经验总结和理论概括，统计工作是在统计理论的指导下进行和完成的。所以统计学与统计工作是理论与实践的关系。

1.1.2 统计学的学科性质概述

统计学的性质是与其研究对象密切联系在一起的。

统计学是研究对大量客观现象数量方面的资料进行搜集、整理、描述和分析这一认识活动全过程的统计理论与方法的科学，即它是指导统计工作的原理、原则和方法。

统计学所研究的是统计认识活动的规律和方法，只是从认识方法角度去指导统计实践活动。统计学本身并不对客观现象做出实质性的结论。探讨客观现象的数量表现及其本质规律性，是统计工作的任务，不是统计学的任务。因此，统计学是一门方法论科学，不是实质性科学。

1.2 统计学的产生和发展

1.2.1 统计活动的产生和发展

1. 原始社会

统计萌芽于远古时代。“结绳记事”、“刻木记数”可以说是最原始的统计，最初的统计活动主要表现在剩余劳动成果的清点和计量上。

2. 奴隶社会

在我国，根据历史记载，公元前两千多年就已有年、季、月、“二分二至”与365日的划分，已有“上中下三等九级”的贡赋标准，数量和分组的概念已经初步形成。

夏朝“平水土，分九州，计民数”，进行了我国最早的人口调查，分中国为九州，人口1 355万。在国外，古代埃及、希腊和罗马的历史中也有许多类似的记载。公元前3 050年左右，埃及为了规划金字塔的建筑和建立大型农业灌溉系统，曾先后调查了全国人口状况。

3. 封建社会

在封建社会，统计已略具规模。公元前三百多年，在商鞅的调查研究思想中，已把掌握反映基本国情国力的“十三数”定为富国强兵的重要手段。秦汉时期，有地方田亩和户口资料的记载。唐宋有计口授田、田亩鱼鳞册等土地调查和计算；明清则有经常的人口登记和保甲制度。到17世纪中叶，随着社会经济的发展，“统计”一词已约定俗成，在《清文献通考》中有明文记载。

4. 资本主义社会

到资本主义社会，生产力得到了迅速发展。统计活动逐步发展成为一个独立的部门，在内容和方法上成为完整意义上的统计活动，并逐步形成了工业、农业、商业、交通、邮电、海关、银行、保险等分支专业统计。20世纪后半期，又先后出现了国民经济统计、社会统计、科技统计等指标体系，使统计的内容趋于系统化。概率论和其他数学方法的引入，使统计方法更加科学，更加完善。在现代社会，各国的统计标准日益协调，统计的发展日益国际化，统计信息处理手段日益现代化。

1.2.2 统计学的产生和发展概述

统计学的产生发展，可以划分为古典、近代和现代三个时期。

1. 古典统计学时期

古典统计学时期是指17世纪中叶至18世纪末，为统计学萌芽时期。当时统计学形成的学派有国势学派和政治算术学派。

政治算术学派产生于17世纪的英国，主要代表人物是威廉·配第和约翰·格朗特。配第在其代表作《政治算术》中，“用数字、重量和尺度”表达思想，通过数量对比分析，研究英、法、荷三国的国情国力，阐明了英国的国际地位和社会经济发展的方向和道路。格朗特的代表作是《对死亡率公报的自然观察和政治观察》。他根据公报数据对伦敦人口的出生率、死亡率、性别比例和人口发展趋势，做了分类、计算和预测。用具体的数量对比分析代替单纯的思维论证，这在社会科学研究方法上是一个重大的创新。

国势学派产生于17世纪的德国，主要代表人物是康令和阿亨瓦尔。当时他们在大学里开设了一门新课程，最初称“国势学”。因为在外文中，“国势”与“统计”词义相通，阿亨瓦尔于1749年把“国势学”更名为“统计学”。这门课程的讲授采用文字叙述方法，记述有关国情国力的系统知识。

国势学派和政治算术学派的区别在于，前者采用文字阐述，而后者采用数量分析方法。由于政治算术学派的方法被多数人接受，故该学派被公认为统计学的真正起源。

2. 近代统计学时期

近代统计学时期是指18世纪末到19世纪末，在这个时期统计学又形成了许多学派，其中最主要的有数理学派和社会学派。

数理学派产生于19世纪中叶，其奠基人是比利时的生物学家、数学家和统计学家阿道夫·凯特勒。凯特勒认为统计学既研究社会现象又研究自然现象，是一门独立的方法论科学。他把概率论引入统计学，根据大数定律的原理，利用统计观察资料计算和研究社会现象和自然现象的数量规律性，并用于预测未来的情况，从而开创了统计理论和实际应用的一个新领域。

社会学派产生于19世纪后半叶的德国，其主要代表人物是恩格尔和梅尔。社会学派在一定意义上是政治算术学派的延续，他们认为统计学是一门社会科学，是研究社会现象变动原因和规律性的实质性科学。统计学所研究的是社会总体而不是个别的社会现象。由于社会现象的复杂性和总体性，只有对社会现象总体进行大量的观察和分析，研究其内在的联系，才能反映社会现象的规律性。

3. 现代统计学时期

现代统计学时期是指20世纪初至今。20世纪60年代以后统计学的发展趋势是：随着数学的发展，统计学越来越广泛地应用数学方法，成为通用方法论科学；统计学新的分支和以统计学为基础的边缘科学不断形成，统计学的应用日益广泛和深入；电子计算机技术被引入统计领域，统计学的面目焕然一新。当前，现代统计学仍处于不断发展之中。

1.3 统计学研究的基本范畴

范畴，它是人们对客观事物的不同方面进行分析归纳所得出的基本认识。

统计学的基本范畴主要有统计总体、总体单位、统计标志、标志表现、统计指标和指标体系等。统计研究就是利用这些基本概念作为认识工具，通过描述和推断，反映统计对象的基本状况和特征，揭示统计对象的发展趋势和规律。

1.3.1 统计总体和总体单位

1. 统计总体和总体单位的概念

(1) 统计总体：根据统计研究目的，由客观存在的、在某一方面存在共同性质的基础上结合起来的许多个别事物的集合。

(2) 总体单位：构成统计总体的每一个事物，简称单位。

【思考】

现在学校要调查全校少数民族师生情况，总体是全校师生，总体单位是每一位师生；那么，要调查某企业职工的基本情况，总体和总体单位分别是什么呢?

2. 统计总体的分类

统计总体按其范围和单位数量是否可以计量，可分为有限总体与无限总体。

(1) 有限总体是指总体范围和总体单位都能明确界定，能够准确计算出总体单位的总数目，如对某工厂设备进行普查。

(2) 无限总体是指总体范围和总体单位暂时不能明确界定或因技术手段所限而难以准确计算单位总数的总体，如对某池塘鱼苗的统计。

统计总体按其包含的范围不同和内容不同，可分为大总体和小总体。例如，对人口进行普查，则乡人口是县人口的一部分，县人口是市人口的一部分。

3. 统计总体的基本特征

统计总体具有客观性、同质性、大量性和差异性四个特征。

1) 客观性

客观性是指构成总体的每一单位都是客观存在的事物。总体是根据统计研究的目的要求和调查对象的本身特点确定的。

【统计实例】

要调查某地农民家庭的收支情况，所收集的任何一个数据，都是客观存在的农民家庭收支的数量反映。

统计总体的客观性是统计研究的基础，只有保证总体的客观性，才能保证收集到真实的资料。

2）同质性

同质性是指构成总体的每一个单位至少在某一个方面应具有共同性质，这是构成总体的前提条件。

【统计实例】

要研究某学院在校专科生的学习情况，则该院所有在校专科学生构成一个总体，其中每个学生必须具备“专科”这一性质。只有保证了总体的同质性，搜集的数据资料才有价值，统计研究才有意义。

3）大量性

大量性是指构成总体的个别单位必须是大量的。统计研究的目的在于说明现象总体的数量特征和事物发展变化的规律，由于个别现象往往具有特殊性和偶然性，因而不足以代表和说明总体特征。只有对大量个别现象的数量表现进行综合分析研究，才能反映出总体的本质特征。大量性是构成总体的基本前提。例如，当我们要研究人口性别的构成情况时，只有对大量人口进行调查，才能准确得出一个地区或一个国家人口的性别构成。

4）差异性

差异性是指总体的各个单位除在某一方面必须具有相同性质之外，在其他许多方面是有差别的。

【统计实例】

在农民家计调查中，每个家庭的社会成分是相同的，但各农户的家庭人口、家庭总收入、家庭总支出等标志表现是各不相同的。差异性是统计研究的前提和主要内容。统计研究客观现象，就是通过研究总体单位的变异情况来反映总体的综合特征。

特别提示

总体的四个特征是密切关联的，客观性是统计研究的基础，同质性是组成总体的条件，大量性是统计研究的根本要求，差异性是统计研究的前提和主要内容，四者缺一不可。

4. 总体和总体单位的关系

（1）总体和总体单位是整体与部分的关系。

总体是界定总体单位的前提条件，总体单位是构成总体的基本元素。没有总体性质的准确界定，就很难确定总体单位的范围；整体是由部分组成的，没有总体单位，总体也就不存在。

（2）总体与总体单位的划分具有相对性。

总体和总体单位的确定不是固定不变的，随着研究目的的不同，总体和总体单位是可以相互转化的。同一事物，在一种条件下可以是总体，而在另一种条件下可以是总体单位。

【统计实例】

当我们要研究某市工业的生产经营情况时，该市所有工业企业构成一个总体，市内每一个工业企业就是一个总体单位。如果只是研究某一个工业企业的生产经营情况时，那么这个工业企业就成为统计总体了。

1.3.2 统计标志和标志表现

1. 统计标志和标志表现的概念

(1) 统计标志：简称标志，表明总体单位属性或特征的名称。任何一个总体单位都有自己的一些特征。例如，在人口普查中，一个人的性别、年龄、民族、文化程度等都是总体单位的特征。

(2) 标志表现：也称标志值，表示标志特征在各单位的具体体现。例如，“性别”是标志，“男”或“女”是标志在某一单位上的具体体现。

2. 统计标志的分类

(1) 按照标志的性质不同可分为品质标志和数量标志。

品质标志：表示总体单位属性特征的名称。例如，工人的性别、民族、文化程度等。品质标志的具体表现只能用文字表示，如“性别”这个标志的具体表现为男和女，“文化程度”这个标志的具体表现为小学、中学、专科、本科等。

数量标志：表示总体单位数量特征的名称，如工人的年龄、工资、工龄等。数量标志的具体表现只能用数值表示，如工人的年龄 22 岁、25 岁、35 岁等，数量标志表现也称为标志值。

【思考】

列举出一些品质标志和数量标志。

(2) 按照标志的变异程度可分为不变标志和可变标志。

不变标志：在总体各单位上的具体表现都相同的标志。

可变标志：在总体各单位上的具体表现不尽相同的标志。

【思考】

指出表 1-1 当中哪些是可变标志，哪些是不变标志。

表 1-1　某科室 3 名科员情况一览表

姓名	性别	年龄	工龄	学历
韩玲	女	27	2 年	研究生
杨慧	女	29	2 年	研究生
徐敏	女	31	2 年	本科

3. 变异和变量

(1) 变异：可变标志表现在各个单位上的差别称为变异。如前所述，总体各单位的特征，除必须具有某一共同性质特征以外，在其他许多方面的标志，其表现上是有差别的。当表现为质的差别时，称可变的品质标志；当表现为量的差别时，称可变的数量标志。

(2) 变量：可变的数量标志，在统计中称为变量。变量的具体表现即变量值，如工资 1 500 元、2 000 元等，“工资”是变量，1 500 元、2 000 元就是变量值。

变量按其取值是否连续可以分为离散型变量和连续型变量。

离散型变量是取值用整数列举的变量，如企业个数、学生人数等。这些变量的值只能用整数表现。

连续型变量是取值可以连续不断、无限分割的变量，如人的身高、体重等。这类变量的取值在两个整数之间可有无限个数值。在统计实践中，为了便于计算，也可将有的连续型变量按离散型变量处理，如人的年龄、企业的产值等。

【思考】

指出表 1-2 中哪些是离散型变量，哪些是连续型变量。

表 1-2　甲、乙、丙三个企业的情况

企业名称	企业类型	企业职工人数	年销售量/万件	年利润/万
甲	A	3 100	46	21
乙	B	4 250	57	21
丙	C	4 000	78	21

1.3.3　统计指标和指标体系

1. 统计指标的概念

统计指标是指反映一定社会经济现象的总体数量特征的科学概念和具体数值。统计指标一般由指标名称和指标数值两个部分组成，但在统计实践中，要完整地表述一个统计指标，则应包含指标名称、指标数值、时间范围、空间范围、计量单位、计算方法六个要素。

【统计实例】

我国 2010 年国内生产总值 397 983 亿元。在这里，指标名称即国内生产总值，指标数值即 397 983；时间范围即 2010 年，空间范围即中国，计量单位即亿元，计算方法即计数加总。

统计研究现象的数量方面，主要是通过一整套科学的统计指标来加以反映的。可以说，统计指标是统计研究中最重要的内容，在统计中处于中心地位。

2. 统计指标的分类

统计指标通常可以按照其反映的内容、表现形式、计量单位、管理功能等方面的不同特点进行分类，因而形成了多种不同类型的统计指标。

(1) 统计指标按其反映的内容不同可分为数量指标和质量指标。

数量指标是反映现象总规模、总水平或工作总量的统计指标，用绝对数表示，又称绝对指标或总量指标，其数值的大小，随着总体范围的变化而变化，它是认识总体现象的基础指标，如粮食总产量、人口总数、国内生产总值、耕地总面积、销售总额等。

质量指标是反映现象相对水平和工作质量的统计指标，是数量指标的派生指标，如职工平均工资、人口出生率、国民收入积累率、人均住房面积等。质量指标反映现象之间的内在联系和对比关系，一般用相对数或平均数表示，其数值的大小与范围的变化没有直接关系。

(2) 统计指标按其表现形式和作用不同，可分为总量指标、相对指标和平均指标。这些统计指标的含义、内容、计算方法和作用各不相同，将在以后各章中叙述。

(3) 统计指标按计量单位的不同可分为实物指标、价值指标和劳动量指标。这些统计指标将在后面章节中详细介绍。

(4) 统计指标按管理作用不同，可分为描述指标、评价指标和预警指标。

① 描述指标是反映社会经济运行的状况、过程和结果的统计指标，它提供对社会经济总体现象的基本认识，是统计信息的主体，如反映社会经济条件的土地面积指标、自然资源拥有量指标，反映生产经营过程和结果的国民生产总值指标、国民收入指标、固定资产指标等。

② 评价指标是用于对社会经济运行的结果进行比较、评估和考核的指标，包括国民经济评价指标和企业经济活动评价指标。

③ 预警指标一般用于对宏观经济运行的监测，对国民经济运行中即将发生的失衡、失控等进行预报、警示。例如，针对经济增长、经济周期波动、失业、通货膨胀等，可以建立国民生产总值与国民收入增长率、社会消费率、积累率、失业率、物价水平、汇率、利率等预警指标。

3. 统计指标的特点

统计指标主要有以下三个特点。

1) 数量性

数量性是指统计指标反映的是客观现象的数量方面，它反映的事物一定是可以直接用数值表示的，不能用数值表现的事物不能构成统计指标，如“生产关系”、“所有制形式”等，不能用统计指标表示。

2) 综合性

综合性是指统计研究的是总体特征，因而统计指标是说明总体而不是个体，它是由许多个体现象的量综合得到的结果。例如，高校教师构成一个总体，某位教师的年龄、工资不能称为统计指标，而全校教师的平均年龄、平均工资才能称为统计指标。

3) 具体性

具体性是指统计研究的量是某一特定现象的量，是客观事物在一定时间、地点、条件下的数量表现，它所说明的是具体现象的数量状况、数量关系，而不是抽象的或臆想的量。

特别提示

统计标志和统计指标既有区别又有联系。

两者的主要区别如下。

(1) 说明对象不同。标志是说明总体单位特征的，而指标是说明总体特征的。

(2) 具体表现不同。标志有用文字表现的品质标志和用数值表现的数量标志，而指标都是用数值表示的。

两者的主要联系如下。

(1) 统计指标的数值是由数量标志值直接汇总或由品质标志的标志表现所对应的单位数进行总计而得到的。

(2) 指标和标志也存在相互转换关系。随着研究目的的改变，总体与总体单位的地位发生变化，使得相应的指标与标志也发生转换。

4. 统计指标体系

由若干个相互联系相互制约的统计指标组成的统计指标系统称为统计指标体系。

统计指标体系可以说明研究现象各个方面相互依存和相互制约的数量关系。根据所研究问题的范围大小，可以建立宏观统计指标体系和微观统计指标体系。

宏观统计指标体系就是反映整个现象大范围的统计指标体系，如反映整个国民经济和社会发展的统计指标体系。

微观统计指标体系就是反映现象较小范围的统计指标体系，如反映企事业单位的统计指标体系。

介于这两者之间的可以称为中观统计指标体系，如反映各地区或各部门的统计指标体系。

根据所反映现象的范围不同，统计指标体系可以分为综合性统计指标体系和专题性统计指标体系。

综合性统计指标体系是较全面地反映总系统及其各个子系统的综合情况的统计指标体系，如国民经济和社会发展统计指标体系。

专题性统计指标体系则是反映某一个方面或问题的统计指标体系，如经济效益指标体系就是专题性统计指标体系。

统计指标体系对于统计分析和研究具有重要的意义。设计科学的统计指标体系，可以描述现象的全貌和发展的全过程，分析和研究现象总体存在的矛盾以及各种因素对现象总体变动结果的影响方向和程度，也可以对未来现象发展的指标和变化趋势进行计算和预测。

1.4 统计学的研究对象和方法

1.4.1 统计学的研究对象及特点

统计学的研究对象是客观现象的数量方面，包括现象的数量特征和数量关系、质量互变的数量界限、现象发展变化的数量规律等。统计学就是要总结人们从数量方面认识客观事物的经验，提供数据搜集、整理、归纳分析的原理、原则和方法，揭示客观事物的本质特征和发展规律。

统计学的研究对象具有数量性、总体性、具体性和变异性特点。

(1) 数量性是指统计学的研究对象是客观现象的数量方面，由于数字是统计的语言，数据资料是统计的原料，因而，数量性是统计学研究对象的基本特点。

【统计实例】

2010 年中国 GDP(国内生产总值)为 397 983 亿元，按可比价格计算，比上年增长 10.3%，增速比上年提高 1.1 个百分点，国民经济运行态势总体良好。全年 CPI(居民消费价格指数)上涨 3.3%，符合市场前期预测。12 月 CPI 高位回落，同比上涨 4.6%。业内认为，在翘尾因素以及季节因素、恶劣天气的影响下，短期通胀压力将有增无减。

(2) 总体性是指统计学的研究对象是客观现象总体的数量方面，即统计的数量研究是对总体普遍存在着的事实进行大量观察和综合分析，以揭示现象总体的数量特征和规律性。统计的研究目的是认识总体特征，但这种研究是从对总体中许多个体的实际表现的研究过渡到对总体的数量特征的认识的。

(3) 具体性是指统计学研究对象是具体事物的数量方面，即研究的数量都是在一定时间、地点、条件下发生的事物的数量。

(4) 变异性是指构成统计总体的个别事物，除了形成统计总体的某种特征表现都相同外，其他许多特征表现都存在着差异(不相同或不完全相同)。变异性是统计研究的前提，统计学正是通过对现象的变异性研究，去探索事物发展变化的数量规律。

1.4.2 统计学的研究方法

在统计学的研究过程中，根据各不同阶段数量信息资料的处理需要，使用各种不同的专门的方法。概括来说主要有大量观察法、统计分组法、综合指标法、统计模型法和归纳推断法。

1. 大量观察法

大量观察法是指对统计总体中的全部或足够多数的单位进行调查、计量和分析研究，以综合概括现象总体的数量特征和发展规律性的方法。

统计学研究之所以采用大量观察法，是因为一般客观现象都是在诸多因素综合作用下形成的，个别现象往往受偶然因素的影响，使各单位的特征和数量表现有很大差别，所以要反映总体特征就不能任意抽取个别或少数单位进行观察。必须在对所研究对象的定性分析的基础上，确定调查对象和总体范围，并对总体中的所有单位或足够多数单位的变量进行登记和计算，然后经过科学加工，才能揭示总体的数量特征和规律性。大量观察法的数学依据是大数定律。其本质意义在于经过大量观察，使个别的、偶然的差异性相互抵消，而整体的、必然的规律性显示出来。

【统计实例】

要了解全国城镇居民生活收入与消费的基本情况，不能只调查一两户或者少数城镇居民用户，要调查了解足够多的城镇居民用户。只有这样，调查得到的数据和结论才具有代表性和说服力，才能进一步分析并说明总体的内在规律性。

2. 统计分组法

统计分组(statistical grouping)是指根据统计研究任务的要求和研究现象总体的内在特点，把现象总体按某一标志划分为若干性质不同但又有联系的几个部分。总体的变异性是统计分组的客观依据。统计分组是在总体内进行的一种定性分类，它把总体划分为一个个性质不同的范围更小的总体。

【统计实例】

将一所学校的师生，根据老师、学生、男性、女性、年龄、成绩、特长等标志，进行分类统计，其目的是保持各组内统计资料的一致性和组间资料的差异性，便于运用各种统计方法研究现象的数量表现和数量关系，从而正确地认识事物的本质及其规律。

3. 综合指标法

综合指标法是指运用各种综合统计指标，从具体数量方面对现实社会经济总体的规模及特征进行概括和分析的方法。在大量观察和分组的基础上计算的综合指标，基本排除了总体中个别偶然因素的影响，可以反映出普遍的、决定性条件的作用结果。

综合指标法使用三种指标，即总量指标、相对指标和平均指标。在统计分析中，广泛使用各种指标来说明问题，解决问题。动态趋势分析法、因素影响法、回归与相关分析法等都是运用综合指标来研究现象之间的数量关系的。

综合指标法和统计分组法是密切联系、相互依存的。统计分组如果没有相应的统计指标来反映现象的规模水平，就不能揭示现象总体的数量特征；而综合指标如果没有科学的统计分组，就无法划分事物变化的数量界限，掩盖现象的矛盾，成为笼统的指标。所以在研究社会经济现象的数量关系时，必须进行科学地分组，合理地设置指标，使指标体系和分组体系相适应。综合指标法和统计分组法总是结合起来应用的。

4. 统计模型法

统计模型法是根据一定的经济理论和假定条件，用数学方程去模拟现实经济现象相互关系的一种研究方法。利用这种方法可以对社会现象和过程中存在的数量关系进行比较完整和近似的描述，从而简化了客观存在的复杂关系，以便于利用模型对社会经济现象的变化进行数量上的评估和预测。

由此可见，统计模型法是在前三种研究方法的基础上，进一步系统化和精确化的发展。它把客观存在的总体内部结构，各因素的相互关系，以一定的形式有机地结合起来，大大提高了统计分析的认识能力。

5. 归纳推断法

在统计研究过程中，观察总体各单位的特征，由此得出关于总体的某种信息，这种从个别到一般，从事实到概括的推理方法，从逻辑上称为归纳法。

归纳法可以使我们从具体的事实得出一般的知识，扩大知识领域，增长新知识，它是统计研究中常用的方法。常常存在这种情况，我们所观察的只是部分或者有限的单位，而所需要判断的总体范围却是大量的，甚至是无限的。这就产生了根据局部的样本资料对整个总体数量特征作判断的置信度问题。以一定的置信标准要求，根据样本数据来判断总体数量特征的归纳推理方法称为统计推断法。统计推断法是逻辑归纳法在统计推理中的应用，所以也称为归纳推断法。它可以用于总体数量特征的估计，也可以用于对总体某些假设的检验。

1.5 统计的职能、任务和工作过程

1.5.1 统计的职能

统计在国家经济管理、企业生产经营活动和科学研究事业中，具有信息、咨询和监督三大职能。

(1) 信息职能是指统计机构或工作者根据统计研究对象的特点，采用科学的方法采集、整理、分析、储存、传递大量的反映客观现象数量特征和发展规律性的信息资料，为国家管理、企业经营和科学研究提供基础资料。

(2) 咨询职能是指统计机构或工作者，对其所掌握的丰富信息资源，按照国家管理、企业经营和科学研究等方面的需要，进行深度开发，提供各种可供选择的咨询建议和对策方案。

(3) 监督职能是指统计通过对客观现象的数量采集和分析研究，及时、准确地反映社会经济发展和企事业单位的经营与管理状态，并依据国家、部门及有关单位的政策、规划、管理措施和评价标准，对其实行全面、系统的定量检查、监测和预警，促进社会经济和企事业单位的经营与管理按照客观规律的要求快速、持续、健康发展。

统计的三种职能相互作用，相辅相成。其中，信息职能是最基本的职能。统计咨询职能是统计信息职能的延续和深化，统计监督职能是信息、咨询职能的进一步拓展。而统计监督职能的强化，又必然对信息、咨询职能提出更高要求，从而促进信息、咨询职能的进一步优化。

1.5.2 统计的任务

根据我国统计法的规定，统计的基本任务是对国民经济和社会发展情况进行统计调查、统计分析，提供统计资料，统计咨询意见，实行统计监督。具体来说，统计的任务是对国民经济和社会发展情况的各种信息资料进行采集和整理；在此基础上进行综合分析，用统计学特有的方法描述社会经济发展和企事业单位经营管理情况；向国家、社会和有关部门提供信息产品(统计资料和决策咨询意见)；通过统计信息反馈，对国家和企事业单位的社会经济活动进行检查、监测和评价，如实反映违背法律法规、方针政策的情况以及社会经济发展中的问题，以便引起决策机关和社会的关注，促进社会经济持续、协调、快速发展。

1.5.3 统计工作过程

统计学研究从认识论角度来看，是一个从定性认识开始，经过定量认识，再到定性认识和定量认识相结合的过程。从统计活动的程序来看，它包括统计设计、统计调查、统计整理和统计分析四个阶段。

1. 统计设计

统计设计就是根据统计研究的目的和任务，结合统计对象的性质和特点，对统计活动的各个环节、各个方面做出的总体规划和全面安排。统计设计的结果，一般表现为各种设计方案或统计报表制度，如调查方案、整理方案、统计指标体系、统计分类标准、统计资料保存和公布制度等。统计设计是统计科学研究的基础性工作。良好的统计设计，是实现统计研究目的的根本保证。

2. 统计调查

统计调查就是根据统计设计方案的要求，运用科学的调查方法对统计调查对象中各单位的相关特征进行计量和登记，以获取系统全面的关于研究对象的信息资料的工作过程。统计调查是统计认识事物的起点，是统计整理和统计分析的基础。为了保证统计研究的真实可靠，统计调查的信息资料必须尽可能丰富、翔实。既要搜集数字资料，也要深入了解关于数量变化的情况，以便全面分析、解释事物的发展变化。

3. 统计整理

统计整理就是根据统计研究的目的要求，将统计采集所获得的信息资料进行审核、分类(或分组)、汇总、编制统计图表等科学加工处理的过程。由于统计采集直接获得的信息资料是反映个体事物的、分散的、不系统的，只能说明个别事物或总体的某个侧面或外部联系。只有经过科学的加工整理，才能过渡到反映现象总体本质特征和数量规律性的统计指标(或参数)。由此可见，统计整理是统计采集活动的继续，又是统计分析的前提，在整个统计工作中起着承前启后的作用。从认识论角度看，统计整理既是统计学从个体认识过渡到总体认识的连接点，又是由感性认识上升为理性认识的过渡阶段。

4. 统计分析

统计分析就是以统计数据为基础，运用各种统计方法，对统计对象进行定性和定量的综合研究，以揭示事物本质和规律性的过程。统计分析是统计工作的最终环节，也是最重要的阶段，统计分析工作能否做好，直接关系到统计工作能否出成果的问题。要做好统计分析，首先必须坚持辩证唯物主义思想，用发展的、全面的、一分为二的观点看问题，坚决反对机械的、静止的、片面的思想方法；其次要做好两个结合，即多种分析方法结合和数字与情况结合，使统计分析能够把静止的数据变成活生生的事物变化规律，从而能够多角度、全方位地揭示统计对象的本质特征和数量关系。统计分析要使用许多科学方法，其中主要有统计指数法、动态数列法、相关分析法、统计预测和统计决策等方法。

本章小结

统计是人们认识事物数量特征的重要工具。“统计”一词有统计工作、统计资料和统计学三种含义。统计学的发展经历了古典、近代和现代三个时期，先后产生了政治算术学派、国势学派、数理统计学派和社会统计学派等派别。

统计学的基本概念主要有统计总体、总体单位、标志、标志表现、指标、指标体系等。

统计学的研究对象是客观现象的数量方面，包括现象的数量特征和数量关系、质量互变的数量界限、现象发展变化的数量规律。统计学在研究中广泛使用着大量观察法、统计分组法、综合指标法、统计模型法和归纳推断法。

统计具有信息、咨询和监督三大职能，其基本任务是对国民经济和社会发展情况进行统计调查、统计分析，提供统计资料、统计咨询意见，实行统计监督。统计工作包括统计设计、统计调查、统计整理和统计分析四个阶段。

职业能力训练

一、判断题

1. 社会经济统计的研究对象是社会经济现象总体的各个方面。 (　　)

2. 统计调查过程中采用的大量观察法，是指必须对研究对象的所有单位进行调查。 (　　)

3. 总体的同质性是指总体中的各个单位在所有标志上都相同。 (　　)

4. 个人的工资水平和全部职工的工资水平，都可以称为统计指标。 (　　)

5. 对某市工程技术人员进行普查，该市工程技术人员的工资收入水平是数量标志。 (　　)

6. 某一职工的文化程度在标志的分类上属于品质标志，职工的平均工资在指标的分类上属于质量指标。 (　　)

7. 总体和总体单位是固定不变的。 (　　)

8. 质量指标是反映总体质的特征，因此可以用文字来表述。 (　　)

9. 指标与标志一样，都是由名称和数值两部分组成的。 (　　)

10. 数量指标由数量标志值汇总而来，质量指标由品质标志值汇总而来。 (　　)

11. 一个统计总体可以有多个指标。 (　　)

二、单项选择题

1. 下列属于统计总体的是(　　)。

A. 某县的粮食总产量　　B. 某地区的全部企业

C. 某商店的全部商品销售额　　D. 某单位的全部职工人数

2. 构成统计总体的个别事物称为(　　)。

A. 调查单位　　B. 标志值

C. 品质标志　　D. 总体单位

3. 对某城市工业企业未安装设备进行普查，总体单位是(　　)。

A. 工业企业全部未安装设备　　B. 工业企业每一台未安装设备

C. 每个工业企业的未安装设备　　D. 每一个工业企业

4. 工业企业的设备台数、产品产值是(　　)。

A. 连续变量　　B. 离散变量

C. 前者是连续变量，后者是离散变量　　D. 前者是离散变量，后者是连续变量

5. 在全国人口普查中(　　)。

A. 男性是品质标志　　B. 人的年龄是变量

C. 人口的平均寿命是数量标志　　D. 全国人口是统计指标

6. 总体的变异性是指(　　)。

A. 总体之间有差异　　B. 总体单位之间在某一标志表现上有差异

C. 总体随时间变化而变化　　D. 总体单位之间有差异

7. 几位学生的某门课成绩分别是67分、78分、88分、89分、96分，“学生成绩”是(　　)。

A. 品质标志　　B. 数量标志　　C. 标志值　　D. 数量指标

8. 某年级学生四门功课的最高分分别是98分、86分、88分和95分，这四个数字是(　　)。

A. 指标　　B. 标志　　C. 变量　　D. 标志值

9. 下列指标中属于质量指标的是(　　)。

A. 社会总产值　　B. 产品合格率　　C. 产品总成本　　D. 人口总数

10. 下列属于质量指标的是（　　）。
A. 产品的产量　　B. 产品的出口额
C. 产品中的合格品数量　　D. 产品的合格率
11. 下列属于离散型变量的是（　　）。
A. 职工的工资　　B. 商品的价格　　C. 粮食的亩产量　　D. 汽车的产量
12. 标志的具体表现是指（　　）。
A. 标志名称之后所列示的属性或数值　　B. 如性别
C. 标志名称之后所列示的属性　　D. 标志名称之后所列示的数值

三、多项选择题

1. 统计一词的含义是（　　）。
A. 统计设计　　B. 统计调查　　C. 统计工作
D. 统计学　　E. 统计资料
2. 统计研究的基本方法包括（　　）。
A. 大量观察法　　B. 重点调查法　　C. 统计分组法
D. 归纳推断法　　E. 综合指标法
3. 品质标志和数量标志的区别是（　　）。
A. 数量标志可以用数值表示　　B. 品质标志可以用数值表示
C. 数量标志不可以用数值表示　　D. 品质标志不可以用数值表示
E. 两者都可以用数值来表示
4. 在全国人口普查中（　　）。
A. 全国人口总数是统计总体　　B. 男性是品质标志表现
C. 人的年龄是变量　　D. 每一户是总体单位
E. 人口的平均年龄是统计指标
5. 在工业普查中（　　）。
A. 工业企业总数是统计总体　　B. 每一个工业企业是总体单位
C. 固定资产总额是统计指标　　D. 机器台数是连续变量
E. 职工人数是离散变量
6. 下列属于数量标志的有（　　）。
A. 性别　　B. 所有制形式　　C. 收入
D. 民族　　E. 工龄
7. 下列统计指标中，属于质量指标的有（　　）。
A. 工资总额　　B. 单位产品成本　　C. 出勤人数
D. 人口密度　　E. 合格品率

四、案例分析题

我国粮食产量再上新台阶

2011 年，党中央和国务院进一步加大粮食生产扶持力度，各级政府积极开展粮食稳定增产行动，科技支撑力度明显加大，农业气候条件总体偏好，我国粮食生产再获丰收，粮食总产量登上 5.5 亿吨的新台阶。初步统计，2011 年全国粮食总产量达到 57 121 万吨，比 2010

年增产 2 473 万吨，增长 4.5%。

1. 2011 年粮食生产的主要特点

2011 年全国粮食总产量 57 121 万吨，创造了新的历史纪录，达到了 2020 年粮食产能规划水平。与以往的恢复性大幅度增产不同，2011 年的粮食大幅度增产是在 2010 年粮食产量较大幅度恢复性增产、产量基数很高的基础上实现的，来之不易。总结 2011 年的粮食生产，主要有以下几个方面的特点。

1）夏粮、早稻、秋粮季季增产

2011 年，各级政府抓粮食生产始终不放松，实现了夏粮、早稻、秋粮生产季季增产，是近些年来少有的。全国夏粮总产量 12 627 万吨，比去年增产 312 万吨，增长 2.5%；早稻总产量 3 276 万吨，比去年增产 143 万吨，增长 4.5%；秋粮总产量 41 218 万吨，比去年增产 2 018 万吨，增长 5.1%。

2）稻谷、小麦、玉米三大作物总产量超 5 亿吨

2011 年，全国三大粮食作物总产量超过 5 亿吨，达到 51 045 万吨。稻谷总产量突破 2 亿吨大关，达到 20 078 万吨，比去年增产 503 万吨，增长 2.6%；小麦总产量 11 792 万吨，比去年增产 274 万吨，增长 2.4%；玉米总产量 19 175 万吨，比去年增加 1 450 万吨，增长 8.2%。玉米大幅度增产使我国粮食生产结构得到进一步改善。

3）九成以上增产来自粮食主产区

2011 年，全国 13 个粮食主产省(区)［注］粮食总产量达到 43 422 万吨，比 2010 年增产 2 238 万吨，增长 5.4%，占全国总增产量的 90.5%。粮食主产区的稳产增产作用得到进一步发挥，占全国粮食总产量的比例上升到 76%。

东北及内蒙古四省(区)共增产粮食 1 386 万吨，增产量占全国总增产量的 56%。其中黑龙江增产 558 万吨，增长 11.1%；吉林增产 329 万吨，增长 11.6%；辽宁增产 270 万吨，增长 15.3%；内蒙古增产 229 万吨，增长 10.6%。

粮食产量超 5 千万吨的黑龙江、河南两省，2011 年粮食生产更上一层楼，粮食总产量分别达到 5 571 万吨和 5 543 万吨，双双登上 5 500 万吨的新台阶。

4）个别地区减产

主要受气候影响，贵州和重庆全年粮食总产量减少，贵州减产 235 万吨，下降 21.2%，重庆减产 29 万吨，下降 2.5%。三季粮食中，夏粮产量减少的有甘肃、宁夏、新疆三省(区)；早稻产量减少的有安徽、湖北、广西三省(区)；秋粮产量，贵州减产 279 万吨，下降 29.3%，重庆减产 30 万吨，下降 3%，上海略有减产。

2. 政策推动和科技应用是粮食增产的基础

2011 年，各级政府积极开展粮食稳定增产行动，对粮食生产的政策支持力度进一步加大，农业科技应用水平进一步提高，高产作物种植面积增加，为夺取粮食丰收奠定了坚实的基础。

1）政策推动力度加大

随着粮食生产稳定增产行动的推进，2011 年国家主要用于粮食的农业“四补贴”规模扩大到 1 406 亿元，比去年增长 17%，对粮油生产大县的奖励资金增加到 225 亿元，增长 21.6%。同时国家对小麦、稻谷的最低收购价格每 50 千克分别提高 5～7 元和 9～23 元。这些扶持粮食生产政策的实施，极大地调动了各级政府和农民的生产积极性。各地积极抓农业基础设施建设，抓播种面积、关键技术措施的落实，为粮食的丰收奠定了基础。广大农民也

积极配合，千方百计扩大种植面积，增加对粮食生产的投入。全国在50个县、500个乡镇试点推行整建制高产创建活动，起到了明显的带动作用。

2）农业科技应用推动粮食单产大幅度提高

2011年，全国粮食单产达到5 166千克/公顷，比2010年提高了192千克/公顷，提高幅度达3.9%。全国因单产提高增产粮食2 127万吨，对增产的贡献率达到85.8%。促使单产提高的各种因素中，农业科技应用发挥了重大作用。

2011年，各地积极抓农业关键技术措施的落实。良种的推广与普及、测土配方施肥、节水灌溉、病虫害专业化统防统治、玉米地膜覆盖等新栽培技术、新农艺的应用以及农业机械化水平进一步提高，为粮食稳定增产做出重要贡献。据科技部反映，我国粮食作物的良种覆盖率已经达到95%，良种对我国粮食作物增产的贡献率达到35%以上。据农业部统计，2011年小麦“一喷三防”推广到1 330多万公顷，比去年增加近200万公顷，玉米地膜覆盖面积达到600万公顷，比去年增加40万公顷；全年病虫害专业化统防统治4 400万公顷次，比去年增加960万公顷次。特别是内蒙古、东北及西北部分地区积极推广的玉米膜下滴灌技术，增产效果十分明显。

3）结构调整增产效果明显

2011年全国粮食播种面积达到11 057万公顷，比2010年增加69.6万公顷，增长0.6%。其中夏粮面积2 756万公顷，增加11.6万公顷，早稻面积575万公顷，减少4.5万公顷，秋粮面积7 726万公顷，增加62.5万公顷。因播种面积增加增产粮食346万吨。

在三大粮食作物中，高产作物玉米播种面积达到3 343万公顷，增加93万公顷，增长2.9%；稻谷播种面积达到近3 000万公顷，比2010年增加12.3万公顷，增长0.4%；小麦播种面积2 419万公顷，下降0.3%，其中冬小麦面积2 260万公顷，增加7.9万公顷。因结构调整，高产作物玉米和稻谷播种面积共增加约105万公顷，增产400万吨以上。

3. 有利的气候条件促进粮食丰收

2011年，尽管我国遭受了较多的极端灾害性天气的影响，但总的气候条件对农业生产是有利的。同时，各级政府牢固树立抗灾夺丰收的思想，极大地降低了灾害对粮食生产的影响，为粮食生产丰收提供了有力保障。

1）农业气候条件总体有利

今年对农业生产有利的气候条件是大范围的，而对农业生产不利的气候条件是局部的和阶段性的，因此2011年我国农业气候条件好于常年，并明显好于去年，农作物受灾程度明显降低。

夏粮和早稻前期虽然受到不利天气的影响，但后期天气明显好转，麦区降水充足及时、旱稻产区旱情解除，扭转了前期不利气候产生的影响，实现了增产。秋粮作物在生长关键期降水充沛，北方地区特别是东北地区西部和内蒙古东部等常年易旱地区降水明显增多，全国干旱范围明显小于常年。各主要农区降水时空分布较为均匀，强降水出现少于去年，没有发生流域性洪涝灾害，对农业生产影响程度较轻。同时，光热条件好于常年，今年4～8月，全国超过80%的农区大于等于10℃的有效积温比常年偏多，光照正常并好于去年。9月，全国农区大部分地区气温正常偏高，东北大部初霜冻日期明显偏晚，对秋粮的灌浆与成熟十分有利，南方稻区气温偏高有利于晚稻生长发育，并降低了其生长后期遭遇寒露风的风险。

2）防灾减灾效果明显

面对冬麦区冬春连旱、长江中下游地区旱涝急转、西南地区严重干旱，坚持以国家抗灾救灾为主导。今年国家财政共向受灾较重地区下拨农业救灾资金 34.8 亿元，充分调动了地方和农民抗灾救灾的积极性，有效地减轻了各种灾害对农业生产的影响。据国家减灾委的统计，今年 1～9 月，全国农作物受灾面积3 880 万公顷，比去年同期减少 9.8%，是 2006 年以来最轻的，占农作物总播种面积的比例约为 24.2%，比前 5 年平均水平低 5.5 个百分点。其中农作物成灾面积 1 886 万公顷，比去年同期减少 15.6%，是 2005 年以来最少的，占农作物总播种面积的比例约为 11.7%，比前 5 年平均水平低 3.7 个百分点；农作物绝收面积 380 多万公顷，比去年同期减少 43.2%，占农作物总播种面积的比例约为 2.4%，比前 5 年平均水平低 1.2 个百分点。

注：13 个粮食主产省(区)包括河北、内蒙古、辽宁、吉林、黑龙江、江苏、安徽、江西、山东、河南、湖北、湖南、四川。

问题：

1. 文中涉及哪些统计学基本范畴?
2. 文中使用了哪些统计的基本研究方法?
3. 文中使用了哪些统计指标，总结一下它们的特点?

五、实训练习

请登录中国统计网 http://www.stats.gov.cn/，选择自己感兴趣的统计知识或者最新发布的数据公告，然后分小组座谈讨论。要求结合生活实践谈谈对统计和统计学的认识，指出统计的特点和作用。

可供选择的题目：为什么要编制 CPI? 中国主要统计指标有哪些? 物价的上涨、下降有哪些影响?

第2章 统计数据的采集

TONGJI SHUJU DE CAIJI

【学习目标】

知识目标：了解统计数据的类型；了解统计数据采集方案的设计；掌握统计数据的来源及统计数据的调查组织形式和方法。

能力目标：能够设计统计数据搜集方案和调查问卷，并能组织实施统计调查。

【案例导入】

大仲马的作品多曲折感人，而大仲马又有多个私生子，所以，取笑讥讽他的人，往往把他的作品比作他的私生子。

最使他头痛的是巴黎统计学会的秘书长李昂纳，这个人是大仲马的朋友，每次总要以大仲马的情妇和私生子的统计数字来举例。

有一年该统计学会开年会，大仲马估计，李昂纳又要谈及他的情妇和私生子。于是他请求参加年会并获得了批准。果然不出大仲马所料，李昂纳又以他的情妇和私生子来举例。

李昂纳报告完毕，请大仲马致词，一向不愿在大庭广众之下发表演讲的大仲马，这次却破例登台说："所有统计数字都是撒谎的，包括有关本人的数字在内。"听众哄堂大笑。

从统计数据的来源看，所有的统计数据真的都是虚假的吗?

【解析】

有时由于调查方法和选用统计指标的不同，使人们对于很多统计数据的真实性产生了怀疑。而实际上统计数据既要真实，又要准确。统计数据的真实性强调的是结果符合实际，尽管这个结果可能由于各种客观条件的限制并没有表达到位(如由于计量、统计基础等原因对于数据的反映不精确等)，但一定是人们对实际情况的如实反映。统计数据准确性强调的是过程，包括统计方案设计的科学性、统计过程的合理性等，旨在缩小统计值与"真值"之间的差异程度。经济现象复杂多变，要准确弄清其变化的状态和趋势，仅有真实性的出发点是不够的，必须要有科学的方法。要加强统计科学研究，健全科学的统计指标体系，不断改进统计调查方法，提高统计的科学性。

2.1 统计数据的类型

2.1.1 统计数据的计量尺度

统计数据是采用某种计量尺度对客观现象进行计量的结果，采用不同的计量尺度会得到不同类型的统计数据。因而，人们在搜集统计数据之前要先对客观现象进行计量或测量。按照计量学的一般分类方法以及对事物计量的精确程度，可将计量尺度由低级到高级、由粗略到精确分为四个层次：定类尺度、定序尺度、定距尺度和定比尺度。对客观现象进行计量或测量时，采用不同的计量尺度可以得到不同类型的统计数据，而不同类型的统计数据需要用不同的统计分析方法来进行分析。

1. 定类尺度

定类尺度也称类别尺度或列名尺度，是最粗略、最低层次的计量尺度。这种计量尺度只能按照事物的某种属性对其进行平行的分类或分组。例如，企业按组织形式分为独资企业、合伙企业和公司等。这种计量尺度只能反映事物之间的类别差，对事物之间的其他差别不能反映。因而，使用这种尺度对客观现象所做的分类，各类别之间只是并列关系，不能区分彼此的优劣或大小，各类别之间的顺序可以改变。运用定类尺度计量出的统计数据，通常是通过计算出每一类别中各元素或个体出现的频数或频率来进行分析。

2. 定序尺度

定序尺度又称顺序尺度，是对客观现象之间等级差别或顺序差别的一种测度。这种计量尺度不仅可以将客观现象分成不同的类别，而且还可以确定这些类别的优劣或顺序。定序尺度的计量结果也表现为类别，但与定类尺度测度的类别不一样，这些类别之间可以比较排序。例如，合格产品可以分为优等品、一等品、二等品、三等品等。定序尺度对事物的计量要比定类尺度精确一些，但它也只是测度了事物类别之间的顺序，并未测量出类别之间的准确差值。定序尺度可用于分类，也可以用于统计分析中确定中位数、四分位数、众数等指标的位置。

3. 定距尺度

定距尺度也称间隔尺度。这种计量尺度不仅能将事物分为不同类型并加以排序，还可以准确地指出类别之间差距的大小。定距尺度是对事物类别或次序的间距的测量，因而其结果表现为数值。例如，A 学生的成绩为 95 分，B 学生的成绩为 80 分，C 学生的成绩为 65 分，它们之间的间隔是相等的，故可以准确地指出两个计数之间的差值。由于定距尺度的计量结果表现为数值，还可以计算出差值，所以它不仅具有定类尺度和定序尺度的特性，其结果还可以进行加减运算，准确性比定类尺度和定序尺度强。在统计数据中定距尺度居于主要地位，是定比尺度的基础。

4. 定比尺度

定比尺度也称比率尺度，它是在定距尺度的基础上先确定比较的基数，再将此相关的数字进行对比，形成相对数，用来反映客观现象的构成、密度、比重、速度等数量关系。它除了具有上述三种计量尺度的全部特征外，还可以计算两个测度值之间的比值。定比尺度与定距尺度之间的差别在于：定距尺度中没有绝对零点，而定比尺度中必须有一个绝对固定的零点。

四种计量尺度对事物的测量层次是由低级到高级、由粗略到精确逐步递进。

高层次的计量尺度具有低层次计量尺度的全部特性，人们可以很轻易地将高层次计量尺度的结果转化为低层次计量尺度的结果。在统计分析中，一般要求测量的层次越高越好，其原因在于高层次的计量尺度包含更多的数学特性，所运用的统计分析方法越多，分析时也就越方便，故而应尽量使用高层次的计量尺度。

2.1.2 统计数据的类型概述

对应于上述四种计量尺度，统计数据可分为以下四种类型。

1. 定类数据

定类数据也称分类数据或名义类别数据，说明的是事物的品质特征，不能用数值表示，其结果是由定类尺度计量形成的，故而表现为类别，并且不能区分顺序，没有大小的比较。例如，性别、宗教类型、种族划分、地理区域及出生地等都属于此类数据。

2. 定序数据

定序数据也称顺序数据或序数类别数据，说明的也是事物的品质特征，可为对象排序，同样不能用数值表示。其结果是由定序尺度计量形成的，故而表现为类别，但能区分顺序，可以进行大小比较。例如，在商业分析中，《财富》杂志使用定序数据为 50 位最值得尊敬的公司排序。

3. 定距数据

定距数据也称区间类别数据，说明的是事物的数量特征，能够用数值表示。其结果是由定距尺度计量形成的，表现为数值，可进行加、减运算。

4. 定比数据

定比数据也称比率类别数据，说明的也是事物的数量特征，能够用数值表示。其结果是由定比尺度计量形成的，表现为数值，可进行加、减、乘、除运算。

前两类数据也称定性数据或品质数据；后两类数据也称定量数据或数量数据。

2.2 统计数据采集方案的设计

在统计调查工作正式开始之前，需要制定出一个完整、周密的数据采集方案，以指导整个调查工作，使调查得以顺利实施和完成。数据采集方案也称调查方案，它是指导整个调查过程的纲领性文件。

在实施统计调查之前，应当明确五个问题：由何人主持调查及向谁调查何时开始调查，在何地进行调查，调查的内容是什么，如何进行调查，即统计学家通常所说的“4W1H”（who、when、where、what、how）。因此，调查者首先要根据需要与可能，制定科学的调查方案，它是调查工作的依据，是保证调查顺利进行的前提。调查方案主要包括下列内容。

2.2.1 确定调查目的

制定调查方案，首先要明确调查目的，即明确为什么要进行调查，调查要解决什么样的问题。调查目的决定着被调查者、调查内容和方法。有了明确的目的，才能做到有的放矢，正确地确定调查的内容和方法，才能根据调查目的搜集与之有关的资料，而舍弃与之无关的资料。这样，就可以节约人力、物力，缩短调查时间，提高调查资料的时效性。

例如，2000年第五次全国人口普查的目的：“为了科学地制定国民经济和社会发展战略与规划，制定人口政策，统筹安排人民的物质和文化生活，实现人口与资源、环境的协调发展。”

2.2.2 确定调查对象和调查单位

确定调查对象和调查单位，是为了解决向谁调查、由谁来具体提供资料的问题。

调查对象，是指需要调查的那些社会经济现象的总体，即总体单位，是说明向谁调查的问题。确定调查对象，首先需要根据调查目的，对研究对象进行认真分析，掌握其主要特征，科学地规定调查对象的含义；其次要明确规定调查对象总体的范围，划清它与其他社会现象的界限。只有调查对象的含义确切、界限清楚，才能避免登记的重复或遗漏，保证统计资料的准确。例如，调查目的是搜集某地区工业企业的生产情况的资料时，调查对象就是该地区所有工业企业；又如，当调查的目的是搜集某地区工业企业200万元以上设备的资料时，则调查对象就是该地区所有工业企业的 200 万元以上设备；再如，根据 2000 年第五次全国人口普查的目的，这次普查规定：“人口普查对象是具有中华人民共和国国籍并在中华人民共和国境内常住的人。”

调查单位，是指调查对象中所要调查的具体单位，即总体单位。调查单位是需要进行登记的标志(项目)的承担者，说明谁来提供资料的问题。调查单位的确定取决于调查目的和调查对象。如上述三个例子中，调查单位分别是该区的每一家工业企业、该地区工业企业的每一台 200 万元以上的设备、人口普查中上述总体中的每个人。

特别提示

明确调查单位还需要把它与报告单位相区别。报告单位也称填报单位，它是负责向上汇报调查内容、提交统计资料的单位。填报单位一般是在行政上、经济上具有一定独立性的单位，而调查单位既可以是人、单位，也可以是物。根据调查目的，调查单位与报告单位有时一致，有时不一致。例如，对工业企业调查，每个工业企业既是调查单位又是填报单位；调查企业设备情况时，调查单位是企业的设备，而填报单位则是企业；人口普查时，调查单位是总体中的每个人，而填报单位则是家庭(户)。

2.2.3 确定调查项目和调查表

调查提纲由调查项目组成。调查项目就是要调查的内容，也就是被调查单位的特征，即标志。确定调查提纲所要解决的问题：向调查单位调查什么，调查单位有哪些特征，用什么标志反映调查单位的特征，在调查中涉及哪些调查项目。这些都应根据调查目的和调查单位的特点而定，并贯彻“少而精”的原则进行处理。例如，2000 年第五次人口普查根据调查项目拟定了姓名、性别、年龄、民族、文化程度、职业、行业、婚姻状况、迁来本地的原因等 26 个调查项目。

调查项目所要解决的问题是向被调查者调查什么，也就是需被调查者回答什么问题。在确定所要登记的标志，即调查项目时，应注意以下几点。

(1) 各调查项目必须是可行的，是能够取得的确切资料。即必须从实际出发，只列出能够取得资料的项目，不可能取得资料的项目不应列入提纲。

(2) 要有科学的理论依据和统一的解释，即列入调查提纲的内容含义要明确、具体，不能有两种或两种以上的解释，以免调查人员按照各自不同的理解填写，使调查结果无法汇总。

(3) 调查项目要少而精，即只列出调查目的所必需的项目，登记与问题本质有关的标志，以免内容庞杂，增加工作量，造成调查工作的浪费。

(4) 各调查项目之间尽可能做到相互联系，彼此衔接，以便于相互核对和分析。例如，总产值/在职人数＝全员劳动生产率。

调查表是指调查项目按照一定的顺序排列起来形成的一定的表式，这是统计工作搜集资料的基本工具。调查目的、被调查者都可以从调查表中反映出来。调查表主要用于统计调查阶段，是搜集原始资料的基本工具，且便于填写或汇总整理。

调查表一般有单一表和一览表两种。单一表是指一张调查表上只登记一个调查单位的表格，它可以容纳较多的项目(标志)，便于整理和分类。一览表是指把许多调查单位填写在一张表上，便于合计和核对差错，但它容纳的调查项目有限。

特别提示

单一表、一览表的应用：一是看项目的多少，调查项目多时一般用单一表，反之则用一览表；二是看填报单位与调查单位是否一致，一致时常用单一表，不一致时用一览表。例如，我国人口普查的调查表采用的是一览表，统计报表的基层表(即调查表)多采用单一表的形式。

调查表要说明注意事项和项目解释、指标含义、计算方法、分类目录、统计编码等。例如，人口普查调查表分为短表和长表，长表为抽样10%的人填报，短表为其余人填报。短表按人填报的项目有9项，按户填报的项目有10项。长表按人填报的项目有26项，按户填报的项目有23项。

2.2.4 确定调查时间和调查期限

统计调查时间包括两个方面的含义，即调查时间和调查期限。调查时间是指调查资料所属的时间。在统计调查中，如果所调查的是时期现象，就要明确规定调查资料所属时期。例如，调查2007年第一季度的工业产量，则调查时间是从2007年1月1日起到2007年3月31日为止，共计三个月。如果所要调查的是时点现象，就要明确规定调查资料所属时点，如我国第六次人口普查调查时点是2010年11月1日0时。

调查期限是整个调查工作的起止时间，包括搜集资料和报送资料等全部工作所需要的时间，为了确保资料的时效性，调查期限不宜过长。例如，第二次全国基本单位普查的标准时间为2001年12月31日，2001年12月31日以前为普查准备阶段，2002年7月底前完成全国普查资料的审核汇总和数据处理，2002年12月底前基本完成国家、省、地(市)、县基本单位名录库的建立或更新，并对普查资料进行分析研究和应用开发。

2.2.5 制订调查的组织实施计划

为了保证整个统计调查工作的顺利进行，在调查方案中还应该有一个周密的组织实施计划。统计调查成功实施必须要有严密细致的组织工作。调查的组织计划主要包括以下内容：①确定调查工作的领导机构和办事机构；②明确调查人员的组织与分工；③明确调查前的准备工作，包括宣传教育、人员培训、文件资料的印发、方案的传达布置、调查经费的预算及开支办法等；④规定调查工作的检查、监督方法；⑤确定公布调查成果的时间等。

【思考】

2010年第六次人口普查的日程安排：登记，2010.11.01－11.10；复查，2010.11.15；质量抽查，2010.11.30；快速汇总资料上报，2010.12.31；全部汇总资料上报，2011.09.30；完成全部工作，2011.12.31。请分析上述资料中的调查时间与调查期限。

从使用者的角度看，统计数据主要来源于两种渠道：一是直接的调查和科学试验，这是统计数据的直接来源，也称之为第一手或直接的统计数据；二是别人调查或试验的数据，这是统计数据的间接来源，也称之为第二手或间接的统计数据。

2.3 统计数据的直接来源

统计数据的直接来源主要有两个渠道：一是专门组织的调查，二是科学试验。专门调查有统计部门进行的统计调查，也有其他部门或机构为特定目的而进行的调查，如新产品投放市场前所做的市场调查。它是取得社会经济数据的重要手段。而科学试验是取得自然科学数据的主要手段。

统计调查是获取统计数据的主要来源，更是取得直接数据的重要手段。常用的统计调查方式主要有普查、抽样调查、重点调查、典型调查、统计报表等。

2.3.1 统计调查的意义

1. 统计调查的定义

统计调查是按照统计任务的要求，运用科学的调查方法，有计划、有组织地向社会实际搜集各项资料的过程。统计资料的搜集内容有两方面：一是直接搜集反映被调查者的个体原始资料(又称初级资料)；二是根据研究的目的，搜集已经加工、整理出来的，说明现象总体的第二手资料(又称次级资料)。由于第二手资料来源于原始资料，因此，统计调查的基本任务是搜集社会经济现象的原始资料。

2. 统计调查的意义

统计调查担负着提供基础资料的任务，是统计工作的基础环节，决定着整个统计工作的质量，又是统计整理和分析的前提。如果统计调查工作做得好，能准确、及时、全面、系统地占有丰富的统计资料，那么就为统计整理和分析打下了坚实的基础，从而有利于正确认识被研究现象的本质及其规律性；反之，若调查工作做得不好，所得到的资料不完整、不真实或不及时，即使是经过科学的整理、严谨周密的分析，也不能得到正确的判断，这将直接影响整个统计工作的成果。因此，调查工作的好坏，取得的资料是否完整、准确和及时，将直接影响到以后各个阶段工作的好坏，从而影响整个统计工作任务的完成。

3. 对统计调查的要求

为了更好地完成统计工作的任务，发挥统计调查的作用，在统计调查过程中必须达到如下基本要求。

1) 准确性

准确性是指搜集的资料要符合客观实际情况。这是保证统计资料质量的首要环节，是统计工作的生命。

2) 及时性

及时性是指统计资料的时效性，要求及时上报各项统计资料以满足各种需要。如果统计资料提供得不及时，即使统计资料准确可靠，也会失去应有的作用。

值得注意的是：统计调查的及时性和准确性是辩证统一的关系，不能顾此失彼。既不能强调及时性而忽视准确性，也不能强调准确性而不顾及时性，时过境迁的统计资料是没有多大意义的。

3）完整性

完整性即全面性，是指在规定时间内将调查资料毫无遗漏地搜集起来。如果统计资料残缺不全，就不可能反映所研究对象的全貌和正确认识社会经济现象总体的特征，最终也就难以对社会经济现象的规律性做出准确的判断，甚至会得出错误的结论。

4）经济性

经济性指以尽量少的投入获得所要求的统计资料，也即统计调查也要讲究经济效益。

综上所述，统计调查资料的准确性、及时性、完整性和经济性，是对统计工作的基本要求，它们之间存在着有机的联系。以上要求中，准确性是基础，要在准确中求及时、求完整、求效益。

2.3.2 统计调查的种类

1. 按被调查者包括的范围不同

按被调查者包括的范围不同，统计调查分为全面调查和非全面调查。

(1) 全面调查是指对调查对象中的全部单位，都无一例外地进行登记或观察的一种调查方法，如普查和全面统计报表。

(2) 非全面调查是指只对调查对象中的一部分单位进行登记或观察的一种调查方法，如重点调查、典型调查和抽样调查。

进行非全面调查的必要性主要表现在：①节省人力、物力、财力和时间；②有时不需要全面调查，当只要了解基本情况时，一般用重点调查；当只要了解典型情况时，常常用典型调查；而当需要从部分推断总体时，则通常用抽样调查。③很难或不可能进行全面调查，如职工家庭收支情况调查、产品质量检查(破坏性检验)等。

2. 按调查的组织形式不同

按调查的组织形式不同，统计调查可分为统计报表制度和专门调查。

(1) 统计报表制度是指根据统计法规的规定，按一定的表式和要求(指标、表格形式、计算方法等)，自上而下统一部署，自下而上逐级提供统计资料的一种统计调查方法。

(2) 专门调查是指为了研究某些专门问题而专门组织的调查。为了解一定时点状态的资料而组织的人口普查，多属一次性专门调查，如普查、抽样调查；可以是全面调查，也可以是非全面调查，如重点调查、典型调查、抽样调查。

3. 按调查登记时间是否连续

按调查登记时间是否连续，统计调查可分为经常性调查和一次性调查。

(1) 经常性调查是指随着调查对象在时间上的变化而进行连续不断地登记或观察，以了解事物在一定时期内发生、发展的全过程。这种调查在工业等物质生产活动中应用广泛，如工业产品产量调查、主要原材料、动力、燃料消耗等。

当研究的现象在一定时期内数量上变化较大或研究的目的是一定时期内客观现象的全部过程时，一般用经常性调查。

(2) 一次性调查是指对调查对象在某一时刻的状况进行一次性登记，以反映事物在一定时点的发展水平(状态)。它是不连续的调查，如人口可隔一段时间进行一次普查。

当研究的现象在一定时期内变动不大时，如固定资产总值、一国人口数等；或研究对象在某一时间上达到什么水平时(库存调查)，通常用一次性调查。

4. 按搜集资料的方法不同

按搜集资料的方法不同，统计调查可分为直接观察法、报告法(凭证法)、采访法(询问法或通讯法)、问卷调查法、实验法等。

(1) 直接观察法是指调查人员深入现场对调查对象直接进行点数、测定和计量而取得资料的方法。例如，为了及时了解农作物产量而进行的实割实测、脱粒、晾晒、过秤计量；又如，为了解工业企业期末的在制品存量，调查人员进入生产现场进行观察、计数、测量等。但有些社会经济现象不能用直接观察法进行测量，如对农民或职工家庭收支情况资料的搜集，就不宜直接计量和观察。

(2) 报告法，又称凭证法，是指要求调查对象以原始记录、台账和核算资料为依据，向有关单位提供统计资料的方法，如报表制度等。当前我国企事业单位向上级填报统计报表，就是报告法。报告法具有统一项目、统一表式、统一要求和统一上报程序的特点。

(3) 采访法，又称询问法或通讯法，是指由调查人员向被调查者提问，根据被调查者的答复来搜集资料的方法。这一方法又分为个别访问和开调查会两种。个别访问是由调查人员向被调查者逐一询问来搜集资料的方法。开调查会是指邀请了解情况的人参加座谈会，以此来搜集资料的方法。

(4) 问卷调查法。问卷是指为了统计调查所用的、以提问的形式表述问题的表格。问卷调查法就是调查者用问卷对所研究的社会经济现象进行度量，从而搜集到可靠的社会经济资料，深刻认识某一现象的一种方法。

(5) 实验法。实验法是一种特殊的观察调查方法，它是在所设定的特殊实验场所、特殊状态下，对被调查对象进行实验以取得所需资料的一种调查方法。

根据场所的不同，实验法可分为室内实验法和市场实验法。室内实验法可用于广告认知的实验等。例如，在同日的报纸上，版面大小相同，分别刊登 A、B 两种广告，然后将其散发给读者，以测定其反应效果。市场实验法可用于消费者需要调查等。例如，企业让消费者免费使用一种新产品，以得到消费者对新产品看法的资料。

随着社会、经济和科技的发展，政府、企业和个人对各类信息的需求与日俱增，于是出现了大量的信息中心、数据工厂、简报中心、市场调查公司、电话呼叫中心(Call Center)、媒体研究公司等专业调研机构。统计调查的手段也不断更新，如计算机辅助电话调查(CATI)、计算机辅助面访调查(CAPI)、搭车调查(OMNIBUS)、网络调查(NI)和各种检测记录仪器的问世，使今天的统计数据更加准确、及时和完整，进一步提高了统计调查的速度和质量，降低了统计调查的费用支出。

2.3.3 统计调查的组织方式

1. 统计报表

1) 统计报表的定义

统计报表是按照国家或上级部门统一规定的表式、统一的指标、统一的报送程序和报送时间，自下而上逐级提供基本统计资料的一种调查方式。统计报表所包括的范围比较全面，项目比较系统，指标内容相对稳定，因此，这是我国统计调查中取得国民经济和社会发展情况基本统计资料的一种重要手段。与其他统计调查方式相比较，统计报表有统一性、时效性、全面性、资料的相对可靠性(建立在原始记录和核算数字基础之上)、连续性等特点。

此外，统计报表还有以下优点。①它可以事先布置到基层填报单位，基层单位可根据报表的要求，建立和健全各种原始记录，使统计报表的资料来源有可靠的基础，以保证统计资料的准确、及时、完整。基层单位也可以利用统计报表资料，对生产、经营活动进行科学管理。②由于它采取逐级上报、汇总的形式，各级领导部门都能得到其管辖范围内的统计报表资料，使他们能经常了解本地区、本部门的经济和社会发展情况。③它是经常性调查，内容相对稳定，有利于积累和历史对比。

统计是计划的基础，没有科学的统计，就不可能有真正的计划。我国国民经济和社会发展计划的编制离不开统计报表提供的统计数字。至于检查监督计划的执行情况，更需要通过统计报表，及时了解计划进程及存在的问题和问题发生的原因，以便采取有效措施，保证计划实现。

2) 统计报表的种类

统计报表担负着为计划的制订及其执行情况的检查提供资料的任务，这就决定了统计报表必须以全面调查为主，非全面调查为辅。统计报表可按不同的标志划分为以下几种类型。

(1) 按内容和实施范围不同，统计报表可分为国家、部门和地方统计报表。国家报表是根据有关的国家统计调查项目和统计调查计划制定的统计报表，也称国民经济基本统计报表。这种统计报表是从整个国民经济的角度出发制定的，并按照国民经济的部门来划分，如农业、工业、建筑业、固定资产投资、国内贸易、对外经济贸易、劳动工资、交通运输、物价、人民生活等。这些报表在全国范围内的各行各业实施，主要用来搜集整个国民经济和社会发展情况的基本统计资料。部门报表是根据有关部门的统计调查项目和统计调查计划制定的统计报表，实施范围限于各业务主管部门系统内，一般用来搜集各级主管部门所需要的专门统计资料。地方报表是根据有关地方统计调查项目和统计调查计划相应制定的统计报表，其实施的范围是各省、市、自治区，主要用来满足地方的专门需要。部门和地区报表都是国家统计报表的补充。

(2) 按主管系统不同，统计报表可分为基本与专业报表。

(3) 按调查范围不同，统计报表可分为全面与非全面报表。全面统计报表要求调查对象中的每个单位都要填报；非全面统计报表，只要调查对象中的一部分单位填报。非全面调查填报的报表属于非全面统计报表。

(4) 按报送周期不同，统计报表可分为日报、旬报、月报、季报、半年报和年报统计报表，其中以月报和年报统计报表为主。周期短的统计报表，投入的人力、物力、财力就要多，因此，指标项目可以少一些、粗一些；周期长的统计报表，指标项目可以多一些、细一些。月报、年报的周期较长，它的内容比较详尽；日报、旬报周期较短，其内容只限于填报少量最主要的指标。统计报表的原则是，凡一年、半年报告一次能满足需要的，就不用季报、月报；月报能满足要求的，就不用日报、旬报。

(5) 按填报单位不同，统计报表可分为基层和综合报表。基层报表主要由基层企事业单位填报，它所提供的原始资料是统计的基础资料。综合报表是由主管部门根据基层报表逐级汇总填报的统计报表。它汇总后得到各级基本统计指标。填报基层报表的单位称为基层填报单位，填报综合统计报表的单位称为综合填报单位。

(6) 按报送方式不同，统计报表可分为电信和书面报表。电信报表又可分为电报、电话报、传真报等。日报和旬报要求迅速上报，通常采用电信方式报送。月报、季报、半年报和年报，除月报中的少数用电信报告外，一般都以书面的方式报送，报送手段可采用邮局邮寄或电子信箱传递。

3) 统计报表制度的基本内容

统计报表制度是指基层单位和下级机关按照统一规定的表格、内容和报送程序、定期向上级机关和国家报送统计资料的制度。执行统计报表制度，是各地区、各部门、各单位按照国家的法律规定必须向国家履行的一种义务。我国的统计报表制度的基本内容如下。

(1) 报表内容和指标体系的确定。

(2) 报表表式的设计。它是指统计报表的具体格式，包括主栏项目、宾栏项目以及补充资料项目；表名、表号、填报单位、报告期别、报送日期、报送方式、单位负责人及填报人签署等。报表表式分为基本表式和专业表式两种。

(3) 报表的实施范围。即应由哪些单位填报(编报单位)，汇总时包括哪些单位(编报单位)。

(4) 报表的报送程序和报送日期。报表的报送程序，包括填报单位填报报表的份数、方式和受表单位，且要规定其报送日期。

(5) 填表说明，具体说明填表的方法、指标说明(指标的概念、计算范围、计算方法)以及其他有关问题。

(6) 统计目录，指统计报表中主栏项目的一览表。它大体可分为两类：一类是主栏中填报的统计分组用的目录，如工业部门分类目录等；另一类是主栏中填报的具体项目的目录，如工业产品目录等。

我国统计报表制度近年来进行了一系列的改革，形成了 7 种基层一套表和 9 套综合报表制度。

基层一套表包括：农林牧渔企业报表、工业企业报表、建筑工业企业报表、交通运输企业报表、批发零售贸易及餐饮业企业报表、服务业企业报表、行政事业单位报表。

2. 普查

1) 普查的概念

普查是根据统计的特定目的而专门组织的一次性全面调查，如全国人口普查、工业普查、科技人员普查等。它主要搜集那些不宜用经常调查来搜集的全面、准确的统计资料；调查属于一定时点的社会经济现象总量；也可以用来调查反映一定时期现象的总量，如出生人口总数和死亡人口总数等。

普查是一种重要的调查方法。虽然有些情况可以通过定期统计报表搜集全面的基本统计资料，但它不能代替普查。因为有些社会经济现象，如人口年龄(与性别结合在一起的)构成变化、物资存在、耕地面积、工业设备等情况不可能也不需要组织经常性的全面调查，而在我国经济建设中，又必须掌握比较全面详细的资料，这就需要通过普查来解决。为了摸清有关国情、国力的重要数字，需要分期分批地进行专项普查。

2) 普查的形式

(1) 自上而下对调查单位进行登记。通过专门组织的普查机构，配备一定数量的普查人员，对调查单位直接进行登记。人口普查、工业普查、基本建设停/缓建项目的普查等，都属于这种普查形式。

(2) 颁发调查表，由调查单位填报。我国建国以来历次物资库存普查都属于这种普查形式。

3) 普查的组织原则

(1) 规定调查资料所属的标准时点，以避免因自然变动或机械变动而产生搜集资料的重复或遗漏。

(2) 正确选择普查时期，以利于历次普查资料的对比分析。

(3) 同时进行调查，以便在方法上、步调上一致，保证普查资料的真实性和时效性。

(4) 调查项目不能任意改变，以免影响综合汇总，降低普查资料的质量。同一种普查，每次调查项目的规定也应力求一致。

3. 重点调查

1) 重点调查的概念

重点调查是专门组织的非全面调查，它是在被调查者中，只选择一部分重点单位进行的调查。

特别提示

所谓重点单位，是指在总体中具有举足轻重地位的那些单位，这些单位的数量在总体中虽然不多、所占比重不大，但其标志总量在被研究总体的全部标志总量中占有很大比重。

对这些重点单位的标志进行调查，就可以在数量方面说明总体在该标志总量方面的基本情况。例如，宝钢、马钢、鞍钢、武钢几大钢铁企业，虽然在全国的钢铁企业中只是少数，但它们的钢铁产量却占了全国钢铁产量的大部分，所以，对这几个重点企业进行调查，就可以了解我国钢铁生产的基本情况。正因为如此，重点调查可以节省大量的人力、物力和财力，并能使调查工作做得更加细致、及时。此外，重点调查的组织也较灵活，既可以组织专门调查，也可以运用统计报表形式进行调查。

2) 重点单位的选择

重点单位选多选少，要根据调查任务来确定。一般来说，选出的单位应尽可能少些，而其标志值在总体标志总量中所占比重应该尽可能大些。另外，选中的单位，其经营管理制度应比较健全、统计力量应比较充实、统计基础也应比较巩固，这样才能准确、及时地取得资料。

重点单位的选择要客观。由于重点单位的选择是着眼于这些单位的标志值在总体标志总量中的比重，而不是这些单位在技术管理或其他方面是否有特定意义，因此，重点单位的选择不应带有主观因素。

重点单位的选择要有相对的观念，即要用发展变化的眼光看问题。一个单位在某一问题上是重点，在另一问题上不一定是重点；在某一调查总体上是重点，在另一调查总体中不一定是重点；在这个时期是重点，在另一个时期不一定是重点。因此，对不同问题的重点调查，或同一问题不同时期的重点调查，要随着情况的变化而随时调整重点单位。

特别提示

虽然重点单位的标志值在总体标志总量中占有较大比重，掌握了它们的情况，就基本掌握了总体特征，但这些情况毕竟不能完整地反映总体总量，而且重点调查的资料也不具备推断总体总量的条件。因此，重点调查只是为了获得反映总体基本情况的统计资料，但不宜用它推断总体。

4. 典型调查

1）典型调查的概念

典型调查是根据调查的目的和要求，在对被研究总体做全面分析以后，有意识地从中选取若干具有代表性的单位进行深入研究的一种非全面调查。就人类认识运动的顺序来说，总是由认识个别和特殊事物，逐步扩大到认识一般事物。因此，从被研究对象中选择有代表性的典型单位，对其进行深入细致的调查研究，就可以了解事物的本质及其发展过程，也就可以认识同类事物的本质和发展规律。

2）典型调查的特点

典型调查是一种比较灵活的调查方式，它具有如下特点：①典型单位是根据调查目的有意识地选择出来的，便于从典型入手，逐步认识事物的一般性和普遍性，调查方法机动灵活，省时、省力，有利于提高调查效率；②典型调查是一种深入、细致的调查研究，既可以搜集有关数字资料，又可以掌握具体、生动的情况，研究事物发生、发展的过程和结果，有利于探索事物发展变化的规律性。

3）典型单位的选择

在典型调查的整个过程中，准确地选择典型单位是做好典型调查，保证调查质量的关键。在选择典型单位时，首先要根据调查目的和任务，进行全面分析，综合比较，了解被研究总体的全面情况和一般水平；然后从各个可供选择的单位中挑选富有代表性的典型单位。

(1) 划类选典。在统计调查工作中有时总体十分复杂，为了近似地估算总体的指标数值，可以在了解总体概况的基础上，按某种标志把总体划分为若干类型，根据每一类型在总体中所占比例，选出被调查的若干典型单位。

(2) 挑选中等典型。典型调查的目的，通常是了解总体的一般情况，掌握总体的一般数量表现。中等典型可以代表总体的平均水平。“麻雀虽小，五脏俱全”，通过解剖“麻雀”，可以认识总体的内部构成、一般水平和发展变化规律。

(3) 挑选先进、后进或新生事物典型。这是为了总结成功的经验，找出失败的教训，宣传各种榜样，以推进各项事业的发展。

5. 抽样调查

抽样调查是按照随机原则，从调查对象中抽取一部分单位作为样本进行调查，并根据这一部分单位的调查结果，从数量方面推断总体指标的一种非全面调查方法。抽样调查虽然是一种非全面调查，但它的目的却是取得反映全面情况的统计资料，所以，从一定意义上说，它可以起到全面调查的作用。因此在我国商品检验中广泛应用。这部分内容将在第 5 章专门讲述，此处从略。

以上介绍的这几种不同的统计调查方式，各有其特点和作用。在实际的统计工作中，往往需要结合运用多种统计调查方式。这不仅因为国民经济和社会发展情况复杂，门类众多，变化又较快，只有采用多种统计调查方式，才能搜集到丰富的统计资料，还因为任何一种统计调查方法，都有它的优越性与局限性以及各自不同的实施条件，只用一种统计调查方式，是不能满足多种需求的。

特别提示

重点调查、典型调查和抽样调查同属非全面调查，三种非全面调查的区别如表2-1所示。

表2-1 三种非全面调查的区别

	调查单位的选取方式	调查目的	推断总体指标的准确性和可靠程度
重点调查	重点单位根据其的标志总量是否占全部单位标志总量的绝大比重这一标准来确定	通过对重点单位的调查，掌握总体的基本情况	/
抽样调查	按随机原则从全部总体单位中抽选出来的，不受人的主观因素所影响	通过对部分单位的调查结果来推断总体的数量特征	以部分单位调查的结果推算总体指标。由于按随机原则抽选调查单位，因而在给定概率和误差范围条件下，可保证推断的准确性和可靠性
典型调查	典型单位是在对总体情况分析的基础上有意识的抽选出来的，带有一定的主观性	类似于抽样调查	由于典型单位的选择完全由人们有意识的选择，因而难以保证推断结果的准确性和可靠性，推断误差既难确定也不能控制

2.4 统计数据的间接来源

在统计数据搜集过程中，有时很难通过直接调查或试验取得所需的第一手数据。此时可以通过一定渠道获取别人调查或科学试验所取得的统计数据，这便是第二手资料或称间接资料。

间接资料也称次级信息数据，是指因为其他目的已经被收集好的资料。与原始信息数据相比，二手信息数据收集起来更快更容易，所需的费用和时间也相对节约得多。

2.4.1 间接数据资料的来源

次级信息数据有两个基本来源：内部信息数据和外部信息数据。

1. 内部信息数据

内部二手信息数据是从被调查单位内部直接获取的与调查有关的信息数据资料，如资产负债表、现金流量表、各种统计台账、统计报表等。另外，随着计算机网络的发展，一些企业已经或正在着手建立现在的和潜在的消费者以及内部生产、销售管理的信息数据库，利用已有的企业信息数据库，优秀的调查人员可以调查现有的市场营销活动和预测未来调查销售状况等。

2. 外部信息数据

1）传统的二手信息数据

传统的外部的次级信息数据来源非常广泛，有各级政府、非营利机构、贸易组织和行业机构、商业性出版物等。其中政府机构所编辑出版的统计资料是宏观、微观信息数据的主要来源。

在我国，国家统计局出版的统计资料汇编刊物主要有《中国统计年鉴》、《国民收入统计资料汇编》、《中国物价统计年鉴》、《全国城镇居民家庭收支调查》、《中国农村统计年鉴》、《中国劳动工资统计年鉴》、《中国证券期货统计摘要》、《世界经济年鉴》、《中国金融年鉴》、《中国证券期货统计年鉴》、《中国经济年鉴》等。

除了国内出版的刊物外，也可以利用国际和外国组织机构公开发表的资料汇编，如《联合国统计年鉴》、《世界发展报告》、《世界经济展望》、《美国统计摘要》、《日本统计月报》等。

随着信息技术的飞速发展，可以获得资料的渠道越来越多，各种年鉴、资料汇编也越来越多，内容越来越丰富，不过，任何已有的资料都是为了某种目的而收集并通过一定的方法整理汇编出来的，不是亲自收集的信息数据，有时难以满足某些特定研究的需要，特别是在所搜集到的次级信息数据资料不配套、不完整、不合要求时，仍然需要进行调整和估算，所以为了得到高质量的信息数据，亲自收集信息数据仍然是十分必要的。

2）二手信息数据的新纪元——在线信息数据库

收集传统的二手信息数据往往是一项艰苦的工作，它意味着与政府部门、行业协会和其他部门联络，然后等待回音，以及数次往返图书馆寻找有关报告……今天，在计算机基础上发展而来的在线信息数据库(on line database)，就可以解决这个难题。如果具备了一定的设备，任何人都可以及时地获取在线信息数据(on line data)。

与传统的印刷出版的信息数据相比，计算机信息数据库具有如下优点。

(1) 信息数据是最近的或是最新的，因为出版商和信息数据收集编辑者现在都已将使用计算机作为最基本的生产技术。

(2) 搜集过程更具综合性、更快、更简单。联网的计算机可以提供几百个信息数据库的信息，使用起来又快又方便。

(3) 费用也相对较低，因为查询的时间很短。

(4) 只要个人计算机与某种通信设备相连接，如与网络相连，就可以容易地得到所需的信息数据。

计算机信息数据库可以分成联网与不联网两类。随着高级网络技术的发展，网络信息数据库的比重越来越大。

联网的和不联网的信息数据库都可以进一步分成参考文献、统计数字、全文、名录和其他信息数据库。参考文献信息数据库由刊物、杂志、报纸、市场研究、技术报告、政府文件等方面的引文组成，还常常可以提供资料的摘要或小结。统计数字信息数据库包括各种数字的统计资料。全文信息数据库包括一些文献的全文，如报纸的全文搜索服务。名录信息数据库提供关于个人、机构和服务单位的名单、地址和联系电话等，如 Yahoo。

毫无疑问，国际互联网(Internet)和万维网(WWW)的革命正在席卷全球，其运用的范围也越来越广和越来越深入，尤其在营销、管理、公共关系、产品销售、客户支持和电子交换方面，将有无限的潜能。作为调查人员，当然可借助这些现代技术搜集与调查有关的信息数据资料。

2.4.2 间接数据资料的特点

1. 间接数据的优点

二手信息数据可以弥补收集原始信息数据成本高、时间长和不方便的缺点，因此调查人员可以广泛地使用二手信息数据。使用二手信息数据还有如下优点。

(1) 二手信息数据可以提供必要的背景信息和调查报告的创意。二手信息数据可以为调查人员提供丰富的背景资料，如潜在购买者和非潜在购买者的特征、产业资料、新产品受欢迎的特点、现有产品的优点和缺陷等。

(2) 二手信息数据有可能提供原始信息数据收集的方法。有的项目的原始信息数据调查可以在调查过程中为解决手边的问题而应用，如公开发表的同类调查报告和调查方法、问卷设计方法等，就可以征得有关方面许可而采用。

(3) 二手信息数据可以警示调查人员注意潜在的问题和困难。二手信息数据可以帮助调查人员辨明在调查过程中可能遇到的问题，如信息数据收集方法问题、样本确定问题或被访者的敌意等。

2. 间接数据的缺陷

虽然二手信息数据具有显著的优点，但是它也存在一些缺陷，如难以获得、相关性差和不准确等。

1) 难以获得

对一些调查项目来说，其二手信息数据无法提供。如果调查某组织在各地区的形象，那么它只能通过原始信息数据的调查而完成。同样的例子还有对新产品的概念和性能的测试。

2) 相关性差

二手信息数据不是为当前的问题所收集的，因此在现实中，调查人员往往因为信息数据抽样单元或测量方法不符，而无法使用该信息数据。而类似统计年鉴的发表往往在时间上也要滞后许多。一般是 1～2 年，信息数据已经过时。

3) 不准确

二手信息数据的使用者应该经常质疑信息数据的准确性，在研究者收集、编码、分析和表现信息数据时往往可能潜藏许多错误。没有提及误差和误差范围的报告是值得怀疑的，应该提出以下几个问题。

(1) 谁收集的？信息数据的来源是关系到信息数据准确程度的最关键因素。政府、大的市场调查机构等权威性较高的部门较为值得信赖。

(2) 研究的目的是什么？弄清研究的动机，有助于判断信息数据的质量。为了某一团体的利益而收集的信息数据是令人怀疑的，如企业自身所做的媒体调查、广告公司对广告效果的自我测量等。

(3) 什么内容？研究者一定要时时注意辨明信息数据的内容，即使二手信息数据的质量可以让人接受，但也可能难于使用或不能适应需要。

(4) 何时收集的？过时的信息数据是没有什么用处的，在收集二手信息数据时，一方面注意其发表的时间，更重要的是注意其实施调查时间，因为调查结果发表和信息数据收集的真正时间常常是相隔很长的。

2.5 统计调查问卷

2.5.1 问卷的意义及内容

1. 问卷的意义

问卷又称调查表，是以书面的形式系统地记载调查内容，了解调查对象的反应和看法，以此获取资料和信息的一种工具。问卷不但有利于调查内容的系统化、标准化，便于对所取得的资料进行统计处理和定量分析，而且还可以节省调查时间和提高工作效率。问卷往往通俗易懂，实施较为方便。由于许多问题都已给出可供选择的被选答案，易于被调查者所接受，因而问卷调查已成为搜集调查资料的重要手段。

2. 问卷的内容

一份完整的调查问卷，主要包括以下内容。

(1) 问卷的标题。问卷的标题要概括性地说明调查研究的主题，使被调查者对所要回答的问题有一个大致的了解。标题应简明、扼要，既要明确调查对象，又要突出研究主题，并易于引起回答者的兴趣。

(2) 问卷说明。问卷说明可以是一封告知被调查者的信，也可以是导语，说明调查的目的、意义、填写问卷的要求和注意事项，同时署上调查单位的名称和时间。问卷说明的作用，在于使被调查者了解问卷调查的意图，引起他们的重视和兴趣，争取他们的支持和合作。它是调查者与被调查者沟通的中介。问卷说明的长短是由内容决定的，但应尽可能简明扼要，切忌废话和不实之词。

(3) 调查主题。这是调查者所要了解的基本内容，也是调查问卷的核心部分，它由问题和答案两部分组成。

(4) 编码。它是将问卷中的调查项目变成数字的工作过程，以便于分类整理，易于进行计算机处理和统计分析。通常是在每一个调查项目的最左边按一定要求顺序编号。它并不是所有问卷都需要的项目。

(5) 背景资料。例如，在消费者调查中，在问卷的最后附上被调查者的性别、年龄、民族、家庭人数、婚姻状况、文化程度、职业、收入等。在企业调查问卷后附上企业名称、地址、所有制性质、主管部门等。

(6) 结束语。结束语主要包括两部分内容，一是向被调查者表示感谢，如“访问到此结束，谢谢您的合作！祝您身体健康！”；二是注明调查人员姓名、调查时间、地点、被调查者的联系方式等。

2.5.2 问卷设计中的询问技术

问题是问卷的核心，设计问卷时，必须仔细研究问题的类别和提问方法。

1. 问题的主要类型及询问方式

1）根据所提问题的性质不同

根据所提问题的性质不同，问题可分为直接性问题、间接性问题和假设性问题。

（1）直接性问题。调查中可以直问直答，对被调查者没有困窘或敏感影响的问题，可采用直接提问方式，如被调查者的性别、职业等个人基本情况或一般性意见。

（2）间接性问题。对于涉及被调查者的个人秘密或隐私等不愿直接回答的问题，询问时可采用间接提问方式。例如，某些药品的使用情况、经济收入等问题，可采用分组形式取得答案。

（3）假设性问题。对于涉及被调查者对某些问题的看法或未来想法的问题，询问时可采用假设性提问方式。例如，“如果您打算在未来一年投资，您会选择哪种投资方式?”

2）根据对问题的作答方式不同

根据对问题的作答方式不同，问题可分为开放性问题和封闭性问题。

（1）开放性问题，是指所提问题不列出备选答案，答题类型也不做任何具体规定，而由被调查者根据自己的想法用文字表达出来。例如，“您认为本厂洗衣机的售后服务如何?”

开放性问题的主要优点是可以使被调查者充分自由地按自己的想法与方式回答问题，不受限制，有利于发挥被调查者的主动性和想象力，特别适合于询问那些潜在答案很多或者答案比较复杂或者尚未弄清各种可能答案的问题。开放式问题的主要缺点是被调查者答题的随意性大，调查者难以排除无用信息和不确切信息。由于答案不规范，数据的处理和分析比较困难。

（2）封闭性问题。封闭式问题是指问题和各种可能的答案都事先设计好，让被调查者通过选择答案来回答问题的一种问题形式。

【统计实例】

您的职业：（请在下列选项后的括号内划√）

工人（　）　教师（　）　军人（　）　干部（　）

农民（　）　科学工作者（　）　其他（　）

封闭性问题由于有标准答案，因此回答方便，易于进行各种统一处理和分析，有利于提高问卷的回收率和有效率。其主要缺点是：回答者只能在规定的范围内被动回答，无法充分反映应答者的想法。

3）根据所提问题的内容不同

根据所提问题的内容不同，问题可分为事实性问题、断定性问题、假设性问题和敏感性问题。

（1）事实性问题。事实性问题要求被调查者回答有关事实情况，其主要目的是获取反映客观实际的资料。因此，问题的含义必须清楚，使被调查者容易理解并易于回答，如职业、出生年月、经济收入、家庭状况、教育程度、居住条件等。

（2）断定性问题。断定性问题是假定某个被调查者在某个问题上确有其行为或态度，继续进一步了解另外一些行为或态度。这种问题由两个或两个以上的问题相互衔接构成。前面一个问题是后面一个问题的前提。例如，“您一直订阅《读者》吗？”，如果回答“是”，就需要回答下一个问题：“您喜欢本杂志的哪一栏目？”；如果回答否，就不必回答下一个问题。

（3）敏感性问题。敏感性问题是指涉及个人社会地位、隐私等，不为一般社会道德和法纪所允许的行为以及私生活等方面的问题。这类问题大多数被调查者总是企图回避，不愿意合作。因此，要了解这些敏感性问题，必须变换提问方式或采取一些特殊的调查技术。

以上是从不同角度对各种问题所做的分类。在实际调查中，几种类型的问题往往结合使用。

2. 设计问句时应注意的问题

为了做到概念的准确、简明、生动，设计问卷应注意以下问题。

1）避免提笼统、抽象或过于专业化的问题

这样的问题容易造成理解困难，不易回答，并且对实际调查工作无指导意义。例如，“您对本酒店满意吗？”这样的问题过于笼统，很难达到预期效果，可具体提问：您认为本酒店价格合适吗？您认为本酒店服务质量如何？

2）避免多重性提问

一个问题只要求应答者说清楚一件事。例如，“您父母购买养老保险了吗？”该提问询问了两个问题，若被调查者的双亲中只有一方购买了养老保险，问题就没办法回答。

3）避免诱导性和倾向性

所提问题对被调查者不能有诱导作用或倾向性表达，一定要恪守中立的态度。例如，“您喜欢老师这一受人尊敬的职业吗？”该提问中“受人尊敬”一词就带有倾向性。诱导性提问会导致两种不良后果：一是被调查者不加思考就同意所引导问题中暗示的结论；二是由于诱导性提问大多是引用权威或大多数人的态度，被调查者考虑到这个结论既然已经是普遍的结论，就会产生心理的顺向反应。此外，对于一些敏感性问题，在诱导性提问下，被调查者不敢表达其他想法等，常常会引出和事实相反的结论，因此，这种提问是调查的大忌。

4）避免使用冗长复杂的语句和不易理解的词语

在语义能表达清楚的前提下，句子要尽量简洁。在大规模调查中，被调查者的文化背景、受教育程度等都会有很大差别。在考虑词语时，要注意被调查者的地区差别、文化差别等因素。

5）避免提令被调查者难堪、禁忌和敏感的问题

涉及各地风俗和民族习惯中的忌讳，关系个人利害关系和个人隐私等问题都是属于令被调查者难堪、禁忌、敏感的问题。例如，“您是否离过婚？”对于这类问题，被调查者往往出于本能的自卫心理，容易产生种种顾虑，不愿意回答或不予真实回答，而且还会引起被调查者的反感，因此，问卷中应尽量避免。如果有些问题非问不可，则应考虑回答者的自尊心，尽量注意提问的方式、方法和措辞。

6）注意时间范围的表达

调查题目中常常涉及时间的问题，而问卷设计时如果忽略了时间范围的准确表达，会造成调查结果不可靠。例如，“您过去的花销是多大？”，“过去”一词表述的时间范围不明确，被调查者遇到这种问题往往会因时间范围不明确而无从回答。

2.5.3 问卷中的答案设计

设计问卷答案时应把握的基本方法和应注意的问题如下。

1. 答案设计的基本方法

1）二项选择法

这种方法也称真伪法或二分法。它是指提出的问题仅有两种答案可以选择，“是”或“否”，“有”或“无”等。这两种答案是对立的、排斥的，被调查者的回答非此即彼，不能有更多的选择。

【统计实例】

例如，“您家里现有洗衣机吗?”的答案只能是“有”或“无”。

这种方法的优点：回答者易于理解，调查者可迅速得到明确的答案，便于统计处理，分析也比较容易。其缺点：回答者没有进一步阐明理由的机会，因此难以反映被调查者意见与程度的差别，了解的情况也不够深入，这种方法适用于互相排斥的两项择一式问题及询问较为简单的事实性问题。

2）多项选择法

这是指所提出的问题事先预备好两个以上的答案，回答者可选其中的一项或几项作答。

【统计实例】

例如，您喜欢下列哪种品牌的洗发水?（在您认为合适的括号内划√）

采乐（　） 潘婷（　） 飘柔（　） 蒂花之秀（　）

舒蕾（　） 海飞丝（　） 名人（　） 蜂花（　） 其他（　）

这种方法的优点是比二项选择法的强制选择有所缓和，答案有一定的范围，也便于统一处理。但采用这种方法时，设计者要考虑以下两种情况：一要考虑到全部可能出现的结果及答案可能出现的重复和遗漏；二要注意备选答案的排列顺序。有些回答者常常喜欢选择第一个答案，从而使调查结果发生偏差。此外，答案不宜过多，否则使回答者无从选择或产生厌烦。一般这种多项选择答案应控制在八个以内。当样本量有限时，多项选择易使结果分散，缺乏说服力。

3）顺位法

它是指列出若干种答案，由回答者按重要性决定先后顺序的方法。顺位法主要有两种：一种是对全部答案排序；另一种是只对其中的某些答案排序。究竟采用何种方法，应由调查者来决定。具体排列顺序由回答者根据自己所喜欢的事物和认识事物的程度等进行排序。

【统计实例】

例如，您是从哪儿了解本公司及本公司产品情况的?（请按顺序排出前三位）

（1）电视 （2）报纸 （3）互联网 （4）广播 （5）朋友介绍

（6）促销人员的宣传 （7）公司宣传资料 （8）其他(请注明)____

顺位法便于被调查者对其意见、动机、感觉等做衡量和比较性的表达，也便于对调查结果加以统计。但调查项目不宜过多，过多则容易分散，很难排位，同时所询问的排列顺序也可能对被调查者产生某种暗示影响。

4）回忆法

这是指通过回忆，了解被调查者对不同事物印象强弱的方法。

【统计实例】

例如，请您列出最近在电视广告中出现的快餐面品牌。调查时可根据被调查者所回忆的品牌的先后和快慢，以及各种品牌被回忆出的频率进行分析研究。

2. 答案设计时应注意的问题

（1）答案要穷尽。答案要穷尽是指每个问题中所列出的备选答案应包括所有可能的回答。

（2）答案须互斥。从逻辑上讲，互斥是指两个概念之间不能出现交叉和包容的现象。在设计答案时，一项问题所列出的不同答案必须互不相容，以避免被调查者重复选择。

（3）标记要清楚。对于封闭式问题，每项答案都应有明显的填答标记或注释，且要留出足够填答标记的空格。

（4）要使用定距、定比尺度。对于敏感性问题，为了尽可能消除被调查者的顾虑，应采用定距或定比答案设计。

2.5.4 问卷的编排设计与分类

对问卷中所设计的问题进行编排，一般有以下几个方面。

1. 问卷的顺序

在设计问卷时，要注意问题的排列顺序，使问卷条理清楚，顺理成章。

（1）题目的编排应有逻辑性。

（2）题目的顺序应先易后难。容易回答的问题放在前面；较难回答的问题放在后面；将被调查者比较熟悉的问题放在前面，将被调查者比较生疏的问题放在后面；将一般性问题放在前面，敏感性问题或特殊性问题放在后面。

（3）封闭性问题放在前面，开放性问题放在后面。

（4）能引起被调查者兴趣的问题放在前面，易引起被调查者紧张的问题放在后面。

2. 问题的衔接

问卷中的各种问题应很好地衔接起来，使调查者能快捷方便地找到符合某种回答条件和不符合某种回答条件的答案。

【统计实例】

例如，您有业余爱好吗？

没有（　　）。

有（　　）____ 如果有，您的业余爱好是：

球类运动（　　） 文艺活动（　　） 文学创作（　　） 其他（请注明）。

有时，连续几个问题都只适合于具有某种条件的被调查者，设计可采用跳答指示的方法来解决。

例如，A 您喜欢吃方便面吗？

喜欢（　　） 不喜欢（　　）（请跳答第 D 题）

这个例子中，该问题后的 BC 两个问题都是询问被调查者喜欢吃方便面的原因和种类等问题。不适于选择第 B 个答案者，通过跳答指示，使被调查者很快找到自己应该回答的问题。但应注意，这类跳答衔接法不宜过多使用，否则会给人以版面混乱的感觉，同时容易漏答和错答。

本章小结

本章主要论述了统计数据的类型和调查方式方法以及调查方案和调查问卷的设计等。

统计数据有四种类型：定类数据、定序数据、定距数据、定比数据。

统计数据的采集方式主要有普查、抽样调查、重点调查、典型调查、统计报表等。

统计数据的搜集方法有询问调查法、观察法、试验法。

统计调查方案就是调查之前制订的一个完整的调查工作计划，它包括确定调查目的、调查对象和调查单位、调查项目和调查表、调查方式方法、调查时间和调查组织工作计划等。

问卷又称调查表，是以书面的形式系统地记载调查内容，了解调查对象的反应和看法，以此获取资料和信息的一种工具。它包括标题、说明、主题、编码、背景材料和结束语六个部分。设计问卷必须把握好一系列设计规则和技巧。

职业能力训练

一、判断题

1. 调查单位与填报单位，是两种根本不同的单位。（　）
2. 调查单位和填报单位在任何情况下都不可能一致。（　）
3. 在统计调查中，调查标志的承担者是调查单位。（　）
4. 报告单位是指负责报告调查内容的单位。报告单位与调查单位两者有时一致，有时不一致，这要根据调查任务来确定。（　）
5. 统计调查人员以调查表或有关材料为依据，逐项向调查者询问有关情况，并将答案记录下来的统计资料调查方法是直接观察法。（　）
6. 对某地区银行职工的基本情况进行调查时，银行的每个职工都是调查对象。（　）
7. 调查时间就是开始调查工作的时间。（　）
8. 全面调查仅限于有限总体。（　）
9. 全面调查和非全面调查是根据调查结果所得的资料是否全面来划分的。（　）
10. 对全国各大型钢铁生产基地的生产情况进行调查，以掌握全国钢铁生产的基本情况。这种调查属于非全面调查。（　）
11. 重点调查中的重点单位是标志值较大的单位。（　）
12. 重点调查中的重点单位是根据当前的工作重点来确定的。（　）
13. 重点调查和抽样调查都是非全面调查，其调查结果都可以用于推算总体指标。（　）

二、单项选择题

1. 某地区为了掌握该地区水泥生产的质量情况，拟对占该地区水泥总产量的 80%的五个大型水泥厂的生产情况进行调查，这种调查方式是(　　)。

A. 普查　　B. 典型调查　　C. 抽样调查　　D. 重点调查

2. 某灯泡厂为了掌握该厂的产品质量，拟进行一次全厂的质量大检查，这种检查应选择(　　)。

A. 统计报表　　B. 重点调查　　C. 全面调查　　D. 抽样调查

3. 人口普查规定统一的标准时间是为了(　　)。

A. 避免登记的重复与遗漏　　B. 确定调查的范围

C. 确定调查的单位　　D. 登记的方便

4. 以下不宜采用采访法的场合是(　　)。

A. 居民入户调查　　B. 座谈会

C. 当事人或知情者个别采访　　D. 了解在制品存量

5. 某地进行国有商业企业经营情况调查，则调查对象是(　　)。

A. 该地所有商业企业　　B. 该地所有国有商业企业

C. 该地每一国有商业企业　　D. 该地每一商业企业

6. 以下哪种调查的报告单位与调查单位是一致的(　　)。

A. 工业普查　　B. 工业设备调查　　C. 职工调查　　D. 未安装设备调查

7. 统计调查所搜集的可以是原始资料，也可以是次级资料，原始资料与次级资料的关系是(　　)。

A. 原始资料来源于基层单位，次级资料来源于上级单位

B. 次级资料由原始资料加工整理而成

C. 原始资料与次级资料之间无必然联系

D. 原始资料与次级资料没有区别

8. 调查项目通常以表的形式表示，称为调查表，一般可分为(　　)。

A. 单一表和复合表　　B. 单一表和一览表

C. 简单表和复合表　　D. 简单表和一览表

9. 通过调查大庆、胜利、辽河等油田，了解我国石油生产的基本情况。这种调查方式是(　　)。

A. 典型调查　　B. 重点调查　　C. 抽样调查　　D. 普查

10. 统计调查的基本任务是取得原始统计资料，所谓原始统计资料是(　　)。

A. 统计部门掌握的资料

B. 对历史统计资料进行整理后取得的资料

C. 直接向调查单位进行登记所取得的资料

D. 统计年鉴或统计公报上发布的资料

11. 某市进行工业企业生产设备普查，要求在 7 月 1～10 日全部调查完毕，则这一时间规定是(　　)。

A. 调查时间　　B. 调查期限　　C. 标准时间　　D. 登记期限

12. 调查某市工业企业职工的工种、工龄、文化程度等情况(　　)。

A. 填报单位是每个职工

B. 调查单位是每个企业

C. 调查单位和填报单位都是企业

D. 调查单位是每个职工，填报单位是每个企业

三、多项选择题

1. 普查是一种(　　)。

A. 非全面调查　B. 专门调查　C. 全面调查　D. 一次性调查

E. 经常性调查

2. 某地对集市贸易个体户的偷漏税情况进行调查，1 月 5 日抽选 5%样本检查，5 月 1 日抽选 10%样本检查，这种调查是(　　)。

A. 非全面调查　B. 一次性调查　C. 不定期性调查　D. 定期性调查

E. 经常性调查

3. 对于社会、经济和管理的统计研究而言，在统计调查过程中要做到(　　)。

A. 经济性　B. 及时性　C. 一致性　D. 完整性

E. 准确性

4. 非全面调查是指(　　)。

A. 普查　B. 全面统计报表　C. 重点调查　D. 典型调查

E. 抽样调查

5. 某市对全部工业企业生产设备的使用情况进行普查，则每一台设备是(　　)。

A. 调查单位　B. 调查对象　C. 总体单位　D. 填报单位

E. 报告单位

6. 根据调查的场所不同，实验法可分为(　　)。

A. 室内实验法　B. 市场实验法　C. 研究性实验　D. 应用性实验

E. 可靠性实验

7. 下列各调查中，调查单位和填报单位一致的是(　　)。

A. 企业设备调查　B. 人口普查　C. 工业企业普查　D. 商业企业调查

E. 商品价格水平调查

四、实训练习

为了了解我校学生在校期间费用支出情况，研究学生及其家庭对学生教育培养费用的负担程度和能力，请制定一份调查问卷。

第3章 统计资料的整理

TONGJI ZILIAO DE ZHENGLI

【学习目标】

知识目标：了解统计数据整理与显示的基本内容；掌握选择分组标志、编制变量数列、制作基本统计图表的技术和方法。

能力目标：通过本章的学习，要求掌握各种不同类型资料的整理方法、整理原则，以及一些相关的概念，并能够利用所学的方法对所给的实际资料按照研究目的的要求进行整理。

【案例导入】

某公司派出市场调查人员深入市场进行实地考察，目的是了解当地工业用户对金属产品的采购方向。

市场调查人员走访了几家公司后，发现各家公司的采购方向与各自公司规模大小、经营产品的类别等密切相关。同时，还发现各自重点选购的商品差别很大。市场调查人员又根据了解到的情况，认为这些公司的采购方向很可能与各家公司本身的特点密切相关。于是又将有关这几家公司的规模、经营的产品等方面资料再做详细分组。

为了能够客观地验证各家公司的规模与它的采购方向二者之间可能存在的某种关系，于是，根据各家公司的营业额把这几十家公司分为下列五组(表 3－1)：营业额每年 100 万元以上、营业额每年 50 万～100 万元、营业额每年 25 万～50 万元、营业额每年 10 万～25 万元、营业额每年 10 万元以下。

表 3－1　各工业公司整理数据表

营业额/万元	代表公司名称	主要使用的金属产品
10 以下	嘉兴工业公司	醋酸钯，铱粉
10～25	宁波工业公司，长城工业公司	硫酸镍，三氯化铑(晶体)
25～50	珠江工业公司，东方工业公司	铑粉，电解铜，钌粉
50～100	北方工业公司，航空工业公司	松散电工圆铝杆
100 以上	宜昌汽车工业公司	氯铂酸，海绵钯

【解析】

分组之后，市场调查人员只需要在这五类规模大小各异的公司中，根据各类公司特点相互比较其经常使用的金属产品即可说明问题，而不必逐家公司去进行相互比较。

3.1 统计资料整理概述

统计资料整理是统计工作的第三个阶段，它在整个统计工作过程中起着承前启后的作用，它既是统计调查的继续和深化，又是统计分析的基础和前提，是统计调查和统计分析的连接点。

3.1.1 统计资料整理的概念和意义

统计资料整理(statistical data processing)，简称统计整理，是指根据统计研究的目的任务，对统计调查所得的原始资料进行科学的分类和汇总；或对已初步加工的次级资料进行再加工，使其系统化、条理化、科学化，以反映所研究现象的总体特征的工作过程。

统计调查得到的大量的、零散的、不规范的资料，只能表明被调查单位的具体情况，反映事物的表面现象，不能说明事物的综合情况，必须进行加工整理。

【统计实例】

李明亮的计算机成绩是 68 分，这只能说明他个人的成绩，代表不了班级，而班级的平均成绩是需要汇总再平均才能知道的，这一过程需要将班级全部学生的成绩加以整理分析。

人口普查中的人口资料，只能说明每一个人的具体情况，如姓名、性别、年龄、文化程度等。只有通过对人口总体中每个人的资料进行整理、分组、汇总等加工处理后，才能得到人口总体的综合情况，如总人口数、平均年龄、男女性别比例等，从而了解人口总体的规模、结构、增减变动状况等，达到对人口总体的全面认识。

因此，统计整理是实现由对个别现象到总体现象的认识，统计整理的正确与否、质量好坏，将直接影响统计对社会经济现象数量描述的准确性和数量分析的真实性。采用科学的方法进行统计整理是顺利完成统计分析任务的前提。

3.1.2 统计整理的步骤

统计整理是一项细致的工作，需要有计划、有组织地进行。统计整理的基本步骤如下。

1. 制定统计整理方案

统计整理方案是根据统计研究的目的和要求，事先对整个工作做出的全面的计划和安排。其主要内容包括确定汇总的指标与综合统计表，确定分组方案，选择资料汇总形式，确定资料审查的内容与方法，确定与历史资料的衔接方法，对整理各工作环节做出时间安排和先后顺序安排等。统计资料整理方案是保证统计整理工作按时、按质、按量完成的指导性文件，方案设计是否合理直接关系到统计整理工作的质量，因此，要做到慎重、周密。

2. 审核调查资料

审核的内容主要包括调查资料的准确性、及时性和完整性等几个方面。

(1) 审核调查资料的准确性主要有逻辑性审核和计算审核两种。逻辑性审核是利用逻辑理论检查调查资料内容是否符合客观实际，调查表或报表中的内容是否合理，各项目之间有无相互矛盾之处，并与有关资料进行对照，从中发现逻辑上的矛盾。

【统计实例】

在人口普查中，年龄为少年、儿童年龄段的居民，其文化程度为大学本科以上，婚姻状况为已婚，职务为工程师等，就明显不符合人们对事物的一般认识，不合逻辑。如果出现这种情况，就需要对调查资料进行查实、更正。

计算审核是利用平衡或加总关系审核调查表或报表中的各项数字在计算方法和结果上有无差错，计量单位有无和与规定不符的地方等。发现调查资料数据有差错后，要分不同情况及时纠正处理：属于填报错误的，要通知填表人或填报单位重新填报；属于汇总错误的，应根据情况予以修正。

(2) 审核调查资料的及时性就是审核调查资料是否按规定的时间报送，如未按规定时间或未及时报送要检查其原因。

(3) 审核调查资料的完整性，就是审核所有被调查单位的调查资料是否齐全，是否有重复和遗漏；另外，还要审核调查表中应填写的项目是否填写齐全。因为任何单位的资料不报或缺报都会影响整个汇总工作的正常进行。

3. 对调查资料进行分组、汇总、计算

根据统计整理方案的要求，按已确定的汇总形式和具体方法，依照一定标志，对调查资料进行分组。按分组的要求，对各项数字进行汇总，计算分组单位数、总体单位数、分组标志总量和总体标志总量。在统计整理过程中，对大量的原始资料进行分组、汇总和计算是一项主要的工作。具体过程在后几节中做详细介绍。

4. 审核汇总后的调查资料

对整理好的资料再一次进行审核，改正汇总过程中所发生的各种差错。汇总后审核可以从以下几方面进行。

(1) 复计审核，即对每个指标数值进行复核计算。

(2) 表表审核，即审核不同统计表上重复出现的同一指标数值是否一致，对统计表中互有联系的各个指标数值，则审核它们之间是否衔接和符合逻辑性。

(3) 表实审核，即将汇总得到的指标数值，与了解的实际情况联系起来进行检查。

(4) 对照审核，即对某些统计、会计、业务三种核算都进行计算的指标数值，应进行相互对照检查，看数字是否相同，以便从中发现可能出现的错误。在审核过程中，发现错误应查明原因，及时更正。

5. 编制统计表、绘制统计图

把整理好的统计资料用统计表或统计图的形式表现出来，简明扼要地表现社会经济现象在数量方面的具体特征和相互关系，在后几节中做详细介绍。

3.2 统计分组

统计整理的主要工作内容是对调查得到的资料进行分组、汇总和计算，其中统计分组是最基本的，是保证分类、汇总科学合理的基础。

3.2.1 统计分组的概念与作用

1. 统计分组的概念

统计分组(statistical grouping)是根据统计研究的目的和研究对象的特点，将统计总体按照一定的标志区分为若干个组成部分的一种统计方法。

统计分组是在统计总体内部进行的一种特定分类，它同时具有两方面的含义：对总体而言是“分”，即将总体分为性质相异的若干部分；对个体而言是“合”，即将在某些方面性质相同的个体组合起来。

【统计实例】

一个班级由50名学生组成，现在按性别分组，结果分成男生组20名，女生组30名，对于班级来说分成了两个组成部分，对于男生来说组成了一个小组，对于女生来说也组成了一个小组，这一过程也可以看成是总体中的每一个人按照性别特征组合成两组的过程。

能够对统计总体进行分组，是由统计总体中各单位所具有的差异性的特点决定的。统计总体中的各单位，一方面在某一个或几个标志上具有相同的性质，可以被结合在同一性质的总体中；另一方面，又在其他标志上具有彼此相异的性质，从而又可以被区分为性质不同的若干个组成部分。

2. 统计分组的作用

统计分组在统计认识过程中的作用主要表现在以下几个方面。

1）统计分组后，能够看出统计资料的基本特点与规律

统计调查取得的资料，往往是大量的、零散的、摸不清头绪的资料，直接观察调查资料，很难了解到社会经济现象的基本情况和特点。

【统计实例】

某车间工人共有 100 人，分 10 个小组，生产定额为每人每天应生产产品 250 件，4 月 1 日每个工人的实际生产完成情况如下(单位：件)。

一组：210　210　210　210　225　225　240　240　240　240
二组：270　270　270　270　270　270　270　270　270　270
三组：270　270　270　270　270　270　270　270　290　290
四组：260　260　260　260　265　250　250　250　250　250
五组：360　360　315　315　315　315　310　310　310　310
六组：265　265　265　270　310　310　310　310　360　360
七组：255　255　260　260　260　250　255　255　250　250
八组：325　325　325　325　325　325　325　325　325　325
九组：290　290　290　290　290　290　290　290　290　290
十组：290　290　290　290　290　325　325　310　315　315

从上面资料中，我们只能大体看出，第一组工人完成生产情况不好，10 人均未达到生产定额；第五组、第八组工人完成生产情况最好，都超过 310 件以上；其他各组有高有低，很不平衡。如果车间主管想要了解超额完成任务的工人数有多少，占全部工人的比重等，这些问题就不容易看清，如果将上面的资料进行分组并汇总起来观察，就可以较清楚地观察这 100 名工人生产定额的完成情况，见表 3－2。

表 3－2　某车间生产工人完成定额的情况

按完成件数分组/件	工人人数/人	所占比重
250 以下	10	10%
250～300	59	59%
300～350	27	27%
350 以上	4	4%
合计	100	—

从表 3－2 可以了解该车间的生产情况和特点：首先，在 100 名工人中，占 90%以上的工人完成了生产定额，未完成定额的只占 10%；其次，在完成生产定额的工人中，略超过生产定额的工人(完成 250～300 件)占 59%，超过生产定额较多的工人占 31%。

结论：该车间工人生产定额完成得比较好，绝大部分能完成或超额完成生产定额，生成情况比较稳定，隐患较少。如果不经过上述分组，就难以观察出这些特点。

2）可以划分现象的类型

运用统计分组法把现象总体划分为不同类型组之后进行研究，才能知道该现象总体由哪些类型构成及各类型的状态、关系及变化等问题，才能真正地认识了解这一社会现象，研究

才得以深入。

【统计实例】

我国经济分为公有经济和非公有经济两大类，公有经济包括国有及国有控股经济和集体经济，非公有经济包括个体经济、股份制经济、外商及港澳台商投资经济；工业划分为重工业和轻工业两大类；社会产品划分为生产资料和消费资料两大类；人口划分为城镇人口和农村人口两类。

3）深入分析总体内部结构

在社会经济问题的分析和研究中，经常分析研究的结构有经济类型结构、产业结构、产品结构、投资结构、消费结构、技术结构、人才结构，农业生产活动中的种植业、林业、畜牧业和渔业结构，畜牧业生产中的畜群结构等。

【统计实例】

2007—2011年我国按三次产业分类的就业人员构成情况，见表3-3。

表3-3　2007—2011年我国按三次产业分类的就业人员构成情况

年份	2007	2008	2009	2010	2011
第一产业	50.0%	49.1%	46.9%	44.8%	42.6%
第二产业	21.4%	21.6%	22.5%	23.8%	25.2%
第三产业	28.6%	29.3%	30.6%	31.4%	32.2%

以上资料表明，2007—2011年我国第二、第三产业就业人员的比重不断上升，而第一产业就业人员数在不断下降，这是我国大力发展第二、三产业的结果，也是建设和谐型社会，不断提高人民生活水平的需要。

4）表示现象之间的依存关系

一切社会经济现象都不是孤立存在的，而是相互联系、相互依存、相互制约的整体。要揭示和研究现象之间的关系及其影响与作用程度，可以首先将总体按某一个标志分组，同时观察和分析另外的标志在这种分组下的实际情况，以揭示现象之间的联系、依存和制约的关系。

【统计实例】

(1) 黑龙江省虎林地区玉米的施肥量与单位面积产量之间的关系，见表3-4。

表3-4　黑龙江省虎林地区玉米施肥量与单位面积产量的关系

化肥施用量/(千克/公顷)	公顷产量/千克
232.5	5 655.0
267.0	6 249.0
291.0	6 792.0
307.5	7 216.5
327.0	6 966.0

表3-4反映了化肥施用量与农作物单位面积产量之间的依存关系，随着化肥施用量的增加，农作物单位面积产量也在增加，但当化肥施用量为327千克/公顷时，农作物公顷产量则减少到6 966千克，化肥的施用量到达了一个界限，过多的施用量反而使农作物产量降低。

(2) 观察我国2010年黑龙江省七台河市居民收入与恩格尔系数的关系可以发现，随着居民家庭人均可支配收入水平的提高，其恩格尔系数都在不断下降(表 3-5)。

表 3-5　2010 年黑龙江省七台河市居民家庭人均收入及恩格尔系数

时间	城镇居民	
	家庭人均可支配收入/元	恩格尔系数/%
2010 一季度	3 309	47.6
2010 二季度	3 560	42.0
2010 三季度	3 784	37.7
2010 四季度	3 880	35.8

【思考】

19 世纪德国统计学家恩格尔提出了恩格尔系数来反映消费结构的变化规律，请思考恩格尔系数代表什么，具体的划分标准又是什么？

3.2.2　选择分组标志

统计分组中关键的问题在于选择分组标志。

分组标志就是将统计总体分为若干组成部分的根据。社会经济现象一般都有许多不同的标志。对同一总体进行分组，会有多种选择，为确保分组后的各组能够正确反映事物内部的规律性，选择分组标志时，应遵循以下原则。

1）根据统计研究的目的与任务选择分组标志

在对社会经济现象进行研究时，不同的研究任务要选择不同的分组标志进行分组。

【统计实例】

以全国工业企业为总体进行研究时，这个研究对象就有很多标志，如经济类型、固定资产原值、职工人数、所属行业等。在具体研究过程中到底应该采用哪种标志进行分组，就要看研究的目的。如果研究的目的是要分析不同经济类型的企业在总体中的构成，那么就要选择经济类型作为分组标志；如果要研究工业企业规模构成状况，则可以选择产值、固定资产原值等作为分组标志。

2）选择最能反映现象本质特征的标志作为分组标志

由于社会经济现象复杂多样，因此在选择分组标志时，有多种选择。这就需要根据被研究对象的特征，选择最主要的、最能反映事物本质特征的标志进行分组。

【统计实例】

研究职工生活水平的高低情况，可以用职工的工资水平作为分组标志，也可以用职工家庭成员人均收入水平作为分组标志。相比较而言，职工家庭成员人均收入水平更能反映职工生活水平的高低，更能反映现象的本质特征，因为，即使某一职工工资水平较高，但如果他赡养的人口数很多的话，其家庭生活水平也不会很高。在进行统计分组时，就要选择其中最能反映问题本质特征的标志即职工家庭成员人均收入进行分组，这样能够使我们对所研究的对象有一个正确的认识。

3）根据现象所处的历史时期来选择标志

社会经济现象是随着时间、地点的变化而变化的。同一个标志在过去某个时期是适用的，现在就不一定适用；在这个场合适用，在另一场合就不一定适用。因此，即使是研究同类现象，也要视具体时间、地点、条件的不同而选择不同的分组标志。

【统计实例】

在研究企业规模构成状况时，需要对企业按其规模进行分组。一般来说，反映企业规模的标志主要有职工人数、年产值、年产量、固定资产净值和年利润额等。在生产力水平较低的情况下，用职工人数的多少来表示企业规模的大小比较适当；而在技术进步的历史时期或技术装备比较先进的情况下，有的企业由于采用了机械化生产，虽然职工数不多，但生产能力却很大。因此，职工人数已不能准确地说明企业规模的大小，这时一般使用产值、固定资产原值或净值等作为反映企业规模的分组标志更为恰当。

特别提示

在选择分组标志时，还要遵循穷尽性和互斥性两个原则。穷尽性原则是指统计分组必须保证总体的每一个单位都能归入其中的一个组，各个组的单位数之和等于总体单位总数，总体的指标必须是各个单位相应标志的综合；互斥性原则是指统计分组必须保证总体的每一个单位只能属于其中的一个组，不能出现重复统计的现象，否则，就必然会影响到统计资料的真实性。

3.2.3 统计分组的方法

统计分组要求将总体内标志表现不同的总体单位分开，使标志表现相同或相近的总体单位归属在同一组。因此，分组标志一经选定，就要突出总体在这一标志下的性质差异或数量差异，即在分组标志范围内，划分各相邻组间的性质界限和数量界限。根据分组标志的不同特征，统计总体可以按品质标志分组，也可以按数量标志分组。

1）按分组标志的性质不同

按分组标志的性质不同分为品质标志分组和数量标志分组。

（1）按品质标志分组就是选择反映事物属性差异的品质标志为分组标志，并在品质标志的变异范围内划定各组界限，将总体划分成为若干个性质不同的组成部分。

【统计实例】

工业企业按所属的经济类型可以分为国有经济、集体经济、个体经济、联营经济、股份制经济、外商投资经济、港澳台投资经济和其他经济。

我国客运量按载运方式可分为铁路、公路、水路、民航几种(表3-6)。

表3-6　2011年我国客运量

按载运分类	客运量/亿人	所占比重
铁路	2.85	0.848%
公路、水路	330.3	98.23%
民航	2.9	0.922%
合计	336.05	100%

（2）按数量标志进行分组，就是根据统计研究的目的，选择反映事物数量差异的数量标志作为分组标志，在数量标志值的变异范围内划定各组的数量界限，将总体划分为性质不同

的若干个部分或组别，结果形成变量数列。例如，人口按年龄分组，企业按职工人数分组，职工按工资水平分组等。

2）按分组标志的多少

按分组标志的多少分为简单分组和复合分组。

（1）简单分组是指按照一个标志进行分组，见表 3-7。

表 3-7　某班按成绩分组

成绩/分	人数/人
60 以下	5
60～70	13
70～80	63
80～90	15
90 以上	4
合计	100

（2）复合分组是指对同一个总体，把两个或两个以上标志层叠起来进行分组，见表 3-8。

表 3-8　某高校教师的复合分组

职称（第一标志）	年龄（第二标志）	性别（第三标志）
高级职称	45 岁以下	男
		女
	45 岁以上	男
		女
非高级职称	45 岁以下	男
		女
	45 岁以上	男
		女

3.3　编制分配数列

分配数列是统计分组形成的必然产物，是统计整理结果的一种重要表现形式，也是统计描述和统计分析的重要内容。它可以表明总体的分布特征和内部结构，并为研究总体中某种标志的平均水平及其变动规律提供依据。

3.3.1　分配数列的概念

分配数列（distribution series）是在统计分组的基础上，将总体的所有单位按组归类整理，并按一定顺序排列而形成的总体中各个单位在各组间的分布，又称分布数列或次数分配。

【统计实例】

某企业职工文化构成情况，见表 3-9。

表 3-9　某企业职工文化构成情况

文化程度	职工人数/人	占总人数的比重
本科及研究生以上	250	12.5%
大专及大专以上	350	17.5%
中专及高中	800	40.0%
初中	600	30.0%
合计	2 000	100.0%

3.3.2　分配数列的种类

根据分组标志的不同，分配数列分为品质分配数列和变量分配数列两种。

1. 品质分配数列

按品质标志分组形成的分配数列称为品质分配数列，简称品质数列，也称属性分布数列。

【统计实例】

2006 年中国国内生产总值及构成情况见表 3-10。

表 3-10　2006 年中国国内生产总值及构成情况

产业	国内生产总值	
	绝对数/亿元	相对数
第一产业	24 737.0	11.7%
第二产业	103 162.0	48.9%
第三产业	82 972.0	39.4%
合计	210 871.0	100.0%

2. 变量分配数列

按数量标志分组所编制的分配数列称为变量分配数列，简称变量数列。

【统计实例】

某饼干加工厂工人生产某产品日产量资料见表 3-11。

表 3-11　某饼干加工厂工人生产某产品日产量资料

日产量/件	工人数/人	占总人数的比重
22	30	15%
23	50	25%
24	60	30%
25	40	20%
26	20	10%
合计	200	100%

在分组过程中，根据变量值取值范围的不同，分组的形式可以分为单项式分组和组距式

分组。变量数列按变量的表示方法和分组方法不同，可以分为单项式分配数列和组距式分配数列两种。

(1) 单项式分配数列：是每一组只包含一个变量值，按单项式分组所编制的变量数列。这种分组形式只适用于离散变量，而且要求离散变量的变动范围较小，变量值个数较少时使用，如表 3－12 所示某小区家庭按照儿童数分组及表 3－13 所示某班同学年龄分布。

表 3－12　某小区家庭按照儿童数分组

家庭按照儿童数分组/户	家庭数/户
0	20
1	60
2	150
3	90
4	40
合计	360

表 3－13　某班同学年龄分布

年龄	人数/人	所占比重
15	3	3.75%
16	23	28.75%
17	45	56.25%
18	9	11.25%
合计	80	100.00%

(2) 组距式分配数列：是以标志值变动的范围作为一组的分组，即组距式分组所形成的变量数列。适用于所有的连续变量和取值范围较大的离散型变量，如表 3－14 某班同学计算机成绩分布及表 3－15 地区销售额与流通费用。

表 3－14　某班同学计算机成绩分布

成绩	人数/人	所占比重
60 以下	2	2.50%
60～69	15	18.75%
70～79	36	45.00%
80～89	20	25.00%
90 以上	7	8.75%
合计	80	100.00%

表 3－15　某地区销售额与流通费用

按销售额分组/万元	商店数/个	每百元商品销售额中支付的流通费用/元
50 以下	10	21.2
50～100	20	20.1
100～200	30	19.2

续表

按销售额分组/万元	商店数/个	每百元商品销售额中支付的流通费用/元
200～300	25	18.5
300 以上	15	16.0

3.3.3 变量分配数列的编制

对于品质数列来讲，如果分组标志选择得好，分组标准定得恰当，则事物性质的差异表现得就比较明确，总体中各组也容易划分。在编制品质数列时，只要按规定的分组标准将总体单位按组归类整理即可。品质数列一般来说比较稳定，通常能准确反映总体的分布特征。这里只对变量分配数列的编制做重点介绍。

1. 单项式数列的编制

在编制单项式数列时，一般将调查所得资料按照数值由小到大顺序排列；然后确定各组的变量值和组数，一般有多少个变量值就有多少组；最后汇总出各变量值出现的次数，编制单项式数列。

由于单项式数列每组只有一个变量值，各组之间界限划分也非常明确，因此编制出的数列也很稳定，见表 3－16。

表 3－16 某高校在校学生年龄分布

按年龄分组	学生人数/人	所占比重
17	54	5.4%
18	189	18.8%
19	228	22.7%
20	283	28.1%
21	131	13.0%
22	97	9.6%
23	24	2.4%
合计	1 006	100.0%

2. 组距式数列的编制

由于组距式变量数列是将变量值划分为若干区间，因此编制方法有了一定的难度。在编制过程中遵循如下步骤，一般首先把变量值按由小到大的顺序排列，并确定全距；其次，确定组数和组距；在此基础上确定组限；最后，汇总出各组的次数及比重，编制组距式数列。

1）将变量值按大小顺序排列，并确定全距

【统计实例】

对鸡西市鸡东县居民家庭人均月消费性支出情况进行抽样调查，得到 40 户家庭人均月消费性支出(单位：元)资料如下。

400	485	442	490	416	482	535	393	566	400
304	406	409	413	414	414	376	417	422	593
432	435	441	355	504	456	464	470	472	478

385	349	488	361	450	524	388	544	397	429

以上数据零散，看不出消费范围和结构，所以对以上数据进行大小顺序排列，得到下面的数据。

304	349	355	361	376	385	388	393	397	400
400	406	409	413	414	414	416	417	422	429
432	435	441	442	450	456	464	470	472	478
482	485	488	490	504	524	535	544	566	593

数据整理好以后，可以确定全距。

全距也称为极差，是指总体各单位的两个极端标志值之差。

即：R＝最大标志值－最小标志值

因此，全距(R)可反映总体标志值的差异范围。上述统计实例中共有 40 个变量值，最小值是 304 元，最大值是 593 元。

故 全距＝最大值－最小值＝593 元－304 元＝289 元。

2）确定组数与组距

把分成的组的个数称为组数。在组距式数列的每一个组中，每个组的最大值为组的上限(upper limit)，最小值为组的下限(lower limit)，每个组上限和下限之间的距离称为组距。

① 一组数据分多少组合适呢？一般与数据本身的特点及数据的多少有关。由于分组的目的之一是为了观察数据分布的特征，所以组数的多少应适中。如组数太少数据的分布就会过于集中，组数太多数据的分布就会过于分散，这都不便于观察数据分布的特征和规律。

在实际分组时可以按斯特杰斯提出的经验公式来确定组数 K。

$$K=1+\frac{\lg n}{\lg 2}$$

其中 n 为数据的个数，对结果用四舍五入的办法取整数即组数。不过这一公式不是在任何情况下都必须遵守的法则，它只适用于总体趋于正态分布的条件下进行等距分组的情况。而且，利用斯特杰斯公式确定组数时，如果数据个数少，则确定的组数数值过大；数据个数多，则确定的组数数值过小。所以，在实际工作中，把这一公式作为组数确定的参考公式运用是可以的，但不必严格地根据公式所确定的组数执行。

② 确定各组的组距。组距是一个组的上限与下限的差，即组距＝上限－下限，可根据全部数据的最大值和最小值及所分的组数来确定，即组距$=\frac{全距}{组数}$。组距宜取 5 或 10 的倍数。

特别提示

组数与组距是相互联系的，在同一变量数列中，组距的大小与组数的多少成反比。组数越多，组距越小；组数越少，组距越大。确定组数与组距时，先要找出全距，以及大多数变量集中的区间，然后根据标志变量的分散程度以及项目多少等因素来考虑组距和组数的问题。要使组距反映各组之间的数量界限，把性质相同的单位归入一组，而将性质不同的单位划分不同的组列，以保证编制的组距数列尽可能反映出总体分布的特征及其规律性。

如果将上述实例分为两个组距相等的组，可以编制出如表 3－17 所示的组距式变量数列。

表 3-17 鸡西市鸡东县居民家庭人均月消费性支出分配数列

人均月消费性支出/元	户数	
	绝对数/户	相对数
300～450	24	60%
450～600	16	40%
合计	40	100%

如果将上述实例分成 15 个相等的组，则可以编制出如表 3-18 所示的组距式变量数列。

表 3-18 鸡西市鸡东县居民家庭人均月消费性支出分配数列

人均月消费性支出/元	户数	
	绝对数/户	相对数
300～320	1	2.5%
320～340	0	0.0%
340～360	2	5.0%
360～380	2	5.0%
380～400	4	10.0%
400～420	9	22.5%
420～440	4	10.0%
440～460	4	10.0%
460～480	4	10.0%
480～500	4	10.0%
500～520	1	2.5%
520～540	2	5.0%
540～560	1	2.5%
560～580	1	2.5%
580～600	1	2.5%
合计	40	100.0%

还可以将其分成 6 个组距相等的组，则可以编制出如表 3-19 所示的分配数列。

表 3-19 鸡西市鸡东县居民家庭人均月消费性支出分配数列

人均月消费性支出/元	户数	
	绝对数/户	相对数
300～350	2	5.0%
350～400	7	17.5%
400～450	15	37.5%
450～500	10	25.0%
500～550	4	10.0%
550～600	2	5.0%
合计	40	100.0%

以上对同一种资料进行了三种不同的分组，可以看出组距太大，分组过粗；分组过细，组距太小，都不利于显示总体内部各组的分布特征；而表 3-19 能较好地反映某县城居民家

庭人均月消费性支出的分布状态。

由此可见，编制组距式数列时，不仅要考虑各组的划分是否能区分总体内各组成部分的性质差异，还要适当地确定组距和组数，才能准确而清晰地反映总体的分布特征。

【比较与分析】

在确定组距时，可以根据标志值变异状况不同将各组的组距确定为相等的或不等的，相应形成等距数列和异距数列。

等距数列是各组组距都相等的数列，一般在社会经济现象性质差异的变动比较均衡或标志变异比较均匀的条件下采用。

异距数列是各组组距不等的数列，也称不等距数列，通常适用于社会经济现象数量变动不均衡且很难用等组距的办法实现区分事物不同性质的情况。

3）组限与组中值

（1）组限(class limit)，是指每组两端的数值，即每组两端的标志值。每组的最大值为上限，最小值为下限。在组距式分组中常有最小组无下限和最大组无上限的情况，这样的组称开口组(open class)，其中只有上限无下限的称为下开口组，有下限无上限的组称为上开口组。表3－15中的第一组50万元以下为下开口组，最后一组300万元以上为上开口组。

确定组限应做到最小组的下限不应低于最小的变量值，最大组的上限不应高于最大的变量值，尽可能使总体内各单位的分布特征表现出来。

特别提示

按连续型变量分组划分组限时，相邻两组的组限必须重叠。这是由于连续变量的相邻两个变量值之间可以无限地分割，如果上下限是两个不同的数值的话，那么相邻两组上下限之间就可能有很多数值无组可归，不符合穷尽性原则。在统计工作中，如果某标志值刚好等于组限，为避免重复计算，一般遵循“上组限不在内”的原则。

按离散型变量划分组限时，相邻两组的组限可以以整数断开。因为离散变量不能用小数表示，相邻两个变量值可以以整数断开，所以，如果相邻两组的组限不重叠的话，也不会导致遗漏。

（2）组中值，是每组上限和下限之间的中点数值。为了反映各组中总体单位变量值的一般水平，掩盖各组内各单位的实际变量值，往往要计算组中值。其计算公式为

$$组中值=\frac{上限+下限}{2}$$

例如，200～300一组的组中值为$\frac{200+300}{2}=250$(元)。

对于开口组，由于缺少上限或下限，因此确定组中值一般以相邻组的组距作为自己假定的组距，利用相邻组组距的一半来调整计算组中值。

$$上开口组中值=下限+\frac{邻组组距}{2}$$

$$下开口组中值=上限-\frac{邻组组距}{2}$$

例如，100元以下这一组其组中值为

$$100-\frac{200-100}{2}=50(\text{元})$$

5 000 元以上这一组组中值为

$$5\ 000+\frac{5\ 000-4\ 500}{2}=5\ 250(\text{元})$$

用组中值来代表组内变量值的一般水平存在一个假定，即各单位变量值在本组范围内呈均匀分布，或在组中值两侧呈对称分布。而实际上，各组变量值往往不是均匀分布，组中值与各组的实际平均水平仍有一定差距，它只是各组实际平均值的近似值。

4）频数和频率

频数也称“次数”，是对总体按一定标志进行分组，统计出各个组内所含单位的个数。而频率是每组的频数与总数的比值。各组频数之和等于总次数，各组频率之和等于 1 或 100%，见图 3 - 1。

在变量分配数列中，频数(频率)表明该组标志值的作用程度。频数(频率)数值越大表明该组标志值对于总体水平所起的作用越大，反之，频数(频率)数值越小，表明该组标志值对于总体水平所起的作用越小。

表 3 - 19　鸡西市鸡东县居民家庭人均月消费性支出分配数列

人均月消费性支出/元	户数	
	绝对数/户	相对数
300～350	2	5.0%
350～400	7	17.5%
400～450	15	37.5%
450～500	10	25.0%
500～550	4	10.0%
550～600	2	5.0%
合计	40	100.0%
各组变量值	频数或次数	频率

图 3 - 1　频数与频率

5）累计频数

为研究整个变量数列的次数分配状况，统计工作中还常计算累计次数。将变量数列中各组的次数和频率逐组累计相加而成累计次数分布，它表明总体在某一变量值的某一水平上下总共包含的总体频数和频率。

累计次数和累计频率的计算方法有两种：向上累计和向下累计。

向上累计，又称较小制累计，是将各组的次数或频率由变量值低的组向变量值高的组累计，各累计数的意义是小于该组上限的累计次数或累计频率。

向下累计，又称较大制累计，是将各组的次数或频率由变量值高的组向变量值低的组累计，各累计数的意义是大于该组下限的累计次数或累计频率。

由表 3 - 20 可知，该县城调查的 40 户居民家庭中人均月消费支出低于 400 元的有 9 户，占全部调查户数的 22.5%。人均月消费支出高于 500 元的有 6 户，占全部调查户数的 15%。

表 3-20　鸡西市鸡东县居民家庭人均月消费性支出

人均月消费性支出/元	户数	频率/%	向上累计		向下累计	
			累计次数/户	累计频率	累计次数/户	累计频率
300～350	2	5.0	2	5%	40	100%
350～400	7	17.5	9	22.5%	38	95%
400～450	15	37.5	24	60%	31	77.5%
450～500	10	25.0	34	85%	16	40%
500～550	4	10.0	38	95%	6	15%
550～600	2	5.0	40	100%	2	5%
合计	40	100.0	—	—	—	—

由以上编制方法可知，组距式变量数列的编制重点是要解决全距、组数、组距、组限及组中值、频数和频率、累计频数的几个要素的确定问题。

3.4　统计数据的显示

经过整理以后的统计资料往往通过统计表和统计图显示出来，因此，统计表和统计图成为显示统计数据的重要工具。

3.4.1　统计表

1. 统计表的概念和构成

统计表就是由纵横交叉的直线所组成的表格来显示统计数据的表格。统计表的运用范围极其广泛，是表现统计资料最常用的形式。其主要优点：能使统计资料条理化，更清晰地表述统计数据之间的相互联系；统计数据的显示简明易懂；便于计算和比较表内的各项统计指标，并易于检查数字的完整性和正确性。

统计表从构成要素上看由总标题、横行标题、纵栏标题和数字资料四个要素构成，见图 3-2。

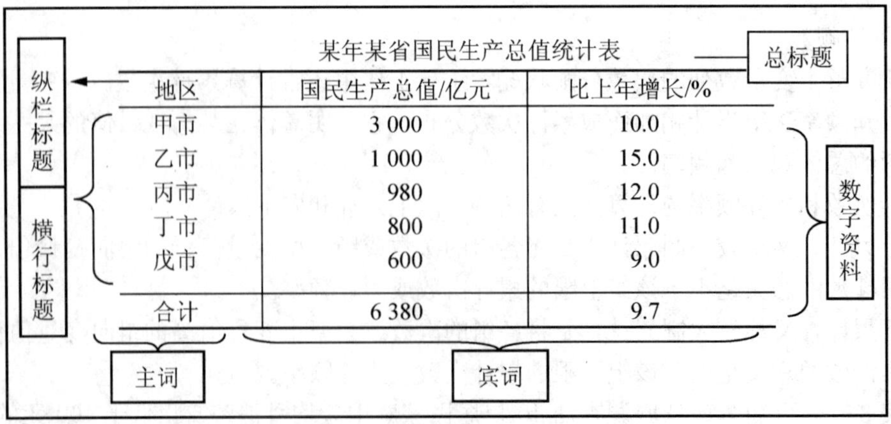

图 3-2　统计表的构成

(1) 总标题是统计表的名称，用以概括说明整个表的内容，多数情况要包括总体的时间和空间限制，一般位于表的上方中央。

(2) 横行标题是横行内容的名称，通常用来说明总体及其各组的名称，通常也称为主词，一般列在表的左边。

(3) 纵栏标题是纵栏内容的名称，通常用来表示反映总体及其各组成部分数量特征的统计指标的名称，通常也称为宾词，一般列在表内的上方。

(4) 数字资料是各项指标的具体数值，内容由横行标题和纵栏标题所限定，其数字可以是绝对、相对数或平均数。

另外，为了补充统计表中未说明的问题，统计表往往还附有一些说明，包括资料来源、指标计算方法、填报单位、填表人、填表日期等。

统计表从其内容上看，由两部分组成，一部分是主词，另一部分是宾词。主词是统计表的主体，也是统计表所要说明的对象。主词通常用横行标题来表示。宾词是说明主词的各项指标，一般由纵栏标题和指标数值所组成。

统计表的主词和宾词的位置一般如上所述，但不是固定不变的，有时为了编排合理与阅读方便，可以将主词和宾词的位置互换。

2. 统计表的分类

统计表按对总体分组的情况不同，可以分为简单表、分组表和复合表。

(1) 简单表，是指对统计总体未做任何分组，仅按单位名称或时间顺序排列而成的统计表，见表3-21和表3-22。

表3-21　中国主要河流的基本情况

名称	流域面积/平方千米	河长/千米	年径流量/亿立方米
长江	1 808 500	6 300	9 513
黄河	752 443	5 464	661
松 花 江	557 180	2 308	762
辽河	228 960	1 390	148
珠江	453 690	2 214	3 338
海河	263 631	1 090	228
淮河	269 283	1 000	622

表3-22　2000—2006年中国国民收入及国内生产总值　　(单位：亿元)

年份	国民收入	国内生产总值
2000	98 000.5	99 214.6
2001	108 068.2	109 655.2
2002	119 095.7	120 332.7
2003	135 174.0	135 822.8
2004	159 586.7	159 878.3
2005	184 739.1	183 867.9
2006	211 808.0	210 871.0

(2) 分组表，又称简单分组表，是指对统计总体仅按一个标志进行分组而形成的统计

表，见表 3 - 23、表 3 - 24。利用分组表可以深入分析现象的内部结构和现象间的相互依存关系。

表 3 - 23　某企业职工文化构成情况

文化程度	职工人数/人	占总人数的比重
大专及大专以上	350	17.5%
中专及高中	800	40.0%
初中	600	30.0%
小学及小学以下	250	12.5%
合计	2 000	100.0%

表 3 - 24　56 个农户按养猪头数分组

饲养头数/头	户数	
	绝对数/户	相对数
5 以下	6	10.7%
6～10	11	19.6%
11～12	22	39.3%
13～30	13	23.2%
31 以上	4	7.2%
合计	56	100.0%

(3) 复合表，又称复合分组表，是指对统计总体按两个或两个以上标志进行层叠分组而形成的统计表，见表 3 - 25、表 3 - 26。

表 3 - 25　2006 年全国高等学校普通本、专科部分学科招生人数　（单位：人）

项目	本科	专科	合计
经济学	152 592	116 181	268 773
法学	110 019	86 176	196 195
文学	470 022	346 900	816 922
工学	798 106	1 194 320	1 992 426
农学	47 312	52 708	100 020
医学	155 242	224 841	380 083
管理学	411 464	662 161	1 073 625
合计	2 530 854	2 929 676	5 460 530

3. 编制统计表的要求

为了使统计表能够科学地反映被研究对象的数量特征，同时为了美观和标准化，编制统计表时除了遵循科学、实用、简练、美观的原则，还要符合以下要求。

(1) 统计表的标题、项目、指标要简明扼要，应写明资料所属的时间和空间范围，使人一目了然，便于分析。如果指标的计量单位只有一个，则通常列在表的右上角，如果计量单位较多，则列在相应的指标栏内。

(2) 统计表的纵栏、横行的排列要尽量反映出内容方面的逻辑关系。

(3) 当统计表的栏目较多时，可进行编号以说明其相互关系。主词栏和计量单位栏常用甲、乙、丙等文字编号，宾词栏常用 1、2、3 等数字编号。

表 3-26 某地区 2006 年国民生产总值和职工人数统计表

项目		国民生产总值/万元	职工人数/人
国有经济	大型	10 000	14 000
	中型	9 000	50 000
	小型	5 000	10 000
集体经济	大型	8 000	7 500
	中型	6 000	11 000
	小型	4 600	5 000
外商投资经济	大型	7 500	9 500
	中型	6 500	8 500
	小型	5 400	5 000
其他经济	大型	5 800	7 400
	中型	4 500	8 100
	小型	4 000	4 200

(4) 表中的合计栏可以排在前面，也可以排在最后，如果只列出其中部分项目，则合计栏必须排在前面。

(5) 表中的统计数字应书写工整、字迹清晰；数字应填写整齐，数位对准。数字为零时要写出"0"来，不应填写数字的空格用"—"表示；未发生的数字空着不填；估算的数字应在表下说明；无法取得的资料用"…"表示；如果某项数字与邻项数字相同，则仍应填写数字，不得用"同上"、"同左"等字样或符号代替。

(6) 国际上规范的统计表是"三线表"，表的上下两端用粗线，左右两边不封口，纵栏之间用细线分开，横行之间可以不加线。如果横行过多，也可以每五行加一细线。

(7) 统计表的资料来源及其他需要说明的问题可在表下加以注明。例如，统计资料的来源、填表时间、制表人、审核人等。

(8) 统计表中的数字资料都要注明计量单位。计量单位应按统计制度的规定填写，不得另设不同的计量单位。

为使统计表阅读方便，计量单位应按如下方法表示：当各指标数都以同一单位计量时，就将计量单位写在统计表的右上角；当同栏指标数值以同一单位计量时，而各栏的计量单位不同时，则应将单位标写在各纵栏标题的下方或右方；当同行统计资料以同一单位计量，而各行的计量单位不同时，则可在横行标题后添列一计量单位栏，用以标明各行的计量单位。

3.4.2 统计图

统计图(statistical chart)是人们用来展示统计资料的另一种常用形式，它是根据整理过的统计资料，运用几何图形或具体的形象来表现被研究对象的数量关系和数量特征的图形。与统计表相比，它更为鲜明、醒目、生动、直观。常用的统计图如下。

1. 直方图

直方图是用矩形的宽度和高度来表示频数分布的图形。在平面直角坐标系中，横轴表示数据分组，纵轴表示频数或频率，这样各组与相应的频数就形成了一个矩形，即直方图。它一般用来表现连续型变量的分布特征。根据表 3－27 可绘制成直方图，见图 3－3。

表 3－27　某村人口按年龄分组统计表

按年龄分组/岁	2 以下	2～4	2～6	6～8	8～10	10～12	12～14	14～16	16～18	18～20
各组人数/人	50	70	100	110	140	150	165	170	185	200
按年龄分组/岁	20～22	22～24	24～26	26～28	28～30	30～32	32～34	34～36	36～38	38～40
各组人数/人	210	225	235	240	250	265	270	275	283	295
按年龄分组/岁	40～42	42～44	44～46	46～48	48～50	50～52	52～54	54～56	56～58	58～60
各组人数/人	300	294	285	270	260	250	240	230	215	200
按年龄分组/岁	60～62	62～64	64～66	66～68	68～70	70～72	72～74	74～76	76～78	78～80
各组人数/人	190	185	170	160	150	145	120	105	80	45

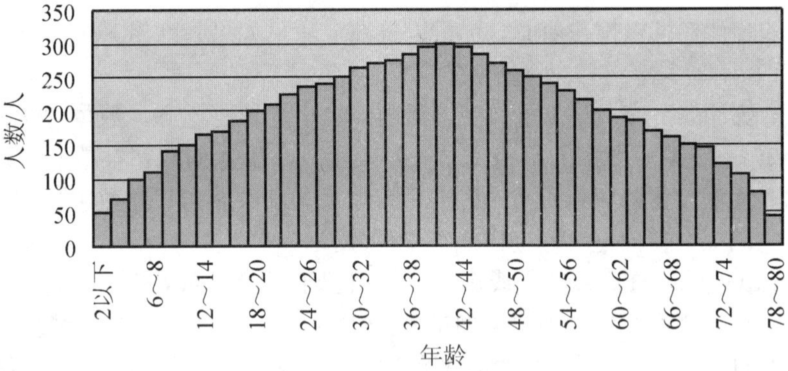

图 3－3　某村居民年龄分布直方图

2. 条形图

条形图是用宽度相同的条形的高度或长度来表示数据变动的图形。条形图可以横置和纵置，纵置时也称柱形图。它一般用来表示品质数列或者离散型变量的分布情况。

根据表 3－28 资料绘制条形图，见图 3－4。

表 3－28　某大学职工按工作岗位分组的资料

按劳动岗位分组	人数/人	所占比重
专职教师	600	42.86%
教辅人员	150	10.71%
管理人员	100	7.14%
服务人员	200	14.29%
其他人员	50	3.57%
附属机构人员	400	28.57%
合计	1 400	100.00%

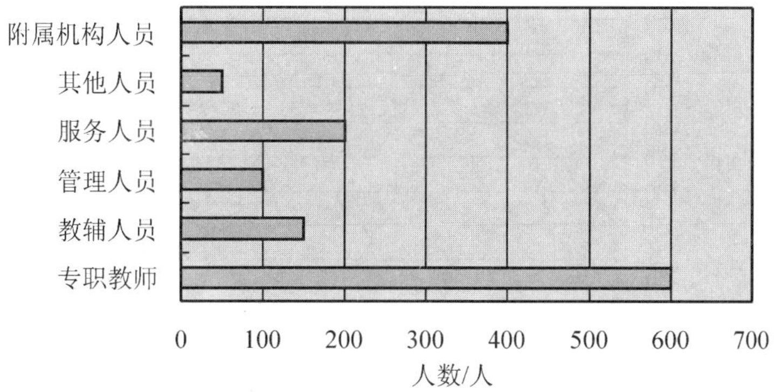

图 3－4 某学院职工岗位分布

【比较与分析】

条形图和直方图不同，条形图用条形的长度(横置时)表示各类别数量的多少，其宽度(表示类别)是固定的，直方图是用面积表示数量的多少；直方图各矩形通常是连续排列，而条形图则是分开排列。

3. 折线图

折线图也称频数多边图，它是在直方图的基础上把相邻直方形的顶边中点连接成一条折线，就形成了频数分布折线图。折线图也可以用组中值与次数求坐标点连接而成。职工按工资分布折线图见图 3－5。

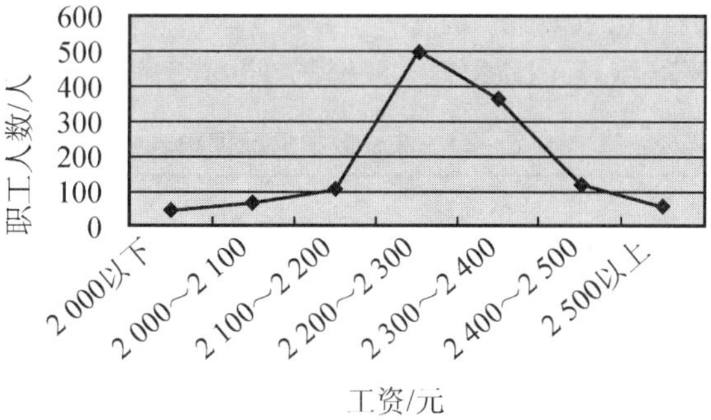

图 3－5 职工按工资分布折线图

4. 曲线图

在分组很多的情况下，组距会越来越小，这时所绘制的折线图就会越来越光滑，渐渐形成一条平滑的曲线，这就是分布曲线。曲线图是用曲线的升降起伏来表示被研究现象的变动情况及其趋势的图形。

例如，根据表 3－27 资料，可绘制出频数分布曲线图，见图 3－6。

5. 圆形图

圆形图又称饼图，它是以圆的面积或圆内各扇形的面积来表示数值大小或总体内部结构的一种图形。

根据表 3－28 绘制圆形结构图，见图 3－7。

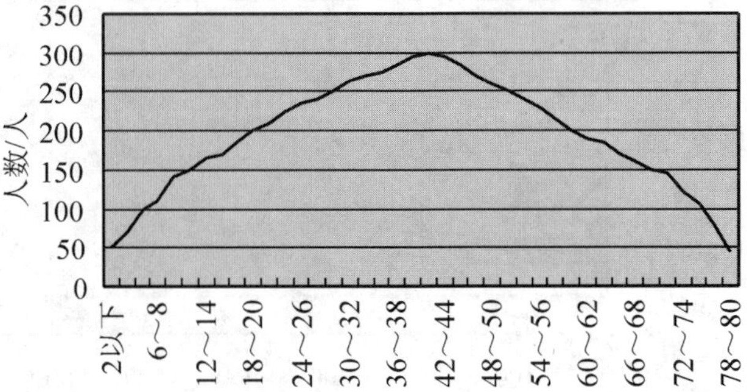

图 3-6　某村人口年龄分布曲线

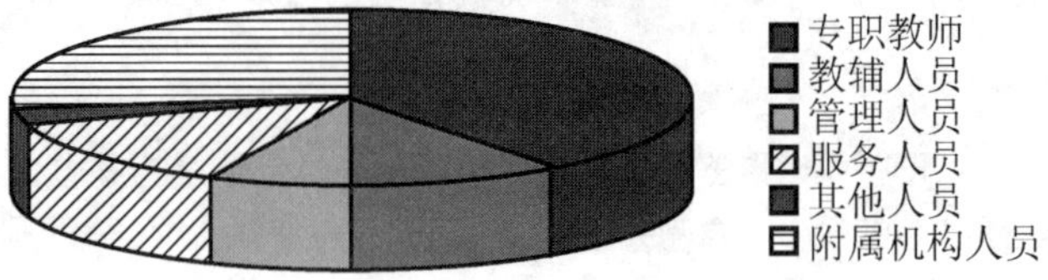

图 3-7　某学院职工岗位构成图

6. 环形图

环形图中间有一个“空洞”，总体中的每一个部分数据用环中的一段表示。环形图可以同时绘制多个总体的数据系列，每一个数据系列为一个环，可以显示多个总体各部分所占的相应比例，从而有利于进行比较研究。

设甲、乙两个教学班学生对某门课程教学评价资料见表 3-29，据此资料作环形图见图 3-8。

表 3-29　课程教学情况评价表

班　别	很不满意	不满意	一般	满意	很满意
甲班	2%	5%	20%	50%	23%
乙班	5%	10%	30%	40%	15%

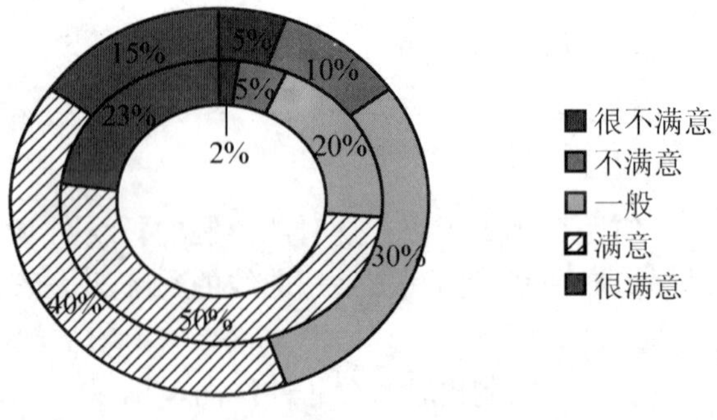

图 3-8　课程教学情况评价意见环形结构比较图

7. 雷达图

这种图形既像雷达荧光屏上看到的图像，也像个蜘蛛网，因此也有人称为蛛网图。

雷达图在显示或对比各变量的数值时非常有用。利用雷达图也可以研究多个样本之间的相似程度。例如，某省三市居民生活消费支出资料见表 3-30。

表 3-30 某年某省三市人均生活消费支出构成

项目	甲市	乙市	丙市
食品	36.20%	38.40%	44.00%
衣着	12.00%	11.60%	10.00%
家庭设备用品及服务	9.50%	9.00%	8.00%
医疗保健	7.00%	6.50%	5.00%
交通通讯	9.00%	8.50%	7.00%
娱乐教育文化服务	15.30%	14.50%	12.40%
居住	11.00%	11.50%	13.60%

据表 3-32 中资料可作雷达图见图 3-9。

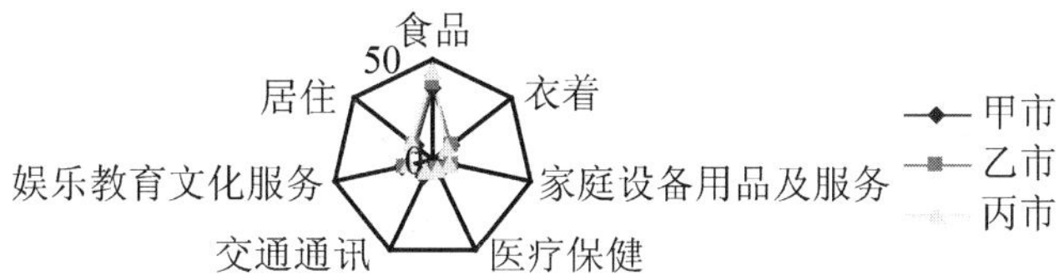

图 3-9 某省三市居民消费结构雷达图

图 3-9 显示三市消费结构形态大致相同，只是丙市显得水平较低一些，因为它的食品支出比重较大。

3.4.3 频数分布的主要类型

由于社会经济现象的性质各不相同，所以频数分布也不尽相同。频数(次数)分布主要有钟形分布、U 形分布和 J 形分布三种类型。

1. 钟形分布

钟形分布是指靠近两端的变量值分配次数较少，中间变量值分配次数较多，绘制成的曲线图形状宛如一口古钟的次数分布(图 3-10)。

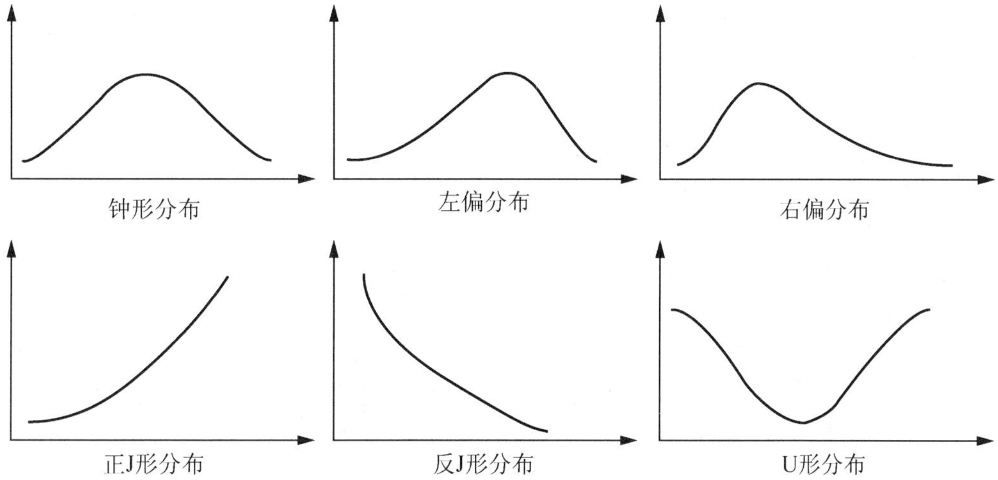

图 3-10 次数分布类型

钟形分布是客观现象分布中最常见的分布，其突出特征是“中间大，两头小”。如果钟形分布的中间变量值次数最多，两侧变量值分配的次数随着其与中间变量值距离的增大而渐次减少，并围绕中心变量值两侧呈完全对称分布，则称为对称分布如学生成绩的分布、单位面积的农产品产量。

许多客观现象总体都趋近于正态分布。中心变量值两侧的变量值次数分布不对称的称为非对称分布或偏态分布，通常有左偏态和右偏态两种。

2. U形分布

U形分布的特征与钟形分布特征恰恰相反，靠近中间的变量值分布次数少，靠近两端的变量值分布次数多，分布特征是“两头大，中间小”。绘成的曲线图形如英文字母“U”。例如，人口在不同年龄上的死亡率一般近似地表现为U形分布。

3. J形分布

J形分布有正反两种情况：次数随变量值增大而增多时所绘成的曲线图如英文字母“J”，称为正J形分布；次数随变量增大而减少时所绘成的曲线图犹如反写的英文字母“J”，称为反J分布。例如，商品供给量随着需求的提高而不断增加，使供给曲线呈正J形分布；人口总体按年龄大小的分布一般呈反J形分布。

3.5 Excel在统计数据整理中的应用

3.5.1 利用FREQUENCY函数进行统计数据的分组整理

用各种方法取得的统计数据，必须经过加工整理，使之系统化、条理化，才能符合统计分析的要求。在Excel的统计函数中有一个专门用于统计分组的FREQUENCY函数，可以完成分组、计算频数和频率等操作。下面说明其使用方法。

例如，某班40位学生的英语考试成绩如下。

89	88	76	99	74	60	82	60	89	86
93	99	94	82	77	79	97	78	95	92
87	84	79	65	98	67	59	72	84	85
56	81	77	73	65	66	83	63	79	70

现准备将这40名学生的英语考试成绩分为5组，分别为60以下、60～70、70～80、80～90、90～100。

第一步，将40名学生的英语考试成绩输入A1至A40单元格，并选定C3：C7单元格作为放置分组结果的区域(选定后反白显示)，见图3-11。

第二步，从“插入”菜单中选择“函数”项，弹出“插入函数”对话框在“函数类别”列表框中选择“统计”项，在“选择函数”列表框中选择FREQUENCY项，单击“确定”按钮进入FREQUENCY“函数参数”对话框(图3-12)。

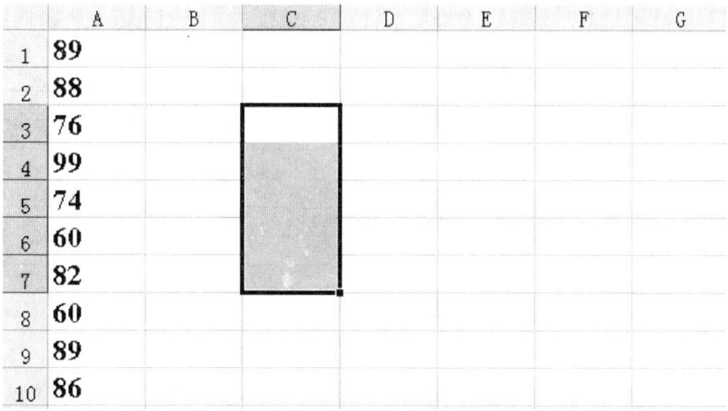

图 3-11　选定 C3：C7 单元格

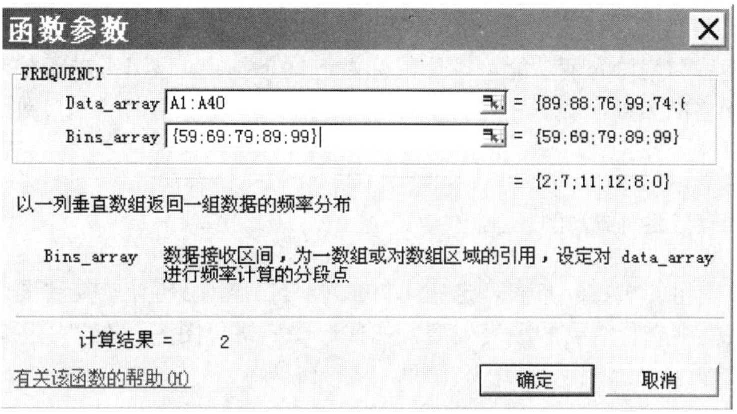

图 3-12　FREQUENCY“函数参数”对话框

第三步，在 FREQUENCY“函数参数”对话框中设置 Data-array 和 Bins-array，Data-array 文本框中输入待分组计算频数分布的原数据，本例可输入 A1：A40；Bins-array 文本框中输入分组标志。FREQUENCY 要求按组距的上限分组，不接受非数值字符的分组标志(如“××以下”或“不足××”之类)，因此，断开的分组标志可以直接输入各组上限数值，而重叠的分组标志则以各组上限减 1 的方式确定分组标志，这样上限数值自动计入下一组。本例的分数分段区间为 50～60，60～70，70～80，80～90，90～100，因此可输入 59、69、79、89、99。由于分组结果要给出一组频数，故必须以数级公式的形式输入，即在输入数据的两端加大括号 {}，各数据之间用分号隔开，即输入 {59；69；79；89；99}。需要注意的是，如果分组变量为连续变量，而且变量值中有小数的话，那么分组标志应以各组上限减 0.1、减 0.01 或减 0.001 等的方式确定，至于减多少要看变量值的小数位数。

输入完毕，即可在框下看到频数分布 2、7、11、12、8(后面的 0 表示没有其他)。

第四步，按 Shift＋Ctrl＋Enter 组合键，即可将频数分布 2、7、11、12、8 记入指定的 C3：C7 单元格内(注意：按 Enter 键无效)。

第五步，取得频数分布后，可按图 3-13 所示将横行标题和纵栏标题填写齐全。

第六步，取得频数分布后，再列表计算频率以及累计频数和频率。

(1) 人数合计，可单击 C8 单元格，输入“＝SUM(C3：C7)”，按 Enter 键得出结果为 40 人(SUM 是求和函数)。

	A	B	C	D	E	F	G	H	I
1		成绩(分)	人数（人）	频率（%）	向上累计		向下累计		
2					次数	频率(%)	次数	频率(%)	
3		50-60	2	5.0	2	5.0	40	100.0	
4		60-70	7	17.5	9	22.5	38	95.0	
5		70-80	11	27.5	20	50.0	31	77.5	
6		80-90	12	30.0	32	80.0	20	50.0	
7		90-100	8	20.0	40	100.0	8	20.0	
8		合计	40	100.0					
9									

图 3-13 某班学生英语考试成绩频数分布表输入图

(2) D 列频率，可先单击 D3 单元格，输入“=C3/40＊100”（除数要直接输入数字 40，否则无法使用填充柄功能），按 Enter 键得出结果为 5%；然后利用填充柄功能，按住鼠标左键向下拖曳，至 D8 单元格释放鼠标，即得出 D4、D8 单元格的频率。

(3) E 列向上累计次数，可先单击 E3 单元格，输入“=C3”，再单击 E4 单元格，输入“=E3+C4”，然后利用填充柄功能，按住鼠标左键向下拖曳，至 E7 单元格释放鼠标，即得出 E5 至 E7 单元格的累计次数。F 列引用 E 列公式即可得到累计频率。G 列、H 列可仿照此法计算。

3.5.2 利用图表向导绘制统计图

利用上例整理出的次数分布表，选中 B3∶C7，打开图表向导，在“图表向导”对话框的图表类型列表框中选择需要的图表类型，如柱形图、饼形图等，在“子图表类型”列表框中选择适当的类型(此处以直方图为例)，见图 3-14。

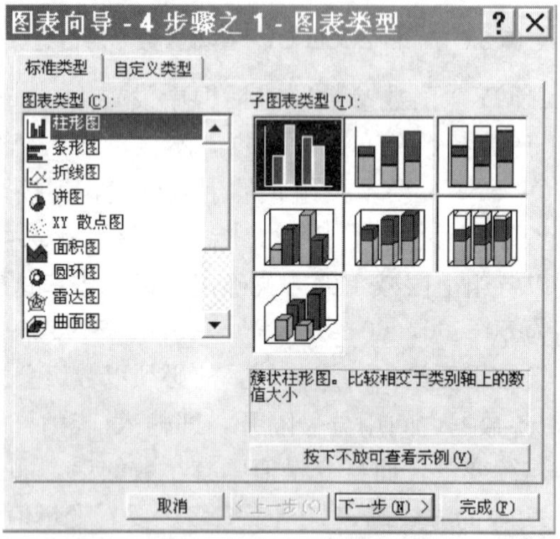

图 3-14 “图表向导”对话框

按 Enter 键，弹出“图表源数据”对话框，输入数据区域：=sheet1！C3：C7(即选中 C3∶C7 区域)，系列产生在列。然后单击“系列”选项卡，填写分类 x 轴标志：=sheet1！B3：B7(即选中 B3∶B7 区域)，再按 Enter 键填写分类轴、数值轴标题，根据需要设置网格线、图例、数据标志等。单击“完成”按钮即可完成统计图的绘制，如图 3-15 所示。

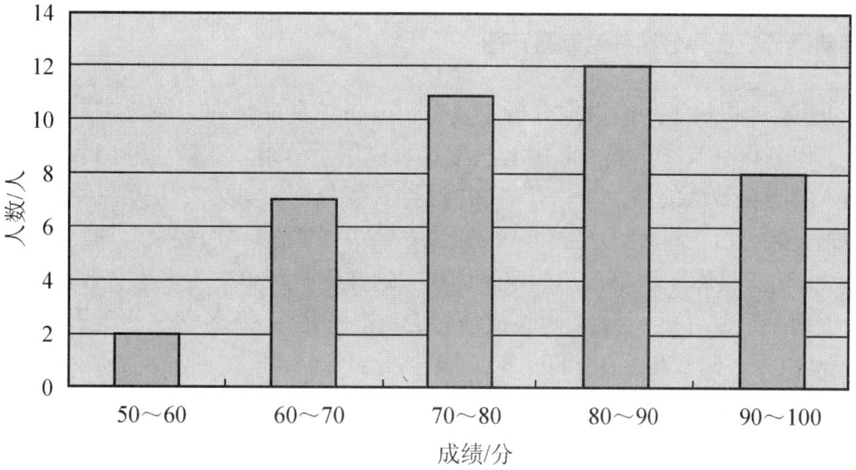

图 3 - 15　某班学生英语考试成绩次数分布图

图 3 - 15 格式可以调整，如果要消除各个分类间距(即各个直方形中间的间距)，可双击直方形打开“数据系列格式”对话框或“数据点”对话框，单击“选项”选项卡，将分类间距调整为 0，如果希望将各组数据用不同颜色表示，也可以选择“依数据点分色”，见图 3 - 16。

单击“确定”按钮，调整图表大小即可，见图 3 - 17。

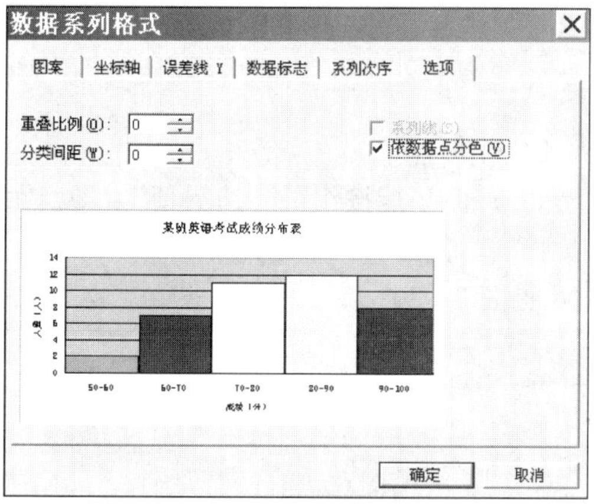

图 3 - 16　“数据系列格式”对话框

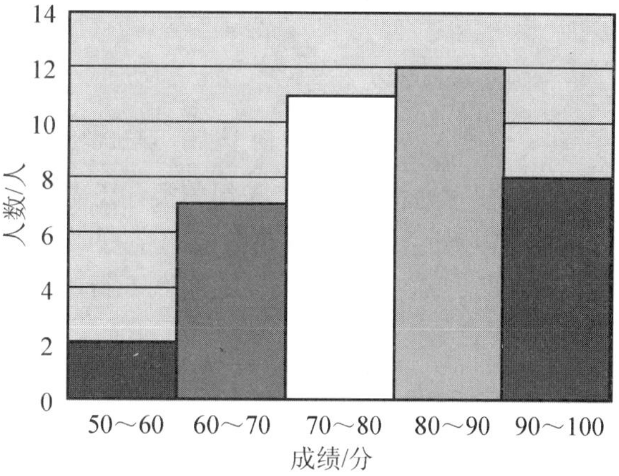

图 3 - 17　某班学生英语考试成绩频数分布直方图

饼形图结果见图 3 - 18。

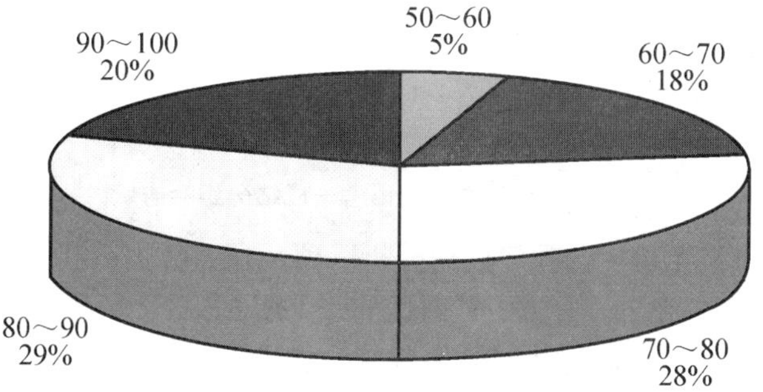

图 3 - 18　某班学生英语考试成绩饼形图

3.5.3 利用数据分析工具分组并绘制直方图

Microsoft Excel 提供了一组数据分析工具——分析工具库，利用该组工具可以在建立复杂统计或进行工程分析时节省步骤。其中有些工具可以用于分组，在产生输出表格的同时，还可以绘制图表。由于在默认的情况下，Excel 并没有安装分析工具库，因此在使用数据分析工具之前，必须先安装分析工具库。方法是从“工具”菜单中选择“加载宏”项，在“加载宏”对话框中选择“分析工具库”后单击“确定”即可。这样工具菜单中就多了“数据分析”命令。

现仍以上面某班 40 位学生英语考试成绩为例，准备将这 40 名学生的英语考试成绩分为五组，分别为 60 以下、60－70、70－80、80－90、90－100。

第一步，将 40 名学生英语考试成绩输入 A2 至 A41 单元格，见图 3－19。

	A	B	C	D	E	F
1	成绩（分）					
2	89					
3	88					
4	76					
5	99					
6	74					
7	60					
8	82					
9	60					
10	以下省略					

图 3－19　某班学生英语考试成绩数据输入界面

第二步，为将样本单位按组归类，还需输入分组标志；但只能按组的“边界值”（即组距分组的上限）分组，不能有非数值的字符（如“××以下”“不足××”之类）。本例分为 59、69、79、89、100 五组，输入 B 列 2～6 行。数据表显示见图 3－20。

	A	B	C	D	E	F
1	成绩（分）	成绩（分）				
2	89	59				
3	88	69				
4	76	79				
5	99	89				
6	74	100				
7	60					
8	82					
9	60					
10	以下省略					

图 3－20　某班学生英语考试成绩分组标志输入

第三步，从“工具”菜单中选择“数据分析”项，在“数据分析”对话框的“分析工具”列表框中选择“直方图”，弹出“直方图”对话框，见图 3－21。

第四步，在“直方图”对话框的“输入区域”文本框中输入“＄A＄1：＄A＄41”（即选中 A1：A41 区域），见图 3－22。由于第 1 行是标志项，还需选定“标志”复选框。“接收区域”实际是要求输入分组标志所在的单元格区域，本例可输入“＄B＄1：＄B＄6”（即选中 B1：B6

区域)。如果在此框中不输入分组标志所在的区域，系统将在最小值和最大值之间建立一个平滑分布的分组。在“输出区域”文本框中输入输出表左上角的单元格行列号，本例为D1。如要同时给出次数分布直方图，可选定“图表输出”复选框。如要同时给出“累积%”(通常称“累计频率”)，可选定“累积百分率”复选框，系统将在直方图上添加累积频率折线。

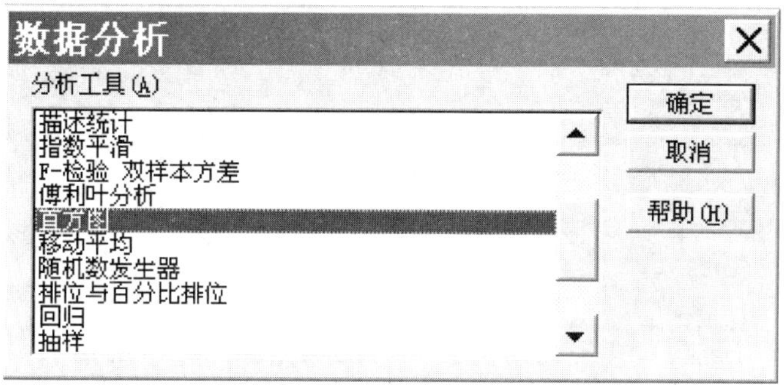

图 3-21 数据分析对话框

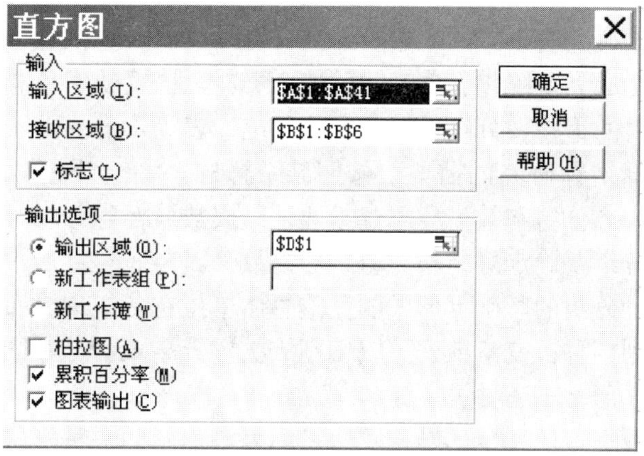

图 3-22 “直方图”对话框

第五步，以上各项均选定后，按Enter键确认，即在B列右侧给出一个3列的分组表和一个直方图(在给出的表和图中，“频率”实际是频数，“累计%”实际是累计频率。)，见图3-23。

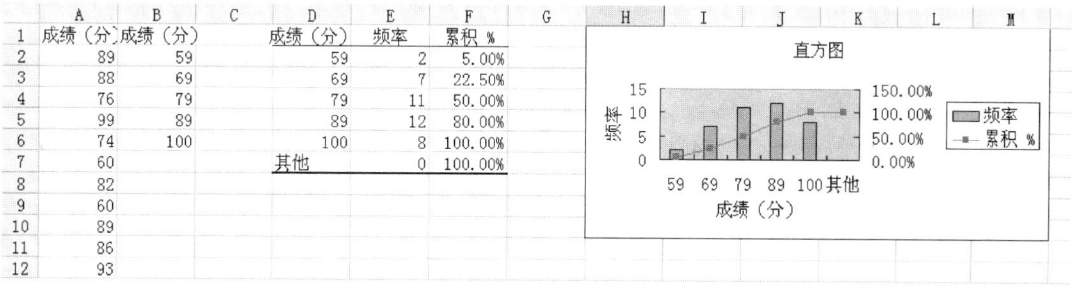

	A	B	C	D	E	F
1	成绩(分)	成绩(分)		成绩(分)	频率	累积 %
2	89	59		59	2	5.00%
3	88	69		69	7	22.50%
4	76	79		79	11	50.00%
5	99	89		89	12	80.00%
6	74	100		100	8	100.00%
7	60			其他	0	100.00%
8	82					
9	60					
10	89					
11	86					
12	93					

图 3-23 某班学生英语考试成绩分组结果及直方图

在分组表中将多余的“其他”一组删除，修改各组组限，并按上述方法将分类间距调节为0，修改合适字体，即可得到合适结果，见图3-24。

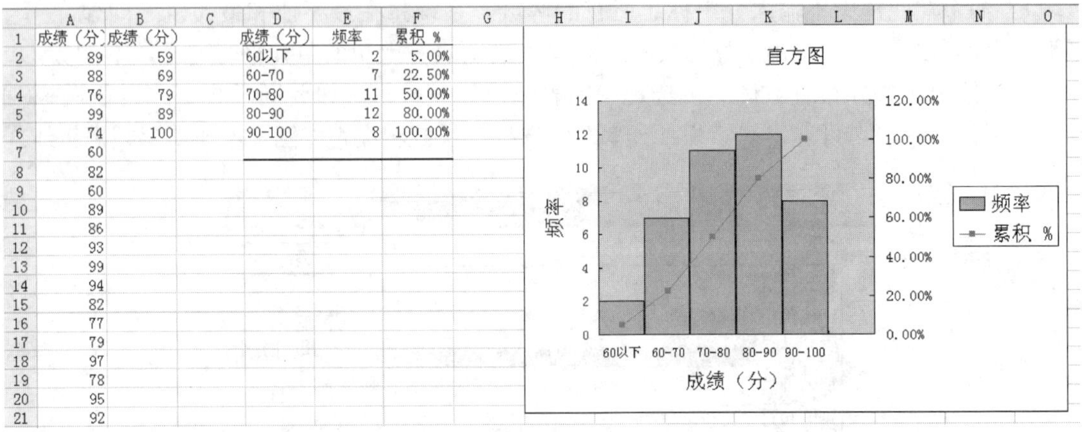

	A	B	C	D	E	F
1	成绩（分）	成绩（分）		成绩（分）	频率	累积 %
2	89	59		60以下	2	5.00%
3	88	69		60-70	7	22.50%
4	76	79		70-80	11	50.00%
5	99	89		80-90	12	80.00%
6	74	100		90-100	8	100.00%
7	60					
8	82					
9	60					
10	89					
11	86					
12	93					
13	99					
14	94					
15	82					
16	77					
17	79					
18	97					
19	78					
20	95					
21	92					

图 3-24　某班学生英语考试成绩分组结果及直方图

本章小结

统计整理是对统计调查所得到的原始资料进行科学的分类、汇总，或对已经初步加工的资料进行再加工，使之成为系统化、条理化的综合资料，以反映现象总体数量特征的工作过程。其内容包括对资料的审核、分组、汇总和编制统计表等几个主要环节。

统计分组就是根据统计研究的需要，按照某一标志，将统计总体划分为若干个组成部分。统计分组有品质标志分组和数量标志分组两种。按数量标志分组又有单项式分组和组距式分组两种。组距式分组要确定好组限、组距和组数等。

频数分布是在统计分组的基础上形成的反映总体单位在各组中分布状况的统计数列。它有品质数列和变量数列两种。变量数列可以编制成次数分布表和分布图。次数分布主要有钟形分布、U 形分布和 J 形分布三种类型。

统计表是把统计数据按照一定的结构顺序，用表格显示的一种形式。统计图是借助几何图形或具体形象显示统计数据的一种形式。常用的有直方图、条形图、曲线图和圆形图等。

职业能力训练

一、判断题

1. 统计整理的目的在于将反映总体数量特征的指标值转化为说明总体单位特征的标志值。（　　）

2. 统计整理的关键是统计分组。（　　）

3. 统计分组的关键是选择组距和组数。（　　）

4. 统计分组是在总体内进行的一种定性分类，它把总体划分为一个个性质不同的范围更小的总体。（　　）

5. 进行组距分组时，遇到单位的标志值刚好等于相邻两组上下限数值时，一般把此值归并到作为上限的那一组。（　　）

6. 离散型变量可以作单项式分组或组距式分组，而连续型变量只能作组距式分组。（　　）

7. 统计表的主词栏是说明总体各种统计指标的。（　　）

二、单项选择题

1. 统计调查方案的首要问题和统计分组的关键问题分别是(　　)。

A. 确定调查目的、选择分组标志　　B. 确定调查对象、选择分组形式

C. 确定调查内容、选择分配形式　　D. 确定调查项目、选择分组数量

2. 划分连续型变量的组限时，相邻两组的组限(　　)。

A. 必须重叠　　B. 必须间断

C. 既可以是重叠的，又可以是间断的　　D. 以上都不是

3. 有一个学生的考试成绩为 70 分，这个变量值应归入(　　)。

A. 60～70　　B. 70～80

C. 60～70 或 70～80 都行　　D. 60～70 或 70～80 都不行

4. 某一离散型的统计资料，变量值少、变化幅度小，适于做(　　)。

A. 单项式分组　　B. 组距式分组

C. 相邻的组限重叠式分组　　D. 异距式分组

5. 某连续变量数列，其末组为 500 以上。又如其邻近组的组中值为 480，则末组的组中值为(　　)。

A. 520　　B. 510　　C. 530　　D. 540

6. 次数分配中，靠近中间的变量值分布的次数少，靠近两端的变量值分布的次数多，这种次数分布的类型是(　　)。

A. 钟形分布　　B. U 形分布　　C. J 形分布　　D. X 形分布

7. 某组向上累计次数表示(　　)。

A. 大于该组上限的次数有多少　　B. 大于该组下限的次数有多少

C. 小于该组上限的次数有多少　　D. 小于该组下限的次数有多少

8. 统计分组时，若某标志值刚好等于相邻两组上下限数值时(　　)。

A. 将此数值归入上限所在组　　B. 将此数值归入下限所在组

C. 归入这两组中任意一组均可　　D. 另立一组

9. 某连续变量数列，其末组为开口组，下限为 200，又知其邻组的组中值为 170，则末组的组中值为(　　)。

A. 260　　B. 215　　C. 230　　D. 185

10. 统计分组后，应使(　　)。

A. 组内具有同质性，组间具有差异性

B. 组内具有差异性，组间具有同质性

C. 组内具有差异性，组间具有差异性

D. 组内具有同质性，组间具有同质性

三、多项选择题

1. 统计分组的作用是(　　)。

A. 划分社会经济类型　　B. 说明总体的基本情况

C. 反映总体内部的结构　　D. 说明总体单位的特征

E. 研究现象之间的依存关系

2. 下列哪一种资料，适合编制单项数列(　　)。

A. 连续型变量且各变量值变动比较均匀

B. 离散型变量且各变量值变动比较均匀

C. 连续型变量且各变量值变动幅度较大

D. 离散型变量且各变量值变动幅度较大

3. 统计表的结构从形式上看包括(　　)。

A. 标题　　B. 主词　　C. 数字资料　　D. 横行和纵栏

E. 宾词

4. 对统计分布叙述正确的是(　　)。

A. 各组的频率必须大于 0　　B. 各组的频率总和大于 1

C. 各组的频率总和等于 1　　D. 各组的频数总和等于 1

E. 频数越大则该组的标志值所起的作用越大

5. 下列说法正确的是(　　)。

A. 统计整理的关键是汇总

B. 统计整理的关键是统计分组

C. 统计分组的关键是选择分组标志

D. 统计分组是把总体划分为一个个性质相同、范围更小的总体

E. 统计分组是把总体划分为一个个性质不相同、范围更小的总体

6. 次数分配数列(　　)。

A. 既包括品质数列，也包括变量数列

B. 只包括品质数列或只包括变量数列

C. 由总体分成的各组和各组相应的频数组成

D. 由组距、组数、组限组成

E. 在等距次数分配数列中，相邻组间的组中值之差等于组距

7. 某单位 100 名职工按工资额分为 300 以下、300～400、400～600、600～800、800 以上五个组。这一分组(　　)。

A. 是等距分组　　B. 分组标志是连续型变量

C. 末组组中值为 800　　D. 相邻的组限是重叠的

E. 某职工工资 600 元，应计在“600～800”元组内

四、计算题

1. 某行业管理局所属的 40 个企业 2011 年的产品销售收入数据(单位：万元)如下。

152	124	129	116	100	103	92	95	127	104
105	119	114	115	87	103	118	142	135	125
117	108	105	110	107	137	120	136	117	108
97	88	123	115	119	138	112	146	113	126

要求：(1) 根据上面的数据进行适当分组，编制频数分布表，并计算出累积频数和累积频率；

(2) 按规定，销售收入在 125 万元以上为先进企业，115～125 万元为良好企业，105～115 万元为一般企业，105 万元以下为落后企业，按先进企业、良好企业、一般企业、落后

企业进行分组。

2. 某城市人口总数分组资料见表 3-31。

表 3-31　某城市人口总数分组数据

人数分组/万人	频数(城市个数)	频率	累计频率
10 以下			
10～30	86		44.10%
30～50		21.84%	
50～100		17.90%	
100～200			94.32%
200 以上			
合计	229	100.00%	

3. 某企业某工种工人每日生产定额为 100 件，6 月 12 日 50 名工人生产某种产品产量如下。

83	88	123	110	118	158	121	146	117	108
105	110	107	137	120	159	125	136	127	142
118	103	87	115	141	117	123	126	138	151
101	86	82	113	114	119	126	135	93	142
108	101	105	125	116	132	138	131	127	125

要求：(1) 试根据以上资料按工人日产量编制一等距数列。

(2) 计算组距、组中值。

(3) 计算累计次数、累计频率，并绘制日产量分布图，指出资料分布的特征，并对工人生产定额完成情况做简要分析。

第4章

统计数据的描述

TONGJI SHUJU DE MIAOSHU

【学习目标】

知识目标：掌握总量指标、相对指标、平均指标、变异指标的概念、作用、计算方法和运用条件；了解总量指标、相对指标、平均指标、变异指标之间的联系与区别。

能力目标：能够灵活运用总量指标、相对指标、平均指标、变异指标描述现象的规模、水平和数量关系，能够运用统计指标对社会经济现象进行分析说明。

【案例导入】

华盛顿大学医疗中心的Barnes医院，建于1914年，是为圣路易斯及其邻近地区的居民提供医疗服务的主要医院，该医院被公认为美国最好的医院之一。Barnes医院有一个收容计划，用以帮助身患绝症的人及其家人提高生活质量。负责收容工作的小组包括一名主治医师、一名助理医师、护士长、家庭护士和临床护士、家庭健康服务人员、社会工作者、牧师、营养师、经过培训的志愿者，以及提供必要的其他辅助服务的专业人员。通过收容工作组的共同努力，病人及其家庭会获得必要的指导和支持，以帮助他们克服由于疾病、隔离和死亡而带来的紧张情绪。

在收容工作组的协作和管理上，采用每月报告和季度总结来帮助小组成员回顾过去的服务。对于工作数据的统计概括则用作方针措施规划和执行的基础。例如，他们搜集了有关病人被工作组收容的时间的数据。一个含有67个病人记录的样本表明，病人被收容的时间在1～185天内变化。频数分布表的使用对于概括总结收容天数的数据也是很有用的。此外，下面的描述统计学数值量度也被用于提供有关收容时间数据等有价值的信息。

平均数：35.7天

中位数：17天

众数：1天

【解析】

对以上数据进行解释，表明了平均数即对病人的平均收容时间是35.7天，也就是1个月多一点。而中位数则表明半数病人的收容时间在17天以下，半数病人的收容时间在17天以上。众数是发生频数最多的数据值。众数为1天表明许多病人仅仅被收容了1天。

有关该收容计划的其他统计汇总还包括住院费金额、病人在家时间与在医院时间的对比、痊愈出院的病人数目、病人在家死亡和在医院死亡的数目。这些汇总结果将根据病人的年龄和医疗普及程度的不同进行分析。总之，描述统计学为收容服务提供了有价值的信息。

4.1 总量指标

4.1.1 总量指标的概念

总量指标是用来反映社会经济现象在一定条件下的总规模、总水平或工作总量的统计指标。总量指标用绝对数表示，也就是用一个绝对数来反映特定现象在一定时间上的总量状况，它是一种最基本的统计指标。

【统计实例】

国家统计局2010年全年统计公报显示：2010年我国国内生产总值达到401 202亿元；粮食产量达到54 641万吨；农村居民人均纯收入和城镇居民人均可支配收入分别达到5 919元和19 109元；进出口总额达29 728亿美元；年末国家外汇储备28 473亿美元。这些都是总量指标，都是利用绝对数说明我国2010年国民经济发展的总体规模、总体水平和全国人民的生活水平。

特别提示

总量指标也可以表现为总量指标之间相比较，得到的增加量或减少量。例如，某地区社会商品零售额2009年比2010年增加1 200万元，也是总量指标。

总量指标是最基本的统计指标，其主要作用可概括如下。

(1) 总量指标是统计认识事物的起点。

由于客观现象的基本情况首先都表现为一定的总量，所以总量指标能具体表明一个国家的国情、国力和建设的规模，以及各地区、部门、单位经济活动的成果和工作总量。

(2) 总量指标是制定政策、编制计划、进行科学管理的主要依据。

因为制定政策、计划，实行科学管理，都要以客观实际为依据，而反映客观实际的最基本指标，就是总量指标。因此，它就成了最主要的依据。

(3) 总量指标是计算相对指标和平均指标的基础。

相对指标和平均指标一般是由两个有联系的总量指标对比计算出来的，是总量指标的派生指标。

4.1.2 总量指标的种类

1. 按其说明总体的内容不同

按其说明总体的内容不同，总量指标可分为总体单位总量和总体标志总量。

1) 总体单位总量

总体单位总量是用来反映统计总体内包含总体单位个数多少的总量指标。它用来表明统计总体的容量大小。例如，研究我国的人口状况时，统计总体是全国所有公民，总体单位是每一位公民，那么我国的人口数表明总体单位的个数，是总体单位总量。再如，研究某市的工业发展状况，统计总体是全市的所有工业企业，若该市现有工业企业 2 350 家，则 2 350 家即为总体单位总量。

2) 总体标志总量

总体标志总量是统计总体各单位某一方面数量标志值的总和。仍举上例，该市的每个工业企业是总体单位，每一工业企业的工业职工人数是该工业企业的一个数量标志，则该市全部工业职工人数就是总体标志总量。另外该市的年工业增加值、工业总产值、工业利税总额等指标也都是总体标志总量。一个已经确定的统计总体，其总体单位总量是唯一确定的，而总体标志总量却不只一个。

特别提示

某一总量指标是总体单位总量还是标志总量不是完全确定的，而是随着统计总体的改变而改变的。如上例中的全市工业职工人数是总体标志总量，若研究目的变为认识该市工业企业职工的生活水平时，统计总体是全市的所有工业职工，全市工业职工人数就变成总体单位总量了。

2. 按其反映总体的时间状况不同

1) 时期指标

时期指标是反映社会经济现象在一段时间内发展变化结果的总量。

【统计实例】

例如，2010 年我国实现国内生产总值 401 202 亿元，是指在 2010 年这一年的时间内，我国国民经济各行业每天所创增加值的总和。再如，产品产量、社会零售商品销售额等都是时期指标。

时期指标具有如下特点。

(1) 具有可加性。时间上相邻的时期指标相加能够得到另一更长时期的总量指标。

(2) 指标数值的大小与所属时期的长短直接相关。一般来讲，时期越长，指标数值就越大。

(3) 必须连续登记而得。时期指标数值的大小取决于整个时期内所有时间上的发展状况，只有连续登记得到的时期指标才会准确。

2) 时点指标

时点指标反映社会经济现象在某一时刻或某一时点上的状况的总量。

【统计实例】

我国首次基本单位普查显示，2001 年底我国共有各类法人单位 510.7 万个，这仅能说明我国 2001 年 12 月 31 日这一天的基本单位的数量情况。再如人口数、商品库存额、外汇储备额等也都是时点指标。

时点指标具有如下特点。

(1) 不具有可加性。不同时点上的两个时点指标数值相加不具有实际意义。

(2) 数值大小与登记时间的间隔长短无关。时点指标仅仅反映社会经济现象在一瞬间上的数量，每隔多长时间登记一次对它没有影响。

(3) 指标数值是间断计数的。时点指标没有必要进行连续登记，有的也是不可能连续进行登记的，如一国的总人口数。

【思考】

请问出生人数、死亡人数、在校学生数与毕业离校人数是时期指标还是时点指标?

【小知识】

流量与存量

流量是指一定时期内发生的某种经济变量变动的数值，它是在一定的时期内测度的，其大小有时间维度。例如：反应社会产品和劳务的生产、分配情况的国内生产总值、劳动者收入总额、投资总额、流动资金增加额等都是流量。

存量，是在某一时点上测度的，其大小没有时间维度。例如，资产负债表中的期初、期末资产、流动资金、存款、黄金储备、外汇储备等都是存量。存量与流量的划分，对于理解经济活动中各种经济变量的关系及其特征和作用至关重要。例如，在财富与收入这两个经济变量中，财富就是一个存量，它是某一时刻所持有的财产；收入是一个流量，它是由货币的赚取或收取的流动率来衡量的。

特别提示

流量相当于时期指标，存量相当于时点指标。

4.1.3 总量指标的计量单位

总量指标的计量形式都是有名数，都有计量单位。根据总量指标所反映现象的性质不同，其计量单位一般有实物单位、价值单位和劳动单位三种。

1. 实物单位

实物单位是根据事物的外部特征或物理属性而采用的单位。它又分为如下几种。

(1) 自然单位。例如，鞋以“双”为单位，桌子以“张”为单位，拖拉机以“台”为单位，等等。

(2) 度量衡单位。度量衡单位是以已经确定出的标准来计量实物的重量、长度、面积、容积等的单位，如吨、千米、米等。

(3) 复合单位。复合单位是两个单位的乘积。例如，货物周转量用“吨千米”计量，电能用“千瓦时”计量，等等。

(4) 双重单位。双重单位是指用两种或两种以上的单位结合起来进行计量。例如，起重机的计量单位是“台/吨”。

(5) 标准实物单位。标准实物单位是按照统一的折算标准来计量事物数量的一种实物单位。它主要用于计量存在差异的工业产品和农产品，为了准确地反映其总量，需要把各产品按照一定的标准折合成标准品再相加。例如，把含氮量不同的化肥都折合成含氮100%的标准化肥，把各种能源都折合成热量值为 29.4×10^6 焦/千克的标准煤，等等。以实物单位计量的总量指标，称为实物指标。

2. 价值单位

价值单位也称货币单位，它是以货币作为价值尺度来计量社会财产和劳动成果的。例如，国内生产总值、城乡居民储蓄额、外汇收入、财政收入都必须用货币单位来计量，常见的货币单位有美元、人民币元、欧元等。用货币单位计量的总量指标称为价值指标。价值指标具有十分广泛的综合能力，在国民经济管理中起着重要的作用。

3. 劳动单位

劳动单位主要用于企业内部计量工业产品的数量，它是用生产工业产品所必需的劳动时间来计量生产工人的劳动成果。企业首先根据自身的生产状况制定出生产单位产品所需的工时定额，再乘以产品的实物即得以劳动单位计量的产量指标——劳动量指标，也称为定额工时总产量。

4.1.4 计算总量指标的原则

要正确统计总量指标，必须遵循以下原则。

1. 科学性

科学性就是计算总量指标要有科学的理论依据。总量指标是一定现象的数量表现，每一个总量指标都具有一定质的规定性。由于客观事物之间彼此存在着密切联系，若不从理论上规定含义和界限，就无法进行统计。例如，计算工业总产值时，首先必须确定工业总产值的概念和包括范围，然后才能进行统计。

2. 可比性

可比性就是指在不同地区和不同时期的同一总量指标要具有可比性。同类现象具有同样的使用价值和经济内容，可以相加计算总量指标，而不同类现象相加的总量指标是没有可比性的。不同的历史条件往往影响总量指标所反映的内容和包括的范围，在确定和使用总量指标时，要进行适当调整使不同时期的总量指标具有可比性。

3. 统一性

统一性是指总量指标的计量单位和计算方法必须统一，这样才能使总量指标在较大的范围(如全国)、较长的历史时期内，具有明确一致的意义。

4.2 相对指标

4.2.1 相对指标的概念和作用

1. 相对指标的概念

统计学对现象之间及现象内部各部分之间比率关系的描述，常用相对指标。相对指标是两个有相互联系现象的数量之比，用以反映现象的发展速度、强度、结构或数量联系程度，其结果表现为相对数，故也称统计相对数。例如，我国2009年人口出生率12.13‰、财政收入增长速度为21.3%等，都是相对指标。

2. 相对指标的作用

(1) 综合反映社会经济现象之间的内部结构、比例关系，从而可深入分析其性质。例如，计算一个地区不同经济类型的结构，可以说明该地区经济的根本性质；计算一个地区第一、二、三产业的比例，可以说明该地区社会经济现代化的程度。

(2) 将现象的绝对差异抽象化，使原来不能直接对比的总量指标可以进行比较。由于不同企业的生产规模及条件不同，直接用总产值或总产量比较，评价意义不大。但用各自的计划完成程度、资金利润率、资金产值率、发展速度等相对指标进行比较，便可对其生产经营的结果做出合理的评价。

(3) 具体表明现象的发展过程及事物之间的相互关联程度，反映事物发展变化的趋势。例如，产值计划完成程度就比实际产值完成数更能说明计划的执行情况；发展速度可以揭示经济发展变化的趋势等。

4.2.2 相对指标的表现形式

相对指标有有名数和无名数两种表现形式。

1. 有名数

有名数是以计算强度相对指标的分子与分母指标数值的计量单位结合起来表示的。例如，人口密度用“人/平方千米”表示，人均国民生产总值用“元/人”表示。

2. 无名数

无名数是一种抽象化的数值，常以倍数、系数、成数、百分数、千分数等来表示。

1）倍数或系数

倍数或系数是将对比基数抽象为1而计算的相对数，当分子数值比分母数值大得多时，常用倍数表示。

【统计实例】

2010年我国钢产量为79 775.5万吨，约为2004年钢产量29 723万吨的2.68倍。当分子数值与分母数值差别不大时，常用系数表示。系数可以大于1，亦可以小于1，如相关系数，磨损系数等。

2）成数

成数是将对比基数定为10而计算出来的相对数。例如，粮食产量增产一成，即增长十分之一。

3）百分数或千分数

百分数(%)是将对比基数定为100而计算出来的相对数，它是相对指标常用的一种表现形式。当对比的两个指标数值不太悬殊时，适合用百分数。

【统计实例】

某门课程的及格人数占全班总人数的96%，某企业本月产量计划完成程度为103%等。

统计中还把两个以百分数表示的指标进行对比，差距相当于1%，称为一个百分点。

【统计实例】

某企业计划劳动生产率比去年提高10%，实际提高12%，实际比计划多提高两个百分点。

特别提示

百分点不是相对指标。

千分数(‰)是将对比基数抽象为1000而计算的相对数。一般在分子比分母数值小的很多时用千分数表示。例如，2010年我国人口出生率为12.13‰，死亡率为7.08 ‰，自然增长率为5.05‰。此外，还有万分数、十万分数等。

4.2.3 相对指标的计算方法

相对指标按照研究对象的性质、分析目的和对比标准的不同，可分为六种：结构相对指标、比例相对指标、比较相对指标、强度相对指标、计划完成程度相对指标和动态相对指标。

1. 计划完成程度相对指标

1）计划完成程度相对数的概念

计划完成程度相对指标是将社会经济现象在一定时期内的实际完成数与计划任务数进行对比，用来检查、监督计划执行情况的相对指标，一般以百分数表示。其计算公式为

$$计划完成程度相对指标=\frac{实际完成数}{计划任务数}\times 100\% \qquad (4-1)$$

计划完成程度相对指标的分子是实际完成数，分母是计划任务数，分子指标和分母指标在指标含义、计算方法、计量单位以及时间长度等方面应该完全一致。同时，分子、分母不

允许互换。

2) 计划完成相对数的计算

在实际经济工作中，计划任务数既可以是绝对数，也可以是相对数或平均数，因此计划完成程度相对指标在计算形式上也有所不同。

(1) 计划任务数为绝对数时，可直接用实际完成数和计划任务数对比求得计划完成程度相对指标。

$$\text{计划完成程度相对指标}=\frac{\text{实际水平}}{\text{计划水平}}\times 100\% \tag{4-2}$$

【例4.1】某厂计划完成工业增加值(工业增加值是指工业企业在报告期内以货币形式表现的工业生产活动的最终成果)200万元，实际完成220万元，则

$$\text{计划完成程度相对指标}=\frac{220}{200}\times 100\%=110\%$$

(2) 计划任务数为平均数时，其计算公式为

$$\text{计划完成程度相对指标}=\frac{\text{实际平均水平}}{\text{计划平均水平}}\times 100\% \tag{4-3}$$

【例4.2】某企业一产品平均单位成本计划为100元/件，实际为108元/件，则

$$\text{计划完成程度相对指标}=\frac{\text{实际完成数}}{\text{计划任务数}}\times 100\%=\frac{108}{100}\times 100\%=108\%$$

该企业差8%未能完成计划。

(3) 计划任务数为相对数时，即以本年计划数比上年实际数提高或降低多少的相对数表示时，如劳动生产率提高率、成本降低率、原材料利用率降低率等。其计算公式为

$$\text{计划完成程度}=\frac{1\pm\text{实际提高(降低)百分数}}{1\pm\text{计划提高(降低)百分数}}\times 100\% \tag{4-4}$$

【例4.3】某厂计划2010年劳动生产率要比上年提高5%，实际提高6%，则

$$\text{计划完成相对指标}=\frac{1+6\%}{1+5\%}\times 100\%\approx 100.95\%$$

即超额0.95%完成计划。

【例4.4】某企业计划产品单位成本比上年降低5%，实际降低6%，则

$$\text{计划完成相对指标}=\frac{1-6\%}{1-5\%}\times 100\%\approx 98.95\%$$

即成本降低率比计划多完成1.05%。

需要说明的是，在计划完成程度相对指标中，100%是判断是否完成计划的数量界限。但是，计划完成程度相对指标同计划完成情况是不同的，计划完成程度相对指标是评价计划完成情况的标准和依据，计划完成程度相对指标是中性的，本身没有好坏之分。计划完成情况则相反，可以说完成了计划或没有完成计划。因此，利用计划完成程度相对指标进行评价时，要根据指标的性质和要求而定。对于数值越大越好的指标，如产值、产量、利润、劳动生产率等，计划完成程度要大于100%才算超额完成计划，超过100%的部分为超额完成计划的相对数。

特别提示

对于数值越小越好的指标，如原材料消耗量、单位产品平均成本、亏损额等，计划完成程度要小于100%才算超额完成计划，而超过100%的部分，则表示未完成计划的差距。

【例 4.5】某商场销售三种商品的相关数据见表 4 - 1，请将缺失的数值填上。

表 4 - 1　某商场销售产品的数据表

商场	2010 年					2009 年实际销售额/万元	2010 年比 2009 年增长
	计划		实际		完成计划		
	销售额/万元	比重	销售额/万元	比重			
甲		30%	1 224			1 100	
乙	1 000				102.6%		14.0%
丙		45%			95.0%		4.3%
合计					—	3 640	—

结果见表 4 - 2。

表 4 - 2　某商场销售产品的数据表

商场	2010 年					2009 年实际销售额/万元	2010 年比 2009 年增长
	计划		实际		完成计划		
	销售额/万元	比重	销售额/万元	比重			
甲	1 200	30%	1 224	30.9%	102%	1 100	11.27%
乙	1 000	25%	1 026	25.9%	102.6%	900	14.0%
丙	1 800	45%	1 710	43.2%	95.0%	1 640	4.3%
合计	4 000	100%	3 960	100%	—	3 640	—

3）短期计划进度的执行情况检查

在计划执行过程中，要对计划进度经常进行检查，以了解进度的快慢，保证计划的实现。

其计算公式：

$$计划执行进度=\frac{计划期内截止到某阶段的累计实际完成数}{计划期总数}\times 100\% \qquad (4-5)$$

【例 4.6】某商业企业某年计划销售额 320 万元；到 9 月低累计销售额为 260 万元，则累计到三季度为止销售额计划执行进度为

$$累计到三季度止计划执行进度=\frac{260}{320}\times 100\%=81.25\%$$

计算结果表明，该企业某年第三季度已过，进度已完成计划任务 81.25%，说明计划进度执行较快。

4）长期计划的检查

长期计划的检查是指对国民经济 5 年或 10 年计划完成情况的考核，其中主要是 5 年计划完成情况的考核。根据客观现象的性质不同，5 年计划指标数值的规定有两种，一种规定计划期末应达到的水平，另一种规定全计划期应该完成的累计总数，因而有水平法和累计法两种不同的检查方法。

（1）水平法。水平法是在 5 年计划中只规定最后一年应达到的水平，如产品产量、社会商品零售额、人口数等。用水平法检查 5 年计划执行情况的计算公式为

$$计划完成程度相对指标=\frac{5年计划末年实际达到的水平}{5年计划规定的末年水平}\times 100\% \qquad (4-6)$$

计算提前完成时间的方法：在5年计划中，从前往后考察，只要有连续一年时间(可以跨年度)实际完成的水平达到了计划规定的末年水平，就算完成了5年计划，所剩余时间即为提前完成5年计划的时间。

【例4.7】某钢铁公司“十一五”计划规定钢产量达到年产钢材630万吨，计划的执行情况见表4-3。

表4-3 某钢铁公司计划执行情况表

时间	2006年	2007年	2008年		2009年				2010年			
			上半年	下半年	一季度	二季度	三季度	四季度	一季度	二季度	三季度	四季度
产量/万吨	420	448	238	266	140	140	147	154	161	178	182	182
合计/万吨						602						
合计/万吨							640					
合计/万吨									703			

该公司2010年共产钢材703万(161+178+182+182)，所以其计划完成程度计算如下。

$$计划完成程度相对数=\frac{703}{630}\times 100\%\approx 111.59\%$$

表明超额11.59%完成了计划。这类计划完成的时间是以整个计划期内连续一年(够12个月，可以跨年度)的实际完成数达到计划规定水平的时间为准，以后的时间即为提前完成计划的时间。例如，2009年第三季度到2010年的第二季度这四个季度里，钢总产量已达640万吨，表明到此已超额完成计划，这就意味着提前期超过了两个季度，那么是两个季度零多少天呢？现假定多x天，则提前完成计划的时间为：两个季度$+x$天。

$$\frac{x}{90}\times 140+147+154+161+\frac{90-x}{90}\times 178=630\text{，得 }x=23$$

(2) 累计法。累计法是在5年计划中规定5年累计完成量应达到的水平，如基本建设投资额、新增生产能力、新增固定资产等。用累计法检查5年计划执行情况的计算公式为

$$计划完成程度相对指标=\frac{5年计划期间实际累计完成数}{5年计划规定的累计数}\times 100\% \qquad (4-7)$$

计算提前完成计划时间的方法：在5年计划中，从期初往后连续考察，只要实际累计完成数达到计划规定的累计任务数，即为完成5年计划，所剩余时间为提前完成5年计划的时间。

【例4.8】某钢铁公司“十一五”计划规定钢产量达2 400万吨，计划的执行情况见表4-4。

表4-4 某钢铁公司计划执行情况表

时间	2006年	2007年	2008年		2009年				2010年			
			上半年	下半年	一季度	二季度	三季度	四季度	一季度	二季度	三季度	四季度
产量/万吨	420	448	238	266	140	140	147	154	161	178	182	182
合计/万吨	2 474											
合计/万吨	2 656											

该公司“十一五”期间共产钢材 2 656 万吨，其计划完成程度为

$$\frac{2\ 656}{2\ 400} \approx 110.67\%$$

其提前完成时间：1 个季度$+x$天

$$x=\frac{256-182}{182}\times 90=36.59\approx 37(\text{天})$$

2. 结构相对指标

结构相对指标是在总体分组的基础上，将总体的某部分数值与总体数值对比而计算的相对数，它可以反映总体的构成情况。其计算公式如下。

$$\text{结构相对指标}=\frac{\text{总体中某部分数值}}{\text{总体全部数值}}\times 100\% \qquad (4-8)$$

结构相对指标，又称比重指标，一般用百分数或系数表示，各组比重总和等于 100%或 1。

【例 4.9】2010 年我国全年国内生产总值 397 983 亿元，其中，第一产业增加值 40 497 亿元；第二产业增加值 186 481 亿元；第三产业增加值 171 005 亿元。第一产业增加值占国内生产总值的比重为 10.2%，第二产业增加值比重为 46.8%，第三产业增加值比重为 43.0%。则各产业所占比重为

$$\text{第一产业增加值所占比重}=\frac{40\ 497}{397\ 983}\approx 10.2\%$$

$$\text{第二产业增加值所占比重}=\frac{186\ 481}{397\ 983}\approx 46.8\%$$

$$\text{第三产业增加值所占比重}=\frac{171\ 005}{397\ 983}\approx 43\%$$

可见，第二产业增加值所占比重最大，达到 46.8%，第三产业增加值所占比重仅次于第二产业增加值。由此可见，第三产业在近几年中发展很快，其在总体中所占地位在未来几年有望与第二产业持平。

结构相对指标的主要作用如下。

(1) 结构相对指标可以反映总体构成特征。例如，表 4-5 所示资料就表明了某地区的产业构成特征，该地区以工业经济为主导，农业经济还占有相当重要的地位，第三产业有一定发展，但还很不够。

表 4-5　某地区国内生产总值构成统计表

按三次产业分组	各产业增加值所占比重
第一产业	10.2%
第二产业	46.8%
第三产业	43.0%
合计	100.00%

(2) 通过不同时期结构相对指标的变化，可以反映事物由量变到质变的过程及其规律性。表 4-6 表明，某地区经济在 15 年的发展中，现代化程度不断提高，由以农业为主体的较落后经济发展成为以第三产业为主体的较先进的经济。

表 4-6 某地区国内生产总值构成统计表

	1990 年	1995 年	2000 年	2005 年	2010 年
第一产业	55%	40%	33%	25%	10%
第二产业	35%	42%	35%	30%	47%
第三产业	10%	18%	32%	45%	43%
合计	100%	100%	100%	100%	100%

(3) 结构相对指标可以说明事物总体的质量或工作的质量，反映人力、物力和财力的利用情况。例如，学生成绩优秀率的高低可以反映教学质量的高低，产品合格率的高低，可以表明生产部门的工作质量的优劣等；工时利用率、原材料利用率等能够反映企业的人力、物力利用状况。

3. 比例相对指标

比例相对指标是反映同一总体中各组成部分之间数量对比关系和均衡状况的综合指标，其计算公式如下。

$$\text{比例相对指标}=\frac{\text{总体中某一部分数值}}{\text{总体中另一部分数值}} \tag{4-9}$$

比例相对指标一般用百分数或几比几的形式表示。

【统计实例】

2010 年末我国人口数 133 972.485 2 万人，男性人口为 68 685.257 2 万人，女性人口为 65 287.228 0 万人，则男性人数与女性人数的比例为 105 : 100 或 1.05 : 1。反映总体中若干部分之间的比例关系，通常用连比形式 1 : m : n。例如，若科学技术人员总数为 1 080.9 万人，其中，高、中、初级职称人数分别为 71.28 万人、285.71 万人、723.91 万人。则高级职称、中级职称、初级职称人数的比例约为 1 : 4 : 10。

利用比例相对指标对总体的比例关系进行研究，能帮助我们认识客观事物按比例发展的要求，判断比例关系正常与否。当现象总体内部的比例关系发生变化，并超过一定的数量界限时，总体的性质会发生变化。

【统计实例】

1952 年我国农村人口与城镇人口的比例是 654 : 100，而 2010 年的比例是 101 : 100，表明我国的社会结构发生了重大变化，工业化的成绩巨大。

特别提示

需要说明的是，比例相对数也必须在统计分组的基础上才可以计算，在比例相对数的计算过程中，分子数值和分母数值可以互换。

4. 比较相对指标

比较相对指标是反映同类现象在不同空间条件下数量对比关系的综合指标，用以说明某一种现象同一时间在不同地区(或单位)发展的差异程度。其计算公式如下。

$$\text{比较相对指标}=\frac{\text{某条件下的某类指标数值}}{\text{另一条件下的同类指标数值}} \tag{4-10}$$

式中，分子与分母现象所属统计指标的含义、口径、计算方法和计量单位必须一致。

【例 4.10】中国国土面积为 960 万平方千米，美国为 937 万平方千米，两者之比为$\frac{960}{937}\approx$102.45%≈1.024 5(倍)。

比较相对指标一般可用百分数、倍数、系数表示。

【统计实例】

2009 年北京市生产总值为 12 153 亿元，天津市为 7 500.08 亿元，上海市为 15 046.45 亿元，则上海市生产总值为北京市的 1.24 倍，而北京市生产总值又为天津市的 1.62 倍。

比较相对指标在统计实践中有着广泛的应用。

【统计实例】

经济管理工作中，把企业的各项技术经济指标与同类企业的先进水平和国际先进水平对比、与国家规定的质量标准对比，可找出差距，挖掘潜力，为提高企业的生产管理水平提供依据。

计算比较相对指标时，作为比较基数的分母可取不同的对象。一般有如下两种情况。

(1) 比较标准是一般对象。如果把分子与分母概括为甲、乙两个国家、地区、部门或单位，这时既可以用甲比乙，也可以用乙比甲，即分子分母的数值可以互换。例如，中、美两国的国土面积相比，既可以是中国的比美国的(1.0245 倍)，也可以是美国的比中国的(0.9760 倍)。

(2) 比较标准(基数)典型化。例如，将本单位产品的质量、成本、单耗等各项技术经济指标都和国家规定的水平比较，和同行业的先进水平比较，和国外先进水平比较等，这时分子和分母的位置不能互换。

需要说明的是，比较相对指标可以用总量指标进行对比，也可以用相对指标或平均指标进行对比。但由于总量指标易受总体范围大小的影响，因而，计算比较相对指标时，更多地采用相对指标或平均指标。

5. 强度相对指标

强度相对指标是两个性质不同但有联系的总量指标之比，用来表明某一现象在另一现象中发展的强度、密度和普遍程度。其计算公式如下。

$$\text{强度相对指标}=\frac{\text{某一总量指标数值}}{\text{另一有联系而性质不同的总量指标数值}} \tag{4-11}$$

强度相对指标数值的表现形式可以是有名数，由分子与分母的单位组成复合单位。

【统计实例】

2009 年我国国内生产总值达到 335 353 亿元，2009 年末全国全年平均人口数为 133 474 万人，则人均国民生产总值为 25 124.97 元。另外，有些强度相对指标的数值也用千分数或百分数表示，如 2010 年我国人口死亡率为 7.08‰。

强度相对指标的作用如下。

(1) 反映一个国家或地区的经济实力。例如，2009 年我国人均粮食产量为 397.70 千克，人均钢产量 425.57 千克。这些强度相对指标数值愈大，表明一个国家的经济实力愈强。

(2) 反映事物的密度和普遍程度。例如，人口密度是人口数与土地面积对比的强度相对指标，它反映了人口的密集程度。

(3) 反映企业经济效益的好坏。例如，计算资金利税率、流通费用率、商品适销率等强度相对指标，可以说明企业经济效益的高低。

强度相对指标的分子、分母有时可以互换，因而可以计算正指标和逆指标。

【例 4.11】2009 年我国全年平均人口数为 133 474 万人，医院病床数约为 396 万张。则：

$$每千人口病床数=\frac{医院病床数}{人口总数}=\frac{396}{133\ 474}\approx 3(张/千人)(正指标)$$

$$每张病床服务人数=\frac{人口总数}{医院病床数}=\frac{133\ 474}{396}\approx 337(人/张)(逆指标)$$

上述计算结果 3 张/千人，说明每千人拥有的医院病床 3 张，数值越大，表示每千人拥有的床位数越多，它从正面说明医疗保障程度越高，故称正指标；337 人/张说明平均每张病床要供 337 人使用，指标数值越小，说明医疗保障程度越高，所以是逆指标。

特别提示

强度相对指标，有时分子和分母可以互换，从而形成正逆指标，正指标越大，逆指标越小，说明其强度、密度、普遍程度越大。

值得注意的是，有的强度相对指标的分子、分母不能互换。例如，人口出生率、死亡率等强度相对指标的分子、分母是不能互换的。另外，计算强度相对指标时，必须注意社会经济现象之间客观上要存在一定的经济或技术上的联系，这样，两个指标对比才会有现实意义。例如，人口数与土地面积相比，能够说明人口的密度；但若用钢材产量和土地面积相比，就没有意义了。

6. 动态相对指标

动态相对指标是现象报告期水平与基期水平之比，用来反映现象在时间上的发展变化情况，又称动态相对数或发展速度。其计算公式为

$$动态相对指标=\frac{报告期水平}{基期水平}\times 100\% \tag{4-12}$$

动态相对指标一般用%表示，有时也用倍数表示。式中基期指用作比较基础的时期，报告期则是同基期对比的时期。

【例 4.12】某地区国内生产总值 2010 年为 8 577.06 亿元，2009 年为 7 203.18 亿元，其动态相对指标或称发展速度为

$$动态相对指标=\frac{8\ 577.06}{7\ 203.18}\times 100\%\approx 119.07\%$$

计算表明该地区国内生产总值动态相对数或发展速度为 105.17%，它表明该地区 2006 年国内生产总值比上年增长了 5.17%。

动态相对指标在统计分析中应用广泛，详细内容见第 5 章“时间数列分析”。

4.2.4 正确运用相对指标的原则

相对指标种类较多，各有自己的意义和作用，在计算和应用上也有一些不同的要求和特点，但从总体上说，计算和应用相对指标，要坚持三个方面的原则。

1. 注意可比性

对比的分子和分母两个指标之间在经济内容、计算范围、计算方法和计量单位等方面要保持一致或相互适应的状态。

【统计实例】

由于不同时期商品或劳务的价格水平是不同的，不能简单地将2010年国内生产总值同2009国内生产总值进行对比，为了保证两者的可比性，要么按2009年价格水平对2010国内生产总值进行调整，要么按2010年的价格水平对2009的国内生产总值进行调整，使得两个指标的价格水平保持可比。

当然，对于可比性要灵活地运用，不能机械地理解。既要防止过分强调可比性而不敢进行事物的对比分析，又不能忽视指标的可比性而盲目地进行对比分析。只要两个指标比得合理、比得符合实际、比得符合研究目的，对比的结果能够确切地说明分析对象固有的联系，这样的对比就符合可比性原则。

2. 相对指标与总量指标结合起来使用

相对指标虽可以反映现象之间的差异程度，但把现象的绝对水平抽象化了，说明不了现象之间在绝对数量上的差异。因此，应用相对指标进行统计分析时，必须与其背后的绝对水平以及两个对比指标的绝对额结合起来，以全面、正确地认识客观事物。结合使用的方法有两种：一是计算分子、分母的绝对差额；二是计算每增长1%的绝对值。

3. 多种相对指标综合运用

一种相对指标只能说明一个方面的问题，在分析研究复杂现象时，应该将多种相对指标结合起来运用，这样才能把从不同侧面反映的情况结合起来观察分析，从而能较全面地说明客观事物的情况及其发展规律。

【统计实例】

在研究企业的经济效益时，不仅要看总产值、产品产量、销售收入、利税总额等总量指标，还要结合企业的投入，观察产值利税率、资金利润率等相对指标，客观反映企业的经济效益。同时，还需要将这些指标与企业的计划任务相比较，检查企业计划的执行情况；利用动态相对指标，将当期指标数值与企业过去的同类指标数值进行纵向对比，从而总结经验和成绩，寻找事物发展变化的规律；通过计算比较各个相对指标，能够实现与其他同类企业的横向对比，发现自己的差距和不足，及时制订计划和措施进行补救。

【小故事】

生活中的总量指标与相对指标

有这样一个爱心故事，同村的两个小伙子小时候立志长大后一定要为村里的孩子做一件有意义的事。后来，甲没有考取大学就出门打工，乙考取了师范大学。经过十年的奋斗，甲成了一个拥有百万资产的富翁，他捐了10万元，在去学校的小河上修了一座桥；乙毕业后就回村当孩子们的老师，在甲没有修桥之前，涨水的时候乙背孩子们过河，乙一个月领的工资是800元，每月还捐助200元给家庭贫困的孩子或者购买教学用具。后来，村民在桥头修了一块石碑以纪念甲的善举，而乙一直默默地做他一直做的事。

我们比较甲和乙的爱心奉献，用相对数计算，甲付出的是他财富的10%，乙付出的是他财富的25%，显然我们更应该纪念乙；用绝对数比较，甲付出的是10万元，乙付出的是他工作六年工资的1/4，一共付出 14 400 元，显然甲的付出比乙的大，我们应该在小河的桥头修石碑纪念甲。

总量指标与相对指标像一对龙凤胎儿女，男孩女孩都同样重要，出现重男轻女的家庭就不协调。社会往往都喜欢用总量指标做比较，忽视那些默默付出的人。相对指标和总量指标相结合考虑，兼顾考虑了那些默默付出的人。上面那个故事里的石碑应该刻上甲和乙，因为他们都付出了，无法比较他们付出的多少，因为我们的比较方法不同。

统计数据分布的特征，可以从三个方面进行测度和描述：一是分布的集中趋势，反映各数据向其中心值靠拢或聚集的程度，如算术平均数；二是分布的离中趋势，反映各数据远离其中心值的程度，如标准差；三是分布的偏态和峰度，反映数据分布的形状。这三个方面分别反映了数据分布特征的不同侧面，其中第一、二方面是主要的。

4.3 集中趋势描述

4.3.1 平均指标的概念和作用

1. 平均指标的概念

对现象集中趋势的描述，常用平均指标。平均指标有静态平均数和动态平均数两种。本章只研究静态平均数。平均指标(静态平均数)是用来反映同质总体各单位某一数量标志在一定时间、地点和条件下所达到一般水平的综合指标。例如，平均工资、平均价格等都是平均指标。平均指标的特点是把同质总体内各单位在某一数量标志上的差异抽象化，用一个数值来代表总体各单位某种数量标志值的一般水平。

2. 平均指标的作用

平均指标在社会经济管理和科学研究的许多领域都有广泛应用，其主要作用可概括如下。

1) 反映现象集中的趋势

客观现象总体中各单位数量标志的变化是有差异的，变量值从小至大形成一定的分布。通常，标志值很小或很大的单位都比较少，平均数周围的单位数则占较大比重，因而平均数反映了标志值变动的集中趋势。例如，从平均工资就可以看出某单位职工的平均收入。

2) 比较现象的时空差异

由于平均指标消除了总体单位的影响，反映现象的一般水平，故有利于比较现象在不同地区、不同时间上的发展变化情况和差异。例如，用工人劳动生产率指标可以比较、评价不同企业或同一企业在不同时期的生产发展情况。

3) 分析现象的依存关系

在对现象总体进行分组分类的基础上，应用平均指标可以观察现象之间存在的相互联系、相互制约的关系。例如，对不同规模的贸易企业按流转额分组，再计算各组企业的平均商品流通费用率，就可以分析商品流转额的增减和流通费用率升降的依存关系。

4) 提供估计推断的基础

由于平均指标代表了总体各单位某种数量标志的一般水平，因而可以利用它推算总体的标志总量以及相关的其他指标。例如，在抽样调查中，利用样本指标推断总体指标等。

4.3.2 平均指标的计算

取得集中趋势代表值的方法通常有两种：一是从总体各单位变量值中抽象出具有一般水平的量，这个量不是各个单位的具体变量值，但又要反映总体各单位的一般水平，这种平均数称为数值平均数。数值平均数有算术平均数、调和平均数、几何平均数等形式。二是先将总体各单位的变量值按一定顺序排列，然后取某一位置的变量值来反映总体各单位的一般水平，把这个特殊位置上的数值看作是平均数，称为位置平均数。位置平均数有众数、中位数、四分位数等形式。

1. 算术平均数

算术平均数是总体各单位某一数量标志值之和(总体标志总量)与总体单位数之比，反映总体各单位某种标志值的一般水平。其基本计算公式为

$$\text{算术平均数}=\frac{\text{总体标志总量}}{\text{总体单位数}} \tag{4-13}$$

在式 4－13 中，要求各变量值必须是同质的，分子与分母必须属于同一总体，即公式的分子是分母具有的标志值，分母是分子的承担者。这也是平均指标和强度相对指标的区别所在。

【比较与分析】

平均指标和强度相对指标的区别

平均指标的分子与分母必须属于同一总体，分子和分母在经济内容上有着从属关系，分子数值是各分母单位特征的总和，两者在总体范围上是一致的，即分子与分母有一一对应关系。而强度相对指标虽然也是两个有联系的总量指标之比，但它并不存在各标志值与各单位的对应问题。分子与分母不是一一对应的关系。

例如，职工平均工资是平均指标，而人均国民生产总值是强度相对指标，它们有着完全不同的意义。

根据计算资料的不同，算术平均数分为简单算术平均数和加权算术平均数。

1) 简单算术平均数

当掌握的资料是总体各单位的标志值时，可先将各单位的标志值相加得出标志总量，然后再除以总体单位数，用这种方法计算的平均指标称为简单算术平均数。其计算公式为

$$\bar{x}=\frac{x_1+x_2+\cdots+x_n}{n}=\frac{\sum x}{n} \tag{4-14}$$

式中，$\bar{x}$——算术平均数；

x——各单位标志值；

n——总体单位数；

$\sum$——总和符号。

【例 4.13】某企业的一个生产班组有 5 名工人，其月工资分别为 1 700 元、1 750 元、1 800 元、1 850 元、1 900 元。则这 5 名工人的月平均工资为

$$\bar{x}=\frac{\sum x}{n}=\frac{1\ 700+1\ 750+1\ 800+1\ 850+1\ 900}{5}=\frac{9\ 000}{5}=1\ 800(\text{元})$$

2）加权算术平均数

当掌握的资料是编制成变量数列的资料，这时计算平均指标应采用加权算术平均数。其计算公式为

$$\bar{x}=\frac{x_1f_1+x_2f_2+\cdots+x_nf_n}{f_1+f_2+\cdots+f_n}=\frac{\sum xf}{\sum f} \quad (4-15)$$

式中，f——各组次数，其他符号同前。

计算加权算术平均数时有两种情况：一是依据单项式变量数列计算；二是依据组距式变量数列计算。

【例4.14】某车间有50名工人，日生产某种零件见表4-7，试求平均每个工人的日产零件数。

表4-7　日产零件加权平均数计算表

按日产量分组 x	各组人数 f/人	生产零件数 xf/件
15	5	75
16	15	240
17	18	306
18	10	180
19	2	38
合计	50	839

解：平均每个工人日产零件数：

$$\bar{x}=\frac{\sum xf}{\sum f}=\frac{15\times5+16\times15+17\times18+18\times10+19\times2}{5+15+18+10+2}\approx17(\text{件})$$

$$\bar{x}=\frac{\sum xf}{\sum f}=\frac{15\times14+16\times30+17\times3+18\times2+19\times1}{14+30+3+2+1}\approx16(\text{件})$$

通过计算可以看出，加权算术平均数的大小不仅受各组标志值大小的影响，而且受各组次数多少的影响。次数多的标志值对平均数的影响大些，次数少的标志值对平均数的影响小些。次数最多组的标志值接近平均数，如例4.14表4-7中平均日产量约为17件，它最接近于权数最大组(18人)的标志值(17件)，而表4-8中平均日产量约为16件，它最接近于权数最大组(30人)的标志值(16件)。可见，各组标志值出现的次数多少对平均数起着权衡轻重的作用，所以，把次数 f 称为权数。因此，把以上平均数的计算形式称为加权算术平均数。

表4-8　日产零件加权平均数计算表

按日产量分组 x	各组人数 f/人	生产零件数 xf/件
15	14	375
16	30	192
17	3	85
18	2	90
19	1	57
合计	50	796

加权算术平均数的次数起着权衡轻重的作用，只有当各个标志值的次数不相等时，次数

作为权数才起作用。如果各组次数完全相同(即 $f_1=f_2=\cdots=f_n$)，次数作为权数，就不起作用了，这时加权算术平均数就等于简单算术平均数，即

$$\bar{x}=\frac{\sum xf}{\sum f}=\frac{f\sum x}{nf}=\frac{\sum x}{n} \tag{4-16}$$

可见，简单算术平均数实际上是权数相等的加权算术平均数，是加权算术平均数的特例。

权数除用次数(频数)表示外，还可以用比例(频率)表示。因此，便有另一种加权算术平均数的形式，其公式如下。

$$\bar{x}=x_1\frac{f_1}{\sum f}+x_2\frac{f_2}{\sum f}+\cdots+x_n\frac{f_n}{\sum f}=\sum x\cdot\frac{f}{\sum f} \tag{4-17}$$

【例 4.15】仍以表 4－7 所示资料为例，采用权重系数公式计算加权算术平均数(表 4－9)。

表 4－9　日产零件数及其平均数计算表

按每人日产零件分组 x/件	工人人数/人		$x\frac{f}{\sum f}$
	绝对数 f	比重 $f/\sum f$	
15	5	0.10	1.50
16	15	0.30	4.80
17	18	0.36	6.12
18	10	0.20	3.60
19	2	0.04	0.76
合计	50	1.00	16.78

解：平均每个工人的日产零件数：

$$\bar{x}=\sum x\cdot\frac{f}{\sum f}=15\times0.10+16\times0.30+17\times0.36+18\times0.20+19\times0.04$$

$$\approx 17(件)$$

计算结果和前面计算的加权算术平均数完全相同。这说明权数的权衡轻重作用，说到底是体现在各组单位数占总体单位数的比重的大小上。哪一组的单位数所占的比重大，哪一组标志值对平均数的影响就大。所以，用比重权数计算的加权算术平均数更明确地显示了权数的实质。

以上是根据单项数列资料计算的算术平均数。如果掌握的资料是组距数列，只要先计算出各组的组中值，以组中值为各组标志值，代入加权算术平均数公式即得算术平均数。

【例 4.16】抽样调查某地 2 000 个三口之家的居民户，得其生活费用支出资料见表 4－10，试计算居民每户月平均生活费支出。

表 4－10　2 000 户居民生活支出及平均数计算表

月生活费支出/元	组中值 x/元	户数 f/户	各组生活费支出 xf/元
800 以下	700	180	126 000
800 — 1 000	900	350	315 000
1 000 — 1 200	1 100	900	990 000
1 200 — 1 400	1 300	520	676 000
1 400 以上	1 500	50	75 000
合计	—	2 000	2182 000

居民每户月平均生活费支出为

$$\bar{x}=\frac{\sum xf}{\sum f}=\frac{700\times180+900\times350+1\ 100\times900+1\ 300\times520+1\ 500\times50}{180+350+900+520+50}$$

$$=\frac{2\ 182\ 000}{2\ 000}=1\ 091(\text{元})$$

依据组距数列计算算术平均数的这种方法具有一定的假设性，即假定各组内部的标志值分布是均匀的。在此前提下，组距越小，计算得到的平均数越接近于实际的平均数，即近似程度决定于组距大小。

计算加权算术平均数会遇到权数的选择问题。对于分配数列，一般来说，次数就是权数，但对于用相对数或平均数计算的加权算术平均数，则往往不一样。

【例 4.17】某公司所属 15 个商店某月商品销售额计划完成程度见表 4－11。

表 4－11　商品销售计划完成程度检查表

按计划完成程度分组	组中值 x	商店数/个	计划销售额 f/万元	实际销售额 xf/万元
90%以下	85	1	100	85
90%～100%	95	2	150	142.5
100%～110%	105	5	200	210
110%～120%	115	4	250	287.5
120%以上	125	3	300	375
合计	—	15	1 000	1 100

$$\bar{x}=\frac{\sum xf}{\sum f}=\frac{1\ 100}{1\ 000}=110\%$$

如用商店数作权数，则

$$\bar{x}=\frac{\sum xf}{\sum f}=\frac{0.85\times1+0.95\times2+1.05\times5+1.15\times4+1.25\times3}{1+2+5+4+3}=109\%$$

本例是计算平均完成销售计划的程度，用计划销售额作权数还是用商店数作权数，两者的计算结果是不同的，这是值得慎重考虑的问题。选择商店数为权数是不合理的，因为各商店的销售额大小不同；而选用计划销售额作权数，才符合计划完成程度相对指标的性质，分母是计划销售额，分子是实际销售额。

2. 调和平均数

调和平均数是总体各单位标志值倒数的算术平均数的倒数，又称倒数平均数。根据所用资料是否分组，调和平均数也分为简单调和平均数与加权调和平均数两种。

1）简单调和平均数

当我们直接掌握了总体各单位标志值 x_1、x_2、…、x_n 时，其调和平均数为

$$\bar{x}_H=\frac{1}{\dfrac{\dfrac{1}{x_1}+\dfrac{1}{x_2}+\cdots+\dfrac{1}{x_n}}{n}}=\frac{n}{\dfrac{1}{x_1}+\dfrac{1}{x_2}+\cdots+\dfrac{1}{x_n}}=\frac{n}{\sum\dfrac{1}{x}} \qquad (4-18)$$

式中，$\bar{x}_H$——调和平均数；

n——标志总量。

【例 4.18】某种蔬菜价格，早上为 2.0 元/500 克，中午为 1.0 元/500 克，晚上为 0.5 元/500 克。现有四种购买方式：①早、中、晚各买 1 元；②早、中、晚各买 2 元、3 元、4 元。分别求这四种购买方式的平均价格。

在该题中，先求早、中、晚购买的克数：早上，$\frac{1}{2.0}=0.5$(500 克)；中午，$\frac{1}{1.0}=1$(500 克)；晚上，$\frac{1}{0.5}=2$(500 克)。

$$\bar{x}_H=\frac{1+1+1}{\frac{1}{2.0}+\frac{1}{1.0}+\frac{1}{0.5}}=\frac{n}{\sum\frac{1}{x}}=\frac{3}{3.5}=0.86(\text{元}/500\text{克})$$

2) 加权调和平均数

简单调和平均数是在各变量值对平均数起同等作用的条件下应用的。如果权数不等，如例 4.18 的资料中早、中、晚不是各买 1 元，而是各买不同的金额，那么每种价格所起的作用就不同了，这时就应计算加权调和平均数，其计算公式为

$$\bar{x}_H=\frac{1}{\frac{\frac{1}{x_1}\times m_1+\frac{1}{x_2}\times m_2+\cdots+\frac{1}{x_n}\times m_n}{m_1+m_2+\cdots+m_n}}=\frac{m_1+m_2+\cdots+m_n}{\frac{m_1}{x_1}+\frac{m_2}{x_2}+\cdots+\frac{m_n}{x_n}}=\frac{\sum m}{\sum\frac{m}{x}} \quad (4-19)$$

在例 4.18 中，先求早、中、晚购买的克数：早上，$\frac{2}{2.0}=1$(500 克)；中午，$\frac{3}{1.0}=3$(500 克)；晚上，$\frac{4}{0.5}=8$(500 克)。

$$\bar{x}_H=\frac{2+3+4}{\frac{2}{2.0}+\frac{3}{1.0}+\frac{4}{0.5}}=\frac{\sum m}{\sum\frac{m}{x}}=\frac{9}{12}=0.75(\text{元})$$

需要说明的是，调和平均数是各个算术平均数倒数的算术平均数的倒数，是在资料受到限制的条件下算术平均数的一种变形。从本质上说，算术平均数和调和平均数是一种类型的平均数，即

$$\bar{x}=\frac{\sum xf}{\sum f}=\frac{\sum m}{\sum\frac{m}{x}}=\bar{x}_H$$

那么，如何判断在什么情况下采用算术平均数或调和平均数呢？关键在于以算术平均数的基本公式为依据(算术平均数$=\frac{\text{总体标志总量}}{\text{总体单位总数}}$)进行判断。当“直接掌握”的是分母资料时，用算术平均数公式计算；当“直接掌握”的是分子资料时，用调和平均数公式计算。总之，根据所掌握的资料条件来决定。在已知每种价格 x、销售量 f 时，用加权算术平均数求平均价格；在已知每种价格 x、销售额 m 时，用加权调和平均数求平均价格，见表 4 - 12。

表 4-12 加权调和平均数计算表

变量 x	次数 m	$\frac{1}{x}\times m$
x_1	m_1	$\frac{1}{x_1}\times m_1$
x_2	m_2	$\frac{1}{x_2}\times m_2$
⋮	⋮	⋮
x_n	m_n	$\frac{1}{x_n}\times m_n$
合计	$\sum m$	$\sum \frac{m}{x}$

以上所述，是本质意义上的调和平均数的计算过程和方法。如果使用相同的计算资料，它的计算结果与算术平均数比较接近。但是，由于其计算过程繁琐，在实践中很少被直接运用，一般是作为算术平均数的变形来使用的，即根据变量数列各组标志总量和各组单位数求总体平均数，或根据各组计划完成程度和各组实际完成数求总体计划完成程度时，常用加权调和平均数的形式。不过，应当注意的是，其形态虽像调和平均数，但其实质仍是算术平均数。

【例 4.19】某厂工人工资资料如表 4-13 所示，试据此资料计算工人平均工资。

表 4-13 某工厂工人工资情况及平均工资计算表

技术级别	月工资 x/元	工资总额 m/元	工人数 $\frac{m}{x}$/人
1	1 520	7 600	5
2	1 580	23 700	15
3	1 650	29 700	18
4	1 730	17 300	10
5	1 820	3 640	2
合计	—	81 940	50

$$\text{平均工资}\bar{x}_H=\frac{\text{工资总额}}{\text{工人总数}}=\frac{\sum m}{\sum \frac{m}{x}}$$

$$=\frac{7\,600+23\,700+29\,700+17\,300+3\,640}{\frac{7\,600}{1\,520}+\frac{23\,700}{1\,580}+\frac{29\,700}{1\,650}+\frac{17\,300}{1\,730}+\frac{3\,640}{1\,820}}=\frac{81\,940}{50}=1\,638.8(\text{元})$$

在以上计算中，m 是各组标志总量(工资总额)，它就是各组标志值 x (工资水平)与各组次数 f (人数)的乘积 xf，即 $m=xf$。这时，m 已不是本来意义上的调和平均数权数，它是一个特定的权数。在这种情况下，加权调和平均数等于加权算术平均数。即

$$\bar{x}_H=\frac{\sum m}{\sum \frac{m}{x}}=\frac{\sum xf}{\sum \frac{xf}{x}}=\frac{\sum xf}{\sum f}=\bar{x}$$

【例 4.20】已知某公司各企业产值计划完成程度及实际完成数见表 4-14，则全公司计划完成程度(即各企业平均计划完成程度)为

表 4-14　某公司所属企业产值计划完成情况及平均数计算表

计划完成程度	组中值	企业数	实际完成数 m/万元	计划任务数 $\frac{m}{x}$/万元
90%～100%	95%	6	95	100
100%～110%	105%	10	840	800
110%～120%	115%	4	115	100
合计	—	20	1 050	1 000

从表 4-13 中看出，如果用算术平均数形式计算平均指标，就要掌握标志值和总体单位总量两项资料，然后推算出总体标志总量的资料；如果只掌握标志值和总体标志总量两项资料，就要用调和平均数形式，推算出总体单位总量的资料。这样，分子是总体标志总量，分母是总体单位总量，计算的平均指标，也就是算术平均数的形式。

下面通过实例来说明加权算术平均数和加权调和平均数两种方法的应用。

1）由相对数计算平均数

以计划完成程度相对指标为例，当掌握的资料为实际完成数时，求平均计划完成程度，应采用加权调和平均数计算；当掌握的资料为计划数时，应以计划数作为权数，采用加权算术平均数计算。

【例 4.21】某饭店分一部、二部、三部，2010 年计划收人分别为 300 万元、260 万元、240 万元，计划完成程度分别为 102%，107%，109%，求平均计划完成程度。

根据掌握的资料，平均计划完成程度应采用以计划收入为权数的加权算术平均法来计算，见表 4-15。

表 4-15　某饭店计划完成资料及计算表

	计划完成 x	计划收入 f/万元	实际收入 xf/万元
一部	102%	300	306.0
二部	107%	260	278.2
三部	109%	240	261.6
合计		800	845.8

平均计划完成程度为

$$\bar{x}=\frac{\sum xf}{\sum f}=\frac{845.8}{800}\approx 105.73\%$$

如果掌握的资料是实际数，而不是计划数，就不能用加权算术平均数公式计算，应以实际收入为权数的加权调和平均数公式计算，见表 4-16。

表 4-16　某饭店实际完成资料及计算表

	计划完成数 x	实际完成数 m/万元	计划收入 $\frac{m}{x}$/万元
一部	102%	306.0	300
二部	107%	278.2	260
三部	109%	261.6	240
合计	—	845.8	800

由表 4－15 中的资料计算平均计划完成程度为

$$\bar{x}_{\mathrm{H}}=\frac{\sum m}{\sum \frac{m}{x}}\approx\frac{845.8}{800}\approx 105.73\%$$

2）由平均数计算平均数

以工业企业生产工人劳动生产率为例，如果所掌握的资料是各车间的生产工人劳动生产率及其产值资料，计算该企业的平均生产工人劳动生产率时应采用加权调和平均数法计算；如果所掌握的资料是各车间的生产工人劳动生产率及其生产工人人数，则计算该企业的平均生产工人劳动生产率时，应采用加权算术平均数法计算。

【例 4.22】2010 年某工业部门相关指标数值见表 4－17，分别采用加权调和平均数法和加权算术平均数法计算平均生产工人劳动生产率。

表 4－17　2010 年某工业部门有关资料

按劳动生产分组/(万元/人)	工业增加值/万元
2～4	746 060.78
4～6	593 670.91
6～8	1 151 155.53
8～10	1 147 773.57
合计	3 638 660.79

根据表 4－17 的资料可采用加权调和平均数法计算平均生产工人劳动生产率，见表 4－18。

表 4－18　2010 年平均生产工人劳动生产率计算表

按劳动生产分组/(万元/人)	组中值 x/(万元/人)	工业增加值 m/万元	生产工人数 $\frac{m}{x}$/人
2～4	3	746 060.78	248 687
4～6	5	593 670.91	118 734
6～8	7	1 151 155.53	164 451
8～10	9	1 147 773.57	127 530
合计	—	3 638 660.79	659 402

将表 4－18 中数值代入公式，可得平均生产工人劳动生产率为

$$\bar{x}_H=\frac{\sum m}{\sum \frac{m}{x}}=\frac{3\ 638\ 660.79}{659\ 402}=5.52(\text{万元}/\text{人})$$

3. 几何平均数

几何平均数是 n 个总体单位标志值连乘积的 n 次方根。它主要用于计算标志值的连乘积等于总比率或总速度的现象的平均比率或平均速度，其一般算式为

$$\bar{x}_{\mathrm{G}}=\sqrt[n]{x_1\cdot x_2\cdot\cdots\cdot x_n}=\sqrt[n]{\Pi x}\tag{4-20}$$

式中，$\bar{x}_{\mathrm{G}}$——几何平均数；

x——各项标志值；

n——标志值的项数；

Π——连乘符号。

根据计算资料的不同，几何平均数也有加权式和简单式两种。

1）简单几何平均数

当我们掌握的资料是总体各单位的标志值时，直接将 n 个总体单位标志值连乘的积开 n 次方，即得简单几何平均数。

【例 4.23】某地区 2002—2006 年国内生产总值环比发展速度分别为 108.0%、107.5%、108.3%、109.3%、109.5%，则其平均发展速度为

$$\bar{x}_G = \sqrt[n]{\Pi x} = \sqrt[5]{108.0\% \times 107.5\% \times 108.3\% \times 109.3\% \times 109.5\%} = 108.52\%$$

2）加权几何平均数

当用于计算几何平均数的各变量值次数不同时，将这些不同次方的变量值连乘起来，再开次数之和次方，即得加权几何平均数。

$$\bar{x}_G = \sqrt[f_1+f_2+\cdots+f_n]{x_1^{f_1} x_2^{f_2} \cdots x_n^{f_n}} = \sqrt[\sum f]{\Pi x^f} \tag{4-21}$$

【例 4.24】某银行对企业的一笔十年期的投资年利率：第 1～3 年是 7%，第 4～6 年是 8%，第 7～9 年是 9%，第 10 年是 10%。问 10 年的平均利率是多少？

解：10 年的平均本利率为

$$\bar{x}_G = \sqrt[\sum f]{\Pi x^f} = \sqrt[3+3+3+1]{1.07^3 \times 1.08^3 \times 1.09^3 \times 1.1} = 1.082$$

10 年的平均利率为 $\bar{x}_G - 1 = 1.082 - 1 = 0.082$，即 8.2%。

4. 中位数

前面几种平均数在计算时要考虑每个原数据值，即每个原数据的大小都会对算术平均数、调和平均数和几何平均数的大小产生影响。但如果原始数据中有个别极大或极小值，就会使三种平均数出现不正常的偏大或偏小的情况，为避免个别极端值对平均数造成不合理的影响，统计分析中还经常用到中位数和众数这两种补充平均数。现在先介绍中位数。

1）中位数的概念

将被研究总体的各单位的标志值按大小顺序排列，处于中间位置的那个标志值就是中位数，用符号 M_e 表示。中位数的概念表明，数列中有一半单位的标志值小于中位数，另一半单位的标志值大于中位数。它是位置平均数，同样不受数列中极端变量值的影响。在总体标志值差异很大的情况下，中位数具有较强的代表性。在许多场合，可用中位数来表示现象的一般水平。例如，人口年龄中位数，可表示人口总体年龄的一般水平；集贸市场上某种商品价格的中位数，可代表该种商品的价格水平。

2）中位数的特点和作用

(1) 中位数是一种位置平均数，它的大小决定于数列中间位置的那个标志值，不受其他标志值的影响，所以用它代表整个总体各单位标志值的平均水平，有其不足之处。但是如果数列两端出现极端值时，用中位数来表示该现象的一般水平，更有其代表性。例如，在社会成员收入悬殊的国家，用其收入的中位数比平均数更能代表多数成员收入的一般水平。

(2) 各单位标志值与中位数离差的绝对值之和最小，即

$$\sum |x - M_e| = \text{Min} \text{ 或 } \sum |x - M_e| f = \text{Min}$$

利用中位数的这一性质，可以解决一些实际问题。例如，铺设通信线路，可用中位数来

决定总控制室的位置，使其到各分点的距离之和为最短，从而节省原材料及费用。

3）中位数的计算

确定中位数的方法根据使用资料的不同，主要有三种情况。

(1) 根据未分组资料确定中位数。

根据未分组的资料确定中位数，首先把各单位的标志值按大小顺序排列；其次根据$\frac{n+1}{2}$(n代表变量值的项数)确定中点位置；最后确定中位数，当变量值的项数为奇数时，中点位置所对应的变量值即为中位数。当变量值的项数为偶数时，则中点位置的前、后两个变量值的简单算术平均数即为中位数。

【例4.25】某组有5名工人，年龄(岁)分别为34、35、36、37、38，则中点位置为$\frac{n+1}{2}=\frac{5+1}{2}=3$，中位数为第三个工人的年龄36岁。如果有6名工人，年龄(岁)分别为34、35、36、37、38、39，则中点位置为$\frac{n+1}{2}=\frac{6+1}{2}=3.5$，中位数为第三个工人和第四个工人年龄的简单算术平均数36.5岁。

(2) 根据单项数列确定中位数。

根据单项式分组资料确定中位数，首先计算各组的向上(或向下)累计次数；其次确定中位数，即累计次数达到$\frac{\sum f}{2}$($\sum f$为总次数)的那一组即为中位数所在组，则该组的标志值即为所求中位数。

【例4.26】某品牌羊毛衫销量情况见表4-19，试计算羊毛衫销量的中位数。

本例中点位置$=\frac{\sum f}{2}=\frac{1\,180}{2}=590$，从累计次数中，找出包含590的最小整数，所以第五组的累计次数达到750>590，说明中位数在第五组，它所对应的变量值即中位数为100厘米。

表4-19　某品牌羊毛衫销量情况表

羊毛衫规格/厘米	销售量/件	人数累计/人	
		向上累计	向下累计
80	60	60	1 180
85	90	150	1 120
90	140	290	1 030
95	160	450	890
100	300	750	730
105	150	900	430
110	130	1 030	280
115	80	1 110	150
120	70	1 180	70
合计	1 180	—	—

(3) 由组距数列确定中位数。

由组距数列确定中位数，首先找出中位数所在组，即累计次数达到$\frac{\sum f}{2}$的那一组即为中位数所在组；然后再利用近似公式计算中位数的值。其计算公式如下。

下限公式：

$$M_e = L + \frac{\frac{\sum f}{2} - S_{m-1}}{f_m} \times d \tag{4-22}$$

上限公式：

$$M_e = U - \frac{\frac{\sum f}{2} - S_{m+1}}{f_m} \times d \tag{4-23}$$

式中，L、U——分别表示中位数所在组的下限、上限；

f_m——中位数所在组的次数；

S_{m-1}——中位数所在组以前各组的累计次数；

S_{m+1}——中位数所在组以后各组的累计次数；

$\sum f$——总次数；

d——中位数所在组的组距。

在实际运用中，上、下限公式的计算结果是一样的，无论选用哪一个均可。

【例 4.27】根据表 4-20 的资料来确定中位数。

表 4-20　某县农民家庭人均纯收入中位数计算表

按人均纯收入额分组/元	农户数/户	累计次数	
		向上累计	向下累计
1 000 以下	44	44	1 000
1 000～2 000	79	123	956
2 000～3 000	236	359	877
3 000～4 000	260	619	641
4 000～5 000	223	842	381
5 000 以上	158	1 000	158
合计	1 000	—	—

据表中资料计算：中点位置 $= \frac{\sum f}{2} = \frac{1\,000}{2} = 500$，359<500<619，故中位数在 3 000～4 000 这一组，第四组为中位数组。

L=3 000，U=4 000，d=1 000，$f_m = 260$，S_{m-1} =359，S_{m+1} =381 。按上限公式计算：

$$M_e = L + \frac{\frac{\sum f}{2} - S_{m-1}}{f_m} d = 3\,000 + \frac{\frac{1\,000}{2} - 359}{260} \times 1\,000 \approx 3\,542.31(\text{元})$$

5. 众数

1）众数的概念

众数是总体中各单位出现次数最多的那个标志值，也就是该总体各单位中最普通、最常出现的标志值。用众数也可以表明社会经济现象的一般水平。

在实际工作中，众数是应用较广泛的。例如，要说明消费者需要的服装、鞋帽等的普遍尺码，反映集市贸易市场某种蔬菜的价格等，都可以通过市场调查、分析、了解哪一尺码的成交量最大，哪一种蔬菜价格的成交量最多，人们的这种一般需求，即为众数。

2）众数的特点和作用

(1) 众数作为总体中出现次数最多的数值，能直观地说明总体各单位该标志值的集中趋势，故能说明该现象数量方面的一般水平。

(2) 只有当总体单位数比较多，且标志值的分布具有明显的集中趋势时，众数的确定才有意义。如果标志值的分布呈均匀分布，该数列无众数。

(3) 当某种社会经济现象不可能或无必要全面登记出各单位标志值及各标志值出现的次数，来计算算术平均数时，可用最普遍出现的标志值，即众数来代替其一般水平。

3）众数的确定

(1) 根据单项式数列确定众数。在单项式数列中，众数就是出现次数最多的那个标志值。

【例4.28】某商店各种规格羊毛衫销售资料见表4-21所示，可以直接看出，100厘米的羊毛衫销售量最大，为300件，因此100厘米就是众数。

表4-21 羊毛衫销售量统计表

羊毛衫规格/厘米	销售量/件
80	60
85	90
90	140
95	160
100	300
105	150
110	130
115	80
120	70
合计	1 180

(2) 根据组距数列确定众数。在组距数列条件下确定众数比较复杂。应先确定次数最多一组为众数所在组，然后由公式计算众数的近似值，其计算公式如下。

下限公式：
$$M_0 = L + \frac{\Delta_1}{\Delta_1 + \Delta_2} \times d$$

上限公式：
$$M_0 = U - \frac{\Delta_2}{\Delta_1 + \Delta_2} \times d$$

式中，M_0——众数；

L——众数组下限；

U——众数组上限；

Δ_1——众数组次数与其前一组次数之差；

Δ_2——众数组次数与其后一组次数之差；

d——众数组组距。

【例 4.29】某县农民家庭按人均纯收入额分组资料见表 4-22，求众数。

表 4-22　某县农民家庭人均纯收入情况表

按人均纯收入额分组/元	农户数
1 000 以下	44
1 000～2 000	79
2 000～3 000	236
3 000～4 000	260
4 000～5 000	223
5 000 以上	158
合计	1 000

表 4-21 表明，人均纯收入额 3 000～4 000 元组户数最多，故该组为众数组。其中，$L=3\ 000$，$U=4\ 000$，$d=1\ 000$，$\Delta_1=260-236=24$，$\Delta_2=260-223=37$。

按下限公式确定：

$$M_0=3\ 000+\frac{24}{24+37}\times 1\ 000=3\ 393.44(\text{元})$$

按上限公式确定：

$$M_0=4\ 000-\frac{37}{24+37}\times 1\ 000=3\ 393.44(\text{元})$$

即农民家庭人均收入众数为 3 393.44 元。

从计算结果可以看出，按下限公式或上限公式确定的结果是一致的。实际工作中选用其中一种方法计算即可。

众数是由标志值出现的次数多少确定的，不受极端值的影响。但计算众数有一定条件，即如果遇到所有标志值的频数都是一样的分配数列，则不存在众数。在单位数不多或无明显集中趋势的资料中，众数的确定是没有意义的。某些场合，不是一个标志值，而是两个标志值具有最大的频数，那就是两个众数，属于双众数分配数列。

4.3.3　众数、中位数和算术平均数的比较

1. 众数、中位数和算术平均数的关系

算术平均数、众数和中位数之间的关系与次数分布数列有关。在次数分布完全对称时，算术平均数、众数和中位数都是同一数值，见图 4-1；在次数分布非对称时，算术平均数、众数和中位数不再是同一数值，而具有相对固定的关系。在尾巴拖在右边的正偏态(或右偏态)分布中，众数最小，中位数适中，算术平均数最大，见图 4-2；在尾巴拖在左边的负偏态(或左偏态)分布中，众数最大，中位数适中，算术平均数最小，见图 4-3。

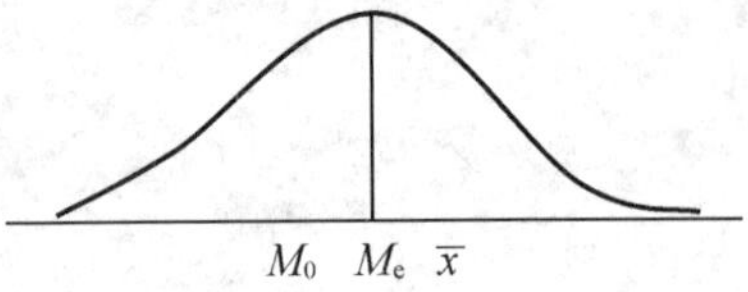

图 4-1　次数完全对称

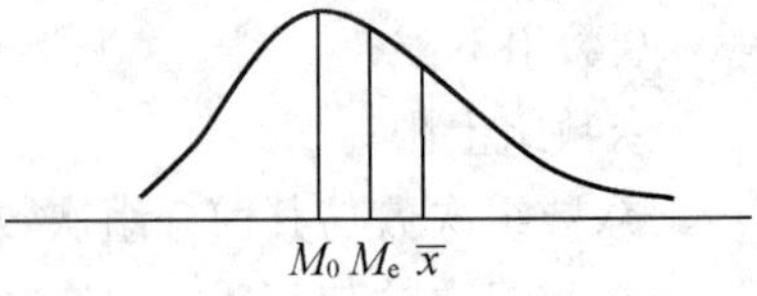

图 4-2　右偏态

在统计实务中，可以利用算术平均数、中位数和众数的数量关系判断次数分布的特征。此外还可利用三者的关系进行相互之间的估算。根据经验，在分布偏斜程度不大的情况下，不论右偏或左偏，三者存在一定的比例关系，即众数与中位数的距离约为算术平均数与中位数距离的2倍，用公式表示为 $M_e - M_0 = 2\times(\bar{x} - M_e)$ ，由此可以得到三个推导公式：

$$\bar{x} = \frac{3M_e - M_0}{2}$$

$$M_e = \frac{M_0 + 2\bar{x}}{3}$$

$$M_0 = 3M_e - 2\bar{x}$$

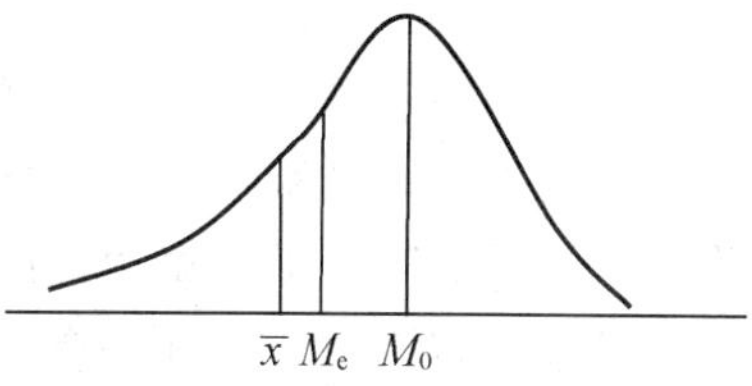

图4-3　左偏态

【例4.30】某企业工人的月收入众数为800元，月收入的算术平均数为1 100元，则月收入的中位数近似值是

$$M_e = \frac{1}{3}(M_o + 2\bar{X}) = \frac{1}{3}(800 + 2\times 1\,100) = 1\,000(\text{元})$$

$\bar{X} > M_e > M_0$ ，故分布为右偏。

2. 众数、中位数和算术平均数的应用

众数、中位数和算术平均数各自具有不同的特点，掌握它们之间的关系和各自的特点，有助于在实际应用中选择合理的测度值来描述数据的集中趋势。

1）众数

众数是一种位置代表值，易理解，不受极端值的影响。任何类型的数据资料都可以计算，但主要适合于作为定类数据的集中趋势测度值；即使资料有开口组仍然能够使用众数。众数不适于进一步代数运算；有的资料，众数根本不存在；当资料中包括多个众数时，很难对它进行比较和说明，应用不如算术平均数广泛。

2）中位数

中位数也是一种位置代表值，不受极端值的影响；除了数值型数据，定序数据也可以计算，而且主要适合于作为定序数据的集中趋势测度值，而且开口组资料也不影响计算。中位数不适于进一步代数运算，应用不如算术平均数广泛。

3）算术平均数

算术平均数的含义通俗易懂，直观清晰；全部数据都要参加运算，因此它是一个可靠的具有代表性的量；任何一组数据都有一个平均数，而且只有一个平均数；用统计方法推断几个样本是否取自同一总体时，必须使用算术平均数；具有优良的数学性质，适合于代数方法的演算。算术平均数是实际应用最广泛的集中趋势测度值，主要适合于作为定距和定比数据的集中趋势测度值；最容易受极端值的影响；对于偏态分布的数据，算术平均数的代表性较差；资料有开口组时，按相邻组组距计算假定性很大，代表性降低。

4.3.4　计算和运用平均指标应注意的问题

为了保证平均指标的科学性，充分发挥平均指标的作用，计算和应用平均指标时必须注意以下问题。

1. 必须注意所研究现象的同质性

同质性就是现象总体的各个单位在被平均的标志值上具有同质性。各单位之间的差别，仅仅表现在数量上，被平均的只是量的差别。如果各单位在类型上是异质的，特别是从社会关系来说存在着根本差别，这样的平均数不仅不能说明事物的本质和规律性，反而会歪曲事实，掩盖真相，抹杀现象之间的本质差别，它只能是“虚构的”平均数。在计算和应用平均指标分析现象时，最常见的错误是违背同质性原则，既把不同质的事物当做同质总体求平均数。例如，将大款、大腕、企业主与工薪族作为同质总体来计算人均收入是错误的，因为工薪族与大款、大腕、企业主不是同质总体。

2. 必须注意用组平均数补充说明总平均数

平均数是在抽去局部特征和差异以后计算出来的，它给人以总体、综合的数量概念。如果要进一步分析问题，仅仅到此是不够的，还必须计算总体内部各种类型或各部分的平均数，以配合总平均数作进一步的说明。

3. 必须注意应用分配数列补充说明总平均数

由于平均数把总体各单位的差异给掩盖了，无法反映总体各单位的分布状况。因此，可根据分析研究的需要编制分配数列，以补充说明平均数，从而多视角地观察问题。

【小知识】

2009 年 4 月 11 日中国国家统计局统计司公布数据，2008 年中国城镇单位在岗职工平均工资为29 229 元，日平均工资为 111.99 元。与 2007 年相比，中国城镇单位在岗职工平均工资增加了 4297 元，增长 17.2%，但增幅回落 1.5 个百分点，扣除物价因素，实际增长 11.0%。此消息一出，立即引来了社会的广泛质疑，公众的眼光，无一例外地都投向了“平均”二字。

平均工资指企业、事业、机关单位的职工在一定时期内平均每人所得的货币工资额。它表明一定时期职工工资收入的高低程度，是反映职工工资水平的主要指标。

计算公式：职工平均工资＝报告期实际支付的全部职工工资总额/报告期全部职工平均人数。

平均工资是单位工资总额除以年内(季度内)平均职工人数得出的。

根据现行统计制度，工资总额是本单位在一定时期内直接支付给本单位全部职工的劳动报酬总额，包括计时工资、计件工资、奖金、津贴和补贴、加班加点工资、特殊情况下支付的工资，无论是否计入成本，不论是以货币形式还是以实物形式支付，均包括在内。同时，根据国际惯例，工资总额统计的是个人税前工资，并且包括个人交纳的养老、医疗、住房等个人账户的基金。

4.4 离中趋势描述

如前所述，平均指标是统计总体中各单位某一数量标志值的一般水平，反映了总体各单位变量值分布的集中趋势，利用平均指标可以对同类现象在不同空间或时间条件下的数量表现进行对比，以反映现象的发展趋势或规律。但是，平均指标掩盖了总体各单位客观上存在的变异，要全面、正确地认识和反映总体特征，除了计算平均指标外，还必须计算反映差异情况或称离中趋势的指标。

4.4.1 标志变异指标的概念和作用

1. 标志变异指标的概念

标志变异指标是描述总体各单位标志值差别大小程度的指标，又称标志变动度、离散程度或离中程度。如果说平均指标是说明总体分布的集中趋势的话，那么标志变异指标则是说明总体分布的离散趋势。

【例4.31】某车间两个生产小组各工人日产量如下。

甲组：20，40，60，70，80，100，120

乙组：67，68，69，70，71，72，73

尽管两组平均日产量都是70，但从图4-4可以看出甲组离散程度大，乙组离散程度小。

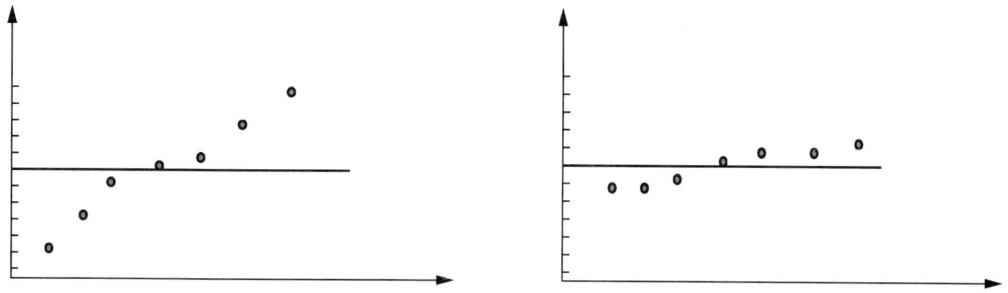

图4-4 甲、乙两组日产量的散点图

2. 标志变异指标的作用

(1) 标志变异指标可以衡量平均数代表性的大小。平均指标作为某一数量标志值的代表值，其代表性的大小与总体内各个标志值的分散程度有密切关系。平均指标的代表性与标志变异指标的关系是，总体的标志变异指标愈大，平均指标的代表性愈小；反之，标志变异指标愈小，平均指标的代表性愈大。

(2) 标志变异指标可用来研究现象的稳定性和均衡性。标志变异指标可以表明生产过程中的节奏性或其他经济活动过程的均衡性，说明经济管理工作的质量。

(3) 标志变异指标是确定抽样数目和计算抽样误差的必要依据。

4.4.2 标志变异指标的计算

反映标志变异程度的指标主要有全距、平均差、标准差、变异系数等，下面将逐一介绍这些指标的计算方法。

1. 全距

全距又称极差，它是总体各单位变量值中最大值与最小值之差。其计算公式为

$$R = x_{\max} - x_{\min} \tag{4-24}$$

式中，R——全距；

$x_{\max}$——总体中最大的标志值；

x_{min} ——总体中最小的标志值。全距可以说明总体中标志值变动的范围，全距越大，说明总体中标志值变动的范围越大，从而说明总体各单位标志值差异越大，反之则小。

【例 4.32】两组学生的统计学原理考试成绩(单位：分)如下。

A 组：68，72，78，84，88，90

$$\bar{x}_A = 80$$

B 组：60，76，80，83，85，96

$$\bar{x}_B = 80$$

$$R_A = 90 - 68 = 22(分)，R_B = 96 - 60 = 36(分)$$

A、B 两组学生的考试平均成绩均为 80 分，但 A 组的全距为 22 分，B 组的全距为 36 分。B 组全距大于 A 组，说明 B 组同学考分的差异比 A 组大。所以 A 组平均成绩 80 分代表性较大。

若根据组距数列计算全距，可用数列中最高一组的上限减去最低一组的下限，求得全距的近似值。

全距最大的特点是计算简便、易懂，容易被人们接受和理解，因而在日常生活中应用非常广泛。但是，全距是根据总体最大变量值与最小变量值两个数值计算而来的，缺乏普遍性，只是说明变量值波动的范围，很不精确。为全面表明总体的变异程度，还应当进一步计算其他变异指标。

2. 平均差

平均差是各变量值与其算术平均数离差绝对值的算术平均数。用 A. D 表示。

平均差越大，说明各标志值的差异越大，标志值分布越分散；平均差越小，说明各标志值的差异越小，标志值分布越集中。根据掌握的资料不同，平均差有简单平均法和加权平均法两种计算方法。

1) 简单算术平均法

如果掌握的是未分组的资料，则采用简单平均法。其计算公式为

$$A.D = \frac{\sum |x - \bar{x}|}{n} \tag{4-25}$$

式中，$A.D$——平均差。

【例 4.33】用简单平均法求例 4.30 资料中两组学生统计学原理考试成绩的平均差。计算过程见表 4-23。

表 4-23　两组学生考试成绩平均差计算表

A 组			B 组		
分数 x	$x-\bar{x}$	$\lvert x-\bar{x}\rvert$	分数 x	$x-\bar{x}$	$\lvert x-\bar{x}\rvert$
68	−12	12	60	−20	20
72	−8	8	76	−4	4
78	−2	2	80	0	0
84	4	4	83	3	3
88	8	8	85	5	5
90	10	10	96	16	16
合计	—	44	合计	—	48

$\bar{x}_A = 80$ 分，$\bar{x}_B = 80$ 分

A 组： $$A.D = \frac{\sum|x-\bar{x}|}{n} = \frac{44}{6} \approx 7.33(\text{分})$$

B 组： $$A.D = \frac{\sum|x-\bar{x}|}{n} = \frac{48}{6} = 8(\text{分})$$

上述结果表明，A、B 两组学生的考试平均成绩均为 80 分，但是，B 组的平均差比 A 组的平均差大，说明 B 组学生的考试成绩差异大于 A 组学生的考试成绩差异，所以，A 组学生考试平均成绩的代表性更大一些。

2）加权算术平均法

如果掌握的资料是分组数列时，则应采用加权平均法。其计算公式为

$$A.D = \frac{\sum|x-\bar{x}|f}{\sum f} \tag{4-26}$$

【例 4.34】已知某车间工人日产量分组资料，见表 4－24，试求该车间工人日产量的平均差。

表 4－24　某车间工人日产量平均差计算表

日产量/千克	工人数 f/人	组中值 x/千克	xf	$x-\bar{x}$	$\lvert x-\bar{x}\rvert$	$\lvert x-\bar{x}\rvert f$
20～30	10	25	250	−17	17	170
30～40	70	35	2 450	−7	7	490
40～50	90	45	4 050	3	3	270
50～60	30	55	1 650	13	13	390
合计	200	—	8 400	—	40	1 320

$$\bar{x} = \frac{\sum xf}{\sum f} = \frac{8\ 400}{200} = 42(\text{千克})$$

$$A.D = \frac{\sum|x-\bar{x}|f}{\sum f} = \frac{1\ 320}{200} = 6.6(\text{千克})$$

计算结果表明，该车间 200 个工人日产量的平均差为 6.6 千克。

平均差的意义明确，同全距相比，计算的依据是总体所有变量值，具有普遍性，能够准确反映总体变异的状况。但是，由于平均差是用总体各单位变量值同总体算术平均数的离差的绝对值来计算的，很难进行更深入的数学计算，因而在实际应用上受到很大限制。

3. 标准差

标准差又称均方差，是总体各单位标志值与其算术平均数的离差平方和的算术平均数的平方根，通常记为 σ，标准差的平方 σ^2 称为方差。标准差是测定标志变异程度的最主要指标。

根据掌握的资料不同，标准差有简单平均法和加权平均法两种计算方法。

1）简单平均法

如果掌握的是未分组的原始资料，在计算标准差时，采用简单平均法。其计算公式为

$$\sigma=\sqrt{\frac{\sum(x-\bar{x})^2}{n}} \tag{4-27}$$

【例 4.35】用简单平均法求例 4.32 两组学生统计学原理考试成绩的标准差，计算过程见表 4-25。

表 4-25　两组学生考试成绩标准差计算表

A 组			B 组		
分数 x	$x-\bar{x}$	$(x-\bar{x})^2$	分数 x	$x-\bar{x}$	$(x-\bar{x})^2$
68	−12	144	60	−20	400
72	−8	64	76	−4	16
78	−2	4	80	0	0
84	4	16	83	3	9
88	8	64	85	5	25
90	10	100	96	16	256
合计	—	392	合计	—	706

$$\text{A 组: } x_A=80, \sigma_A=\sqrt{\frac{\sum(x-\bar{x})^2}{n}}=\sqrt{\frac{392}{6}}\approx 8.08(\text{分})$$

$$\text{B 组: } x_B=80, \sigma_B=\sqrt{\frac{\sum(x-\bar{x})^2}{n}}=\sqrt{\frac{706}{6}}\approx 10.85(\text{分})$$

上述结果表明，A、B 两组学生的平均成绩均为 80 分。但是，B 组的平均差比 A 组的标准差大，说明 B 组学生成绩差异大于 A 组学生成绩差异。所以，A 组学生平均成绩代表性更大一些。

2）加权平均法

如果掌握的是分组资料，在计算标准差时，采用加权平均法。其计算公式为

$$\sigma=\sqrt{\frac{\sum(x-\bar{x})^2 f}{\sum f}} \tag{4-28}$$

【例 4.36】用加权平均法求例 4.34 资料中的工人日产量的标准差，计算过程见表 4-26。

表 4-26　某车间工人日产量标准差计算表

日产量/千克	工人数 f/人	组中值 x/公斤	$x-\bar{x}$	$(x-\bar{x})^2$	$(x-\bar{x})^2 f$
20～30	10	25	−17	289	2 890
30～40	70	35	−7	49	3 430
40～50	90	45	3	9	810
50～60	30	55	13	169	5 070
合计	200	—	—	—	12 200

$$\sigma=\sqrt{\frac{\sum(x-\bar{x})^2 f}{\sum f}}=\sqrt{\frac{12\,200}{200}}\approx 7.8(\text{千克})$$

计算结果表明，该车间 200 个工人日产量的标准差为 7.8 千克。

4. 交替标志的标准差

交替标志又称是非标志。总体中的所有单位，如按某一标志分组，其中一部分具有某种特征，而另一部分不具有该种特征，它们在总体中会交替出现则称此标志为交替标志。例如，将全部产品分为合格品与非合格品两组；将全部人口分为男性和女性两组等。

交替标志不是数量标志，而是品质标志，它的表现只有两种："是"与"非"，或"有"与"无"，要测定其平均数和标准差，须将标志表现性质上的差异转化为数量表现的差异。通常以1表示总体中具有某种性质的单位的标志值；以0表示总体中不具有该种性质的单位的标志值。例如，将"合格品"用标志值1表示，则"不合格品"的标志值为0；将"男"的标志值定为1，则"女"的标志值就为0。通过这种转化，即可计算交替标志的平均数和标准差。

设总体单位数为 N，具有某种特征的单位数为 N_1，不具有该种特征的单位数为 N_0，若再假设具有某种特征的单位数占总体单位数的比重为 $p(p=\frac{N_1}{N})$，不具有该种特征的单位数占总体单位数的比重为 $q(q=\frac{N_0}{N})$，则有

$$N=N_1+N_0 \qquad p+q=\frac{N_1}{N}+\frac{N_0}{N}=1$$

$$p_1q_1 \text{ 或 } q=1-p$$

交替标志平均数和标准差的计算见表4-27。

表4-27 交替标志平均数和标准差的计算表

交替标志值 x	总体单位数比重 f	xf	$x-\bar{x}$	$(x-\bar{x})^2$	$(x-\bar{x})^2f$
1 0	p q	p 0	$1-p$ $0-p$	$(1-p)^2$ $(0-p)^2$	$(1-p)^2p$ $(0-p)^2q$
合计	1	p	—	—	$(1-p)^2p+(0-p)^2q$

交替标志的算术平均数为

$$\bar{x}=\frac{\sum xf}{\sum f}=\frac{1\times p+0\times q}{p+q}=\frac{p}{1}=p \tag{4-29}$$

交替标志的标准差为

$$\begin{aligned}\sigma&=\sqrt{\frac{\sum(x-\bar{x})^2f}{\sum f}}=\sqrt{\frac{(1-p)^2p+(0-p)^2q}{p+q}}\\&=\sqrt{\frac{q^2p+p^2q}{1}}=\sqrt{pq(q+p)}=\sqrt{pq}=\sqrt{p(1-p)}\end{aligned} \tag{4-30}$$

由上面的计算可见，交替标志的平均数就是具有某种特征的单位数所占的比重(也称成数)。交替标志的标准差就是具有某种标志的单位数所占的比重和不具有该种特征的单位数所占比重乘积的平方根。这两个特征值，在抽样分析中将会用到。

【例4.37】某机械铸造车间生产10 000吨铸件，不合格品200吨，试求该批铸件的平均合格率及其标准差。

平均合格率：$p=\dfrac{10\ 000-200}{10\ 000}=0.98=98\%$

标准差：$\sigma=\sqrt{p(1-p)}=\sqrt{0.98\times(1-0.98)}=14\%$

5. 变异系数

全距、平均差和标准差都有与平均指标相同的计量单位，都是反映总体各单位标志值变异程度的绝对指标，其数值的大小，不仅取决于标志值的变异程度，还要受到总体单位标志值本身水平高低的影响。因此，为了对比分析不同水平的变量数列之间标志变异的程度，就不宜直接采用全距、平均差和标准差，而必须消除平均水平高低的影响，才能真正反映出不同水平的变量数列的离散程度。变异系数就是现象总体的变异指标与其算术平均数之比，它反映总体各单位标志值之间平均相差的相对程度。统计分析中常用的变异系数有以下几种。

全距与总体平均数对比所得到的比值称为全距系数，计算公式为

$$V_R=\frac{R}{\bar{X}}\times 100\% \tag{4-31}$$

平均差与总体平均数对比所得到的比值称为平均差系数，计算公式为

$$V_{A.D}=\frac{A.D}{\bar{X}}\times 100\% \tag{4-32}$$

标准差与总体平均数对比所得到的比值称为标准差系数，计算公式为

$$V_\sigma=\frac{\sigma}{\bar{X}}\times 100\% \tag{4-33}$$

【例 4.38】甲、乙两个工厂工人的劳动生产率资料见表 4-28。资料表明，甲厂的标准差虽然大于乙厂，但不能就此断言，甲厂工人劳动生产率的代表性小于乙厂。由于两个工厂的劳动生产率水平相差悬殊，所以不能直接根据标准差的大小作结论。在这种情况下，只有通过标准差系数才能比较，因为它消除了不同数列平均水平所产生的影响。表 4-28 中计算结果已经表明，并不是甲厂的标志变异程度比乙厂大，相反的是乙厂的标志变异程度比甲厂大，乙厂工人劳动生产率的代表性小于甲厂。

表 4-28　工人劳动生产率的标准差系数计算表

工厂名称	工人劳动生产率 $\bar{x}$/元	标准差 σ/元	标准差系数($V_\sigma=\frac{\sigma}{\bar{x}}\times 100\%$)
甲	32 000	1 200	3.75%
乙	16 000	800	5.00%

当比较两组数据的离散程度时，如两组平均数相等，可以直接比较标准差；如两组平均数不等，则需比较两组的离散系数。因为标准差的大小，不仅取决于总体的变异程度，而且还受变量值水平的影响。离散系数与平均数代表性的优劣呈反方向关系。离散系数大，说明变量值的差异程度大，平均数的代表性差；离散系数小，说明变量值的差异程度小，平均数的代表性强。

本章小结

本章阐述了总量指标、相对指标、平均指标和变异指标。

总量指标就是反映现象发展总规模、总水平或经济工作总量的统计指标。总量指标可分为标志总量和单位总量，时期指标和时点指标，实物指标、价值指标和劳动量指标等。

相对指标是两个有联系的统计指标之比，可以反映现象之间的数量对比关系和联系程度。相对指标有计划完成程度相对数、结构相对数、比例相对数、比较相对数、强度相对数和动态相对数六种。

平均指标是反映同质总体各单位某种数量标志在一定时间、地点、条件下的一般水平的综合指标。平均指标主要有算术平均数、调和平均数、几何平均数、众数和中位数等。

变异指标是反映现象总体各单位标志值之间平均差异程度的综合指标。变异指标有全距、平均差、标准差和变异系数等，其中最常用的是标准差和标准差系数。

职业能力训练

一、判断题

1. 总体单位总量和总体标志总量是固定不变的，不能互相变换。（　　）
2. 相对指标都是用无名数形式表现出来的。（　　）
3. 比例相对指标是同一总体不同部分数值的对比，因此也可以说明总体的构成情况。（　　）
4. 相对指标往往要与总量指标结合应用。（　　）
5. 国民收入中积累额与消费额之比为1∶3，这是一个比较相对指标。（　　）
6. 某企业计划劳动生产率比上年提高10%，实际只提高了5%，表明劳动生产率计划只完成了一半。（　　）
7. 众数是总体中出现最多的次数。（　　）
8. 权数对算术平均数的影响作用只表现为各组出现次数的多少，与各组次数占总次数的比重无关。（　　）
9. 按人口平均的粮食产量是一个平均数。（　　）
10. 比较两总体平均数的代表性，标准差系数越大，说明平均数的代表性越好。（　　）
11. 平均指标只受变量值大小的影响。（　　）
12. 棉花产量与人口数之比，属于强度相对指标。（　　）
13. 总量指标和平均指标反映了现象总体的规模和一般水平。但掩盖了总体各单位的差异情况，因此通过这两个指标不能全面认识总体的特征。（　　）

二、单项选择题

1. 某单位某月职工的出勤率是96%，这个指标是（　　）。

A. 结构相对指标　B. 比例相对指标　C. 比较相对指标　D. 强度相对指标

2. 某企业某产品单位成本计划降低5%，实际降低10%，则单位成本的计划完成程度为（　　）。

A. 94.74%　B. 200%　C. 5.26%　D. 105.56%

3. 由反映总体各单位数量特征的标志值汇总得出的指标是（　　）。

A. 总体单位总量　B. 总体标志总量　C. 相对指标　D. 质量指标

4. 权数对算术平均数的影响作用，实际上取决于(　　)。

A. 各组标志值占总体标志总量比重的大小

B. 作为权数的各组单位数占总体单位数比重的大小

C. 标志值本身的大小

D. 标志值数量的多少

5. 为了用标准差比较分析两个同类总体平均指标的代表性，其基本的前提条件是(　　)。

A. 两个总体的标准差应相等　　B. 两个总体的单位数应相等

C. 两个总体的平均数应相等　　D. 两个总体的离差之和应相等

6. 1990 年，我国人均粮食产量 393.10 千克，人均棉花产量 3.97 千克，人均国民生产总值为 1 558 元，它们是(　　)。

A. 结构相对指标　　B. 比较相对指标

C. 比例相对指标　　D. 强度相对指标

7. 2001 年我国国内生产总值为 95 533 亿元，这是(　　)。

A. 时期指标　　B. 时点指标　　C. 总量指标　　D. 平均指标

8. 下列指标中属于时点指标的是(　　)。

A. 国内生产总值　　B. 流通费用率　　C. 人均利税额　　D. 商店总数

9. 下列指标中属于比例相对指标的是(　　)。

A. 工人出勤率　　B. 农轻重的比例关系

C. 每百元产值利税额　　D. 净产值占总产值的比重

10. 下列指标中属于总量指标的是(　　)。

A. 人均粮食产量　　B. 资金利税率　　C. 产品合格率　　D. 学生人数

11. 将不同地区、部门、单位之间同类指标进行对比所得的综合指标称为(　　)。

A. 动态相对指标　　B. 结构相对指标

C. 比例相对指标　　D. 比较相对指标

12. 一个企业的产品销售收入计划增长 8%，实际增长 20%，则计划超额完成程度为(　　)。

A. 12%　　B. 150%　　C. 111.11%　　D. 11.11%

13. 时点指标的数值(　　)。

A. 与其时间间隔长短无关　　B. 通常连续登记

C. 时间间隔越长，指标数值越大　　D. 具有可加性

14. 某产品的单位成本计划 1997 年比 1996 年降低 10%，实际降低 15%，则计划完成程度为(　　)。

A. 150%　　B. 94.4%　　C. 104.5%　　D. 66.7%

15. 总体各部分指标数值与总体数值计算求得的结构相对数之和(　　)。

A. 大于 100%　　B. 小于 100%　　C. 等于 100%　　D. 无法确定

16. 平均指标反映了(　　)。

A. 总体次数分布的集中趋势　　B. 总体分布的特征

C. 总体单位的集中趋势　　D. 总体次数分布的离中趋势

17. 某单位的生产小组工人的工资资料如下：90 元、100 元、110 元、120 元、128 元、

148 元、200 元，计算结果均值为 $\bar{X}=128$ 元，标准差为(　　)。

A. $\sigma=33$　　B. $\sigma=34$　　C. $\sigma=34.23$　　D. $\sigma=35$

18. 众数是总体中下列哪项的标志值(　　)。

A. 位置居中　　B. 数值最大

C. 出现次数较多　　D. 出现次数最多

19. 某工厂新工人月平均工资 400 元，工资总额为 200 000 元，老工人月平均工资 800 元，工资总额 80 000 元，则平均工资为(　　)。

A. 600 元　　B. 533.33 元　　C. 466.67 元　　D. 500 元

20. 标志变异指标说明变量的(　　)。

A. 变动趋势　　B. 集中趋势　　C. 离中趋势　　D. 一般趋势

21. 标准差指标数值越小，则反映变量值(　　)。

A. 越分散，平均数代表性越低　　B. 越集中，平均数代表性越高

C. 越分散，平均数代表性越高　　D. 越集中，平均数代表性越低

22. 在抽样推断中应用比较广泛的指标是(　　)。

A. 全距　　B. 平均差

C. 标准差　　D. 标准差系数

三、多项选择题

1. 下列属于时点指标的有(　　)。

A. 某市人口数　　B. 某市人口死亡数　　C. 某高校在校学生数

D. 某工厂月末在册职工人数　　E. 某农场每年拖拉机的台数

2. 在各种平均指标中，不受极端值影响的平均指标是(　　)。

A. 算术平均数　　B. 调和平均数　　C. 中位数

D. 众数　　E. 几何平均数

3. 相对指标中分子、分母可以互换的有(　　)。

A. 结构相对指标　　B. 比例相对指标　　C. 强度相对指标

D. 比较相对指标　　E. 动态相对指标

4. 标志变异指标中的标准差和变异系数的区别是(　　)。

A. 与平均数的关系不同　　B. 两者的计算方法不同　　C. 两者的作用不同

D. 指标表现形式不同　　E. 两者的适用条件不同

5. 在(　　)条件下加权算数平均数等于简单算术平均数。

A. 各组次数相等　　B. 各组次数都为 1

C. 变量数列为组距数列　　D. 各组变量值不等

E. 各组次数占总次数的比重相等

6. 根据标志值在总体中所处的特殊位置确定的平均指标有(　　)。

A. 算术平均数　　B. 调和平均数　　C. 几何平均数

D. 众数　　E. 中位数

7. 影响加权算术平均数的因素有(　　)。

A. 总体标志总量

B. 分配数列中各组标志值

C. 各组标志值出现的次数

D. 各组单位数占总体单位数的比重

E. 权数

8. 标志变异指标有(　　)。

A. 全距　　B. 平均差　　C. 标准差

D. 标准差系数　　E. 相关系数

9. 在组距数列的条件下，计算中位数的公式为(　　)。

A. $M_e = L + \dfrac{\dfrac{\sum f}{2} - S_{m+1}}{f_m} \cdot d$　　B. $M_e = U - \dfrac{\dfrac{\sum f}{2} - S_{m-1}}{f_m} \cdot d$

C. $M_e = L + \dfrac{\dfrac{\sum f}{2} - S_{m-1}}{f_m} \cdot d$　　D. $M_e = U - \dfrac{\dfrac{\sum f}{2} - S_{m+1}}{f_m} \cdot d$

E. $M_e = U + \dfrac{\dfrac{\sum f}{2} - S_{m-1}}{f_m} \cdot d$

10. 几何平均数的计算公式有(　　)。

A. $\sqrt[n]{X_1 \cdot X_2 \cdot \cdots X_{n-1} \cdot X_n}$　　B. $\dfrac{X_1 \cdot X_2 \cdot \cdots X_{n-1} \cdot X_n}{n}$

C. $\dfrac{\dfrac{X_1}{2} + X_2 + \cdots + X_{n-1} + \dfrac{X_n}{2}}{n-1}$　　D. $\sqrt[\sum f]{IIX^f}$

E. $\sqrt[n]{IIX}$

11. 下列指标中，属于动态相对指标的有(　　)。

A. 1981 年到 1990 年我国人口平均增长 1.48%

B. 1990 年国民生产总值为 1980 年的 236.3%

C. 1990 年国民生产总值中，第一、二、三产业分别占 28.4%、44.3%、27.3%

D. 1990 年国民收入为 1952 年的 2 364.2%

E. 1990 年国民收入使用额中积累和消费分别占 34.1%和 65.9%

12. 下列指标中，属于总量指标的有(　　)。

A. 国内生产总值　　B. 人均利税总额　　C. 利税总额

D. 职工人数　　E. 固定资产原值

13. 下列指标中，属于强度相对指标的有(　　)。

A. 人均国内生产总值　　B. 人口密度　　C. 人均钢产量

D. 每千人拥有的商业网点数　　E. 人均粮食产量

14. 常用的相对指标有(　　)。

A. 动态相对指标　　B. 结构相对指标　　C. 强度相对指标

D. 比较与比例相对指标　　E. 计划完成程度相对指标

15. 相对指标数值的表现形式有(　　)。

A. 比例数　　B. 无名数　　C. 结构数

D. 抽样数　　E. 复名数

四、计算题

1. 某集团所属的三家公司 2001 年工业产值计划和实际资料见表 4-29。

试填入所缺的数字，要求写出计算过程。

表 4-29　2001 年工业产值计划和实际资料

公司名称	2001					2000 年实际产值/万元	2001 年比 2000 年增长
	计划		实际		计划完成		
	产值/万元	比重	产值/万元	比重			
A					97%		9.3%
B		31%			111%		
C	370		402				−0.8%
合计	1 900					1 500.0	

2. 某制冷机公司计划在未来的五年内累计生产压缩机 12 000 台，其中，最后一年产量达到 3 000 台，实际完成情况见表 4-30。

表 4-30　五年实际产量　（单位：台）

时间	第一年	第二年	第三年	第四年				第五年			
				一季	二季	三季	四季	一季	二季	三季	四季
产量	2 000	2 300	2 600	650	650	700	750	750	800	800	850

试求：(1) 该公司五年累计完成计划程度？

(2) 该公司提前多少时间完成累计产量计划？

(3) 该公司提前多少时间达到最后一年计划产量？

3. 现有甲、乙两国钢产量和人口资料见表 4-31。

表 4-31　甲、乙两国钢产量和人口资料

	甲国		乙国	
	2000 年	2001 年	2000 年	2001 年
钢产量/万吨	3 000	3 300	5 000	5 250
年平均人口数/万人	6 000	6 000	7 143	7 192

试通过计算动态相对指标、强度相对指标和比较相对指标来简单分析甲、乙两国钢产量的发展情况。

4. 某企业 360 名工人生产某种产品的资料见表 4-32。

表 4-32　工人生产某种产品的资料

工人按日产量分组/件	工人数/人	
	7 月	8 月
20 以下	30	18
20～30	78	30

续表

工人按日产量分组/件	工人数/人	
	7月	8月
30～40	108	72
40～50	90	120
50～60	42	90
60以上	12	30
合计	360	360

试分别计算7、8月平均每人的日产量，并简要说明8月平均每人日产量变化的原因。

5. 某地甲、乙两个农贸市场的三种主要蔬菜的价格及销售额资料见表4-33。

表4-33 甲、乙两个农贸市场三种主要蔬菜价格及销售额

品种	价格/(元/千克)	销售额/万元	
		甲市场	乙市场
甲	0.30	75.0	37.5
乙	0.32	40.0	80.0
丙	0.36	45.0	45.0

试计算比较该地区哪个农贸市场蔬菜平均价格高，并说明原因。

6. 某地区抽样调查职工家庭收入资料见表4-34。

表4-34 某地区抽样调查职工家庭资料

按平均每人月收入分组/元	职工户数
100～200	6
200～300	10
300～400	20
400～500	30
500～600	40
600～700	240
700～800	60
800～900	20

试根据上述资料计算：

(1) 职工家庭平均每人月收入(用算术平均数公式)；

(2) 依下限公式计算确定中位数和众数；

(3) 简要说明其分布特征。

7. 某工业局全员劳动生产率的标准差为512元，标准差系数为8.4%。试求该工业局全员劳动生产率水平。

五、案例分析题

1. 资料：中华人民共和国国家统计局关于2005年全国1%人口抽样调查的主要数据公报。

2005年全国1%人口抽样调查主要数据公报

中华人民共和国国家统计局

2006年3月16日

经国务院批准，我国于2005年底开展了全国1%人口抽样调查工作。这次调查以全国为总体，以各省、自治区、直辖市为次总体，采取分层、多阶段、整群概率比例的抽样方法。最终样本单位为调查小区。这次调查的样本量为1705万人，占全国总人口的1.31%。在国务院和地方各级人民政府的统一领导下，通过调查工作人员的艰苦努力，调查的各项任务已基本完成。现将快速汇总的全国总人口及其结构的主要数据公布如下。

一、总人口

2005年11月1日零时，全国31个省、自治区、直辖市和现役军人的总人口为130 628万人，与2000年11月1日零时第五次全国人口普查的总人口126 583万人相比，增加了4 045万人，增长3.2%；年平均增加809万人，年平均增长0.63%。根据调查数据推算，2005年年末总人口为130 756万人。

二、流动人口

全国人口中，流动人口为14 735万人，其中，跨省流动人口4 779万人。与第五次全国人口普查相比，流动人口增加296万人，跨省流动人口增加537万人。

三、城乡构成

全国人口中，居住在城镇的人口56 157万人，占总人口的42.99%；居住在乡村的人口74 471万人，占总人口的57.01%。与第五次全国人口普查相比，城镇人口占总人口的比重上升了6.77个百分点。

四、性别构成

全国人口中，男性为67 309万人，占总人口的51.53%；女性为63 319万人，占总人口的48.47%。性别比(以女性为100，男性对女性的比例)为106.30，与第五次全国人口普查相比下降0.44。

五、年龄构成

全国人口中，0～14岁的人口为26 478万人，占总人口的20.27%；15～59岁的人口为89 742万人，占总人口的68.70%；60岁及以上的人口为14 408万人，占总人口的11.03%(其中，65岁及以上的人口为10 045万人，占总人口的7.69%)。与第五次全国人口普查相比，0～14岁人口的比重下降了2.62个百分点，60岁及以上人口的比重上升了0.76个百分点(其中，65岁及以上人口比重上升了0.73个百分点)。

六、民族构成

全国人口中，汉族人口为118 295万人，占总人口的90.56%；各少数民族人口为12 333万人，占总人口的9.44%。与第五次全国人口普查相比，汉族人口增加了2 355万人，增长了2.03%；各少数民族人口增加了1 690万人，增长了15.88%。

七、受教育程度

全国人口中，具有大学程度(指大专及以上)的人口为6 764万人，高中程度(含中专)的人口为15 083万人，初中程度的人口为46 735万人，小学程度的人口为40 706万人。与第五次全国人口普查相比，具有大学程度的人口增加2 193万人，高中程度的人口增加974万人，初中程度的人口增加3 746万人，小学程度的人口减少4 485万人(以上各种受教育程度的人口包括各类学校的毕业生、肄业生和在校生)。

八、家庭户人口

全国共有家庭户 39 519 万户，家庭户人口为 123 694 万人，平均每个家庭户的人口为 3.13 人；集体户人口为 6 934 万人。与第五次全国人口普查相比，平均每个家庭户的人口减少了 0.31 人。城镇平均每个家庭户的人口为 2.97 人，农村为 3.27 人。

2. 要求：(1) 认真阅读以上指定资料；

(2) 指出资料中有关的总量指标、相对指标和平均指标；

(3) 根据资料中统计指标，指出我国人口总体发展的数量规律。

第5章 时间数列分析

SHIJIAN SHULIE FENXI

【学习目标】

知识目标：了解时间数列的概念、种类和编制原则；掌握时间数列水平指标、速度指标的计算方法和长期趋势、季节变动分析技术。

能力目标：能够运用时间数列水平指标、速度指标描述客观现象的发展状态，通过时间数列分析，揭示客观事物发展的长期趋势和季节规律。

【案例导入】

军军即将面临大学毕业，找工作成了迫在眉睫的一件大事，经过上网查询，找到了一家比较感兴趣的企业，为了看看这家企业有没有发展潜力，他特意搜集了该企业历年来的经营情况见表 5-1。

表 5-1 华泰企业 2007—2011 年某些指标的时间数列

年份	2007	2008	2009	2010	2011
工业产值/万元	3 000	3 500	4 100	4 950	6 300
年末职工人数/人	500	520	555	595	650
产值计划完成程度	100%	105%	120%	132%	140%
职工月平均工资/元	1 000	1 670	2 150	2 300	3 000
科技开发投资/万元	5	6	9	12	16

分组讨论：

1. 军军该不该到这家公司工作?
2. 该地区的平均劳动生产率为 79 000 元/人，该企业平均劳动生产率为 83 964 元/人，请计算比较相对数?
3. 计算该企业 2007 年的平均工资比 2003 年的增加了多少?
4. 计算该企业 2007 年的科技开发投资比 2003 年的增加了多少?
5. 计算该企业 2007 年的工业产值比 2003 年的增长了多少?

【解析】

经过统计，分析资料后，小张认为：这家企业五年来经营状况良好，该企业平均劳动生产率比该地区高 6.28%，且呈逐年上升趋势，工业产值增长 110%，职工平均工资增长了 3 倍，科技开发投资增加了 11 万元，显然是一家成长型的企业。自己若能在这样的企业里工作，前景一定不错，于是决定向这家企业寄出自己的应聘材料。

5.1 时间数列分析概述

5.1.1 时间数列的概念和作用

时间数列是将某一统计指标在不同时间上的数值按照时间先后顺序排列所形成的数列，见表 5-2。

表 5-2 某企业近五年来地板销售额时间数列

年份	2007	2008	2009	2010	2011
销售额/万元	584.6	1 310.4	1 577.4	1 670.1	1 741.0

上述数列表明，时间数列有两个构成要素：一是现象所属的时间，二是反映该现象的同一指标在不同时间上的具体数值。

时间数列对于现象发展的动态分析具有十分重要的意义，其主要作用可概括为以下几个方面。

(1) 时间数列可以反映现象的发展变化过程和历史情况。

(2) 利用时间数列计算动态分析指标，可以反映现象发展变化的方向、速度、趋势和规律。

(3) 利用时间数列对现象的发展变化趋势与规律进行分析，从而进行动态预测。

(4) 将多个时间数列纳入同一模型中研究，可以揭示现象之间相互联系的程度及动态演变关系。

5.1.2 时间数列的种类

按时间数列指标表现形式的不同，可以把时间数列分为总量指标时间数列、相对数时间数列和平均数时间数列三种。其中，总量指标时间数列是基本数列，相对数和平均数时间数列是在绝对数时间数列的基础上派生出来的，属于派生数列。

1. 总量指标时间数列

当时间数列中的各项指标都是总量指标时，称为总量指标时间数列(又称绝对数时间数列)。它可以反映现象总量的发展变化过程和趋势。由于总量指标有时期指标和时点指标之分，所以，总量指标时间数列又分为时期数列和时点数列两种。

1) 时期数列

当时间数列中的每项指标都是时期指标时，称为时期数列。时期数列中每一个指标数值都是反映现象在一段时期内发展过程的总量或绝对水平。请指出表 5-3 中哪些是时期数列。

表 5-3　我国某省最近几年的国民经济状况

时间	2007	2008	2009	2010	2011
工业产值/亿元	7 017	9 189	9 959	11 373	11 969
轻工业产值所占比重	46.3%	47.3%	46.1%	49.0%	49.3%
年末人口数/万	119 850	121 121	122 389	123 626	124 810
平均工资/元	4 538	5 500	6 210	6 470	7 479

时期数列具有三个显著特点。

(1) 指标数值通过连续登记的方式取得。

(2) 指标数值大小与其所属时期长短直接相关。一般来说，指标所属时期越长，指标值越大；反之，指标值越小。

(3) 数列中的指标可以直接相加。由于数列中的每项指标都是反映现象在一定时间内的累计总量，因而相加后可以表明现象在更长发展过程中的累计总量。例如，对以棉布日产值为标志编制的时间数列，可以进行每月一累计，编制成以月为时间单位的时间数列。

2) 时点数列

当时间数列中的每项指标都是时点指标时，称为时点数列。该数列中每项指标数值都反映现象在某一时点(瞬间)的规模或水平。请指出下列哪些是时期数列。

2011 年末我市居民储蓄存款余额；龙煤企业每个月月末的人数；三嘉公司每年年末库存额；2012 年 1 月 30 日，我国南航载客量。

与时期数列比较而言，时点数列也有三个特点。

(1) 时点数列中的指标数值是通过间断性调查登记取得的。

(2) 时点数列中各指标数值的大小，与间隔长短没有直接关系。这里的“间隔”是指相邻两个时点之间的时间长度。数据的大小受事物本身增减变化的影响，而不受时点间隔长短的影响。

(3) 时点数列中各项指标数据不能直接相加。由于时点数列的各项数据都是事物在某一时点上所达到的水平，几个指标相加后会有大量的重复计算，无法表明现象的实际规模和水平。所以，相加后的数据没有任何实际意义。

【比较与分析】

时期数列和时点数列的区别见表 5-4。

表 5-4　时期数列和时点数列

区别	数据取得的方法	数据与时间的关系	数据能否相加
时期数列	连续登记	成正比	可加
时点数列	间断登记	无直接关系	不可加

2. 相对数时间数列

相对数时间数列是将反映某种现象数量对比关系的一系列相对指标，按照时间的先后顺序排列所形成的时间数列。相对数时间数列可以反映现象之间相互关系的变化过程和规律。

表 5-3 中轻工业产值所占比重这一数列就是相对数时间数列。相对数时间数列是由两个绝对数时间数列对比计算而产生的。例如，国内生产总值发展速度时间数列就是由报告期和基期的国内生产总值两个时期数值对比而派生的。

3. 平均数时间数列

平均数时间数列是将反映某种现象一般水平的一系列统计指标按时间先后顺序排列而形成的时间数列，用以反映事物一般水平的变化过程和发展趋势。表 5-3 中的平均工资数列就是一个平均指标时间数列，表 5-5 反映某地农民生活消费水平快速提高的发展过程，5 年时间增长两倍($1\ 741 \div 584.6 = 2.978\ 1 \approx 3$)。

表 5-5　某地农民人均生活消费支出

年份	2002	2003	2004	2005	2006
农民人均消费支出/元	584.6	1 310.4	1 577.4	1 670.1	1 741.0

5.1.3　时间数列的编制原则

编制时间数列的目的，是要对客观现象进行动态对比分析，以认识现象的发展变化过程和规律性。这就要求时间数列中各项指标要具有可比性，而要做到可比，编制时间数列必须遵循一定的原则，这些原则可以概括为以下四个方面。

1. 指标所属的时间长短保持一致

(1) 时期数列的指标数值具有可加性，因此，指标数值的大小与指标包含的时间长短有直接的关系。一般情况下，要求时期数列中指标所包含的时期长短前后应一致，以便于进行对比分析。但是，在特殊研究目的下，也可以将时期不同的指标编制成动态数列。

【统计实例】

"一五"时期的钢产量超过旧中国半个世纪产量的一倍以上，"七五"比"一五"的产量增加了十倍多，说明我国解放前经济落后和新中国成立后钢铁工业迅速发展的情况，见表5-6。

表5-6 时期不同的指标编制的动态数列

时期	1900—1949	1953—1957(一五)	1981—1985(六五)	1986—1990(七五)
钢产量/吨	776	1 667	20 304	27 372

(2) 对于时点数列，各指标数值间的时间间隔最好相等，这样便于分析对比，也便于进一步计算动态分析指标。但当资料难以取得，而间隔不等也基本满足需要时，也可编制间隔不等的时点数列，见表5-7。

表5-7 间隔不等的时点数列

时间	1953.7.1	1964.7.1	1982.7.1	1990.7.1
全国人口总数/万人	58 260	69 122	100 391	113 051

注：2000年人口普查中国大陆人数为12.95亿。

2. 总体范围保持统一

时间数列中各项指标所属的总体范围必须一致。这里所谓的总体范围主要指地区的行政区划范围或部门的隶属关系范围。如果总体范围前后发生了变化，那么，数列中的数据就不能前后直接比较，必须经过调整统一后才能进行比较分析。

【统计实例】

如果研究某个地区总人口数的变化情况，就必须保证该地区前后有相同的管辖范围。如果管辖范围发生变化，那么总人口数的资料也应该做出相应的调整；重庆1997年变为直辖市，1997年与1996年指标对比时需调整后再分析。

3. 指标内容保持一致

时间数列中的指标，有时会出现名称相同，其经济内容或经济含义却不相同的情况，如果不注意，就会影响对问题的分析。

【统计实例】

建筑材料的价格有购进价格和销售价格之分，如果把这两种价格混在一起构成时间数列，就会得出错误的分析结论。因此，编制时间数列，不仅要看名称，更要注意内容。

4. 计算方法保持一致

由于同一种统计指标的计算方法、计算价格和计量单位有多种，为了使数列中各项指标具有可比性，在同一个时间数列中的所有指标应采用同一的计算方法、计算价格、计量单位。

【统计实例】

年平均人数的计算可以用年初和年末人数进行简单平均求得，也可用年初和各个月末人数进行序时平均求得。如果编制年平均人数时间数列，计算各年平均人数，只能根据研究目的选用其中的一种方法。

产值指标(总产值、净产值、商品产值、增加值)是企业生产计划指标的主要内容之一，是用货币表示的产量指标，能综合反映企业生产经营活动成果，以便进行不同行业间比较。例如：1994 年税制改革，改革前的“税收收入”内容与改革后的不同，需将指标调整后方可对比。

5.2 时间数列水平指标的分析

编制时间数列是为了进一步对事物进行动态分析，这里的动态分析包括现象发展的水平分析和现象发展的速度分析。水平分析是速度分析的基础；速度分析是水平分析的深入和延续。

本节将重点介绍现象发展的水平指标，即发展水平、平均发展水平、增长水平、平均增长水平。

5.2.1 发展水平

1. 发展水平

发展水平就是动态数列中的每一项具体指标的数值，又称发展量，反映事物的发展变化在一定时期内或时点上所达到的水平，用符号 a 表示。

发展水平可以表现为总量指标，如购买量、工资总额、耕地总面积、出勤总人数等；也可以表现为相对指标，如工作任务的计划完成程度；还可以表现为平均指标，如平均工资、平均人数、平均年龄等。

研究发展水平时，需要区分如下基本概念。

最初水平：在一个时间数列的第一项发展水平称为最初水平，用符号 a_0 表示。

最末水平：最后一项发展水平称为最末水平，用符号 a_n 表示。

中间水平：其余所有中间时间的发展水平称为中间水平，用符号 a_1 ，a_2 ，…，a_{n-1} 表示。

报告期水平：所研究时期的水平。

基期水平：作为对比标准的基础时期的水平。

【思考】

某企业 1～7 月的销售资料见表 5 - 8。

表 5 - 8 某企业 1～7 月的销售资料

月份	1	2	3	4	5	6	7
销售产值/万元	84	102	90	92	91	94	105

根据表 5 - 8 指出最初水平、最末水平、中间水平；若研究 6 月的销售情况，以去年 12 月的产值(96 万元)作为对比标准，指出报告期水平和基期水平?

特别提示

这些发展水平，随着研究目的的变化而随时发生变化。例如，一个动态数列的最末水平，可能是另一个数列的最初水平；某一发展水平现在为报告期水平，将来可能是基期水平。

发展水平在文字上习惯用“增加到”、“降低到”、“增加为”、“降低为”来表示。例如，某工厂2010年生成文具的单位成本为32元，2011年降低到30元。运用时一定注意不要把“到”和“为”字漏掉，否则，要说明的统计指标的意义就要发生变化。

2. 平均发展水平

平均发展水平是将不同时间的发展水平加以平均而得到的平均数，在统计上又称为序时平均数。

平均发展水平可以根据总量指标时间数列计算，也可以根据相对指标时间数列和平均指标时间数列计算，这三种时间数列的计算方法是不相同的。由于总量指标是最基本的统计指标，相对指标和平均指标是在总量指标基础上派生出来的指标，所以计算总量指标时间数列的平均发展水平是最基本的分析方法。

1）根据总量指标时间数列计算平均发展水平

总量指标可分为时期指标和时点指标，由于两种指标的性质不同，因此其平均发展水平的计算方法是不同的。

（1）根据时期数列计算平均发展水平。

由于时期数列中的时期指标可以相加汇总，加总的结果可以反映社会经济现象在较长一段时间内的发展变化的总量，因此时期数列的序时平均数可以用简单算术平均数的方法来计算。即用时期数列中的各项指标数值相加之和再除以相应的时期项数求得，公式为

$$\bar{a}=\frac{a_1+a_2+\cdots+a_n}{n}=\frac{\sum a}{n} \tag{5-1}$$

式中，$\bar{a}$ ——平均发展水平；

$a_1,a_2,\cdots,a_n$ ——各时期的发展水平；

n ——时期指标的项数。

例如，某饮品企业2011年四个季度产值资料分别为620万元，580万元，627万元，653万元，求平均每季度的产值。

$$\bar{a}=\frac{620+580+627+653}{4}=\frac{2\,480}{4}=620(\text{万元})$$

（2）根据时点数列计算平均发展水平。

时点数列有连续时点数列和间断时点数列两种，而每一种又有间隔相等和间隔不等两种表现形式，计算时要区别对待。

- 时点数列
  - 连续时点数列
    - 间隔相等的连续时点数列
    - 间隔不等的连续时点数列
  - 间断时点数列
    - 间隔相等的间断时点数列
    - 间隔不等的间断时点数列

【比较与分析】

如果时点数列是以“天”为间隔，则称为连续时点数列；否则称为间断时点数列。

Ⅰ由连续时点数列计算平均发展水平

ⅰ间隔相等的连续时点数列

时点数列的资料是逐日登记又逐日排列，用简单算术平均数计算，即时点指标之和除以时点项数，公式为

$$\bar{a}=\frac{a_1+a_2+\cdots+a_n}{n}=\frac{\sum a}{n} \tag{5-2}$$

式中，$\bar{a}$——平均发展水平；

$a_1,a_2,\cdots,a_n$——各时点指标数值；

n——天数。

【例 5.1】某奶制品企业四月上旬每天的职工人数出勤见表 5－9，要求计算该企业四月上旬平均每天出勤的职工人数。

表 5－9　某企业四月上旬职工人数统计表

日期	1	2	3	4	5	6	7	8	9	10
职工人数	250	250	250	262	262	258	258	266	272	272

解：该企业日平均人数为

$$\bar{a}=\frac{\sum a}{n}=\frac{250+250+250+262+262+258+258+266+272+272}{10}$$

$=260$(人)

ⅱ间隔不等的连续时点数列

时点数列资料不是逐日变动，而是在发生变动时加以登记，因此要用每次资料持续不变的时间长度为权数进行加权平均，公式为

$$\bar{a}=\frac{\sum af}{\sum f} \tag{5-3}$$

式中，f——时间间隔。

【例 5.2】某器材企业 7 月的产品库存量见表 5－10，要求计算该企业 7 月平均库存量。

表 5－10　某企业 7 月库存量统计表

日期	7 月 1～7 日	7 月 8～13 日	7 月 14～21 日	7 月 22～25 日	7 月 26～31 日
库存量/吨	46	53	46	56	53

解：该企业日平均库存量为

$$\bar{a}=\frac{\sum af}{\sum f}=\frac{46\times7+53\times6+46\times8+56\times4+53\times6}{7+6+8+4+6}=\frac{1\ 550}{31}=50(\text{吨})$$

Ⅱ由间断时点数列计算平均发展水平

ⅰ间隔相等的间断时点数列

假定指标值在两个时点之间的变动是均匀的，计算时分两个步骤，首先计算两个相邻时点指标的平均数值，然后再将这些平均数进行平均，求得整个时点数列的平均发展水平。其公式为

$$\bar{a}=\frac{\frac{a_1+a_2}{2}+\frac{a_2+a_3}{2}+\cdots+\frac{a_{n-1}+a_n}{2}}{n-1}=\frac{\frac{a_1}{2}+a_2+a_3+\cdots+a_{n-1}+\frac{a_n}{2}}{n-1} \quad (5-4)$$

由于公式中“首尾两项各半，项数减1去除”，故又称为“首末折半法”。

【例5.3】北京嘉园企业2011年6～9月职工人数统计见表5-11，试求该企业第三季度的平均人数。

表5-11　北京嘉园企业2011年6～9月职工人数统计

日期	6月30日	7月31日	8月31日	9月30日
人数	2 510	2 590	2 614	2 608

7月的平均人数 $=\frac{(2\,510+2\,590)}{2}=2\,550$

8月的平均人数 $=\frac{(2\,590+2\,614)}{2}=2\,602$

9月的平均人数 $=\frac{(2\,614+2\,608)}{2}=2\,611$

三季度的平均人数即

$$\bar{a}=\frac{2\,510/2+2\,590+2\,614+2\,608/2}{4-1}\approx 2\,588(\text{人})$$

【例5.4】上海生化企业2011年第二季度职工人数：3月31日435人，4月30日452人，5月31日462人，6月30日576人，试计算第二季度职工平均人数。

$$\bar{a}=\frac{435/2+452+462+576/2}{4-1}\approx 473(\text{人})$$

ⅱ间隔不等的间断时点数列

假定指标值在两个时点之间的变动是均匀的，先求出两个时点指标数值的平均数，然后以间隔时间为“权数”进行加权平均求得时点数列的平均发展水平。公式为

$$\bar{a}=\frac{(\frac{a_0+a_1}{2})f_1+(\frac{a_1+a_2}{2})f_2+\cdots+(\frac{a_{n-1}+a_n}{2})f_n}{f_1+f_2+\cdots+f_n}=\frac{\sum_{i=1}^{n}(\frac{a_{i-1}+a_i}{2})f_i}{\sum_{i=1}^{n}f_i} \quad (5-5)$$

式中，f——时间间隔。

公式(5-5)通常称为“加权序时平均法”。

【例5.5】某市百货商场2011年某商品库存资料见表5-12所示，要求计算该商场的年均库存量。

表5-12　某市百货商场2011年某商品库存资料

时间	1月初	3月初	7月初	10月初	12月末
库存量/件	1 500	600	900	1 600	1 000

解：
$$\bar{a}=\frac{\sum_{i=1}^{n}(\frac{a_{i-1}+a_i}{2})f_i}{\sum_{i=1}^{n}f_i}$$

$$=\frac{(\frac{1\,500+600}{2})\times 2+(\frac{600+900}{2})\times 4+(\frac{900+1\,600}{2})\times 3+(\frac{1\,600+1\,000}{2})\times 3}{2+4+3+3}$$

$$=1\,062.5(\text{件})$$

即2011年该百货商场年均库存量1 062.5件。

2）根据相对数时间数列或者平均数时间数列计算平均发展水平

相对数时间数列或者平均数时间数列是由两个相互联系的时间数列对比而求得的，因此计算序时平均数时，不能用各个指标数值直接相加除以项数来求得，而应先分别计算出构成时间数列分子和分母的两个总量指标数列的序时平均数，然后将这两个序时平均数相除求得序时平均数。

$$\bar{c}=\frac{\bar{a}}{\bar{b}}$$

式中，$\bar{c}$——相对指标动态数列或平均指标动态数列的序时平均数；

$\bar{a}$——分子数列的序时平均数；

$\bar{b}$——分母数列的序时平均数。

计算时，应该先确定分子和分母是时期数列还是时点数列，然后按照相应公式计算。具体有以下三种情形。

（1）分子和分母均为时期数列时，其公式为

$$\bar{c}=\frac{\bar{a}}{\bar{b}}=\frac{\sum a}{n}\div\frac{\sum b}{n}=\frac{\sum a}{\sum b} \tag{5-6}$$

【例 5.6】某企业某产品产量计划及完成情况见表 5-13 所示，要求计算第一季度该产品产量计划平均完成程度。

表 5-13　某企业某产品产量计划完成情况

月份	1	2	3
A 实际产量/吨	420	560	714
B 计划产量/吨	400	500	700
C 计划完成	105%	112%	102%

解：

$$\bar{a}=\frac{\sum b}{\sum c}=\frac{420+560+714}{400+500+700}\approx 1.059 \text{ 或 } 105.9\%$$

即该企业第一季度产量计划平均完成程度为 105.9%。

（2）分子和分母均为时点数列，其公式为

$$\bar{c}=\frac{\bar{a}}{\bar{b}}=\frac{\dfrac{\dfrac{a_1}{2}+a_2+\cdots+\dfrac{a_n}{2}}{n-1}}{\dfrac{\dfrac{b_1}{2}+b_2+\cdots+\dfrac{b_n}{2}}{n-1}}=\frac{\dfrac{a_1}{2}+a_2+\cdots+\dfrac{a_n}{2}}{\dfrac{b_1}{2}+b_2+\cdots+\dfrac{b_n}{2}} \tag{5-7}$$

【例 5.7】某地区 2006—2010 年从业人数见表 5-14 所示，求该地区 2006—2010 年间第三产业从业人员占全部从业人员数的平均比重。

表 5-14 某地区 2006—2010 年从业人数

年份	2006	2007	2008	2009	2010
第三产业从业人员数/百人	15 456	16 851	17 901	18 375	18 679
全部从业人员数/百人	67 199	67 947	68 850	69 600	69 957
第三产业人员数所占比重	23.0%	24.8%	26.0%	26.4%	26.7%

解：

$$\bar{a}=\frac{\frac{a_1}{2}+a_2+\cdots+\frac{a_n}{2}}{\frac{b_1}{2}+b_2+\cdots+\frac{b_n}{2}}=\frac{\frac{15\ 456}{2}+16\ 851+17\ 901+18\ 375+\frac{18\ 679}{2}}{\frac{67\ 199}{2}+67\ 947+68\ 850+69\ 600+\frac{69\ 957}{2}}\approx 25.53\%$$

即该地区 2006—2010 年间第三产业从业人员平均比重为 25.53%。

(3) 对于分子和分母由一个时期数列和一个时点数列对比组成的时间数列，应根据数列性质选用适当的方法，先分别计算出分子数列和分母数列的序时平均数，然后再将两个序时平均数对比以求得时间数列的序时平均数。

【例 5.8】某企业 2011 年工业总产值和职工人数资料见表 5-15(2010 年末职工人数为 1 980 人)，求平均劳动生产率。

表 5-15 某企业 2011 年工业总产值和职工人数资料

时间	一季度	二季度	三季度	四季度
总产值/万元	620	593.88	624	630
季末职工人数/人	2 020	2 080	2 050	2 150
劳动生产率/(万元/人)	0.306 9	0.285 5	0.304 4	0.293 0

$$\bar{c}=\frac{\bar{a}}{\bar{b}}=\frac{\sum\frac{a}{n}}{\left(\frac{b_1}{2}+b_2+b_3+b_4+\frac{b_5}{2}\right)/4}$$

$$=\frac{(620+593.88+624+630)/4}{\left(\frac{2\ 020}{2}+2\ 080+2\ 050+2\ 150+\frac{1\ 980}{2}\right)/4}$$

$$=\frac{\frac{2\ 467.88}{4}}{8\ 215/4}\approx 0.300\ 4$$

【例 5.9】已知某制造厂 2011 年工业产值和职工人数资料见表 5-16(12 月末人数为 910 人)。

表 5-16 某制造厂 2011 年工业产值和职工人数资料

月份	7	8	9	10	11	12
产值/万元	72.61	73.71	76.14	83.83	90.10	108.24
月初职工人数/人	790	810	810	830	850	880
劳动生产率/(万元/人)	0.883	0.910	0.926	0.998	0.104 0	0.120 9

求平均劳动生产率。

$$\bar{C}=\frac{\bar{a}}{\bar{b}}=\frac{\frac{72.61+73.71+76.14+83.83+90.10+108.24}{6}\times 10\ 000}{\frac{790/2+810+810+830+850+880+910/2}{6}}=1\ 000(\text{元/人})$$

【例 5.10】某企业某年上半年商品流转资料见表 5-17，试求该企业上半年各月平均流转次数。

表 5-17　某企业上半年商品流转统计表

月份	1	2	3	4	5	6
商品销售额/万元	230	300	240	250	264	294
平均库存额/万元	100	100	120	125	110	140
商品流转次数	2.3	3.0	2.0	2.0	2.4	2.1

解：该企业上半年各月平均流转次数为

$$\bar{c}=\frac{\bar{a}}{\bar{b}}=\frac{(230+300+240+250+264+294)/6}{(100+100+120+125+110+140)/6}=2.27(\text{次})$$

3. 增长水平

增长水平又称增长量，是报告期发展水平与基期发展水平之差。其公式为

增长量=报告期发展水平-基期发展水平

增长量指标可正可负。若报告期水平与基期水平之差为正数，则表明社会经济现象的发展呈增长(正增长)状态，若报告期水平与基期水平之差为负数，则表明社会经济现象的发展呈下降(负增长)状态。

根据基期的选择标准不同，增长量有逐期增长量和累计增长量两种。

(1) 逐期增长量是报告期水平与前一期水平之差，表明现象逐期增长的数量大小。

$$\text{逐期增长量}=\text{报告期水平}(a_n)-\text{前一期水平}(a_{n-1})$$

$$\text{逐期增长量}:a_1-a_0,a_2-a_1,a_3-a_2,\cdots,a_n-a_{n-1}$$

(2) 累计增长量是报告期水平与历史上某一固定基期的水平之差，表明现象经过较长一段时间发展的总增长数量。

$$\text{累计增长量}=\text{报告期水平}(a_n)-\text{固定基期水平}(a_0)$$

$$\text{累计增长量}:a_1-a_0,a_2-a_0,a_3-a_0,\cdots,a_n-a_0$$

【比较与分析】

时间数列中，逐期增长量与累计增长量之间的关系。

Ⅰ 逐期增长量的和等于累计增长量

$$\sum_{i=1}^{n}(a_i-a_{i-1})=a_n-a_0$$

Ⅱ 相邻两个累计增长量之差等于相应的逐期增长量

$$a_n-a_0-(a_{n-1}-a_0)=a_n-a_{n-1}$$

4. 平均增长水平

平均增长水平又称平均增长量，它是用来说明现象在一段时期内平均每期增加或减少的

绝对数量，即逐期增长量的序时平均数。其公式为

$$\text{平均增长量}=\frac{\text{逐期增长量之和}}{\text{逐期增长量项数}}=\frac{\text{累计增长量}}{\text{时间数列项数}-1}$$

【例 5.11】表 5－18 所示为某木材厂 2007—2011 年商品销售总额的逐期增长量与累计增长量情况，求平均增长量。

表 5－18　某木材厂 2007—2011 年商品销售总额的逐期增长量和累计增长量

年份		2007	2008	2009	2010	2011
销售额/万元		7 250.3	8 245.7	9 704.8	12 462.1	16 164.7
增长量/万元	累计	—	995.4	2 454.5	5 211.8	9 014.4
	逐期	—	995.4	1 459.1	2 757.3	3 802.6

$$\text{平均增长量}=\frac{995.4+1\ 459.1+2\ 757.3+3\ 820.6}{4}\approx 2\ 253.1(\text{万元})$$

5.3　时间数列速度指标分析

反映社会经济现象发展变化的速度指标有发展速度、增长速度、平均发展速度和平均增长速度。

5.3.1　发展速度

发展速度是现象在两个不同时期发展水平的比值，用以表明现象发展变化的相对程度。其基本公式为

$$\text{发展速度}=\frac{\text{报告期水平}}{\text{基期水平}}\times 100\%$$

显然，发展速度就是动态相对数，它通常用百分数表示。如果发展速度大于 100%，表示现象处在上升状态；如果发展速度小于 100%，表示现象处在下降状态；如果发展速度等于 100%，表示现象没有发生变化；但是发展速度不会出现负值。

根据基期的采用标准不同，发展速度分为两种，即环比发展速度和定基发展速度。

(1) 环比发展速度是报告期水平与前一期水平之比，用以反映现象逐期发展的程度。用公式表示为

$$\text{环比发展速度}=\frac{a_n}{a_{n-1}}\text{，即}\frac{a_1}{a_0},\frac{a_2}{a_1},\frac{a_3}{a_2},\cdots,\frac{a_n}{a_{n-1}}\qquad n=1,2,3,\cdots,n$$

式中，a_n——报告期水平；

a_{n-1}——报告期前一期水平。

(2) 定基发展速度是报告期水平与某一固定时期水平(通常是最初水平)之比，用以反映现象在较长一段时期内总的发展程度，又称“总速度”，用符号 R 表示。其公式为

$$\text{定基发展速度}\ R=\frac{a_n}{a_0}\text{，即}\frac{a_1}{a_0},\frac{a_2}{a_0},\frac{a_3}{a_0},\cdots,\frac{a_n}{a_0}\qquad n=1,2,3,\cdots,n$$

式中，a_n——报告期水平；

a_0——某一固定时期的水平。

【比较与分析】

定基发展速度与环比发展速度之间存在如下关系。

Ⅰ环比发展速度的连乘积等于相应的定基发展速度(总速度)。

$$\frac{a_n}{a_0}=\frac{a_1}{a_0}\cdot\frac{a_2}{a_1}\cdot\frac{a_3}{a_2}\cdot\cdots\cdot\frac{a_n}{a_{n-1}}$$

Ⅱ相邻两期定基发展速度之商(后一定基速度除以前一定基速度)，等于相应时期的环比发展速度。

$$\frac{a_n}{a_{n-1}}=\frac{a_n}{a_0}\Big/\frac{a_{n-1}}{a_0}$$

根据以上的数量关系，可以对发展速度进行相互推算。

另外，在实际工作中，为了消除季节变动的影响，还常计算年距发展速度，用以说明本期发展水平与上年同期发展水平相比所达到的相对程度。公式为

$$年距发展速度=\frac{本年本期发展水平}{去年同期发展水平}$$

【例 5.12】某农场粮食产量 2010 年比 2008 年增长 50%，2011 年比 1998 年增长 56%。试计算该农场 2011 年比 2010 年粮食产量增长的百分比。

当已知相邻时期的定基发展速度时，可以利用二者之商求出环比发展速度。

$$粮食产量环比发展速度=\frac{156\%}{150\%}=104\%$$

即该农场粮食产量 2011 年比 2010 年增长了 4%。

5.3.2 增长速度

增长速度是报告期增长量与基期水平的比值，它反映社会经济现象报告期水平比基期水平的增长程度。其基本公式为

$$增长速度=\frac{增长量}{基期水平}\times100\%=\frac{报告期水平-基期水平}{基期水平}\times100\%=发展速度-1$$

增长速度一般用百分数表示，当增长速度大于 0，表明现象的发展是增长的，当增长速度小于 0，表明现象的发展是下降(负增长)的。

根据基期采用的标准不同，增长速度可分为两种，即环比增长速度和定基增长速度。

(1) 环比增长速度是报告期逐期增长量与前一期发展水平之比，用以反映现象逐期增长的程度。用公式表示为

$$环比增长速度=\frac{逐期增长量}{前一期水平}\times100\%=\frac{报告期水平-前一期水平}{前一期水平}\times100\%=环比发展速度-1$$

$$环比增长速度=环比发展速度-1(或100\%)$$

(2) 定基增长速度是报告期累计增长量与固定基期水平之比，用以反映现象在较长一段时期内总的增长程度，其公式为

$$定基增长速度=\frac{累计增长量}{固定基期水平}\times100\%=\frac{报告期水平-前一期水平}{前一期水平}\times100\%=定基发展速度-1$$

$$定基增长速度=定基发展速度-1(或100\%)$$

【统计实例】

某省历年来煤矿产量见表 5 - 19。

表 5-19 某省历年来的煤矿产量

年份		2006	2007	2008	2009	2010	2011
产量/万吨		3 175	3 529	3 661	4 496	4 992	5 799
发展速度	定基	100.0%	111.2%	115.3%	141.6%	157.2%	182.6%
	环比	—	111.2%	103.7%	128.8%	111.0%	116.2%
增长量/万吨	逐期	—	354	132	835	496	807
	累计	—	354	486	1 321	1 817	2 624
增长速度	定基	—	11.2%	15.3%	41.6%	57.2%	82.6%
	环比	—	11.2%	3.7%	28.8%	11.0%	16.2%

特别提示

计算和应用增长速度时要注意如下两个问题。

(1) 环比增长速度和定基增长速度之间没有直接的换算关系，如果两者之间要换算，需要通过发展速度进行换算。例如，把各期环比增长速度全部加1，变成环比发展速度，将所有环比发展速度连乘，得到定基发展速度，再将定基发展速度减去1，就得到了定基增长速度。

(2) 当报告期水平和基期水平表明的是不同方向的数据时，不宜计算增长速度。例如，某公司基期利润为−2万元(亏损)，报告期利润为+6万元(赢利)，若套用上述公式计算增长速度，则计算结果为

$$\text{增长速度}=[6-(-2)]/(-2)=-4(\text{倍})$$

这显然与实际情况不相符，对这种情况一般只用文字表达，而不计算增长速度。

5.3.3 平均发展速度和平均增长速度

平均发展速度和平均增长速度统称为平均速度。

平均发展速度是各个时间环比发展速度的序时平均数，说明社会经济现象在较长一段时间内平均发展变化的程度。

平均增长速度是说明现象在较长一段时期中逐期平均增减变化的程度。平均增长速度不能由环比增长速度直接求出，而是根据平均发展速度和平均增长速度之间的关系来计算，即

$$\text{平均增长速度}=\text{平均发展速度}-1(\text{或}100\%)$$

平均发展速度是根据环比发展速度时间数列计算的，但是平均增长速度不是直接根据环比增长速度时间数列计算的，而是在计算出平均发展速度之后，通过上述关系式换算得到的。因此，这里着重介绍平均发展速度的计算方法。

由于考察事物发展变化的侧重点不同，计算平均发展速度的方法也不同。实际工作中，常用的方法有水平法(几何平均法)和累计法(方程法)。

1. 水平法

几何平均法又称水平法，其特点：从最初水平 a_0 出发，每期按平均发展速度发展，经过

n 期后，达到最末水平 a_n 。水平法计算平均发展速度的公式有如下三个。

$$\bar{x}=\sqrt[n]{x_1 \cdot x_2 \cdot x_3 \cdot \cdots \cdot x_n}=\sqrt[n]{\pi x}$$

$$\bar{x}=\sqrt[n]{\frac{a_n}{a_0}}$$

$$\bar{x}=\sqrt[n]{R}$$

式中,$\bar{x}$ ——平均发展速度；

$x_1,x_2,\cdots,x_n$ ——各期环比发展速度；

n ——时期数；

π ——连乘符号；

a_n ——最末水平；

a_0 ——最初水平；

R ——观察期的总速度。

【例 5.13】某企业增加值 2005 年为 200 万元，2011 年为 320.64 万元，试计算平均发展速度和平均增长速度。

解：
$$\bar{x}=\sqrt[n]{\frac{a_n}{a_0}}=\sqrt[5]{\frac{320.64}{200}}\approx 109.9\%$$

所以，该企业增加值的平均发展速度和平均增长速度分别为 109.9%和 9.9%。

【例 5.14】某企业 2007 年实现利润 864 万元，计划到 2012 年利润达到 987 万元，问该企业以平均每年多大的速度递增才能实现目标?

解：
$$\bar{x}=\sqrt[n]{\frac{a_n}{a_0}}=\sqrt[5]{\frac{987}{864}}\approx 102.7\%$$

平均增长速度=102.7%-1=2.7%

即该企业以每年 2.7%的递增速度发展，到 2012 年就可以达到预期目标。

这里有必要指出，用几何平均法计算的平均发展速度只取决于 a_0 和 a_n 的大小，各个中间水平的变化、波动对其没有影响。所以，为提高平均发展速度的代表性，在计算时应注意 a_0 和 a_n 是否受特殊因素的影响，以及中间各期发展水平是否存在增减变化或阶段性波动。必要时，应以分阶段平均发展速度来补充说明总平均发展速度。

2. 累计法

累计法的理论依据是：以最初水平为基础，如果按照平均发展速度逐期发展，n 期以后，各期理论水平之和应等于各期实际水平之和。即

$$a_0\bar{x}+a_0\bar{x}^2+a_0\bar{x}^3+\cdots+a_0\bar{x}^n=\sum_{i=1}^{n}a_i$$

$$\bar{x}+\bar{x}^2+\bar{x}^3+\cdots+\bar{x}^n-\frac{\sum_{i=1}^{n}a_i}{a_0}=0$$

这个方程的正根就是要求的平均发展速度。由于其计算十分复杂，在实际工作中，通常运用“平均增长速度查对表”计算。

使用查对表的步骤是：首先计算出 $\dfrac{\sum_{i=1}^{n}a_i}{a_0}$ 的值；其次判断现象发展类型并在表中查得平

均增长速度，即当 $\frac{\sum_{i=1}^{n} a_i}{a_0} > n$ 时，现象的发展为递增型，在表中递增部分“n”所在栏找出 $\frac{\sum_{i=1}^{n} a_i}{a_0}$ 的值，与这个值相对应的左边栏内的百分比，即为年平均增长速度，将其加 1 即得年平均发展速度。当 $\frac{\sum_{i=1}^{n} a_i}{a_0} < n$ 时，现象的发展为递减型，则在表中递减部分查找，方法同上。

在查表时，如果没有正好与 $\frac{\sum_{i=1}^{n} a_i}{a_0}$ 相同的值，则可找与之最接近的值，然后按比率推算所对应的平均增长速度。

【例 5.15】依据表 5-20 中我国国内生产总值的资料，用累计法计算平均每年的发展速度。

表 5-20　我国国内生产总值增长情况统计表

年份		2001	2002	2003	2004	2005	2006
国内生产总值/亿元		109 655	120 333	135 823	159 878	182 321	209 407
增长量	逐期	—	10 678	15 490	24 055	22 443	27 086
	累计	—	10 678	26 168	50 223	72 666	99 752
增长速度	环比	—	9.74%	12.87%	17.71%	14.04%	14.86%
	定基	—	9.74%	23.86%	45.80%	66.27%	90.97%

解：(1) 计算各年发展水平总和与基期水平之比。

$$\frac{\sum_{i=1}^{n} a_i}{a_0} = \frac{120\ 333 + 135\ 823 + 159\ 878 + 182\ 321 + 209\ 407}{109\ 655} = \frac{807\ 762}{109\ 655} \approx 7.366\ 4$$

(2) 判断发展类型并查表。

$\frac{807\ 762}{109\ 655} \approx 7.366\ 4 > n = 5$，故生产总值发展为递增型的。在累计法查对表递增部分五年总发展水平为基期水平的%栏内查得 732.3 和 753.5 与本例的 7.366 4 最接近，相对的平均增长速度为 13%和 14%，按比例推算的平均每年增长速度为 13.2%。因此，平均每年的发展速度为 113.2%。

5.3.4　增长 1%的绝对值

增长速度指标虽然能够说明现象增长的程度，但却不能反映现象增长的实际效果。为更全面地对现象的发展实力进行分析，在比较现象的速度指标之外，还要分析现象增长 1%的绝对值。

增长 1%的绝对值是指逐期增长量与环比增长速度之比，说明增长 1%而具体增加的绝对量。公式为

$$增长\ 1\%\ 的绝对值 = \frac{逐期增长量}{环比增长速度 \times 100} = \frac{a_n - a_{n-1}}{\frac{a_n - a_{n-1}}{a_{n-1}} \times 100} = \frac{a_{n-1}}{100} = \frac{前期水平}{100}$$

特别提示

为什么要计算增长1%的绝对值?

速度指标是一相对指标，数值的大小与对比基数有很大的关系，而速度把现象发展的绝对水平给掩盖住了，为了说明速度的增长带来的绝对水平，需要计算增长1%的绝对值以补充速度指标的局限性。例如，去年大庆原油生产5 000万吨，增加1%是50万吨。

【例5.16】某市的旅游收入2000年和2001年依次为10.22万元、16.21万元，2010年和2011年依次为258.64万元、309.3万元。则

2001年环比发展速度=16.21/10.22≈158.61%

2001年增长1%绝对值$=\frac{10.22}{100}=0.1022$或$\frac{16.21-10.22}{158.61-100}\approx0.1022$(万元)

2011年环比发展速度=309.3/258.64≈119.59%

2011年增长1%绝对值$=\frac{258.64}{100}=2.5864$或$\frac{309.3-258.64}{119.59-1}=2.5864$(万元)

上述计算可以看出，虽然2011年旅游收入的发展速度为119.59%，没有2001年的发展速度158.61%大，但其增长1%绝对值2.586 4万元却比2001年的1 022元大得多，这说明该市旅游业发展水平提高了，而不是降低了。

5.4 时间数列长期趋势分析

5.4.1 时间数列的因素分析

社会经济现象的发展变化是多种因素影响的综合结果，由于各种因素的影响方向和强弱程度不同，使具体的时间数列呈现出不同的变动形态。动态分析的任务之一就是要对构成时间数列的各种因素加以分解和测定，以便对未来的状况做出判断和预测。构成时间数列的各种因素，按它们的性质和作用不同，可大致分为以下四种：长期趋势、季节变动、循环变动和不规则变动四种。

1. 长期趋势

长期趋势(T)变动是时间数列中最基本的规律性变动。长期趋势，是指现象在一个相当长的时期内，由于普遍的、持续的、决定性的基本因素作用而持续发展变化的总态势，如持续上升、下降和基本持平。长期趋势变动是由于现象受到各个时期普遍的、持续的、决定性的基本因素影响的结果。

【统计实例】

一般情况下，由于科学技术的日益发展，劳动生产率的不断提高，我国的国内总产值与人均收入呈提高的趋势。

2. 季节变动

季节变动(S)，是指时间数列受自然季节变换和社会习俗等因素影响而发生的有规律的

周期性波动。引起季节变动的原因有自然因素，也有人为因素，如气候条件、节假日和风俗习惯等。季节变动的周期为一年或一年以内(如一月、一周等)。

【统计实例】

有许多商品的销售随季节变动而呈淡旺季，如雪糕、饮料、空调在夏季的销售量居多；棉服、羽绒服的销售量在冬季居多。

3. 循环变动

循环变动(C)，是指社会经济发展中的一种近乎规律性的盛衰交替变动。其成因比较复杂，周期一般在一年以上，长短不一。循环变动按引起的原因和周期长短不同又可分为四种类型：长期循环变动，主要是受重大技术革命影响的结果，周期可长达50～60年；中长期循环变动，周期在20年左右，造成这种循环变动的物质基础是建筑业的周期性波动；中期循环变动，周期为8～10年，其变动的物质基础是周期性的固定资产的大规模更新；短期循环变动，周期为2～4年，其形成原因可能是固定资产更新和周期性的技术变革。

4. 不规则变动

不规则变动(I)，是指除了上述各种变动以外，现象因临时的、偶然的因素而引起的随机变动，这种变动无规则可循，如地震、水灾、战争等所引起的变动。

5.4.2 时间数列的分解模型

按四种因素对时间数列的影响方式不同，时间数列可分解为多种模型，如乘法模型、加法模型、混合模型等。其中，最常用的是乘法模型和加法模型。

1. 加法模型

假定四种变动因素相互独立，时间数列各时期发展水平是各个构成因素的总和。其数学模型为

$$Y = T + S + C + I$$

2. 乘法模型

假定四种变动因素彼此间存在着交互作用，时间数列各时期发展水平是各个构成因素的乘积。其数学模型为

$$Y = T \cdot S \cdot C \cdot I$$

在这两个模型中，T代表长期趋势，S代表季节变动，C代表循环变动，I代表不规则变动。需要说明的是，在加法模型中，各个因素都是绝对数，而在乘法模型中，除了长期趋势是绝对数外，其他因素都是以相对数或指数的形式出现的。通常认为在经济领域中，乘法模型的假定是比较接近现实的。

最后要指出，时间数列分析并不能作为对前景预测的唯一依据。因为时间数列中的不规则变动本身就是难以估计的，特别是一些偶然性重大事故的出现，规律更难以把握。即使是较有规律的因素(T、S、C)，它们的变动规律也不一定就是过去历史的简单重复。因此，在

利用时间数列分析的规律对社会经济现象进行预测时，预测的时间跨度不宜过长，并要注意对一些影响其发展的主要因素进行分析。

5.4.3 长期趋势的测定

长期趋势分析的任务，就是要反映现象发展变化的长期趋向，掌握现象变化的规律，将长期趋势从时间数列中分离出来，以便更好地测定和分析其余因素的变动。测定长期趋势的方法有很多，常见的有时距扩大法、移动平均法、最小平方法。

1. 时距扩大法

时距扩大法是测定长期趋势最简便的一种方法。它是将原来时距较短的时间数列，加工整理成时距较长的时间数列，以便消除现象因时距较短而受偶然因素影响所引起的不均匀波动。通过扩大时距，可以整理出能呈现事物变动总趋势的新的时间数列。

【统计实例】

某钢铁企业 1982～2005 年的钢铁产量见表 5－21，试用时距扩大法反映钢铁产量的长期变化趋势。

表 5－21 某钢铁企业 1982—2005 年的钢铁产量 （单位：万吨）

年份	产量	年份	产量	年份	产量	年份	产量
1982	124	1988	126	1994	135	2000	142
1983	125	1989	128	1995	132	2001	140
1984	126	1990	130	1996	133	2002	143
1985	123	1991	127	1997	134	2003	144
1986	122	1992	132	1998	138	2004	146
1987	124	1993	133	1999	136	2005	148

从表 5－21 中可以看出，在 24 年间，该钢铁企业的产量发展并不均匀，中间有几次小的波动。如果把时距扩大为 4 年，则可整理成表 5－22 所示新的时间数列。

从表 5－22 可以看出，时距扩大为 4 年，把个别年份的偶然因素影响给消除掉了，形成了 24 年来钢铁产量持续上升的总趋势。表中的“总产量”是时距扩大后四年的总产量，这种表达只适用于时期数列，若对各个总产量再计算序时平均数，如表中的“平均年产量”，同样可以观察到事物发展的总趋势，而这种表达既适用于时期数列，也适用于时点数列。

表 5－22 某钢铁企业 1982—2005 年的钢铁总产量及平均年产量 （单位：万吨）

时期	总产量	平均年产量
1982—1985	498	124.50
1986—1989	500	125.00
1990—1993	522	130.50
1994—1997	534	133.50
1998—2001	556	139.00
2002—2005	581	145.25

2. 移动平均法

移动平均法是对原有的时间数列，按照事先规定的时间间隔来扩大时距，采用逐项推移的方法，计算一系列的序时平均数，形成由序时平均数组成的新的时间数列。这种移动平均数形成的时间数列，消除了短期的偶然因素的影响，使长期趋势更加明显。

【统计实例】

以表 5-21 中的资料 1994—2005 年的钢铁产量为例，将时距扩大为 5 年，采用移动平均法来反映原数列的长期趋势(表 5-23 中第 3 栏)。

表 5-23　某钢铁企业 1994—2005 年钢铁产量及其移动平均计算表　　(单位：万吨)

年份 (1)	钢铁产量 (2)	五年移动平均 (3)	四年移动平均 (4)	四年移动平均后的 二次移动平均(5)
1994	135	—	—	
1995	132	—	133.50	133.88
1996	133	134.4	134.25	134.75
1997	134	134.6	135.25	136.38
1998	138	136.6	137.50	138.25
1999	136	138.0	139.00	139.63
2000	142	139.8	140.25	141.25
2001	140	141.0	142.25	142.75
2002	143	143.0	143.25	144.25
2003	144	144.2	145.25	
2004	146	—	—	
2005	148	—	—	

从表 5-23 可以看出，该企业的钢铁产量呈逐年增加的趋势。

应用移动平均法测定长期趋势时，应注意以下问题。

(1) 如果采用奇数项(3，5，7，9…)移动平均，则计算的移动平均数都能对准正中间时期的位置。

如果采用偶数项(2，4，6，8…)移动平均，则计算的移动平均数放在两个时期的中间位置上，然后再采用二次移动平均的方法，以便将移动平均数对准中间位置，这样才能得出对准原时间数列各时期的趋势值。所以，偶数项的移动平均法需要经过两次平均的过程。

(2) 经过移动平均后的新派生数列的项数，比原时间数列的项数要少，可利用的信息也就少了，而且，移动的项数越多，新数列的项数就越少，丧失的信息就越多。同时，如果移动的项数太多，则不利于分析现象具体的发展趋势，而移动的项数过少，又可能使新数列出现起伏波动的情况，难以呈现出现象发展的长期趋势。因此，要根据资料的特点来确定移动的项数。

(3) 对于存在季节变动或循环变动的时间数列，为消除季节变动或循环变动的影响，应采用与一个循环相应的时间长度来进行移动平均，如存在季节变动的时间数列一般采用 12 月移动平均或 4 季移动平均。

(4) 时距扩大法和移动平均法的主要作用是把长期趋势以外的变动消除掉，以呈现出现象变动的长期趋势，但一般不能直接根据移动平均后的派生数列进行动态预测。

3. 最小平方法

要对现象变动的长期趋势进行动态预测，就必须建立与长期趋势相适应的数学模型。长期趋势模型有直线趋势模型和曲线趋势模型两种，这里只介绍直线趋势模型。

最常用的配合直线趋势模型的方法是最小平方法，又称最小二乘法。这种方法的数学依据：$\sum(y-y_c)^2=$ 最小值，即要求各个实际值与其相对应的趋势值的离差平方和为最小。根据数学分析中的极限原理，用偏微分方法可以得出求取参数所需的两个标准方程。

$$\begin{cases}\sum y = na + b\sum t \\ \sum ty = a\sum t + b\sum t^2\end{cases}$$

解此组方程可得：

$$b=\frac{n\sum ty-\sum t\sum y}{n\sum t^2-\left(\sum t\right)^2},\ a=\frac{\sum y}{n}-b\frac{\sum t}{n}=\bar{y}-b\bar{t}$$

【例 5.17】某企业 2005—2011 年某产品的销售量见表 5－24，试用最小平方法配合直线趋势方程，并预测 2012 年的销售量。

表 5－24　某企业某种产品销售量统计表

年份	2005	2006	2007	2008	2009	2010	2011
销售量/万件	12.4	13.8	15.7	17.6	19.0	20.8	22.7

解：先建立最小平方法计算表(表 5－25)。

表 5－25　最小平方法计算表　　(单位：万件)

年份	序号 t	销售量 y	t^2	y	y_c
2005	1	12.4	1	12.4	12.27
2006	2	13.8	4	27.6	13.99
2007	3	15.7	9	47.1	15.71
2008	4	17.6	16	70.4	17.43
2009	5	19.0	25	95.0	19.15
2010	6	20.8	36	124.8	20.87
2011	7	22.7	49	158.9	22.59
合计	28	122.0	140	536.2	122.01

从上可知：$n=7$，$\sum t=28$，$\sum t^2=140$，$\sum y=122.0$，$\sum ty=536.2$

将之代入方程组解得：

$$b=\frac{n\sum ty-\sum t\sum y}{n\sum t^2-\left(\sum t\right)^2}=\frac{7\times536.2-28\times122}{7\times140-28^2}\approx1.72,$$

$$a=\frac{\sum y}{n}-b\frac{\sum t}{n}=\bar{y}-b\bar{t}=\frac{122}{7}-1.72\times\frac{18}{7}\approx10.55$$

于是得直线方程：$y_c = 10.55 + 1.72t$。将时间序号 t 的值代入该方程得各年的趋势值 y_c，并列入表 5-25 的最后一栏。如要预测 2008 年的销售量，只需将 t =8 代入趋势方程，得：

$$y_c = 10.55 + 1.72 \times 8 = 24.31(\text{万件})$$

特别提示

例 5.17 运用最小平方法时，对 t 的排序采用 1，2，3，…进行，时间原点设在 2005 年，但这样计算比较烦琐。为了简化，可将时间原点设在数列的中间项。

(1) 当数列为奇数项时，可取 t =…−4，−3，−2，−1，0，1，2，3，4，…。

(2) 当数列为偶数项时，可取 t =…−7，−5，−3，−1，1，3，5，7，…。

这样通过正值和负值相抵消，可使 $\sum t = 0$，从而使标准方程组简化为

$$\begin{cases} \sum y = na \\ \sum ty = b\sum t^2 \end{cases}$$

解得：

$$a = \frac{\sum y}{n}, b = \frac{\sum ty}{\sum t^2}$$

这样将大大简化计算的工作量。

5.5 时间数列季节变动分析

5.5.1 季节变动的测定

季节变动在于掌握事物的变动周期及其规律性，以便更好地安排生产，适应市场需求，满足人民的生活需要。

测定季节变动的最常用的方法是按月(季)平均法。它通过计算季节比率来反映现象季节变动的周期性规律。季节比率可以按月计算，也可以按季计算。

利用按月(季)平均法测定季节变动，需要根据若干年(至少为三年)的分月(季)资料，计算出同月(季)平均数和所有月(季)的总平均数。然后，用各月(季)的平均数与所有月(季)的总平均数相比，求得季节比率。其公式为

$$\text{季节比率} = \frac{\text{同月(季)平均数}}{\text{月(季)总平均水平}} \times 100\%$$

【例 5.18】某公司各月羊毛衫销售额见表 5-26，求该公司羊毛衫销售季节比率。

解：(1) 计算各年的销售额合计和月平均销售额。

$$\begin{aligned}\text{2008 年合计} &= 160+120+40+20+12+8+16+24+40+100+420+500 \\ &= 1\,460(\text{万元})\end{aligned}$$

$$\text{2008 年的平均数} = \frac{1\,460}{12} = 121.67(\text{万元})$$

表 5-26 公司羊毛衫销售额季节比率计算表 （单位：万元）

月份(甲)	2008(1)	2009(2)	2010(3)	2011(4)	4年合计(5)	同月平均(6)	季节比率(7)
1	160	300	480	560	1 500	375	164.0%
2	120	180	300	280	880	220	96.2%
3	40	80	120	160	400	100	43.7%
4	20	50	80	60	210	52.5	23.0%
5	12	20	40	24	96	24	10.5%
6	8	16	22	18	64	16	7.0%
7	16	24	64	74	78	44.5	19.5%
8	24	40	80	96	240	60	26.2%
9	40	70	140	166	416	104	45.5%
10	100	170	300	280	850	212.5	93.0%
11	420	680	820	940	2 860	715	312.7%
12	500	700	960	1 120	3 280	820	358.7%
合计	1 460	2 330	3 406	3 778	10 974	2 743.5	1 200.0%
月平均	121.7	194.2	283.8	314.8	914.5	228.6	100.0%

其他年份以此类推，计算结果见表 5-26 最后两行。

(2) 计算所有年份同月份的合计数和月平均数。

如：1 月的合计数=160+300+480+560=1 500(万元)

则：1 月的平均数=1 500/4=375(万元)

其他月份平均数以此类推，计算结果见表 5-26 的第 5 栏和第 6 栏的各月数值。

(3) 计算所有年份总合计数以及总的月平均数。

① 计算所有年份的总合计数。

可以通过各月合计的总和得到，也可以通过各年合计的总和得到，即：总合计数=第 5 栏 12 个月的数值之和=10 974(万元)

或

$$\text{总合计数}=1\,460+2\,330+3\,406+3\,778=10\,974(\text{万元})$$

② 计算总的月平均数。

可以通过以下两种方法来计算，其计算结果应相等。

$$\text{总的月平均数}=\frac{\sum \text{各月平均数}}{12}=\frac{2\,743.5}{12}=228.63(\text{万元})$$

$$\text{总的月平均数}=\frac{\text{总合计数}}{\text{总月数}}=\frac{10\,974}{48}=228.63(\text{万元})$$

(4) 计算季节比率，即用同月的平均数与总的月平均数相比。

例如，1 月季节比率$=\frac{375}{228.63}\approx 164.02\%$

其他月份的季节比率计算以此类推，计算结果见表 5-26 第 7 栏。

12 个月的季节比率之和应为 1 200%，四个季度的季节比率之和应等于 400%，如果不等，

则是计算过程中的四舍五入造成的，应计算调整系数并加以调整。调整系数的计算公式为

$$调整系数 = \frac{1\,200(或\,400)\%}{\sum 各月(季)实际季节比率}$$

调整后的季节比率=各月(季)实际季节比率×调整系数

季节比率大于或小于100%，都说明存在季节变动。若大于100%的幅度比较大，则表示现象在该月(季)的发展处于高峰期或旺季，若小于100%的幅度比较大，则表示现象处于低谷期或淡季。等于100%说明不受季节变动因素的影响。

从表5-26中可以看出，羊毛衫的销售情况呈现出比较明显的季节波动。在一年当中，1月、2月、10月、11月、12月是销售旺季，12月达到最高点，5月、6月、7月为销售淡季，销售状况疲软，6月达到销售量最低点。

按月(季)平均法计算季节比率，简便易行，但这种方法没有考虑长期趋势的影响，因为计算过程中是将各年同月(季)的数值所起的作用同等看待的。实际上，在存在长期趋势的数列中，后期各月(季)的数值所起的作用要比前期同月(季)的作用大。因此，如果时间数列中存在明显的长期趋势的影响，则按月(季)平均法计算的季节比率是不准确的，应先剔除长期趋势的影响，再计算季节比率。

5.6 Excel在时间数列分析中的运用

用计算机来处理数列可以大大缩短计算时间，提高效率，更迅速、更快捷。这里仅以Excel在移动平均分析中的应用为例来说明操作方法。

【统计实例】

根据表5-27中1994—2005年钢铁产量的资料，将时距扩大为5年，用Excel计算五年移动平均及4年移动平均并反映数列的长期趋势。

表5-27 某钢铁企业1994—2005年钢铁产量及其移动平均计算表 (单位：万吨)

年份 (1)	钢铁产量 (2)	5年移动平均 (3)	4年移动平均 (4)	4年移动平均后的 二次移动平均(5)
1994	135	—	—	
1995	132	—	133.50	133.88
1996	133	134.4	134.25	134.75
1997	134	134.6	135.25	136.38
1998	138	136.6	137.50	138.25
1999	136	138.0	139.00	139.63
2000	142	139.8	140.25	141.25
2001	140	141.0	142.25	142.75
2002	143	143.0	143.25	144.25
2003	144	144.2	145.25	
2004	146	—	—	
2005	148	—	—	

解：具体操作如下。

(1) 在 Excel 中新建一个表，标题：某钢铁企业产量移动平均计算表。

(2) 将表的各栏标题：年份(1)，钢铁产量(2)，5 年移动平均(3)，4 年移动平均(4)，4 年移动平均后的二次移动平均(5)，分别输入到 A1：E1 列中。

(3) 将表 5－27 中年份 1994—2005 及各年份的钢铁产量复制到 A3：A14 及 B3：B14 中。

(4) 计算 5 年移动平均时，首先在 C5 单元格中输入公式＝AVERAGE(B3：B7)，按 Enter 键。然后将 C5 单元格中的公式，复制到 C6：C12 的各个单元格中，即得到该企业 5 年移动平均的结果。

(5) 计算 4 年移动平均时，首先，在 D5 单元格中输入公式＝AVERAGE(B3：b6)，按 Enter 键。其次将 D5 单元格中的公式复制到 D6：D13 中，则可得下图中的第 4 栏，为了将数据显示在两个年份中间，可将第 4 栏的垂直对齐方式设置为靠上。再次在 E5 单元格中输入公式＝AVERAGE(D5：D6)，按 Enter 键。最后将 E5 单元格中的公式复制到 E6：E12 的单元格中，即得到该企业 4 年移动平均后的产量。

经过以上步骤的计算，可以得到图 5－1 所示数据。

	A	B	C	D	E
1	某钢铁企业产量移动平均计算表				
2	年份(1)	钢铁产量(2)	五年移动平均(3)	四年移动平均(4)	四年移动平均后的二次移动平均(5)
3	1994	435			
4	1995	432			
5	1996	433	434.4	433.50	433.88
6	1997	434	434.6	434.25	434.75
7	1998	438	436.6	435.25	436.38
8	1999	436	438.0	437.50	438.25
9	2000	442	439.8	439.00	439.63
10	2001	440	441.0	440.25	441.25
11	2002	443	443.0	442.25	442.75
12	2003	444	444.2	443.25	444.25
13	2004	446		445.25	
14	2005	448			

图 5－1　某钢铁企业产量移动平均分析数据

(6) 选中 E5：E12 的数据，单击 Excel 中的“插入”菜单中的“图表”选项，在向导的帮助下操作，然后对系列 1、X 轴坐标格式、Y 轴坐标格式进行一定的修改即可得到图 5－2 的曲线图。

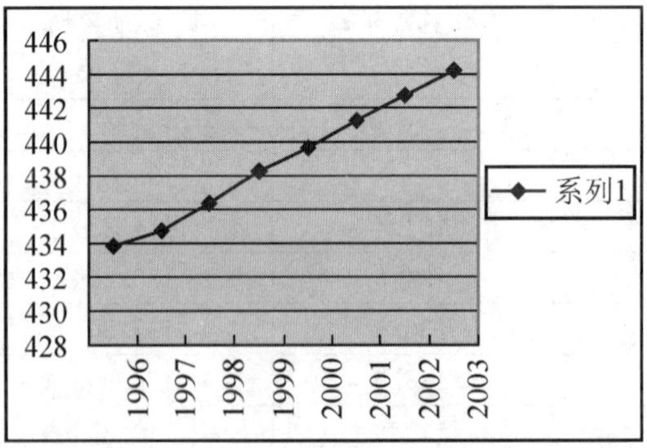

图 5－2　某钢铁企业产量移动平均趋势图

本章小结

时间数列是对社会经济现象进行分析的重要基础。本章阐述了时间数列的基本问题、时间数列指标和长期趋势、季节变动分析等理论和方法。

时间数列就是将反映某种现象在时间上发展变动情况的统计指标，按照时间先后顺序排列所形成的数列。它可以反映现象发展变化的过程，进而计算动态分析指标，揭示现象发展变化的方向、速度和现象之间相互联系的程度及动态演变关系；分析现象发展变化的趋势与规律，进行动态预测等。

按指标的形式不同，时间数列分为绝对数时间数列、相对数时间数列和平均数时间数列。

时间数列的编制要遵循总体范围、指标内容、计算方法、时间长度一致原则。

时间数列水平指标主要有发展水平、平均发展水平、增长量、平均增长量等；速度指标主要有发展速度、平均发展速度、增长速度、平均增长速度等。

长期趋势分析主要有时距扩大法、移动平均法和最小平方法。季节变动分析的最基本方法有季节比率法和长期趋势剔除法。

职业能力训练

一、单项选择题

1. 动态数列中，每项指标数值可以相加的是(　　)。

A. 时期数列　　B. 时点数列

C. 相对指标时间数列　　D. 平均指标时间数列

2. 累积增长量与相应的各逐期增长量之间的关系表现为(　　)。

A. 相加关系　　B. 相减关系

C. 相乘关系　　D. 以上都不对

3. 动态数列的构成要素是(　　)。

A. 变量和次数　　B. 时间和指标数值

C. 时间和次数　　D. 主词和宾词

4. 若无季节变动，季节比率应为(　　)。

A. 0　　B. 100%　　C. 小于100%　　D. 大于100%

5. 增长1%的绝对值是(　　)。

A. 水平指标　　B. 速度指标

C. 水平与速度相结合的指标　　D. 以上都不是

6. 已知环比增长速度分别为5%、9%、10%，则定基增长速度的计算公式为(　　)。

A. (5%×9%×10%)－100%

B. 5%×9%×10%

C. (105%×109%×110%)－100%

D. 105%×109%×110%

7. 环比增长速度与定基增长速度的关系是(　　)。

A. 定基增长速度是环比增长速度的连乘积

B. 定基增长速度是环比增长速度之和

C. 定基增长速度是各环比增长速度加1后的连乘积减1

D. 定基增长速度是各环比增长速度减 1 后的连乘积减 1

8. 环比发展速度和定基发展速度的关系有(　　)。

A. 各环比发展速度的连乘积等于相对应的定基发展速度

B. 各定基发展速度的连乘积等于相对应的环比发展速度

C. 环比发展速度＝定基发展速度－1

D. 定基发展速度＝环比发展速度－1

9. 某商场根据每个月末的商品库存量计算全年的平均库存量，可用公式(　　)。

A. 简单加权平均法　　B. 首末折半法

C. 加权序时平均法　　D. 最小平方法

二、多项选择题

1. 时期数列中，各项指标值(　　)。

A. 与时间间隔长短有关　　B. 与时间间隔长短无关

C. 可相加　　D. 不可相加　　E. 是通过连续登记得到的

2. 下列指标和时间构成的数列属于时点数列的有(　　)。

A. 人口数　　B. 出生人数　　C. 商品销售额

D. 商品库存额　　E. 工资总额　　F. 平均工资

3. 下列等式中，正确的有(　　)。

A. 增长速度＝发展速度－1　　B. 环比发展速度＝环比增长速度－1

C. 定基发展速度＝定基增长速度＋1　　D. 平均增长速度＝平均发展速度－1

E. 平均发展速度＝平均增长速度－1

4. 影响动态数列水平变化的因素有(　　)。

A. 长期趋势　　B. 循环变动　　C. 季节变动

D. 季节比率　　E. 不规则变动

5. 以下属于绝对数时间数列的有(　　)。

A. 时期数列　　B. 平均数数列

C. 相对数时间数列　　D. 时点数列

6. 长期趋势的测定方法有(　　)。

A. 时距扩大法　　B. 移动平均法

C. 几何平均法　　D. 最小平方法

7. 下列计算增长速度的公式中，正确的有(　　)。

A. 增长速度＝增长量/基期水平×100％

B. 增长速度＝增长量/报告期水平×100％

C. 增长速度＝发展速度－100％

D. 增长速度＝(报告期水平－基期水平)/基期水平×100％

三、计算题

1. 某工厂职工人数 4 月增减变动如下：1 日职工总数 500 人，其中非直接生产人员 100 人；15 日职工 10 人离厂，其中有 5 人为企业管理人员；22 日新来厂报到工人 5 人。分别计算该月该厂非直接生产人员和全部职工的平均人数。

2. 某企业 2011 年第二季度商品库存额（表 5－28），计算第二季度平均商品库存额。

表 5－28 2011 年第二季度商品库存额

日期	3 月	4 月	5 月	6 月
月末库存额/万元	100	86	104	114

3. 某企业 2011 年库存额资料见表 5－29。

表 5－29 2011 年库存额资料

日期	1 月 1 日	3 月 1 日	5 月 1 日	8 月 1 日	11 月 1 日	12 月 31 日
库存额/万元	250	270	290	300	310	320

试计算 2011 年月平均库存额。

4. 某企业 2011 年第一季度职工人数及产值资料见表 5－30。

表 5－30 2011 年第一季度职工人数及产值资料

月份	1	2	3	4
产值/百元	4 000	4 200	4 500	4 600
月初人数/人	60	64	68	67

（1）编制第一季度各月劳动生产率的动态数列。
（2）计算第一季度的月平均劳动生产率。
（3）计算第一季度的劳动生产率。

5. 某地区 6 年的自行车销售量资料见表 5－31。

表 5－31 6 年自行车销售量资料

年份	2006	2007	2008	2009	2010	2011
销售量/万辆	10.6	14.4	19.2	25.8	34.2	46.4

试用最小平方法配合直线趋势方程，并预测 2012 年和 2013 年的自行车销售量。

四、案例分析题

（一）资料：某省 2011 年 2～10 月工业增加值(表 5－32)。

表 5－32 工业增加值(2011 年 2～10 月) （单位：亿元）

时间	累计	本月	比去年同期增长	
			累计	本月
2011 年 2 月	11 112.7	5 473.09	16.2%	20.1%
2011 年 3 月	17 822.42	6 679.72	16.7%	17.8%
2011 年 4 月	24 611.11	6 819.78	16.7%	16.6%
2011 年 5 月	31 747.89	7 059.86	17%	17.9%
2011 年 6 月	39 680.36	7 817.77	17.7%	19.5%
2011 年 7 月	46 957.26	7 199.84	17.6%	16.7%

续表

时间	累计	本月	比去年同期增长	
			累计	本月
2011 年 8 月	54 353.81	7 355.47	17.3%	15.7%
2011 年 9 月	62 220.91	7 754.06	17.2%	16.1%
2011 年 10 月	69 867.32	7 601.37	16.9%	14.7%

（二）要求：(1) 认真阅读表 5 - 32 资料，指出它属于哪种时间数列；

(2) 计算 2011 年 1～10 月我国工业增加值的平均数；

(3) 计算 2011 年 1～10 月工业增加值的定基发展速度和环比发展速度；

(4) 计算 2011 年 1～10 月的平均发展速度。

第6章 抽样与参数估计

CHOUYANG YU CANSHU GUJI

【学习目标】

知识目标：理解抽样推断与参数估计的基本原理；掌握抽样推断、抽样分布、统计量和参数估计的基本概念和计算方法；掌握抽样误差的概念及计算方法。

能力目标：能够根据统计调查方案组织抽样调查，计算样本指标(样本均值和样本方差)，并依据样本对总体的数量特征(总体均值和总体比例)做出推断估计。

【案例导入】

辛辛那提电气公司

辛辛那提电气公司是一个公共事业型公司。它为大辛辛那提地区的居民提供煤气和电力。为改进其服务质量，该公司不断努力满足顾客的最新需求。1991 年，该公司进行了一次关于建筑物特征的抽样调查，以了解在其服务范围内的商业建筑物的能源需求量。

调查需要搜集诸如楼面面积、雇员数量、能源最终使用量、建筑物寿命、建筑材料类型及能源节约标准等有关商业建筑物的大量资料。在准备调查期间，该公司的分析家们发现，在该公司服务的范围内，有大约 27 000 个商业建筑物。根据调查可使用的经费和精度的要求，建议选择 16 个商业建筑物作为一个调查样本。

【解析】

辛辛那提电气公司用分层简单随机抽样的方法选择样本，从公司的记录可以得到，在其服务范围内过去一年每个商业建筑物的总用电量。由于许多建筑物要研究的特征(如规模、雇员数量等)都与用电量有关，因此选择用电量这一标准将建筑物总体划分为 6 层。

第一层包含 100 个商业建筑物，它们都是用电量大户，将这些建筑物中的每一个都包含在样本中。尽管它们的数量仅占总数的 0.2%，但是它们的用电量却占总用电量的 14.4%，对于其他层，建筑物的数量是根据单位获得最大精度的基本条件来决定的。

仔细设计调查表，并且在正式调查之前做试验性调查，采用个人采访法搜集资料。最后，搜集到 616 个商业建筑物中的 526 个建筑物的资料，85.4%的答复率是很不错的。目前，辛辛那提电气公司正在用调查得到的结果，进行能源需求的预测和改进对商业顾客的服务。

本章将学习有关抽样调查的设计与实施等问题，就像辛辛那提电气公司进行调查所要考虑的问题一样，这些是统计学家要考虑的问题。抽样调查常常用来树立公司的形象，政府和其他机构也常常利用抽样调查来了解总体各个部分的情况。

参数估计是统计推断的一种重要形式之一，包括参数的点估计和区间估计两类。本章中介绍统计推断的基本原理，抽样和抽样分布的基本概念，参数的点估计与几种重要的区间估计方法，参数估计量的优良性标准也在本章做简要叙述。

6.1 抽样调查

6.1.1 抽样调查的概念

抽样调查的概念可以有广义和狭义两种理解。按照广义的理解，凡是抽取一部分单位进行观察，并根据观察结果来推断全体的都是抽样调查，其中又可分为非随机抽样和随机抽样两种。非随机抽样就是由调查者根据自己的认识和判断，选取若干个有代表性的单位，根据对这些单位进行观察的结果来推断全体，如民意测验等。随机抽样则是根据大数定律的要求，在抽取调查单位时，应保证总体中各个单位都有同样的机会被抽中。一般所讲的抽样调查，大多数是指这种随机抽样，即狭义的抽样调查。所以，严格意义上的抽样调查就是，按照随机原则从总体中抽取一部分单位进行观察，并运用数理统计的原理，以被抽取的那部分单位的数量特征为代表，对总体做出数量上的推断分析。

我国的抽样调查应用主要有以下几个部门。

1. 国家和地方统计部门

一系列抽样调查制度：1%人口抽样调查、城市和农村住户调查、农产量抽样调查等。三支调查队：城市社会经济调查总队、农村社会经济调查总队、企业调查总队。

2. 其他政府部门、社会团体和学术团体

妇女生育力调查(国家计划生育委员会)；公众科学素养调查(全国科协)；语言与文字使用情况调查(教育部与国家语委)。

3. 专业调查咨询机构

央视调查咨询中心、北京华通现代信息咨询有限公司、北京零点市场调查与分析公司等。

6.1.2 抽样调查的特点、应用范围

1. 抽样调查的特点

1）节省人力、费用和时间且比较灵活，是全面调查的有效补充

抽样调查的调查单位比全面调查少得多，因而既能节约人力、费用和时间。调查单位少，也有利于随时增加调查内容。因此，有的国家在人口普查的同时也进行人口抽样调查，一般项目通过普查取得资料，另一些项目则通过抽样调查取得资料。这样既可以节省调查费用和时间，又丰富了调查内容。

2）有些情况下，结果比全面调查要准确

统计数字与客观实际数量之间是会有差别的，这种差别通常称为误差。统计误差有两种：一是登记误差，也称调查误差或工作误差，是指在调查登记、汇总计算过程中发生的误差，这种误差应该设法避免；二是代表性误差，这是指用部分单位的统计数字去推算总体的全面数字时所产生的误差，这种误差一定会发生，是不可避免的。

特别提示

全面调查只有登记误差而没有代表性误差，而抽样调查则两种误差全有。因此，人们往往认为抽样调查不如全面调查准确，此种看法忽略了两种误差的大小。全面调查的调查单位多，涉及面广，参加调查汇总的人员也多，水平不齐，因而发生登记误差的可能性就大。抽样调查的调查单位少，参加调查汇总的人员也少，可以进行严格的培训，因而发生登记误差的可能性就少。在这种情况下，抽样调查的结果会比全面调查的结果更为准确。

3）抽选部分单位时要遵循随机原则

其他非全面调查，如典型调查和重点调查等，一般是要根据统计调查任务的要求，有意识地选取若干个调查单位进行调查。而抽样调查不同，从总体中抽取部分单位时，必须非常客观，毫无偏见，也就是严格按照随机原则抽取调查单位，不受调查人员任何主观因素的影响，否则抽选的那部分单位的标志值可能偏高或偏低，失去对总体数量特征的代表性。

4）抽样调查会产生抽样误差，抽样误差可以计算，并且可以加以控制

在非全面调查方式中，典型调查固然也有可能用它所取得的部分单位的数量特征去推算

全体的数量特征，但这种推算的误差范围和保证程度，是无法事先计算并加以控制的。而抽样调查则是对一部分单位的统计调查，在实际观察标志值的基础上，去推断总体的综合数量特征。

【统计实例】

例如，某村种有晚稻 3 000 亩[①]，在稻子成熟后随机抽取 50 个单位的田块为样本，每个单位约为 11.1 平方米，进行实割实测，求得其平均亩产为 410 千克，从而推算该村的晚稻总产量为 410 × 3 000 = 1 230 000千克。

当然这种推断也会存在一定的误差，但它与其他统计估算不同，抽样误差的范围可以事先加以计算，并控制误差范围，以保证抽样推断的结果达到一定的可靠程度。

抽样调查是必不可少的一种调查方法，但是，抽样调查也有它的缺点。例如，它只能提供说明整个总体情况的统计资料，而不能提供说明各级状况的详细的统计资料，这就难以满足各级领导和管理部门的要求。抽样调查也很难提供各种详细分类的统计资料。因此，抽样调查和全面调查是不能互相代替的。

2. 应用范围

抽样调查适用的范围是广泛的，从原则上讲，为取得大量社会经济现象的数量方面的统计资料，在许多场合，都可以运用抽样调查方法取得；在某些特殊场合，不可能用全面调查时必须采用抽样调查的方法取得。

（1）对于单位数特别多或无限多的总体，如产品连续性生产过程中的废品率调查，江河中某些污染情况调查等。

（2）对于一些以破坏或损伤使用价值为手段的检验调查方法，如电灯泡、茶叶、烟草、火柴质量检验等，都是有破坏性的，不可能进行全面调查，只能使用抽样调查。又如居民购买力调查、城乡个体和集体企业情况的调查、民意测验调查等，如果进行全面调查，要消耗很大的人力物力，结果得不偿失。

（3）抽样调查能够比较快地得到调查结果，这对许多工作都是很有利的。例如，农产品产量全面调查的统计数字要等收割完毕以后一段时间才能得到，而抽样调查的统计数字在收获的同时就可以得到，一般能早得到两个月左右，这对于安排农产品的收购、储存、运输等都是很有利的。

（4）对普查数据校验时可采用抽样调查。例如，在农作物基本成熟尚未收割之际，为了编制计划、检查计划、组织生产，需要事先掌握农产品产量的数字，而进行全面调查，耗时太长，不能满足急需，只能采用抽样调查。

在全面调查后，对某些数据进行修正，可采用抽样复查。人口普查之后，可组织 1%的人口抽样复查，对人口普查资料进行核查。

【统计实例】

我国第五次人口普查时使用长表和短表两种调查表。短表调查项目少，人人都要登记，长表在短表的基础上增加了很多项目，只供全国一小部分人口登记。这实际上就是在普查的同时进行抽样调查。这样不仅保证了基本资料全面、准确，而且利用有限时间和经费使调查内容更详尽。

---

① 1 亩≈666.7 平方米，后同。

(5) 抽样调查方法可以用于工业生产过程中的质量控制。抽样调查不但广泛用于生产结果的核算和估计，而且也有效地应用于生产过程中对成批或大量连续生产的工业品进行质量控制、检查生产过程是否正常等，能及时提供有关信息，便于采取措施，预防废品的发生。

(6) 利用抽样推断的方法，可以对某种总体的假设进行检验，来判断这种假设的真伪，以决定取舍。例如，新教学法的采用、新工艺和新技术的改革、新医疗方法的使用等是否收到明显效果，须对未知的或不完全知道的总体做出一些假设，然后利用抽样调查的方法，根据实验材料对所做的假设进行检验，作出判断。

6.2 抽样推断的基本概念

抽样推断是在根据随机原则从总体中抽取部分实际数据的基础上，运用数理统计方法，对总体某一现象的数量性做出的具有一定可靠程度的估计判断。抽样推断是在抽样调查的基础上进行的统计方法，主要内容：参数估计和假设检验。

6.2.1 全及总体和抽样总体

在抽样调查中，有两种不同的总体即全及总体和抽样总体。

1. 全及总体

全及总体简称总体，是指所要认识对象的全体。总体是由具有某种共同性质的许多单位组成的，因此，总体也就是具有同一性质的许多单位的集合体。

【统计实例】

要研究某城市职工的生活水平，则该城市全部职工即构成全及总体。要研究某乡粮食亩产水平，则该乡的全部粮食播种面积即是全及总体。

全及总体按其各单位标志的性质不同，可以分为变量总体和属性总体两类。构成变量总体的各个单位可以用一定的数量标志加以计量。例如，研究居民的收入水平，每户居民的收入就是它的数量标志，反映各户的数量特征。但并非所有标志都是可以计量的，有的标志只能用一定的文字加以描述。

【统计实例】

要研究织布厂 1 000 台织布机的完好情况，这时只能用“完好”和“不完好”等文字作为品质标志来描述各台设备的属性特征，这种用文字描写属性特征的总体称为属性总体。

区分变量总体和属性总体是很重要的。由于总体不同，认识这一总体的方法也就不同。

变量总体可分为无限总体和有限总体两类。无限总体所包含的单位为无限多，因而各单位的变量也就有无限多的取值。这种无限变量又有两种情况：一种是可列的无限变量，即变量值的大小可以按照顺序一一列举直至无穷；另一种情况则是不可列的无限变量，它是一种连续变量，在任何一个区间内都有无限多的变量，不可能按顺序一一列举。我们所说的无限总体主要是指后一种情况。有限总体所包含的单位数则是有限的，因而它的变量值也是有限的，当然可以按顺序一一列举。

通常全及总体的单位数用大写的英文字母 N 来表示。作为全及总体，单位数 N 即使有限，但总是很大，大到几千、几万、几十万、几百万，如人口总体，棉花纤维总体，粮食产量总体等。对无限总体的认识只能采用抽样的方法，而对于有限总体的认识，理论上虽可以应用全面调查来搜集资料，但实际上往往由于不可能或不经济而借助抽样的方法以求得对有限总体的认识。

2. 抽样总体

抽样总体简称样本，是从全及总体中随机抽取出来，代表全及总体部分单位的集合体。抽样总体的单位数通常用小写英文字母 n 表示。对于全及总体单位数 N 来说，n 是个很小的数，它可以是 N 的几十分之一、几百分之一、几千分之一、几万分之一。一般说来，样本单位数达到或超过 30 个称为大样本，而在 30 个以下称为小样本。社会经济现象的抽样调查多取大样本。而自然实验观察则多取小样本。以很小的样本来推断很大的总体，这是抽样调查的一个特点。

如果说全及总体是唯一确定的，那么，抽样样本就完全不是这样，一个全及总体可能抽取很多个抽样总体，全部样本的可能数目和每一样本的容量有关，它也和随机抽样的方法有关。不同的样本容量和取样方法，样本的可能数目也有很大的差别。抽样本身是一种手段，目的在于对总体做出判断，因此，样本容量要多大，怎样取样，样本的数目可能有多少，它们的分布又怎样，这些都关系到对总体判断的准确程度，都需要加以认真的研究。

6.2.2 全及指标和抽样指标

1. 全及指标

根据全及总体各个单位的标志值或标志特征计算的、反映总体某种属性的综合指标，称为全及指标。由于全及总体是唯一确定的，根据全及总体计算的全及指标也是唯一确定的。

不同性质的总体，需要计算不同的全及指标。对于变量总体，由于各单位的标志可以用数量来表示，所以可以计算总体平均数。

$$\bar{X} = \frac{\sum X}{N}$$

对于属性总体，由于各单位的标志不可以用数量来表示，只能用一定的文字加以描述，因此，应该计算结构相对指标，称为总体成数，用大写英文字母 P 表示。它说明总体中具有某种标志的单位数在总体中所占的比重。变量总体也可以计算成数，即总体单位数在所规定的某变量值以上或以下的比重，视同具有或不具有某种属性的单位数比重。

设总体 N 个单位中，有 N_1 个单位具有某种属性，N_0 个单位不具有某种属性，$N_1 + N_0 = N$，P 为总体中具有某种属性的单位数所占的比重，Q 为不具有某种属性的单位数所占的比重，则总体成数为

$$P = \frac{N_1}{N}$$

$$Q = \frac{N_0}{N} = \frac{N - N_1}{N} = 1 - P$$

此外，全及指标还有总体方差 σ^2 和总体标准差 σ，它们都是测量总体标志值分散程度的指标。

$$\sigma^2=\frac{\sum(X-\bar{X})^2}{N}$$

$$\sigma=\sqrt{\frac{\sum(X-\bar{X})^2}{N}}$$

2. 抽样指标

由抽样总体各个标志值或标志特征计算的综合指标称为抽样指标。和全及指标相对应，还有抽样平均数 $\bar{x}$ 、抽样成数 p、样本标准差 S 和样本方差 S^2 等等。$\bar{x}$ 和 p 用小写英文字母表示，以示区别。

$$\bar{x}=\frac{\sum x}{n}$$

设样本 n 个单位中有 n_1 个单位具有某种属性，n_0 个单位不具有某种属性，$n_1+n_0=n$，p 为样本中具有某种属性的单位数所占的比重，q 为不具有某种属性的单位数所占的比重，则抽样成数为 $P=\frac{n_1}{n},q=\frac{n_0}{n}=\frac{n-n_1}{n}=1-p$ 。

样本的方差和样本标准差分别为

$$S^2=\frac{\sum(x-\bar{x})^2}{n},S=\sqrt{\frac{\sum(x-\bar{x})^2}{n}}$$

由于一个全及总体可以抽取许多个样本。样本不同，抽样指标的数值也就不同，所以抽样指标的数值不是唯一确定的。实际上抽样指标是样本变量的函数，它本身也是随机变量。

6.2.3 重复抽样与不重复抽样

如果对于一个问题，总体是唯一确定的，那么，样本就完全不是这样。一个总体可能抽取很多个样本。全部样本的可能数目，既和样本容量的大小有关，也和样本的抽取方法有关。

1. 重复抽样

重复抽样，又称有放回的抽样，是指从全及总体 N 个单位中随机抽取一个容量为 n 的样本，每次抽中的单位经登记其有关标志表现后又放回总体中重新参加下一次的抽选。每次从总体中抽取一个单位，可看作是一次试验，连续进行 n 次试验就构成了一个样本。因此，重置抽样的样本是经 n 次相互独立的连续试验形成的。每次试验均是在相同的条件下完全按照随机原则进行的。

一般来说，从总体 N 个个体中，随机重复抽取容量为 n 的子样，总共可以抽取 N^n 个子样。

【统计实例】

总体有A、B、C、D共4个单位，要从中以重复抽样的方法抽取2个单位构成样本。先从4个单位中抽取1个，共有4种抽取方法，结果登记后再放回，然后再从相同的4个中抽取1个，也有4种抽取方法，前后取2个构成一个样本，全部可能抽取的样本数目为 4×4=16 个，它们是AA、AB、AC、AD、BA、BB、BC、BD、CA、CB、CC、CD、DA、DB、DC、DD。

因此，重复抽样具有以下特点。

(1) 每次抽取样本是在完全相同的条件下进行的，有 n 个样本单位的样本由 n 次试验的结果构成。

(2) 每次的试验结果是独立的，即每次的试验结果与前次、后次的结果均无关。

(3) 总体中各单位有被重复抽中的可能，每次试验是在相同条件下进行的，每个单位在多次试验中被选中的概率是相同的。

2. 不重复抽样

不重复抽样，又称无放回的抽样，是指从全及总体 N 个单位中随机抽取一个容量为 n 的样本，每次抽中的单位登记其有关标志表现后不再放回总体中参加下一次的抽选。经过连续 n 次不重置抽选单位构成样本，实质上相当于一次性同时从总体中抽中 n 个单位构成样本。上一次的抽选结果会直接影响到下一次抽选，因此，不重置抽样的样本是经 n 次相互联系的连续试验形成的。

因此，不重复抽样具有以下特点。

1) 总体单位数在抽选过程中逐渐减少，包含 n 个样本单位由 n 次试验的结果构成，但由于每次抽取后不放回，所以实质上相当于从总体中同时抽取 n 个样本单位。

2) 总体中各单位被抽中的可能性前后不断变化，每次试验的结果不是独立的，上一次抽选的情况会影响下一次的抽选结果。

3) 总体中各单位没有被重复抽中的可能。

特别提示

在不重复抽样中，如果考虑顺序，其样本可能的数目为 $\frac{N!}{(N-n)!}$；如果不考虑顺序，其样本可能的数目为 $\frac{N!}{(N-n)!n!}$。不重复抽样比重复抽样的子样的数目可能要少得多。

6.2.4 抽样框与样本数

1. 抽样框

抽样框，又称抽样结构，是指对可以选择作为样本的总体单位列出名册或排序编号，以确定总体的抽样范围和结构。设计出抽样框后，便可采用抽签的方式或按照随机数表来抽选必要的单位数。若没有抽样框，则不能计算样本单位的概率，从而也就无法进行概率选样。

2. 样本数

样本数，又称样本的可能数目，是指从总体 N 个单位中随机抽选 n 个单位构成样本，通常有多种抽选方法，每一种抽选方法实际上是 n 个总体单位的一种排列组合，一种排列组合便构成一个可能的样本，n 个总体单位的排列组合总数，称为样本的可能数目。

6.2.5 关于抽样的组织形式

在实际应用中，抽样方法主要有两种：概率抽样和非概率抽样。

1. 概率抽样

这一方法是根据一个已知的概率选取被调查者，无须调查人员在选样中判断或抽选。从理论上讲，概率抽样是最理想、最科学的抽样方法，它能保证样本数据对总体参数的代表性，而且它能够将调查误差中的抽样误差限制在一定范围之内。但相对于非概率抽样来说，概率抽样也是花费较大的抽样方法。概率抽样有以下几种形式。

(1) 简单随机抽样(simple random sampling)，是最基本的抽样形式，它完全随机地选择样本。此法要求有一个完美的抽样框，或者总体中有一份个体的详尽名单，适用于总体规模不大，内部差异也不大的情况。

(2) 分层抽样(reduced sampling)，分两个步骤，首先将总体分成不同的“层”，然后在每一层内进行抽样。分层抽样可防止简单随机抽样造成的样本构成与总体构成不成比例的现象。

(3) 整群抽样(cluster sampling)，首先将全部总体分为若干部分，每一部分称为一个群，把每一群作为一个抽样单位，在群内进行抽样；然后，在被抽中的群中做全面调查。例如，在市场调查的入户调查中，可以对被选作抽样单位的某个大院的每家每户进行调查。

(4) 等距抽样，又称系统抽样(systematic sampling)，是在样本框中每隔一定距离抽选一个被调查者。这一方法也比较常用，有时还可与整群抽样法和分层抽样法结合使用。例如，可采用系统抽样法抽取选择“群”或个体，也可在某一“层”的范围内进行系统采样。

2. 非概率抽样

不是完全按随机原则选取样本。非概率抽样有如下三种形式。

(1) 主要是由调查人员自由选择被调查者的非随机选样。例如，在购物中心采访100位妇女，这100位被调查者可以随机选择。

(2) 通过某些条件过滤选择某些被调查者参与调查的判断抽样法。在许多情况下，由于研究对象可能仅限于一部分居民，因而有时采用这种方法能节省大量经费。

(3) 大多数种类的研究，如产品测试、街访、座谈会，只要不是属于要进行总体推论的大多数项目都可使用非概率抽样法。

6.2.6 抽样推断的理论基础

抽样推断的理论基础主要是概率论的极限定理中的大数定律与中心极限定理。

1. 大数定律

大数定律是指在随机试验中，每次出现的结果不同，但是大量重复试验出现的结果的平均值却几乎总是接近于某个确定的值。其原因是，在大量的观察试验中，受个别的、偶然的因素影响而产生的差异将会相互抵消，从而使现象的必然规律性显示出来。

【统计实例】

例如，观察个别或少数家庭的婴儿出生情况，发现有的生男，有的生女，没有一定的规律性，但是通过大量的观察就会发现，男婴和女婴占婴儿总数的比重均趋于50%。

大数定律有若干个表现形式。这里仅介绍其中常用的两个重要定律。

1）切比雪夫大数定律

设 x_1，x_2，…是一列两两相互独立的随机变量，服从同一分布，且存在有限的数学期望 a 和方差 σ^2，则对任意小的正数 ε，有

$$\lim_{n\to\infty}P\left(\left|\frac{\sum x_i}{n}-a<\varepsilon\right|\right)=1$$

该定律的含义：当 n 很大，服从同一分布的随机变量 x_1，x_2，…，x_n 的算术平均数 $\frac{\sum x_i}{n}$ 将依概率接近于这些随机变量的数学期望。

将该定律应用于抽样调查，就会有如下结论：随着样本容量 n 的增加，样本平均数将接近于总体平均数，从而为统计推断中依据样本平均数估计总体平均数提供了理论依据。

2）伯努利大数定律

设 μ_n 是 n 次独立试验中事件 A 发生的次数，且事件 A 在每次试验中发生的概率为 P，则对任意正数 ε，有

$$\lim_{n\to\infty}P\left(\left|\frac{u_n}{n}-p<\varepsilon\right|\right)=1$$

该定律是切比雪夫大数定律的特例，其含义是，当 n 足够大时，事件 A 出现的频率将几乎接近于其发生的概率，即频率的稳定性。

在抽样调查中，用样本成数去估计总体成数，其理论依据即在于此。

2. 中心极限定理

大数定律揭示了大量随机变量的平均结果，但没有涉及随机变量分布的问题。而中心极限定理说明的是在一定条件下，大量独立随机变量的平均数是以正态分布为极限的。中心极限定理也有若干个表现形式，这里仅介绍其中四个常用定理。

1）辛钦中心极限定理

设随机变量 x_1，x_2，…，x_n 相互独立，服从同一分布且有有限的数学期望 a 和方差 σ^2，则随机变量 $\bar{x}=\frac{\sum x_i}{n}$，在 n 无限增大时，服从参数为 a 和 $\frac{\sigma^2}{n}$ 的正态分布即 $n\to\infty$ 时，$\bar{x}\sim N(a,\frac{\sigma^2}{n})$ 。

将该定理应用到抽样调查，就有这样一个结论：如果抽样总体的数学期望 a 和方差 σ^2 是有限的，无论总体服从什么分布，从中抽取容量为 n 的样本时，只要 n 足够大，其样本平均数的分布就趋于数学期望为 a，方差为 $\frac{\sigma^2}{n}$ 的正态分布。

2）德莫佛-拉普拉斯中心极限定理

设 μ_n 是 n 次独立试验中事件 A 发生的次数，事件 A 在每次试验中发生的概率为 P，则当 n 无限大时，频率 $\frac{\mu_n}{n}$ 趋于服从参数为 p，$\frac{p(1-p)}{n}$ 的正态分布。即 $\frac{\mu_n}{n}\sim N[p,\frac{p(1-p)}{n}]$

该定理是辛钦中心极限定理的特例。在抽样调查中，不论总体服从什么分布，只要 n 充分大，那么频率就近似服从正态分布。

3）李亚普洛夫中心极限定理

设 x_1，x_2，…，x_n，…是一个相互独立的随机变量序列，它们具有有限的数学期望和方

差：$a_k = E(X_k), b_k^2 = D(X_k)(k = 1,2,\cdots,n,\cdots)$ 。

记 $B_n^2 = \sum_{k=1}^{n} b_k^2$ ，如果能选择一个正数 $\delta \geqslant 0$，使当 $n \to \infty$ 时，$\frac{1}{B_n^2 + \delta}\sum_{k=1}^{n} E\left| x_k - a_k \right|^{(2+\delta)} \to 0$，则对任意的 x 有 $P\left\{\frac{1}{B_n}\sum_{k=1}^{n}(x_k - a_k) < x\right\} \to \frac{1}{\sqrt{2\pi}}\int_{-\infty}^{x} e^{-\frac{t^2}{2}} dt$

该定理的含义：如果一个量是由大量相互独立的随机因素影响所造成的，而每一个个别因素在总影响中所起的作用不很大，则这个量服从或近似服从正态分布。

4）林德贝尔格定理

设 x_1，x_2，…，x_n，…是一个相对独立的随机变量序列，它们具有有限的数学期望和方差 $a_k = E(x_k)$，$b_k^2 = D(x_k)$ 满足林德贝尔格条件，则当 $n \to \infty$ 时，对任意的 x，有 $\lim_{n \to \infty} P\left\{\frac{1}{B_n}\sum_{k=1}^{n}(x_k - a_k) < x\right\} \to \frac{1}{\sqrt{2\pi}}\int_{-\infty}^{x} e^{-\frac{t^2}{2}} dt$ 。

6.3 抽样误差

6.3.1 抽样误差的概念与种类

1. 抽样误差的概念

当总体指标未知时，往往要安排一次抽样调查，然后用抽样调查所获得的抽样指标的观察值作为总体指标的估计值。这种处理方法是存在一定误差的，把抽样指标与所要估计的总体指标之间的差值称为抽样误差。抽样误差的大小能够说明用抽样指标估计总体指标是否可行，抽样效果是否理想等调查性问题。常见的抽样误差：抽样平均数与总体平均数之差 $(\bar{x} - \bar{X})$，抽样成数与总体成数之差 $(p - P)$。

【统计实例】

某年级 100 名同学的平均体重 $\bar{X}$ = 55 千克，现随机地抽取 10 名同学为样本，其平均体重 $\bar{x}$ = 52 千克。若用 52 千克估计 55 千克，则误差为 52 − 55 = −3 千克，如果重新抽 10 名同学，若测得 $\bar{x}$ = 57 千克，则其误差为 2 千克。这种只抽取部分样本而产生的误差，都被称为抽样误差。

不难看出，抽样误差，又称偶然的代表性误差。它是指在没有登记性误差的前提下，又遵循随机原则所产生的误差。因为即使遵守了随机原则，但由于偶然抽取的样本结构与总体的结构发生偏差，也会出现或大或小的偶然的代表性误差。它不是由于调查失误所引起的，而是随机抽样所特有的误差。抽样误差既是一种随机性误差，也是一种代表性误差。说其是代表性误差，是因为利用总体的部分资料推算总体时，不论样本选取有多么公正，设计多么完善，总还是一部分单位而不是所有单位，产生误差是无法避免的。所谓随机性误差，是指按随机性原则抽样时，由于抽样的不同，会得到不同的抽样指标值，由此产生的误差值各不相同。抽样误差中的代表性误差是抽样调查本身所固有的、无法避免的误差，但随机性误差则可利用大数定律精确地计算并能够通过抽样设计程序加以控制。

抽样误差不包括下面两类误差：一类是登记性误差，即在统计调查时，由于主观原因在登记、汇总、计算、过录中所产生的误差。登记性误差不论全面调查或非全面调查都可能产生；另一类是系统性误差，也是一种代表性误差，又称偏差，它是由于抽样调查没有遵循随机原则而产生的误差。即违反抽样调查的随机原则，有意地抽取较好或较差的单位进行调查，这种系统性原因造成的样本不足所产生的误差称为系统性误差。系统性误差和登记性误差都是不应当发生的，是可以而且应该采取措施避免发生或将其减小到最小限度。这两类误差都属于思想、作风、技术等问题，所以是可以防止和避免的。

2. 抽样误差的种类

抽样误差包括抽样实际误差和抽样平均误差两种。

1）抽样实际误差

抽样实际误差是指某一样本指标与被它估计的总体指标之间数值的差异，即 $|\bar{x}-\bar{X}|$ 、$|p-P|$ 。对于确定的全及总体来说，总体指标数值是确定的值，由于样本是按随机原则抽选的，从同一总体抽取样本容量相同的样本可以有多种不同的抽取方法，每个样本都有自己的样本指标，因此抽样实际误差不是一个确定的值。

2）抽样平均误差

抽样平均误差是指所有可能出现的样本指标的标准差，也即所有可能出现的样本指标和总体指标的平均离差。

特别提示

抽样的实际误差是无法知道的，而抽样的平均误差是可以计算的。

- 统计调查误差
  - 登记性误差
  - 代表性误差
    - 系统性误差(偏差)
    - 随机误差(偶然的代表性误差)→抽样误差
      - 抽样实际误差
      - 抽样平均误差

6.3.2 影响抽样误差的因素

1）抽样单位数的多少

由于总体内各元素之间总存在着差异，在其他条件不变的情况下，大量观察总比小量观察易于发现总体规律或特征，因此样本容量越大越能代表总体特征，抽样误差就越小。反之，样本容量越小，抽样误差就可能越大。

2）总体各单位标志值的差异程度

总体内各单位标志的差异程度愈小，或总体的标准差愈小，在其他条件给定的情况下，抽样误差就愈小。反之，抽样误差就愈大。

3）抽样方法

抽样方法不同，抽样误差也不同。一般说来，重复抽样的误差比不重复抽样的误差要大。

4）抽样的组织形式

选择不同的抽样组织形式，也会有不同的抽样误差。

6.3.3 抽样平均误差

一个总体可能抽取很多个样本，因此样本指标(样本平均数、样本成数等)就有不同的数值，它们与总体指标(总体平均数、总体成数等)的离差(即抽样误差)也就不同。抽样平均误差就是反映抽样误差一般水平的指标，通常用样本平均数(或样本成数)的标准差来表示。

1. 样本平均数的平均误差

以 μ_x 表示样本平均数的平均误差，σ 表示总体的标准差。根据定义，有

$$\mu_x^2 = E(\bar{x} - \bar{X})^2$$

1) 重复抽样下抽样平均误差的计算

当抽样方式为重复抽样时，样本标志值 x_1，x_2，…，x_n 是相互独立的，样本变量 x 与总体变量 X 同分布。所以得

$$\mu_x^2 = \frac{\sigma^2}{n} \tag{6-1}$$

说明在重复抽样的条件下，抽样平均误差与总体标准差成正比，与样本容量的平方根成反比。

【例 6.1】设有 4 个工人，其每月产量分别为 70、90、130、150。这一总体的平均工资 $\bar{X}$ 和工资标准差 σ 为

$$\bar{X} = \frac{\sum X}{N} = \frac{70+90+130+150}{4} = 110$$

$$\sigma = \sqrt{\frac{\sum (x-\bar{X})^2}{N}} = \sqrt{\frac{(70-110)^2+(90-110)^2+(130-110)^2+(150-110)^2}{4}} = 31.62$$

现在用重复抽样的方法，从 4 人的产量中抽取 2 人构成样本，并求样本的平均产量，用以代表 4 人总体的平均产量水平。所有可能的样本以及各样本的平均产量见表 6-1。

表 6-1 全及指标方差计算表

序号	样本变量 (x)	样本平均数 $(\bar{x})$	平均数离差 $[\bar{x}-E(\bar{x})]$	离差平方 $[\bar{x}-E(\bar{x})]^2$
1	70 70	70	−40	1 600
2	70 90	80	−30	900
3	70 130	100	−10	100
4	70 150	110	0	0
5	90 70	80	−30	900
6	90 90	90	−20	400
7	90 130	110	0	0
8	90 150	120	10	100
9	130 70	100	−10	100
10	130 90	110	0	0
11	130 130	130	20	400

续表

序号	样本变量 (x)	样本平均数 ($\bar{x}$)	平均数离差 $[\bar{x}-E(\bar{x})]$	离差平方 $[\bar{x}-E(\bar{x})]^2$
12	130　150	140	30	900
13	150　70	110	0	0
14	150　90	120	10	100
15	150　130	140	30	900
16	150　150	150	40	1 600
合计	—	1 760	0	8 000

样本平均数的平均数 $E(\bar{x})=\dfrac{\sum \bar{x}}{M}=\dfrac{1\ 760}{16}=110$（件）

抽样平均误差 $\mu_{\bar{x}}=\sqrt{\dfrac{\sum(\bar{x}-\bar{X})^2}{M}}\approx 22.36$（件）

直接按重复抽样误差公式计算抽样平均误差 $\mu_{\bar{x}}$，

$$\mu_{\bar{x}}=\frac{\sigma}{\sqrt{n}}=\frac{31.62}{\sqrt{2}}=22.36\text{（件）}$$

所得结果与由定义计算的抽样平均误差完全相同。

从以上计算过程中可以看出几个基本关系。

(1) 样本平均数的平均数 $E(\bar{x})$ 等于总体平均数 $\bar{X}$。因而抽样平均误差的实质就是抽样平均数的标准差，所以也称为抽样标准误差。

(2) 抽样平均数的标准差(即抽样平均误差)比总体标准差小得多，仅为总体标准差的 $\dfrac{1}{\sqrt{n}}$。

(3) 可以通过选择样本单位数 n 来控制抽样平均误差。例如，将样本单位数扩大为原来的 4 倍，则平均误差就缩小一半；如果抽样平均误差允许增加一倍，则样本单位数只需要原来的 1/4。

2) 不重复抽样下抽样平均误差的计算

在不重复抽样的条件下，抽样平均数的平均误差不但和总体变异程度、样本容量有关，而且还要考虑总体单位数多少，它们的关系如下。

$$\mu_{\bar{x}}=\sqrt{\frac{\sigma^2}{n}\left(\frac{N-n}{N-1}\right)} \tag{6-2}$$

式中，N——总体单位数。

与重复抽样公式对比，可以知道不重复抽样误差等于重复抽样误差在开方内乘以修正因子 $\left(\dfrac{N-n}{N-1}\right)$。由于这个因子总是小于 1，因此不重复抽样误差总是小于重复抽样误差，但当总体单位数 N 很大时，这个因子就十分接近于 1，因而两种抽样的误差相差就很小。所以不重复抽样平均误差公式就可以近似地表示为

$$\mu_{\bar{x}}=\sqrt{\frac{\sigma^2}{n}\left(1-\frac{n}{N}\right)} \tag{6-3}$$

在一般情况下，总体单位数很大，抽样比例 $\frac{n}{N}$ 很小，则 $\sqrt{1-\frac{n}{N}}$ 接近于 1，因此，$\sqrt{\frac{\sigma^2}{n}\left(1-\frac{n}{N}\right)}$ 与 $\sqrt{\frac{\sigma^2}{n}}$ 的数值接近。在实际工作中，在没有掌握总体单位数的情况下或者总体单位数 N 很大时，一般均用重复抽样平均误差公式来计算不重复抽样的平均误差。

【例 6.2】仍以 4 个工人为例，月产量分别为 70、90、130、150 件。现用不重复抽样方法，随机抽取 2 个工人，并求其平均产量，所有可能的样本以及各样本的平均产量见表 6－2。

表 6－2　全及指标方差计算表

序号	样本变量 (x)	样本平均数 $(\bar{x})$	平均数离差 $[\bar{x}-E(\bar{x})]$	离差平方 $[\bar{x}-E(\bar{x})]^2$
1	70　90	80	－30	900
2	70　130	100	－10	100
3	70　150	110	0	0
4	90　70	80	－30	900
5	90　130	110	0	0
6	90　150	120	10	100
7	130　70	100	－10	100
8	130　90	110	0	0
9	130　150	140	30	900
10	150　70	110	0	0
11	150　90	120	10	100
12	150　130	140	30	900
合计	—	1 320	0	4 000

样本平均数的平均数 $E(\bar{x})=\frac{\sum\bar{x}}{M}=\frac{1\ 320}{12}=110$（件）

抽样平均误差 $\mu_{\bar{x}}=\sqrt{\frac{\sum(\bar{x}-\bar{X})^2}{M}}=\sqrt{\frac{4\ 000}{12}}\approx 18.26$

根据已经计算的总体平均数 $\bar{X}=110$，总体标准差 $\sigma=31.62$ 件，也可以按不重复抽样误差公式计算。

$$\mu_{\bar{x}}=\sqrt{\frac{\sigma^2}{n}\left(\frac{N-n}{N-1}\right)}=\sqrt{\frac{1\ 000}{2}\left(\frac{4-2}{4-1}\right)}\approx 18.26(\text{件})$$

两者计算结果完全相同。由此可见，在不重复抽样的条件下，抽样平均数的平均数 $E(\bar{x})$ 仍然等于总体平均数 $\bar{X}$，而它的抽样平均误差 18.26 件比重复抽样的平均误差 22.36 件小。

在计算抽样平均误差时，通常得不到总体标准差的数值，要用样本标准差 s 来代替总体标准差 σ。

2. 抽样成数的平均误差

在掌握抽样平均数的抽样平均误差公式的基础上，再来探求抽样成数的抽样平均误差公式是比较简便的。只需要将全及成数的标准差平方代替公式中的全及平均数的标准差的平方，就可以得到抽样成数的平均误差公式。

总体成数 P 可以表现为总体是非标志的平均数，即 $E(X)=P$，它的标准差 $\sigma=\sqrt{P(1-P)}$ 。

根据样本平均误差和总体标准差的关系，可以得到样本成数的平均误差的计算公式。

1）在重复抽样下

$$\mu_p=\frac{\sigma}{\sqrt{n}}=\sqrt{\frac{P(1-P)}{n}} \tag{6-4}$$

2）在不重复抽样下

$$\mu_p=\sqrt{\frac{\sigma^2}{n}\left(\frac{N-n}{N-1}\right)}=\sqrt{\frac{P(1-P)}{n}\left(\frac{N-n}{N-1}\right)} \tag{6-5}$$

当总体单位数 N 很大时，可近似地写成

$$\mu_p=\sqrt{\frac{P(1-P)}{n}\left(1-\frac{n}{N}\right)} \tag{6-6}$$

当总体成数未知时，可以用样本成数来代替。

【例 6.3】某灯泡厂对 10 000 个产品进行使用寿命检验，随机抽取 2%样本进行测试，资料见表 6-3。

表 6-3　抽样产品使用寿命资料表

使用时间/小时	抽查灯泡个数/个	组中值
900 以下	2	875
900～950	4	925
950～1 000	11	975
1 000～1 050	71	1 025
1 050～1 100	84	1 075
1 100～1 150	18	1 125
1 150～1 200	7	1 175
1 200 以上	3	1 225
合计	200	

按照质量规定，电灯泡使用寿命在 1 000 小时以上者为合格品，按以上资料计算抽样平均误差。

电灯泡的平均使用时间 $\bar{x}=\dfrac{\sum xf}{\sum f}=1\ 057$（小时）

电灯泡合格率 $p=\dfrac{183}{200}=91.5\%$

电灯泡平均使用时间标准差 $\sigma=\sqrt{\dfrac{\sum(x-\bar{x})^2}{n}}=53.63$（小时）

灯泡使用时间抽样平均误差：

① 重复抽样的平均误差 $\mu_x=\dfrac{\sigma}{\sqrt{n}}=\dfrac{53.63}{\sqrt{200}}\approx 3.79$(小时)

② 不重复抽样下的抽样平均误差

$$\mu_x=\sqrt{\frac{\sigma^2}{n}\left(1-\frac{n}{N}\right)}=\sqrt{\frac{53.63^2}{200}\left(1-\frac{200}{10\ 000}\right)}\approx 3.75(\text{小时})$$

灯泡合格率的抽样平均误差：

① 重复抽样下的抽样平均误差

$$\mu_p=\sqrt{\frac{p(1-p)}{n}}=\sqrt{\frac{0.915\times 0.085}{200}}\approx 1.97\%$$

② 不重复抽样下的抽样平均误差

$$\mu_p=\sqrt{\frac{p(1-p)}{n}\left(1-\frac{n}{N}\right)}=\sqrt{\frac{0.915\times 0.085}{200}\left(1-\frac{200}{10\ 000}\right)}\approx 1.95\%$$

【例 6.4】某企业生产的产品，按正常生产经验，合格率为 90%，现从 5 000 件产品中抽取 50 件进行检验，求合格率的抽样平均误差。

解：根据题意，在重复抽样条件下，合格率的抽样平均误差为

$$\mu_p=\sqrt{\frac{P(1-P)}{n}}=\sqrt{\frac{0.9\times 0.1}{50}}\approx 4.24\%$$

在不重复抽样条件下，合格率的抽样平均误差为

$$\mu_p=\sqrt{\frac{P(1-P)}{n}(1-\frac{n}{N})}=\sqrt{\frac{0.9\times 0.1}{50}(1-\frac{50}{5\ 000})}\approx 4.22\%$$

6.3.4 抽样极限误差

抽样极限误差，又称置信区间和抽样允许误差范围，是指在一定的保证程度(P)下保证样本指标与总体指标之间的抽样误差不超过某一给定的最大可能范围，记作 Δ 。作为样本的随机变量——抽样指标值($\bar{x}$ 或 p)，围绕以未知的唯一确定的全及指标真值($\bar{X}$ 或 P)为中心上下波动，它与全及指标值可能会产生正或负离差，这些离差均是抽样指标的随机变量，因而难以避免，只能将其控制在预先要求的误差范围(Δ_x 或 Δ_p)内。因此，

$$|\bar{x}-\bar{X}|\leqslant\Delta_x,|p-P|\leqslant\Delta_p$$

由于 Δ_x 和 Δ_p 是预先给定的抽样方案中所允许的误差范围，所以利用 Δ_x 和 Δ_p 可以反过来估计未知的全及指标的可能的取值范围。解上述两个绝对值不等式便可得：

$$\bar{x}-\Delta_x\leqslant\bar{X}\leqslant\bar{x}+\Delta_x \tag{6-7}$$

$$p-\Delta_p\leqslant P\leqslant p+\Delta_p \tag{6-8}$$

【例 6.5】要估计北京北站整车到达货物的平均运送时间。从交付的全部整车货票共 26 193 批中，用不重复抽样抽取 2 718 批货票。若允许的抽样极限误差 Δ_x =0.215 天，经计算知所抽取的每批货物平均运送时间为 $\bar{x}$ =5.64 天，那么北京北站整车到达货物的平均运送时间的区间估计为(5.64－0.125，5.64＋0.125)，即在 5.515～5.765 天。

【例 6.6】资料同上，若要估计北京北站整车到达货物的逾期运到率(报告期内超过规定货物运到期限运到的货物批数/货物的到达总批数)，从随机抽取的 2 718 批货票中，计算得

抽样逾期运到率为6.43%，所确定的抽样极限误差为$\Delta_p=0.642\%$，由此可得北京北站总体的逾期运到率的区间估计是(6.43%−0.642%，6.43%+0.642%)。

【例6.7】要估计某镇粮食亩产量和总产量水平，从8 000亩粮食作物中，用不重复抽样抽取400亩，求得平均亩产为700千克。如果确定抽样误差为5千克，这就要求某镇粮食亩产在700±5千克，即在695～705千克，而粮食总产量在8 000×(700±5)千克，即556万～564万千克。

【例6.8】要估计一批产品的合格率，从1 000件产品中抽取200件，其中有10件不合格品，如果确定抽样极限误差的范围为2%，试估计产品合格率的范围。

样本成数：p=190/200=95%

总体成数下限=95%−2%=93%

总体成数上限=95%+2%=97%

即该产品合格率在93%～97%。

特别提示

抽样平均误差表明抽样估计的准确度，抽样极限误差则表明抽样估计准确程度的范围；两者既有区别，又有联系。

6.3.5 抽样估计的概率度、精度和可靠程度

1. 抽样估计的概率度

抽样极限误差Δ是单个样本值与总体指标值之间的绝对离差，而抽样平均误差μ是所有可能样本值与总体指标值之间的平均离差，用抽样极限误差与抽样平均误差相比，从而使由单一样本值得到的抽样极限误差标准化，称为抽样标准极限误差，但通常称其为概率度(t)或相对误差范围。

$$t=\frac{\Delta_x}{\mu_x}=\frac{|\bar{x}-\bar{X}|}{\sigma/\sqrt{n}} \tag{6-9}$$

$$t=\frac{\Delta_p}{\mu_p}=\frac{|p-P|}{\sqrt{\frac{P(1-P)}{n}}} \tag{6-10}$$

由此可知，标准正态分布变量t服从标准正态概率分布。

2. 抽样估计的精度

为了比较不同现象总体的抽样误差程度，必须消除总体规模大小悬殊的影响，通常还需计算抽样误差系数，抽样误差系数记作Δ′，反映了抽样误差的相对程度。其公式为

$$\Delta'_x=\frac{\Delta_x}{\bar{x}} \qquad \Delta'_p=\frac{\Delta_p}{p}$$

则抽样估计精度(A)公式为

$$A_x=1-\Delta'_x \tag{6-11}$$

$$A_p=1-\Delta'_p \tag{6-12}$$

3. 抽样估计的可靠程度

1）抽样估计的可信度

抽样平均误差 μ 表明抽样估计的准确度；而抽样误差范围即抽样极限误差 Δ 表明抽样估计准确度的范围。在给定的准确度范围内，抽样估计还要求其估计的可靠程度，即可信度。抽样估计的可信度就是表明抽样指标和总体指标的误差不超过一定范围的概率保证程度。

基于可信度的概率估计要求，抽样极限误差通常需要以抽样平均误差 $\mu_{\bar{x}}$ 或 μ_p 为标准单位来衡量。把极限误差 $\Delta_{\bar{x}}$ 或 Δ_p 分别除以 $\mu_{\bar{x}}$ 或 μ_p 得相对数 t，表示误差范围为抽样平均误差的 t 倍。t 是测量估计可靠程度的一个参数，称为概率度。

对于抽样平均数：

$$t=\frac{\Delta_{\bar{x}}}{\mu_{\bar{x}}}=\frac{|\bar{x}-\bar{X}|}{\mu_{\bar{x}}} \tag{6-13}$$

因此，抽样平均数的抽样极限误差为

$$\Delta_{\bar{x}}=t\mu_{\bar{x}} \tag{6-14}$$

对于抽样成数：

$$t=\frac{\Delta_p}{\mu_p}=\frac{|p-P|}{\mu_p} \tag{6-15}$$

因此，抽样成数的抽样极限误差为

$$\Delta_p=t\mu_p \tag{6-16}$$

公式(6－16)的意义在于，在一定条件下，概率度 t 越大，则抽样误差范围越大，可能样本落在误差范围内的概率越大，从而抽样估计的可信度也就越高；反之，t 越小，则 Δ 越小，可能样本落在误差范围内的概率越小，从而抽样估计的可信度也就越低。

而估计区间又与抽样极限误差有关，在一定的抽样方式下，抽样极限误差又由概率度 t 决定。因而可靠程度与 t 之间是正比关系。

当总体很大时，要依靠列表来求抽样误差的置信度几乎是难以做到的。理论上已经证明，在样本单位数足够多（$n\geqslant 30$）的条件下，抽样平均数是以总体平均数为中心，两边完全对称分布，就是说抽样平均数的正误差和负误差的可能性是完全相等的。而且抽样平均数愈接近总体平均数，出现的可能性愈大，概率愈大。反之，抽样平均数愈离开总体平均数，出现的可能性愈小，概率愈小，而趋于0。正态分布见图6－1。

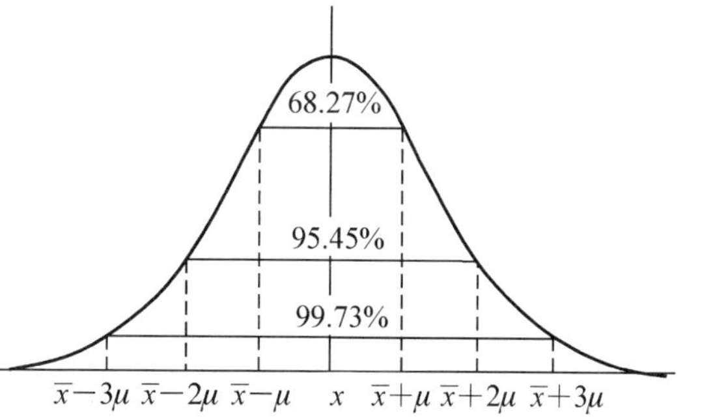

图6－1 正态分布

2）置信区间

置信区间的测定总是在一定的概率保证程度下进行的，因为既然抽样误差是一个随机变量，就不能指望抽样指标落在置信区间内成为必然事件，只能视为一个可能事件，这样就必定要用一定的概率来给予保证。抽样误差的可能范围是估计的准确性问题，而保证抽样指标落在抽样误差的可能范围之内则是估计的可靠性问题。所以抽样估计的可靠程度又称置信度。具体地说，置信区间是以一定的概率保证程度确定总体指标所在的区间。置信度是总体指标落在某个区间的概率保证程度。

抽样估计的可靠程度即概率，用 P 表示，P 是 t 的函数。而 $p=F(t)$ 表明概率分布是概率度 t 的函数。确定抽样估计的可靠程度，就是要确定抽样平均数($\bar{x}$)或抽样成数(p)落在置信区间($\bar{x}-\Delta_x,\bar{x}+\Delta_x$)或($P-\Delta_p,P+\Delta_p$)中的概率 P。$F(t)$的函数形式为

$$P(|\bar{x}-\bar{X}\leqslant t\mu_x|)=F(t) \qquad (6-17)$$

$$P(|p-P\leqslant t\mu_p|)=F(t) \qquad (6-18)$$

由此可知，t 增大，Δ 也增大，即 $t\mu$ 增大，这表明所要求的误差范围增大，说明从总体中随机抽取一个样本，其样本值落在这个较大的置信区间内的可能性或把握性 P 愈大；反之，t 减小，Δ 也减小，即 $t\mu$ 减小，这表明所要求的误差范围减小，说明从总体中随机抽取一个样本，其样本值落在这个较小的置信区间内的可能性或把握性愈小（表 6－4)。

表 6－4　概率度 t 与概率 $F(t)$ 对照表

概率度 t	误差范围(Δ)	概率 $F(t)$	概率度 t	误差范围(Δ)	概率 $F(t)$
0.5	0.5 μ	0.382 9	1.96	1.96 μ	0.950 0
1.00	1.00 μ	0.682 7	2.00	2.00 μ	0.954 5
1.50	1.50 μ	0.866 4	3.00	3.00 μ	0.997 3

注：若概率为 0.95，查表得 $t=1.96$。

应用标准正态分布概率表，可以得出抽样指标落在置信区间内的置信度。

$$F(1)=P\{|\bar{x}-\bar{X}|\leqslant 1\mu_{\bar{x}}\}=68.27\%$$

$$F(2)=P\{|\bar{x}-\bar{X}|\leqslant 2\mu_{\bar{x}}\}=95.45\%$$

$$F(3)=P\{|\bar{x}-\bar{X}|\leqslant 3\mu_{\bar{x}}\}=99.73\%$$

下面将常用的概率保证程度即概率面积与对应的概率度列入表 6－5 中。

表 6－5　常用概率面积、概率度对应表

概率面积 $F(t)$	概率度 t	概率面积 $F(t)$	概率度 t
0.682 7	1.00	0.954 5	2.00
0.799 5	1.28	0.99	2.58
0.866 4	1.50	0.997 3	3.00
0.90	1.64	0.999 94	4.00
0.950 0	1.96	0.999 999	5.00

6.4 参数估计

参数估计就是指通过对样本各单位的实际观察取得样本数据，计算样本统计量的值并将其作为被估计参数的估计值。总体参数估计有点估计和区间估计两种。

6.4.1　总体参数的点估计

点估计也称定值估计，它是以抽样得到的样本指标作为总体指标的估计量，并以样本指

标的实际值直接作为总体未知参数的估计值的一种推断方法。点估计的方法有矩估计法、顺序统计量法、最大似然法、最小二乘法等。这里仅介绍最为简单、直观又常用的矩估计法。

1. 矩估计法

在统计学中，矩是指以期望为基础而定义的数字特征，一般分为原点矩和中心矩。

设 X 为随机变量，对任意正整数 k，称 $E(X^k)$为随机变量 X 的 k 阶原点矩，记为

$$m_k = E(X^k)$$

当 $k=1$ 时，

$$m_1 = E(X) = \mu \tag{6-19}$$

可见一阶原点矩为随机变量 X 的数学期望。

我们把 $C_k = E\,[X - E(X)]^k$称为以 $E(X)$为中心的 k 阶中心矩。

显然，当 $k=2$ 时，

$$C_2 = E\,[X - E(X)]^2 = \sigma^2 \tag{6-20}$$

可见二阶中心矩为随机变量 X 的方差。

【例 6.9】已知某种灯泡的寿命 $X \sim N(\mu,\ \sigma^2)$，其中，μ，σ^2 都是未知的，今随机取得 4 只灯泡，测得寿命(单位：小时)为 1 502、1 453、1 367、1 650，试估计 μ 和 σ 。

解：因为 μ 是全体灯泡的平均寿命，$\bar{x}$ 为样本的平均寿命，很自然地会想到用 $\bar{x}$ 去估计 μ；同理用 S 去估计 σ 。由于

$$\bar{x} = \frac{1}{4}(1\,502 + 1\,453 + 1\,367 + 1\,650) = 1\,493$$

$$S^2 = \frac{(1\,502 - 1\,493)^2 + (1\,453 - 1\,493)^2 + (1\,367 - 1\,493)^2 + (1\,650 - 1\,493)^2}{4-1} = 14\,068.7$$

$$S \approx 118.61$$

故 μ 及 σ 的估计值分别为 1 493 小时及 118.61 小时。

矩估计法简便、直观，比较常用，但是矩估计法也有其局限性。首先，它要求总体的 k 阶原点矩存在，若不存在则无法估计；其次，矩估计法不能充分地利用估计时已掌握的有关总体分布形式的信息。

2. 估计量及其评选标准

通常设 θ 为总体 X 的待估计参数，一般用样本 X_1，X_2，…，X_n 构成一个统计量 $\hat{\theta} = \hat{\theta}(X_1, X_2, \cdots, X_n)$ 来估计 θ，则称 $\hat{\theta}$ 为 θ 的估计量。对于样本的一组数值 x_1，x_2，…，x_n，估计量 $\hat{\theta}$ 的值 $\theta\hat{\theta}$ $(x_1,\ x_2,\ \cdots,\ x_n)$称 θ 的估计值。于是点估计即是寻求一个作为待估计参数 θ 的估计量 $\hat{\theta}$ $(x_1,\ x_2,\ \cdots,\ x_n)$的问题。但是必须注意，对于样本的不同数值，估计值是不相同的。

在例 6.9 中，分别用样本平均数和样本修正方差来估计总体数学期望和总体均方差，即有

$$\hat{\mu} = \hat{\mu}(X_1, X_2, \cdots, X_n) = \frac{1}{n}\sum_{i=1}^{n} X_i = \bar{X} \tag{6-21}$$

$$\hat{\sigma} = \hat{\sigma}(X_1, X_2, \cdots, X_n) = \sqrt{\frac{\sum_{i=1}^{n}(X_i - \bar{X})^2}{n-1}} = S \tag{6-22}$$

其对应于给定的估计值 $\mu=\bar{x}=1\ 493$ 小时，$\hat{\sigma}=S=118.61$ 小时。

样本统计量，如样本均值 $\bar{X}$，样本标准差 S，样本成数如何用于对相应总体参数 μ、σ 和 p 的点估计值。直观上，这些样本统计量对相应总体参数的点估计值是很有吸引力的。然而，在用一个样本统计量作为点估计量之前，统计学应检验说明这些样本统计量是否具有某些与优良的点估计量相联系的性质。本节讨论优良的点估计量的性质：无偏性、有效性和一致性。

由于有许多不同的样本统计量用作总体不同参数的点估计量，本节采用如下的一般记号。

θ——所感兴趣的总体参数；

$\hat{\theta}$ ——样本统计量或 θ 的点估计量。

θ 代表一总体的参数，如总体均值、总体标准差和总体比率等；$\hat{\theta}$ 代表相应的样本统计量，如样本均值、样本标准差和样本比率。

估计总体参数，未必只能用一个统计量，也可以用其他统计量，如估计总体平均数，可以用样本平均数，也可以用样本中位数、众数等。以哪一种统计量作为总体参数的估计量才是最优的，即评价统计量是否优良估计的标准的问题。

作为优良估计应该符合以下四个标准。

1）无偏性

无偏性，即样本统计量的期望值(平均数)等于被估计的总体参数。也就是说，虽然每一次抽样，所计算的统计量和总体参数的真值可能有误差，误差可正可负、可大可小；但在多次反复的估计中，所有样本统计量取值的平均数应该等于总体参数本身。即样本统计量的估计，平均来说是没有偏差的。

如果样本统计量的数学期望等于所估计的总体参数的值，该样本统计量称为总体参数的无偏估计量。无偏性的定义如下。

如果 $E(\hat{\theta})=\theta$ 则称样本统计量 $\hat{\theta}$ 是总体参数 θ 的无偏估计，$E(\hat{\theta})$ 为样本统计量 $\hat{\theta}$ 的数学期望。

因此，样本无偏估计量的所有可能值的期望值或均值等于被估计的总体参数。

在 6.3 节的例子中，已经证明，样本平均数的期望值等于总体平均数，样本成数的期望值等于总体成数。即

$$E(\bar{x}) = \bar{X}$$
$$E(p) = P$$

这说明以样本平均数作为总体平均数的估计量，以样本成数作为总体成数的估计量，是符合无偏性原则的。

2）一致性

一致性，即当样本的单位数充分大时，样本统计量也充分靠近总体参数。就是说，随着样本单位数 n 的无限增加，样本统计量和被估计的总体参数之差的绝对值小于任意小的数，它的可能性也趋近于必然性，或者说实际上是几乎肯定的。换言之，大样本比小样本趋于接进一个更好的点估计。注意到对样本均值 $\bar{x}$，标准差 $\sigma_{\bar{x}}=\dfrac{\sigma}{\sqrt{n}}$。由于 $\sigma_{\bar{x}}$ 与样本容量相关，较大的样本容量得到的 $\sigma_{\bar{x}}$ 的值较小，得出大样本容量趋于点估计更接近于总体均值 μ。在这个意义上，可以说样本均值是总体均值 μ 的一个一致估计量。

从抽样误差的影响中可以看出，在其他因素不变的情况下，抽样误差与样本单位数 n 的平方根成反比变化，样本单位数愈多则误差就愈小，当样本单位数接近于总体单位数时，抽样误差也就接近于零。也就是说，样本统计量作为总体参数的估计量是符合一致性原则的，即

$$\lim_{n\to\infty} P\{|\bar{x}-\bar{X}|<\varepsilon\}=1$$
$$\lim_{n\to\infty} P\{|p-P|<\varepsilon\}=1$$

式中，ε——任意小的数。

3）有效性

有效性，即作为优良估计量的方差应该比其他估计量的方差小。例如，用样本平均数或用总体某一变量值来估计总体平均数，虽然两者都是无偏的，而且在每一次估计中，两种估计量和总体平均数都可能有离差，但是样本平均数更靠近于总体平均数，平均来说其离差比较小。所以对比说来，样本平均数是更为有效的估计量，即

$$\sigma^2(\bar{x})<\sigma^2(x)$$

4）充分性

如果一个估计量能够带来样本中大量有用的信息，而且没有别的估计量能够为估计总体参数提供来自样本的更多信息，那么这个估计量就是充分的估计量。

特别提示

不是所有估计量都符合以上标准。可以说完全符合以上标准的估计量要比不符合或不完全符合以上标准的估计量更为优良。例如，在正态分布的情况下，总体平均数和中位数是重合在一起的，样本平均数是总体中位数的无偏估计量和一致估计量，而且样本平均数比样本中位数作为总体中位数的估计量也更有效，因为样本平均数的方差比样本中位数的方差更小。在正态分布的情况下，样本中位数是总体平均数的无偏估计量和一致估计量。但对比样本平均数却不是更有效和充分的估计量，因为它的方差比样本平均数的方差大，当然样本中位数也不是总体中位数的有效估计量。

这里介绍优良估计的标准，是为了使初学者了解统计学家在选择估计量时所应遵循的准则。

总体参数点估计的方法简便、易行。但由于在实际抽样调查中一次只是随机抽取一个样本，导致估计值会因样本的不同而不同，甚至产生很大的差异。所以，点估计是一种简单的估计或推断，其缺点是既没有解决参数估计的精确问题，也没有考虑估计的可靠性程度，只有区间估计才能解决这两个问题。不过，由于点估计直观、简单，对于那些要求不太高的判断和分析，可以使用此种方法。

6.4.2 总体参数的区间估计

区间估计就是以一定的概率保证估计包含总体参数的一个值域，即根据样本指标和抽样平均误差推断总体指标的可能范围。它包括两部分内容：一是这一可能范围的大小；二是总体指标落在这个可能范围内的概率。区间估计既明确了估计结果的准确程度，又同时表明这个估计结果的可靠程度，所以区间估计是比较科学的。

区间估计必须同时具备三个要素：估计值、抽样误差范围和概率保证程度。抽样误差范围决定抽样估计的准确性，概率保证程度决定抽样估计的可靠性，二者密切联系，但同时又是一对矛盾，所以，对估计的精确度和可靠性的要求应慎重考虑。

在实际抽样调查中，区间估计根据给定的条件不同，有两种估计方法：①给定极限误差，要求对总体指标做出区间估计；②给定概率保证程度，要求对总体指标做出区间估计。

总体参数的区间估计不是直接给出总体参数的估计值，而是利用实际样本资料，构造出一个置信区间，用这个区间来表明总体参数可能存在的范围，同时给出这个估计相应的概率保证程度(置信度)。

用公式表示为

$$\bar{x}-\Delta_{\bar{x}}<\bar{X}<\bar{x}+\Delta_{\bar{x}} \tag{6-23}$$

$$p-\Delta_p<P<p+\Delta_p \tag{6-24}$$

式中，$(\bar{x}+\Delta_{\bar{x}})$，$(\bar{x}-\Delta_{\bar{x}})$——总体平均数区间的上限与下限；

$(p+\Delta_p)$，$(p-\Delta_p)$——总体成数的上限与下限。

$\bar{X}$、P 分别表示被估计的总体参数在区间 $\{\bar{x}-\Delta_{\bar{x}},\bar{x}+\Delta_{\bar{x}}\}$ 和 $\{p-\Delta_p, p+\Delta_p\}$ 内的概率为 $1-\alpha$，即：

$$P\{\bar{x}-\Delta_{\bar{x}}<\bar{X}<\bar{x}+\Delta_{\bar{x}}\}=1-\alpha \tag{6-25}$$

$$P\{p-\Delta_p<P<p+\Delta_p\}=1-\alpha \tag{6-26}$$

于是称 $\{\bar{x}-\Delta_{\bar{x}},\bar{x}+\Delta_{\bar{x}}\}$ 和 $\{p-\Delta_p,p+\Delta_p\}$ 为置信区间。所谓置信区间就是联系一定概率保证程度确定的区间，显示了区间估计的精确性。$1-\alpha$ 为置信度或概率，表示区间估计的可靠程度。例如，$1-\alpha=0.95$，说明有95%的可能总体参数包括在置信区间内。而不包括在这个区间的概率为 $\alpha=5\%$，称显著性水平。

由上可见，科学的区间估计方法要具备三个基本要素。

(1) 要有合适的统计量作为估计量。

(2) 要有合理的允许误差范围。允许误差范围又称抽样极限误差，指样本统计量与被估计总体参数离差的绝对值可允许变动的上限和下限。由于统计量本身也是随机变量，所以要使所做的估计完全没有误差是难以实现的，但估计误差也不能太大，估计误差如果超过了一定限度，参数估计本身也就会失去价值。误差范围愈小表明抽样估计的准确度愈高，反之，就表明准确度愈低。

(3) 要有可靠的概率保证程度。估计的概率保证程度又称估计的置信度，它涉及估计的可靠性问题。由于随机抽样，统计量是随机变量，估计值所确定的估计区间也是随机的，在实际抽样中并不能保证被估计的参数真值都落在允许误差的范围内。这就是估计的可信度问题。如果一种估计的可信度很低，就意味着所冒的风险很大，这种估计就没有什么价值。

由于参数的允许范围涉及估计的准确性问题，而相应的概率保证程度(置信度)涉及估计的可靠性问题。在做估计时，人们常常希望准确性尽可能高，而可靠性也不能小，但是这两个要求是矛盾的。在样本单位数不变的条件下，要想缩小估计区间，提高估计的准确性，势必要减小置信度，降低估计的可靠性。同样，提高估计的可靠性，也必然要降低估计的准确性。

因此，在抽样估计的时候，只能对其中的一个要素提出要求，而推断另一个要素的变动情况。例如，对估计的准确性提出要求，即要求误差范围不超过给定的标准，来推算估计的可靠性，也即概率保证程度；或对估计的可靠性提出要求，即要求给定的概率保证程度，来推算抽样的误差范围。若所推算的另一要素(抽样误差范围或概率保证程度)不能满足实际工作的需要，就应该增加样本单位，改善抽样组织方式，重新进行抽样，直到符合要求为止。

所以总体参数的区间估计根据所给定条件的不同，有两种估计方法。

1. 根据给定的抽样误差范围，估计概率保证程度

根据给定的抽样误差范围 Δ，估计其概率保证程度 $F(t)$的具体步骤如下。

第一步，抽取样本，根据样本单位标志值计算样本指标，如计算样本平均数或样本成数，作为总体指标的相应估计值。并计算样本标准差以推算抽样平均误差。

第二步，根据给定的抽样极限误差范围，估计出总体指标(平均数或成数)的下限和上限。

第三步，用给定的抽样极限误差除以抽样平均误差，求出概率度 t 值，再根据 t 值查“正态分布概率表”，求出相应的概率保证程度 $F(t)$。并对总体参数作区间估计。

这种估计方法分为总体平均数的估计和总体成数的估计两种形式。

1）总体平均数的估计

【例 6.10】某城市进行居民家计调查，随机抽取 400 个居民户，调查得到年平均每户文化用品消费支出为 900 元，标准差为 200 元。要求抽样极限误差不超过 20 元，试对该市居民年平均每户文化用品消费支出情况做出估计。

第一步，抽取样本，计算样本平均数和标准差，并计算抽样平均误差。

$$\bar{x}=900\text{ 元},S=200\text{ 元}$$

$$\mu_{\bar{x}}=\frac{\sigma}{\sqrt{n}}=\frac{200}{\sqrt{400}}=10(\text{元})$$

在这里总体标准差是用样本标准差来代替的。以下例子相同。

第二步，根据给定的误差范围，计算该市居民户年均文化用品消费的范围。

$$\text{下限}=\bar{x}-\Delta_{\bar{x}}=900-20=880(\text{元})$$

$$\text{上限}=\bar{x}+\Delta_{\bar{x}}=900+20=920(\text{元})$$

第三步，计算概率度，并查表估计出置信度。

$$t=\frac{\Delta_{\bar{x}}}{\mu_{\bar{x}}}=\frac{20}{10}=2$$

$$F(t)=0.954\ 5$$

在 95.45%的概率保证程度下，该市居民户年均文化用品消费支出在 880～920 元。

2）总体成数的估计

【例 6.11】对某市居民户独立拥有厨卫设施情况进行调查，随机抽取 900 居民户，其中有 675 户居民拥有独立的厨卫设施。要求抽样极限误差范围不超过 2.73%，试对该市居民户独立拥有厨卫设施的比重进行估计。

第一步，抽取样本，计算样本成数和标准差，并推算抽样平均误差。

$$p=\frac{675}{900}=75\%$$

$$\sigma_p=\sqrt{p(1-p)}=\sqrt{0.75\times0.25}\approx0.43$$

$$\mu_p=\sqrt{\frac{p(1-p)}{n}}=\sqrt{\frac{0.75\times0.25}{900}}\approx1.4\%$$

第二步，根据给定的误差范围，计算总体成数的上下限。

$$下限 = p-\Delta_p = 75\%-2.73\% = 72.27\%$$

$$上限 = p+\Delta_p = 75\%+2.73\% = 77.73\%$$

第三步，计算概率度，并查表估计出置信度。

$$t = \frac{\Delta_p}{\mu_p} = \frac{2.73\%}{1.4\%} = 1.95$$

$$F(t) = 0.95$$

在95%的概率保证程度下，估计该市居民户拥有独立厨卫设施的比重在72.27%～77.73%。

2. 根据置信度的要求，估计总体指标出现的可能范围

根据置信度的要求，估计总体指标出现的可能范围的具体步骤如下。

(1) 抽取样本，根据样本单位标志值计算样本指标，如计算样本平均数或样本成数，作为总体指标的相应估计值。并计算样本标准差用以推算抽样平均误差。

(2) 根据给定的置信度 $F(t)$ 的要求，查"正态分布概率表"，求得概率度 t 值。

(3) 根据概率度和抽样平均误差来推算抽样极限误差的可能范围，并据以计算被估计总体指标的上下限，对总体参数作区间估计。

这种估计方法也分为总体平均数的估计和总体成数的估计两种形式。

1) 总体平均数的估计

【例6.12】某外贸公司出口一种茶叶，规定每包规格不低于150克，现在用不重复抽样的方法抽取其中1%进行检验。测得结果见表6-6，要求以99.73%的概率估计这批茶叶平均每包的重量范围，以便确定平均重量是否达到规格要求。

表6-6 某外贸公司出口茶叶抽样资料

每包重量/克	组中值	包数
148～149	148.5	10
149～150	149.5	20
150～151	150.5	50
151～152	151.5	20
合计	—	100

第一步，根据样本资料计算样本平均数和标准差，并推算抽样平均误差。

$$\bar{x} = \frac{\sum xf}{\sum f} = \frac{153\ 030}{100} = 1\ 530.3(克)$$

$$S = \sqrt{\frac{\sum (x-\bar{x})^2 f}{\sum f}} = \sqrt{\frac{76}{100}} \approx 0.872(克)$$

$$\mu_{\bar{x}} = \sqrt{\frac{\sigma^2}{n}\left(1-\frac{n}{N}\right)} = \sqrt{\frac{(0.872)^2}{100}}(1-1\%) \approx 0.086\ 8(克)$$

第二步，根据给定的置信度 $F(t)=0.997\ 3$，查表得概率度 $t=3$。

第三步，根据概率度和抽样平均误差计算抽样极限误差，并估计总体平均数的上下限，

判断其是否达到规格要求。

$$\Delta_{\bar{x}} = t\mu_{\bar{x}} = 3 \times 0.0868 = 0.26(\text{克})$$

$$\text{下限} = \bar{x} - \Delta_{\bar{x}} = 150.3 - 0.26 = 150.04(\text{克})$$

$$\text{上限} = \bar{x} + \Delta_{\bar{x}} = 150.3 + 0.26 = 150.56(\text{克})$$

在99.73%的概率保证程度下，该批茶叶平均每包重量在150.04～150.56克，表明这批茶叶平均每包重量达到了规格要求。

2）总体成数的估计

【例6.13】仍用例6.12的资料(表6-6)，要求用同样的概率，保证这批茶叶包装合格率范围。

第一步，根据样本资料计算样本合格率和标准差，并推算抽样平均误差。

$$p = \frac{n_1}{n} = \frac{70}{100} = 0.7$$

$$\sigma_p = \sqrt{p(1-p)} = \sqrt{0.7 \times 0.3} \approx 0.458$$

$$\mu_p = \sqrt{\frac{P(1-P)}{n}(1-\frac{n}{N})} = \sqrt{\frac{(0.458)^2}{50}(1-1\%)} = 0.0644$$

第二步，根据给定的置信度 $F(t)$=0.997 3，查表得概率度 t=3。

第三步，根据概率度和抽样平均误差计算抽样极限误差，并估计总体合格率的上下限。

$$\Delta_p = t\mu_p = 3 \times 0.0456 = 0.137$$

$$\text{下限} = p - \Delta_p = 0.7 - 0.137 = 0.563$$

$$\text{上限} = p + \Delta_p = 0.7 + 0.137 = 0.837$$

在99.73%的概率保证程度下，该批茶叶包装的合格率在56.3%～83.7%。

【例6.14】某企业对某批电子元件进行检验，随机抽取100只，测得平均耐用时间为1 000小时，标准差为50小时，合格率为94%，求：

(1) 以耐用时间的允许误差范围 Δ_x=10小时，估计该批产品平均耐用时间的区间及其概率保证程度。

(2) 以合格率估计的误差范围不超过2.45%，估计该批产品合格率的区间及其概率保证程度。

(3) 试以95%的概率保证程度，对该批产品的平均耐用时间做出区间估计。

(4) 试以95%的概率保证程度，对该批产品的合格率做出区间估计。

解：求(1)的计算步骤如下。

① 求样本指标。

$$\bar{x} = 1000\text{小时} \qquad \sigma = 50\text{小时}$$

$$\mu_x = \frac{\sigma}{\sqrt{n}} = \frac{50}{\sqrt{100}} = 5(\text{小时})$$

② 根据给定的 Δ_x=10小时，计算总体平均数的上、下限。

$$\text{下限}\ \bar{x} - \Delta_x = 1000 - 10 = 990(\text{小时})$$

$$\text{上限}\ \bar{x} + \Delta_x = 1000 + 10 = 1010(\text{小时})$$

③ 根据 $t=\frac{\Delta_x}{\mu_x}=\frac{10}{5}=2$，查概率表得 $F(t)$=95.45%。

由以上计算结果，在95.45%的概率保证程度下，该批产品的平均耐用时间在990～

1 010小时。

求(2)的计算步骤如下。

① 求样本指标。

$$p=94\%$$

$$\sigma_p^2 = p(1-p) = 0.94 \times 0.06 = 0.056\,4$$

$$\mu_p = \sqrt{\frac{p(1-p)}{n}} = \sqrt{\frac{0.056\,4}{100}} \approx 2.38\%$$

② 根据给定的$\Delta p=2.45\%$，求总体合格率的上、下限。

$$\text{下限 } p-\Delta_p = 94\% - 2.45\% = 91.55\%$$

$$\text{上限 } p+\Delta_p = 94\% + 2.45\% = 96.45\%$$

③ 根据$t=\frac{\Delta_p}{\mu_p}=\frac{2.45\%}{2.38\%}\approx 1.03$，查概率表得$F(t)=69.70\%$。

由以上计算结果，在69.70%的概率保证程度下，该批产品的合格率在91.55%～96.45%。

求(3)的计算步骤如下。

① 求样本指标。

$$\bar{x} = 1\,000\text{ 小时} \qquad \sigma = 50\text{ 小时}$$

$$\mu_x = \frac{\sigma}{\sqrt{n}} = \frac{50}{\sqrt{100}} = 5(\text{小时})$$

② 根据给定的$F(t)=95\%$，查概率表得$t=1.96$。

③ 根据$\Delta_x=t\mu_x=1.96\times 5=9.8$，计算总体平均耐用时间的上、下限。

$$\text{下限 } \bar{x}-\Delta_x = 1\,000 - 9.8 = 990.2(\text{小时})$$

$$\text{上限 } \bar{x}+\Delta_x = 1\,000 + 9.8 = 1\,009.8(\text{小时})$$

所以，在95%的概率保证程度下，该批产品的平均耐用时间在990.2～1 009.8小时。

求(4)的计算步骤如下。

① 求样本指标。

$$p=94\%$$

$$\sigma_p^2 = p(1-p) = 0.94 \times 0.06 = 0.056\,4$$

$$\mu_p = \sqrt{\frac{p(1-p)}{n}} = 2.37\%$$

$$\Delta_p = t\mu_p = 1.96 \times 2.37\% = 0.046$$

② 求合格率的上下限

$$\text{下限 } p-\Delta_p=94\%-4.6\%=89.4\%$$

$$\text{上限 } p+\Delta_p=94\%+4.6\%=98.6\%$$

所以，在95%的概率保证程度下，该批产品的合格率在89.4%～98.6%。

3. 当σ^2已知时，求μ的置信区间

【例6.15】某种零件的长度服从正态分布，从该批产品中随机抽取9件，测得它们的平均长度为21.4毫米，已知总体标准差为$\sigma=0.15$毫米，试建立该种零件平均长度的置信区间，假定给定置信水平为0.95。

解：已知$X\sim N(\mu, 0.15^2)$，$\bar{x}=21.4$，$n=9$，$1-\alpha=0.95$，因为

$$U=\frac{\bar{x}-\mu}{\sqrt{\frac{\sigma^2}{n}}}\sim N(0,1) \tag{6-27}$$

所以对于给定的置信水平 0.95，有

$$P\left\{-U_{\alpha/2}<\frac{\bar{x}-\mu}{\sqrt{\frac{\sigma^2}{n}}}<+U_{\alpha/2}\right\}=0.95$$

当 $\alpha=0.05$ 时，$U_{\alpha/2}=1.96$，于是有

$$P\left\{21.4-1.96\frac{0.15}{\sqrt{9}}<\mu<21.4+1.96\frac{0.15}{\sqrt{9}}\right\}=0.95$$

即总体均值的置信区间为［21.302，21.498］。

这样，在 95％的概率保证下，该种零件的平均长度在 21.302～21.498 毫米。

【例 6.16】某保险公司自投保人中随机抽取 36 人，计算出此 36 人的平均年龄 $\bar{x}=39.5$ 岁，已知投保人年龄分布近似正态分布，标准差为 7.2 岁，试求所有投保人平均年龄的置信区间($1-\alpha=99\%$)。

解：已知 $X\sim N(\mu,\ 7.2^2)$，$\bar{x}=39.5$ 岁，$n=36$，$1-\alpha=0.99$，则

$$U=\frac{39.5-\mu}{\sqrt{\frac{7.2^2}{36}}}\sim N(0,1)$$

当 $\alpha=0.01$，有 $U_{\alpha/2}=U_{0.01/2}=U_{0.005}=2.575$，所以

$P\left\{39.5-2.575\sqrt{\frac{7.2^2}{36}}<\mu<39.5+2.575\sqrt{\frac{7.2^2}{36}}\right\}=0.99$，即总体的置信区间为［36.41，42.59］。在 99％的概率保证程度下，投保人的平均年龄在 36～42 岁。

4. 当 σ^2 未知时，求 μ 的置信区间

不知道总体方差时，一个很自然的想法是用样本方差来代替。这时，需要考虑的问题是，用样本方差代替总体方差后，统计量 $T=(\bar{X}-\mu)/\sqrt{\frac{S^2}{n}}$ 服从什么分布，以下定理给出了统计量 T 的分布形式。

定理　设 x_1，x_2，…，x_n，($n\geqslant 2$)是来自总体 $N(\mu,\ \sigma^2)$的一个样本，则

$$T=\frac{\bar{x}-\mu}{\sqrt{\frac{S^2}{n}}}\sim t(n-1) \tag{6-28}$$

t 分布具有如下特性。

(1) t 分布与标准正态分布相似，是以 $x=0$ 为对称轴的钟形对称分布，取值范围是 $(-\infty,+\infty)$，但是 t 分布的方差大于 1，比标准正态分布的方差大，所以从分布曲线看，t 分布的曲线较标准正态分布平缓。

(2) t 分布的密度函数为

$$f(x)=\frac{\Gamma(\frac{n+1}{2})}{\Gamma(\frac{n}{2})\sqrt{n\pi}}(1+\frac{x^2}{n})^{-\frac{n+1}{2}},\ -\infty<x<+\infty \tag{6-29}$$

t 分布的密度函数中只有一个参数，称为自由度。如果随机变量 X 具有以上形式的分布密度，则称 X 服从自由度为 n 的 t 分布，记为 $X \sim t(n)$。随着自由度的增大，t 分布的变异程度逐渐减小，其方差逐渐接近 1，当 $n \to \infty$ 时，t 分布成为正态分布。

(3) 随机变量 X 落在某一区域内的概率，等于 t 分布曲线下，相应区域的面积，对于不同的 n，同样的区域下的概率不同，见书后附表：t 分布表。如 $n=10$，X 落入 [-1.372，$+1.372$] 区间的概率为 0.9，而当 $n=20$ 时，概率为 0.9 所对应的区间为 [-1.325，$+1.325$]；当 $n=30$ 时，概率为 0.9 所对应的区间为 [-1.31，$+1.31$]。

关于 t 分布的特性就讨论到此，现在回到如何应用 t 分布求解置信区间的问题，既然定理已经证明了统计量 $\dfrac{\bar{x}-\mu}{\sqrt{\dfrac{S^2}{n}}}$ 服从 $n-1$ 个自由度的 t 分布，则对于给定的显著性水平 α，不难找出 $t_{\alpha/2}(n-1)$，使得 $P\left\{-t_{\alpha/2}(n-1) \leqslant \dfrac{\bar{x}-\mu}{\sqrt{\dfrac{S^2}{n}}} \leqslant t_{\alpha/2}(n-1)\right\}=1-\alpha$。于是得到以 $1-\alpha$ 置信水平保证的置信区间

$$\left[\bar{x}-t_{\alpha/2}(n-1)\sqrt{\frac{S^2}{n}},\ \bar{x}+t_{\alpha/2}(n-1)\sqrt{\frac{S^2}{n}}\right]$$

【例 6.17】某研究机构进行了一项调查，来估计吸烟者一个月花在烟上的平均支出，假定吸烟者买烟的月支出近似服从正态分布。该机构随机抽取了容量为 26 的样本进行调查，得到样本平均数为 80 元，样本标准差为 20 元，试以 95%的概率保证程度估计全部吸烟者月均烟钱支出的置信区间。

解：已知 $\bar{x}=80$，$S=20$，$n=26$，$1-\alpha=0.95$

由于不知道总体方差，所以用样本方差代替。因为

$$T=\frac{\bar{x}-\mu}{\sqrt{\dfrac{S^2}{n}}} \sim t(n-1),\quad \frac{S}{\sqrt{n}}=\frac{20}{\sqrt{26}}=3.92$$

根据 $\alpha=0.05$，查阅 t 分布表得，$t_{0.05/2}(25)=2.06$。

所以有 $P\left\{\bar{x}-t_{0.05/2}(25)\dfrac{S}{\sqrt{26}}<\mu<\bar{x}+t_{0.05/2}(25)\dfrac{S}{\sqrt{26}}\right\}$

$=\{80-2.06\times3.92)<\mu<80+2.06\times3.92)\}=0.95$，即总体的置信区间为 [71.92，88.08]。

在 95%的概率保证程度下，吸烟者月均烟钱支出在 71.92～88.08 元。

【例 6.18】从某大学本科生中随机抽选 100 人，调查到他们平均每天参加体育锻炼的时间为 35 分钟，样本标准差为 6 分钟，根据以往调查记录，学生参加体育锻炼的时间近似服从正态分布，试以 99%的概率保证程度估计该校本科生平均参加体育锻炼的时间。

解：已知 X 服从正态分布，且 $\bar{x}=35$，$S=6$，$n=100$，$1-\alpha=0.99$，总体方差未知，用样本方差代替，所以统计量服从 $t(n-1)$ 分布，查表得，$t_{0.01/2}(99)\approx2.63$，则有总体均值的置信区间为

$$\left[\bar{x}-t_{\alpha/2}(n-1)\sqrt{\frac{S^2}{n}},\ \bar{x}+t_{\alpha/2}(n-1)\sqrt{\frac{S^2}{n}}\right]$$

$$=\left[35-2.63\times\left(\frac{6}{10}\right),\ 35+2.63\times\left(\frac{6}{10}\right)\right]$$

$$=[33.422,\ 36.578]$$

在 99%的概率保证程度下，该校全体本科生平均每天参加体育锻炼的时间在 33.422～36.578 分钟。

5. 单个非正态总体或总体分布未知，求 U 的置信区间

当总体为非正态分布，或总体的分布形式未知时，只要知道总体方差，则根据 Lindeberg-Levy 中心极限定理，当 n 很大时，统计量 $\eta=\dfrac{\bar{X}-E(X_1)}{\sqrt{D(X_1)/n}}$ 就近似服从标准正态分布，经验上，$n>30$ 就可以认为是大样本了。

【例 6.19】设某金融机构共有 8 042 张应收账款单，根据以往的记录，所有应收账款的标准差为 3 033.4 元。现随机抽查了 250 张应收款单，得平均应收款为 3 319 元，求 98%置信水平的平均应收款。

解：已知 $\bar{x}=3\ 319$ 元，$n=250>30$，$1-\alpha=0.98$，$\sigma=3\ 033.4$

因为 $\bar{x}$ 近似服从标准正态分布，$U_{\alpha/2}=U_{0.02/2}=2.33$，则总体均值的置信区间为

$$\left[\bar{x}-U_{\alpha/2}\sqrt{\frac{\sigma^2}{n}},\bar{x}+U_{\alpha/2}\sqrt{\frac{\sigma^2}{n}}\right]$$

$$=[3\ 319-2.33\times\frac{3\ 033.4}{\sqrt{250}}),3\ 319+2.33\times\frac{3\ 033.4}{\sqrt{250}})]$$

$$=[2\ 871.99,3\ 766]$$

根据调查结果，在 98%的概率保证程度下，全部账单的平均金额在 2 871.99～3 766 元。

以上例题虽然总体分布形式未知，但总体的方差是已知的，而在实际应用中往往并不知道总体的方差，但只要是大样本，则仍然可以用样本方差代替统计量 η 中的总体方差，并以标准正态分布近似作为统计量 η 的抽样分布。

【例 6.20】某地区抽查了 400 户农民家庭的人均化纤布的消费量，得到平均值为 3.3 米，标准差为 0.9 米，试以 95%的置信水平估计该地区农民家庭人均化纤布的消费量。

解：因为 $n=400$ 是大样本，则有

$$U_{\alpha/2}=U_{0.025}=1.96,\ \frac{S}{\sqrt{n}}=\frac{0.98}{\sqrt{400}}=0.049$$

$$P\{3.3-1.96\times0.049)<\mu<3.3+1.96\times0.049)\}$$
$$=P\{3.204<\mu<3.396\}=0.95$$

置信区间为 [3.204，3.396]。

所以，在 95%的概率保证程度下，该地区农民化纤布的消费量在 3.204～3.396 米。

【例 6.21】某无线电广播公司要估计某市 65 岁以上已退休的老人中每天收听广播的时间，随机抽取了一个容量为 200 的样本，得到样本平均数为 110 分钟，样本标准差为 30 分钟，试估计总体均值 95%的置信区间。

解：已知 $\bar{x}=110$ 分钟，$n=200>30$，$S=30$，$1-\alpha=0.95$，$U_{\alpha/2}=U_{0.025}=1.96$，则有置信区间

$$\left[110-1.96\times\frac{30}{\sqrt{200}},\ 110+1.96\times\frac{30}{\sqrt{200}}\right]=[105.84,\ 114.16]$$

所以，在 95%的概率保证程度下，该市 65 岁以上已退休老人每天收听广播的时间在 105.84～114.16 分钟。

6.5 样本容量的确定

在参数区间估计的讨论中，估计值 $\hat{\theta}$ 和总体的参数 θ 之间存在着一定的差异，这种差异是由样本的随机性产生的。在样本容量不变的情况下，若要增加估计的可靠度，置信区间就会扩大，估计的精确度就会降低。若要在不降低可靠性的前提下，增加估计的精确度，就只有扩大样本容量。当然，增大样本容量要受到人力、物力和时间等条件的限制，所以需要在满足一定精确度的条件下，尽可能恰当地确定样本容量。

6.5.1 影响样本容量的因素

1. 总体的变异程度(总体方差 σ^2)

在其他条件相同的情况下，有较大方差的总体，样本的容量也应大一些，反之则应该小一些。例如，在正态总体均值的估计中，抽样平均误差为 $\frac{\sigma}{\sqrt{n}}$ ，它反映了样本均值相对于总体均值的离散程度。所以，当总体方差较大时，样本的容量也应加大，这样才会使 $\frac{\sigma}{\sqrt{n}}$ 较小，以保证估计的精确度。

2. 允许误差的大小

允许误差指允许的抽样误差，记为 $|\hat{\theta}-\theta|=\Delta_\theta$。例如，样本均值与总体均值之间的允许误差可以表示为 $|\bar{X}-\mu|=\Delta_x$。允许误差以绝对值的形式表现了抽样误差的可能范围，所以又称为误差。

允许误差说明了估计的精确度，所以，在其他条件不变的情况下，如果要求的估计的精确度高，即允许误差要小，那么样本容量就要大一些；如果要求的精确度不高，允许误差可以大一些，则样本容量可以小一些。

3. 概率保证程度 $1-\alpha$ 的大小

概率保证程度说明了估计的可靠程度。所以，在其他条件不变的情况下，如果要求较高的可靠度，就要增大样本容量；反之，可以相应地减少样本容量。

4. 抽样方法不同

在相同的条件下，重复抽样的抽样平均误差比不重复抽样的抽样平均误差大，所需要的样本容量也就不同。重复抽样需要更大的样本容量，而不重复抽样的样本容量则可小一些。

特别提示

必要的抽样数目还要受抽样组织方式的影响，这是因为不同的抽样组织方式有不同的抽样平均误差。

6.5.2 样本容量的确定概述

1. 估计总体均值的样本容量

在总体均值的区间估计里，置信区间是由式(6-30)确定的。

$$\bar{X} \pm U_{\alpha/2} \frac{\sigma}{\sqrt{n}} \tag{6-30}$$

例如，对于正态总体以及非正态总体大样本，都以它为置信区间。

从图 6-2 中可以看到，从估计量 x 的取值到点 $U_{\alpha/2}\frac{\sigma}{\sqrt{n}}$ 的距离实际上为置信区间长度的 $\frac{1}{2}$ 。这段距离表示在一定置信水平 $1-\alpha$ 下，用样本均值估计总体均值时所允许的最大绝对误差即允许误差 Δ。显然，若以 x 的取值为原点，则允许误差 Δ 可以表示为

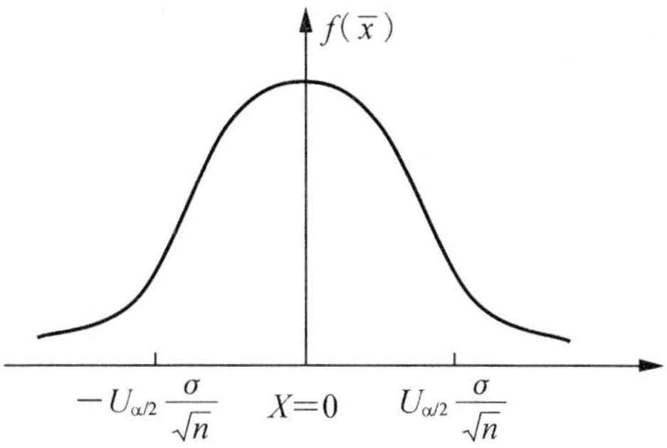

图 6-2 允许误差示意图

$$\Delta_x = U_{\frac{\alpha}{2}} \frac{\sigma}{\sqrt{n}} \tag{6-31}$$

公式 6-30 反映了允许误差 Δ、可靠性系数 $U_{\alpha/2}$ 、总体标准差 σ 与样本容量之间的相互制约关系。只要这四个因素中的任意三个因素确定后，另一个因素也就确定了。

在重复抽样条件下，把允许误差 Δ 的计算公式$\Delta = U_{\frac{\alpha}{2}} \frac{\sigma}{\sqrt{n}}$ 变形整理，则得到样本容量的计算公式：

$$n = \frac{U_{\frac{\alpha}{2}}^2 \sigma^2}{\Delta_x^2} \tag{6-32}$$

在不重复抽样的条件下，抽样允许误差为 $\Delta_{\bar{x}} = |\bar{X} - \mu| = \mu_{\alpha/2}\sqrt{\frac{\sigma^2}{n}(1-\frac{n}{N})}$ ，因此变形后得到不重复抽样条件下的样本容量公式为

$$n = \frac{\mu_{\frac{\alpha}{2}}^2 \sigma^2 N}{(\Delta_x)^2 N + \mu_{\frac{\alpha}{2}}^2 \sigma^2} \tag{6-33}$$

【例 6.22】某食品厂要检验本月生产的 10 000 袋某产品的重量，根据以往的资料，这种产品每袋重量的标准差为 25 克。如果要求在 95.45%的置信水平下，平均每袋重量的误差不超过 5 克，应抽查多少袋产品？

解：由题意可知 $N=20\ 000$，$\sigma=25$ 克，$\Delta_{\bar{x}}=5$ 克，根据置信水平 $1-\alpha=95.45\%$，有 $\mu_{\alpha/2}=2$。在重复抽样的条件下

$$n = \frac{\mu_{\frac{\alpha}{2}}^2 \sigma^2}{(\Delta_x)^2} = \frac{2^2 \times 25^2}{5^2} = 100\ (袋)$$

在不重复抽样的条件下

$$n = \frac{\mu_{\frac{\alpha}{2}}^2 \sigma^2 N}{(\Delta_x)^2 N + \mu_{\frac{\alpha}{2}}^2 \sigma^2} = \frac{2^2 \times 25^2 \times 10\ 000}{5^2 \times 10\ 000 + 2^2 \times 25^2} \approx 99(袋)$$

由计算结果可知，在其他条件相同的情况下，重复抽样所需要的样本容量大于不重复抽样所需要的样本容量。

特别提示

在计算样本容量时，必须知道总体的方差，而在实际抽样调查前，往往总体的方差是未知的。在实际操作时，可以用以往的资料，若资料有若干个方差，应该选择最大的，以保证抽样估计的精确度；也可以进行一次小规模的调查，用调查所得的样本方差来替代总体的方差。

2. 估计总体成数时的样本容量

估计总体成数时样本容量的确定方法与估计总体均值是一样的，设 $\Delta_p = |P-p|$ 为允许误差，在 $1-\alpha$ 的置信水平下，重复抽样条件下有

$$\Delta_p = |P-p| = \mu_{\frac{\alpha}{2}}\sqrt{\frac{P(1-P)}{n}}$$

解上面的方程可得重复抽样条件下样本容量的公式为

$$n = \frac{\mu_{\frac{\alpha}{2}}^2 P(1-P)}{\Delta_p^2} \tag{6-34}$$

同理可得不重复抽样条件下的样本容量公式为

$$n = \frac{\mu_{\frac{\alpha}{2}}^2 P(1-P)}{(\Delta_p)^2 N + \mu_{\frac{\alpha}{2}}^2 P(1-P)} \tag{6-35}$$

特别提示

在估计成数时，计算样本容量时需要总体的成数，但是总体的成数通常是未知的，在实际的抽样调查时，可先进行小规模的试调查，用求得样本的成数来代替。也可用以往的资料，如果有若干个成数可供选择，则应选择最靠近50%的成数，使样本成数的方差最大，以保证估计的精确度。

【例 6.23】为了检查某企业生产的 10 000 个显像管的合格率，需要确定样本的容量。根据以往的经验，合格率为 90%、91.7%。如果要求估计的允许误差不超过 0.027 5，置信水平为 95.45%。求应该取多少个显像管？

解：根据资料，应该选择 $P=0.9$ 计算样本容量，根据置信水平 0.954 5，有 $\mu_{\alpha/2}=2$，$\Delta_p = |P-p| = 0.027\,5$

重复抽样条件下，样本容量：

$$n = \frac{\mu_{\frac{\alpha}{2}}^2 P(1-P)}{\Delta_p^2} = \frac{2^2 \times 0.9 \times (1-0.9)}{0.027\,5^2} = 476.03 \approx 477$$

不重复抽样条件下，样本容量：

$$n = \frac{\mu_{\frac{\alpha}{2}}^2 P(1-P) N}{\Delta_p^2 N + \mu_{\frac{\alpha}{2}}^2 P(1-P)} = \frac{2^2 \times 0.9 \times (1-0.9) \times 1\,000}{0.027\,5^2 \times 10\,000 + 2^2 \times 0.9 \times (1-0.9)} = 454.40 \approx 455$$

从计算的结果可以看出，重复抽样应该抽 477 件检验，而不重复抽样应该抽 455 件。可见，在相同条件下，重复抽样需要的样本容量更大。

本章小结

本章阐述了抽样与估计的基本理论与方法，其主要内容包括抽样及抽样分布原理、参数估计理论与方法及样本容量的确定。

抽样推断就是按随机原则从总体中抽取一部分个体组成样本进行观察，并依据所获得的数据，对总体的数量特征做出具有一定可靠程度的估计和推算，以达到对总体认识的一种统计方法。

在抽样推断中，称根据总体数据计算的总体指标(总体均值和总体成数)为参数，根据样本数据计算的样本指标(样本均值和样本成数)为统计量。统计量的分布称为抽样分布，常用的抽样分布主要有正态分布、χ^2 分布、t 分布、F 分布等。

参数估计包括点估计和区间估计。

样本容量的计算主要有重复抽样下样本容量的计算和有限总体不重复抽样下的样本容量的计算两种情况。

职业能力训练

一、判断题

1. 当研究目的一旦确定，全及总体也就相应确定，而从全及总体中抽取的抽样总体则是不确定的。 (　　)

2. 从全部总体单位中按照随机原则抽取部分单位组成样本，只可能组成一个样本。(　　)

3. 在抽样推断中，作为推断的总体和作为观察对象的样本都是确定的、唯一的。(　　)

4. 抽样平均误差表明抽样估计的准确度，抽样极限误差则表明抽样估计准确程度的范围；两者既有区别，又有联系。 (　　)

5. 抽样平均误差反映抽样的可能误差范围，实际上每次的抽样误差可能大于抽样平均误差，也可能小于抽样平均误差。 (　　)

6. 所有可能的样本平均数的平均数等于总体平均数。 (　　)

7. 抽样推断是利用样本资料对总体的数量特征进行估计的一种统计分析方法，因此不可避免地会产生误差，这种误差的大小是不能控制的。 (　　)

8. 重复抽样时，其他条件不变，允许误差扩大一倍，则抽样数目为原来的 2 倍。(　　)

9. 由于抽样调查存在抽样误差，所以抽样调查资料的准确性要比全面调查资料的准确性差。 (　　)

10. 扩大抽样误差的范围，会降低推断的把握程度，但会提高推断准确度。 (　　)

11. 当全及总体单位数很大时，重复抽样和不重复抽样计算的抽样平均误差相差无几。 (　　)

12. 在其他条件不变的情况下，提高抽样估计的可靠程度，可以提高抽样估计的精确度。 (　　)

二、单项选择题

1. 抽样调查的目的在于(　　)。

A. 了解总体的基本情况　　B. 用抽样指标推断总体指标
C. 对样本进行全面调查　　D. 了解样本的基本情况

2. 抽样调查所特有的误差是(　　)。
A. 由于样本的随机性而产生的误差　　B. 登记误差
C. 系统性误差　　D. 前三类都不是

3. 抽样调查和重点调查的主要不同之处是(　　)。
A. 选取调查单位的方式不同　　B. 调查的目的不同
C. 调查的单位不同　　D. 两种调查没有本质区别

4. 抽样平均误差和抽样极限误差的关系是(　　)。
A. 抽样平均误差大于抽样极限误差
B. 抽样平均误差小于抽样极限误差
C. 抽样平均误差等于抽样极限误差
D. 抽样平均误差可能大于，也要能小于或等于抽样极限误差

5. 用重置抽样平均误差公式计算不重置抽样平均误差结果将(　　)。
A. 高估误差　　B. 低估误差
C. 恰好相等　　D. 可能高估也可以低估

6. 用样本平均数估计总体平均数是因为(　　)。
A. 二者计算方法一致　　B. 二者名称相似
C. 没有其他估计量可供使用　　D. 这种估计满足优良估计的三条标准

7. 当可靠度大于 0.682 8 时，抽样极限误差(　　)。
A. 大于抽样平均误差
B. 小于抽样平均误差
C. 等于抽样平均误差
D. 与抽样平均误差的大小关系依样本容量而定

8. 在纯随机抽样时，要使抽样极限误差缩小为原来的 1/2，样本单位数必须(　　)。
A. 增大为原来的 2 倍　　B. 增大为原来的 4 倍
C. 减小为原来的 1/2　　D. 减小为原来的 1/4

9. 若要对一批灯泡的寿命进行检验，适宜的调查方法是(　　)。
A. 重点调查　　B. 抽样调查　　C. 典型调查　　D. 普查

10. 为了解职工家庭的生活状况，首先把职工按所在国民经济行业分为 13 类，然后在每个行业抽选 200 多职工进行家庭生活状况调查，这种调查是(　　)。
A. 整群抽样　　B. 等比例类型抽样　　C. 等距抽样　　D. 不等比例类型抽样

11. 有一些灯泡共 1 000 箱，每箱 200 个，现随机抽取 20 箱并检查这些箱中的全部灯泡，此种检验属于(　　)。
A. 纯随机抽样　　B. 类型抽样　　C. 整群抽样　　D. 等距抽样

12. 当总体单位不很多且各单位间差异较小时宜采用(　　)。
A. 类型抽样　　B. 随机抽样　　C. 整群抽样　　D. 两阶段抽样

13. 在其他条件不变的情况下，从总体中取 10%的单位作为样本，此时重置抽样与不重置抽样的抽样平均误差之比为(　　)。
A. 0.9　　B. 1.0　　C. 1.05　　D. 1.11

三、多项选择题

1. 抽样调查适用于下列场合的有（　　）。
A. 不宜进行全面调查而又要了解全面情况　　B. 工业产品质量的检验
C. 调查项目多、时效性强　　D. 只需了解一部分单位的情况
E. 适用于任何调查

2. 下列调查中存在系统误差的是（　　）。
A. 抽检某车间产品质量时，将二名徒工的产品排除在外
B. 某县用等距抽样调查农户收入时决定：如果中选户户主不在家，则以该户下一户顶替，已知不在家的农户多为外出经商者
C. 为了了解学生健康情况而做的普查
D. 将学生按来自城、乡分组后，按比例抽样调查学生开支情况
E. 正确的简单随机抽样

3. 影响抽样误差大小的因素有（　　）。
A. 抽样单位数的多少　　B. 被研究标志的变异程度
C. 抽样组织方式　　D. 登记误差的大小
E. 系统误差的大小

4. 确定样本容量时应考虑的因素有（　　）。
A. 极限误差的大小　　B. 把握程度的大小　　C. 取样方式
D. 抽样的组织形式　　E. 被研究标志的变异程度

5. 抽样平均误差的大小与（　　）有关。
A. 总体单位数的多少　　B. 总体的组成　　C. 样本容量
D. 全及总体标志变异程度　　E. 抽样方法

6. 抽样估计的优良性标准是（　　）。
A. 无偏性　　B. 随机性　　C. 有效性
D. 一致性　　E. 代表性

7. 抽样误差是（　　）。
A. 在抽样调查中不可避免的　　B. 在抽样调查中应该避免的
C. 可以通过适当的抽样组织方式消除
D. 可以通过适当的抽样组织方式减小　　E. 可以控制的

四、案例分析题

某大学在三年级4 500名学生中，随机抽取20%，调查每周上网次数，获得资料见表6-7。

表6-7　某大学三年级学生每周上网次数统计表

上网次数	0～2	2～4	4～6	6～8	8～10
学生比重	8%	22%	40%	25%	5%

试求在95.45%的概率保证程度下：

(1) 学生每周上网次数；

(2) 确定每周上网超过4次的学生的比重，要求误差不超过3%。

第7章 假设检验

JIASHE JIANYAN

【学习目标】

知识目标：理解假设检验的依据是小概率原理；在一个已知假设下，如果某个事件发生的概率非常小，通常认为，这个假设可能是不成立的。掌握假设检验的方法和具体步骤。

能力目标：能够作正态总体均值、比例的假设检验和两个正态总体的均值、比例之差的假设检验。

【案例导入】

对于新生儿的管理，国外传统的做法是让母亲看一眼新生婴儿后，就将婴儿放到单独的婴儿房中去喂养，8 个小时后再放回到母亲身边。为了研究新生婴儿出生后将孩子放在母亲身边是否会增进日后母子的感情，研究人员从临产的孕妇中随机地抽取 28 个孕妇，随机地将其分成两组，每组 14 个孕妇。一组按传统方式，即前 8 个小时单独喂养，另一组按试验方式，一直放在母亲身边。但在试验中要注意两个随机性。一个是 28 个孕妇应随机抽出，另一个是将 28 个孕妇分成两组时也应保持随机，因为只有随机才能避免试验结果的系统偏差并能够控制随机误差。

在婴儿成长的一段时间里，试验者要对这 28 个母亲每人的有关行为进行记录，如对于哭叫的婴儿是否立即抱起来及搂抱的时间长短；对于孩子定期体验和孩子生病的关心程度等。然后对每个母亲按其对孩子感情的由浅到深的程度打分。其中，0 分是对孩子毫无感情，12 分表示感情最深。经过整理得到图 7－1。

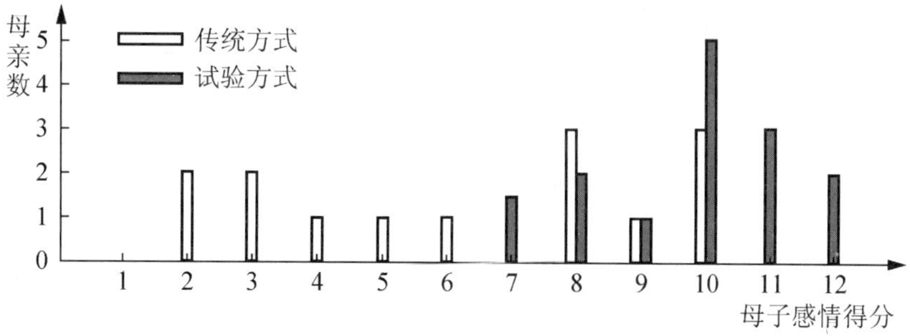

图 7－1　两种新生婴儿养育方式对母子感情的影响

若从图 7－1 的得分看，新的试验方式得分较高，即婴儿出生后就放在母亲身边能加深母子感情。而且从图形看，两种方式得分的差别是明显的。

现在要证实我们的判断，可以用假设检验方法检验两个总体(即两种方式)的均值是否相等。利用置信区间和假设检验的对偶性，即置信区间和假设检验是同一问题的两个方面，来计算两个总体均值之差的59%的置信区间。

由图 7－1，不难得到如下试验方式的得分数据值 X_1 和相应的频数 f_1 。

X_1	f_1	X_1f_1	$X_1-\bar{X}_1$	$(X_1-\bar{X}_1)^2f_1$
7	1	7	−3	9
8	2	16	−2	8
9	1	9	−1	1
10	5	50	0	0
11	3	33	1	3
12	2	24	2	8
合计	14	139		29

$$\begin{aligned}\bar{X}_1 &= 139/14\\ &= 9.93\\ &\approx 10\end{aligned}$$

传统方式的得分数据值 X_2 和相应的频数 f_2 ：

X_2	f_2	X_2f_2	$X_2-\bar{X}_2$	$(X_2-\bar{X}_2)^2f_2$
2	2	4	−4.29	36.81

续表

X_2	f_2	$X_2 f_2$	$X_2-\bar{X}_2$	$(X_2-\bar{X}_2)^2 f_2$
3	2	6	−3.29	21.65
4	1	4	−2.29	5.24
5	1	5	−1.29	1.66
6	1	6	−0.29	0.08
7	0	0	0.71	0
8	3	24	1.71	8.77
9	1	9	2.71	7.34
10	3	30	3.71	41.29
合计	14	88		122.84

$$\bar{X}_2 = 88/14$$
$$\approx 6.29$$

利用两个总体均值之差的置信区间公式得到：

$$\mu_1-\mu_2=(\bar{X}_1-\bar{X}_2)\pm t_{0.025}\sqrt{\frac{\sum(X_1-\bar{X}_1)^2 f_1+\sum(X_2-\bar{X}_2)^2 f_2}{(n_1-1)+(n_2-1)}}\sqrt{\frac{1}{n_1}+\frac{1}{n_2}}$$
$$=(9.93-6.29)\pm 2.06\sqrt{\frac{29+123}{13+13}}\sqrt{\frac{1}{14}+\frac{1}{14}}$$
$$=3.64\pm 2.06(0.914)$$
$$=3.61\pm 1.88(1.76\sim 5.52)$$

由于两种方式得分均值之差的59%置信区间是(3.64－1.88，3.64＋1.88)，即(1.76，5.52)。试验方式比起传统方式的得分要明显地多2～6分，说明两种方式的差异是明显的。另一方面也可将1.76～5.52看成是一个假设检验的 区间，由于这个区间没能覆盖原假设 H_0：$\mu_1-\mu_2=0$(即两种方式无差别)的数值，因而不能接受原假设 $\mu_1-\mu_2=0$，可以认为 $\mu_1-\mu_2\neq 0$。在这个例子中，$\mu_1>\mu_2$ 是明显的。

【解析】

上述这个试验来自于M. H. Klasu教授等于1972年发表的著书论文《母爱》。这个结论的可靠性取决于样本的随机性和代表性。显然，这个试验的样本(28个母亲)是不大可能从美国这一国家的全部孕 妇中抽出的，而是从某一地区的孕妇中抽出的。那么这一地区的教育水平、生活收入等特点就会对试验结果产生影响。事实上，样本抽取地区的老百姓生活水平 较低，许多家庭是依靠社会保障和社会救济生活的。由于样本的这一特殊性，那么是否对所有的美国妇女来说，这一试验的结果都有效呢？即对所有的妇女来说，当新生婴儿出生后母子在一起都有益于母子感情的加深呢？其他的科学家也做过相似的试验，回答是肯定的。但研究又发现，越是生活贫困的母亲，越希望新生婴儿能留在自己身边，所产生的母子(母女)感情越深厚，影响的时间越深远。这一研究成果的发表在20世纪70年代产生了较大的轰动和影响，许多医院的妇产病房都改进了婴儿喂养方式，从出生后就将孩子留在母亲身边，并一直延续至今，而证明这一试验的方法就是上述讨论的假设检验的统计方法。

参数估计和假设检验是统计推断的两种形式，它们都是利用样本对总体进行某种推断，只是推断的角度不同。参数估计是通过样本统计量来推断总体未知参数的取值范围，并给出结论的可靠程度，总体参数在估计前是未知的。而在假设检验中，则是预先对总体参数的取值提出一个假设，然后利用样本数据检验这个假设是否成立，如果成立，就接受这个假设，如果不成立就拒绝原假设。当然由于样本的随机性，这种推断只能具有一定的可靠性。本章介绍假设检验的基本概念，以及假设检验的一般步骤，然后重点介绍常用的参数检验方法。

7.1 假设检验的初步了解

7.1.1 假设检验的基本概念

1. 原假设和备择假设

为了对假设检验的基本概念有一个直观的认识，不妨先看下面的例子。

【统计实例】

某厂生产一种节能灯管，其使用寿命 X 服从正态分布 $N(\mu,\ 200^2)$，从以往的生产经验看，灯管的平均寿命为 $\mu=1\,550$ 小时。现在采用新工艺生产，在所生产的新灯管中抽取 25 只，测其平均寿命为 1 650 小时。问采用新工艺后，灯管的寿命是否有显著提高？这是一个均值的检验问题。灯管的寿命有没有显著变化呢？有两种可能：一种是没有什么变化。即新工艺对均值没有影响，采用新工艺后，X 仍然服从 $N(1\,550,\ 200^2)$。另一种是，新工艺的确使均值发生了显著性变化。这样，$\bar{X}=1\,650$ 和 $\mu_0=1\,550$ 之间的差异就是采用新工艺对灯管平均寿命的影响。究竟是哪种情况与实际情况相符合，这需要作检验。假如给定显著性水平 $\alpha=0.05$。

可以把上面的例子中涉及的两种情况用统计假设的形式表示出来。第一个统计假设 $\mu=1\,550$ 表示采用新工艺后灯管的平均寿命没有显著性提高。第二个统计假设 $\mu>1\,550$ 表示采用新工艺后灯管的平均寿命有显著性提高。第一个假设称为原假设(或零假设)，记为 H_0：$\mu=1\,550$；第二个假设 $\mu>1\,550$ 称为备择假设，记为 $H_1:\mu>1\,550$。至于这在两个假设中，哪一个作为原假设，哪一个作为备择假设，要依具体的研究目的和要求而定。假如我们希望从子样观察值取得对某一陈述强有力的支持，则把该陈述的否定作为原假设，该陈述本身作为备择假设。譬如在上例中，我们希望新工艺对产品寿命确有提高，但又没有更多的数据可以掌握。为此，取“寿命没有显著性提高 ($\mu=1\,550$)”作原假设，而以“寿命有显著性提高 ($\mu>1\,550$)”作为备择假设。

2. 检验统计量

假设检验问题的一般提法：在给定备择假设 H_1 下对原假设 H_0 做出判断，若拒绝原假设 H_0，那就意味着接受备择假设 H_1，否则就接受原假设 H_0。在拒绝原假设 H_0 或接受备择假设 H_1 之间做出某种判断，必须要从子样 $(X_1,X_2,\cdots,X_n)$ 出发，制定一个法则，一旦子样 $(x_1,x_2,\cdots,x_n)$ 的观察值确定之后，利用制定的法则做出判断：拒绝原假设 H_0 还是接受原假设 H_0。那么检验法则是什么呢？它应该是以定义在子样空间上的一个函数为依据所构造的一个准则，这个函数一般称为检验统计量。例如，上面列举的原假设 H_0：$\mu=\mu_0(\mu_0=1\,550)$，子样均值 $\bar{X}$ 就可以作为检验统计量，有时还可以根据检验统计量的分布进一步加工。当子样均值服从正态分布时将其标准化，并将 $Z=\dfrac{\bar{X}-\mu_0}{\sigma/\sqrt{n}}$ 作为检验统计量，简称 Z 检验量。或者在总体方差 σ^2 未知的条件下，$t=\dfrac{\bar{X}-\mu_0}{S_n/\sqrt{n}}$ 作为检验量，称为 t 检验量。

3. 接受域和拒绝域

假设检验中接受或者拒绝原假设 H_0 的依据是假设检验的小概率原理。所谓小概率原理，是指发生概率很小的随机事件在一次试验中几乎是不可能发生的。根据这一原理就可以做出接受或是拒绝原假设的决定。例如，一家厂商声称其某种产品的合格率很高，可以达到99%，那么从一批产品(如100件)中随机抽取一件，这一件恰好是次品的概率就非常之小，只有1%。如果把厂商的宣称，即产品的次品率仅为1%作为一种假设，并且是真的，那么由小概率原理，随机抽取一件是次品的情形就几乎是不可能发生的。如果这种情形居然发生了，这就不能不使人们怀疑原来的假设，即产品的次品率仅为1%的假设的正确性，这时就可以做出原假设为伪的判断，于是否定原假设。

接受域和拒绝域是在给定的显著性水平 α 下，由检验法则所划分的样本空间的两个互不相交的区域。原假设 H_0 为真时可以接受的可能范围称为接受域，另一区域是当原假设 H_0 为真时只有很小的概率发生。如果小概率事件确实发生，就要拒绝原假设，这一区域称为拒绝域(或否定域)。落入拒绝域是个小概率事件，一旦落入拒绝域，就要拒绝原假设而接受备择假设。那么应该确定多大的概率算作小概率呢？这要根据不同的目的和要求而定，一般选择0.05或者0.01，通常用 α 表示。它说明用多大的小概率来检验原假设。显然 α 愈小愈不容易推翻原假设，而一旦拒绝原假设，原假设为真的可能性就越小。所以在作假设检验时通常要事先给定显著性水平 α（$1-\alpha$ 称为置信水平)。图7-2所示为 Z 检验时的拒绝域和接受域。

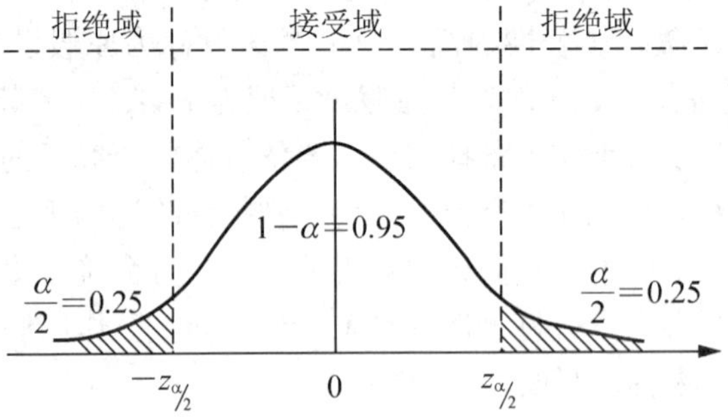

图7-2　Z 检验接受域与拒绝域

4. 假设检验中的两类错误

由前面已知，假设检验是在子样观察值确定之后，根据小概率原理进行推断的。由于样本的随机性，这种推断不可能有绝对的把握，不免要犯错误。所犯的错误有两种类型：一类错误是原假设 H_0 为真时却被拒绝。这类错误称为弃真错误，犯这种错误的概率用 α 表示，所以也称 α 错误或第一类错误。另一类错误是指原假设 H_0 为伪时，却被人们接受。这是一种取伪的错误，这种错误发生的概率用 β 表示，故也称 β 错误或第二类错误。两类错误的 α 和 β 见图7-3。在厂家出售产品给消费者时，通常要经过产品质量检验，生产厂家总是假定产品是合格的，但检验时厂家总要承担把合格产品误检为不合格产品的某些风险，生产者承担这些风险的概率就是 α，所以 α 也称生产者风险。而在消费者一方却担心把不合格产品误检为合格品而被接受，这是消费者承担的某些风险，其概率就是 β，因此第二类错误 β 也称消费者风险。正确的决策和犯错误的概率可以归纳为表7-1。

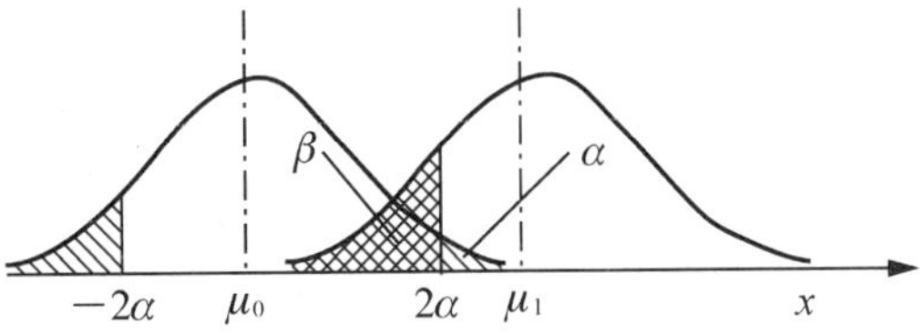

图 7-3　两类错误 α 与 β

自然，人们希望犯这两类错误的概率愈小愈好。但对于一定的子样容量 n，不可能同时做到犯这两类错误的概率都很小。通常的假设检验只规定第一类错误 α，即显著性水平，而不考虑第二类错误 β，并称这样的检验为显著性检验。

表 7-1　假设检验中各种可能结果的概率

结果	接受 H_0	拒绝 H_0，接受 H_1
H_0 为真	$1-\alpha$（正确决策）	α（弃真错误）
H_0 为伪	β（取伪错误）	$1-\beta$（正确决策）

5. 双边检验和单边检验

根据假设的形式，可以把检验分为双边检验和单边检验，单边检验又进一步分为右检验和左检验。

1）双边检验

检验的形式为

$$H_0: \mu = \mu_0$$
$$H_1: \mu \neq \mu_0$$

由于这里提出的原假设是 μ 等于某一数值 μ_0，所以只要 $\mu > \mu_0$ 或 $\mu < \mu_0$ 二者之中有一个成立，就可以否定原假设，这种假设检验称为双边检验，它的拒绝域分为两个部分，有两个临界值，在给定显著性水平 α 下，每个拒绝域的面积为 $\alpha/2$。双边检验见图 7-4 所示。

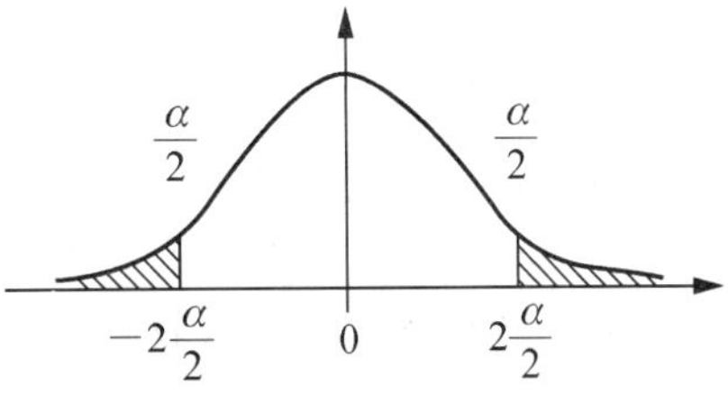

图 7-4　Z 检验双边检验

2）单边检验

在有些情况下，假设问题带有方向性。例如，产品的次品率要求愈低愈好，它不能高于某一指标，当高于某一指标，就要拒绝原假设，这就是单边检验。这时拒绝域的图形在右侧，称为单边右检验，见图 7-5。检验的形式可以写为

$$H_0: \mu \leqslant \mu_0$$
$$H_1: \mu > \mu_0$$

又如，灯管的使用寿命，药物的有效成分这类产品质量指标是愈高愈好，它不能低于某一标准，当低于某一标准时就要拒绝原假设，这时拒绝域的图形在左侧，称为单边左检验，见图 7-6。检验的形式为

$$H_0: \mu \geqslant \mu_0$$
$$H_1: \mu < \mu_0$$

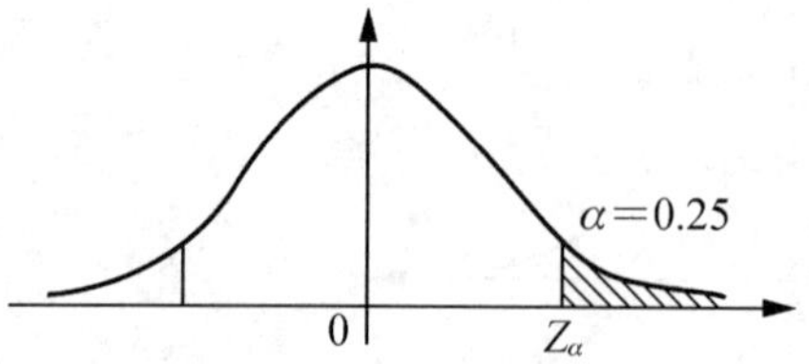

图 7-5　单边右检验

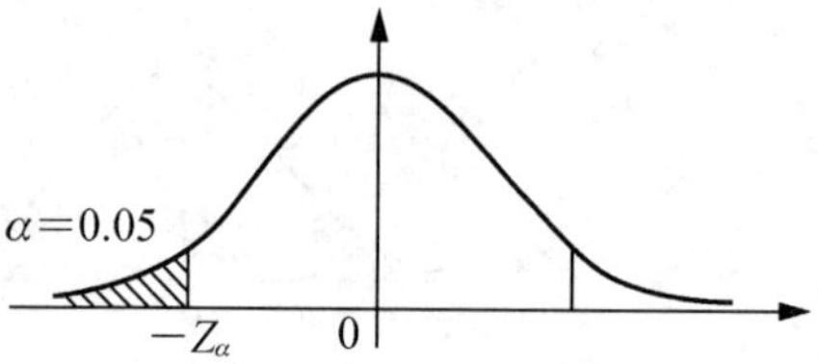

图 7-6　单边左检验

7.1.2　假设检验的一般步骤

一个完整的假设检验过程，一般包括五个主要的步骤。

1. 提出原假设和备择假设

确定是双边检验还是单边检验，如双边检验为

$$H_0: \mu = \mu_0$$
$$H_1: \mu \neq \mu_0$$

单边左检验为

$$H_0: \mu \geqslant \mu_0$$
$$H_1: \mu < \mu_0$$

单边右检验为

$$H_0: \mu \leqslant \mu_0$$
$$H_1: \mu > \mu_0$$

2. 建立检验统计量

建立检验统计量是假设检验的重要步骤。譬如上例中，在总体 X 服从正态分布 $N(\mu, 200^2)$ 的假定下，当原假设 $H_0: \mu = 1\,550$ 成立时，建立检验统计量 $Z = \dfrac{\bar{X} - 1\,550}{200/\sqrt{n}}$，那么 Z 就服从标准正态分布 $N(0, 1)$。

在具体问题里，选择什么统计量作为检验统计量，需要考虑的因素与参数估计相同。例如，用于检验的样本是大样本还是小样本，总体方差是已知还是未知等，在不同条件下应选择不同的检验统计量。

3. 规定显著性水平　，确定 H_0 的拒绝域

当原假设 $H_0: \mu = \mu_0$ 成立时，检验统计量 U 服从标准正态分布 $N(0, 1)$，那么给定显著性水平 $\alpha(0 < \alpha < 1)$，按双边检验，在标准正态分布表中查得临界值 $z_{\frac{\alpha}{2}}$，使得

$$P\{|Z| \geqslant z_{\frac{\alpha}{2}}\} = \alpha$$

或者

$$P\{-z_{\frac{\alpha}{2}} \leqslant Z \leqslant z_{\frac{\alpha}{2}}\} = 1 - \alpha$$

若由子样 $(X_1, X_2, \cdots, X_n)$ 的一组观察值 $(x_1, x_2, \cdots, x_n)$ 算得统计量 Z 的值 z 落在 $(-\infty, -z_{\frac{\alpha}{2}})$ 或 $(z_{\frac{\alpha}{2}}, \infty)$ 时，则拒绝或否定 H_0，$(-\infty, -z_{\frac{\alpha}{2}})$ 及 $(z_{\frac{\alpha}{2}}, \infty)$ 组成 H_0 的拒绝域，称 $z_{\frac{\alpha}{2}}$ 为临界值。

4. 计算实际检验量

在本节统计实例中，

$$z=\frac{\bar{X}-\mu_0}{\sigma/\sqrt{n}}=\frac{1\ 650-1\ 550}{200/\sqrt{25}}=2.5$$

5. 判断

将实际检验量的数值与临界值比较，以确定接受或拒绝 H_0 。在本节统计实例中，$z_\alpha=u_{0.05}=1.645$ 。实际检验量 u 之值大于临界值 1.645 ，即落入拒绝域，故拒绝 $H_0:\mu=1\ 550$，接受假设 $H_1:\mu>1\ 550$ ，即可认为采用新工艺后日光灯管的平均寿命有显著性提高。

7.2 正态总体的参数检验

7.2.1 一个正态总体的参数检验

1. 总体均值的检验

1）正态总体且方差 σ^2 已知

【统计实例】

某厂生产一种耐高温的零件，根据质量管理资料，在以往一段时间里，零件抗热的平均温度是1 250℃，零件抗热温度的标准差是 150℃。在最近生产的一批零件中，随机测试了 100 个零件，其平均抗热温度为 1 200℃。该厂能否认为最近生产的这批零件仍然符合产品质量要求，而承担的生产者风险为 0.05。

解：分析题意可知，该厂检验的目的是希望这批零件的抗热温度高于 1 250℃，而低于 1 250℃的应予拒绝，因此这是一个单边左检验问题。

① 提出假设：$H_0:\mu\geqslant 1\ 250$，$H_1:\mu<1\ 250$ 。

② 建立检验统计量为

$$Z=\frac{\bar{X}-\mu_0}{\sigma/\sqrt{n}}$$

③ 根据给定的显著性水平 $\alpha=0.05$ ，查表得临界值 $-z_{0.05}=-1.645$ ，因此拒绝域为 $(-\infty,-1.645)$。

④ 计算检验量的数值

$$z=\frac{\bar{X}-\mu_0}{\sigma/\sqrt{n}}=\frac{1\ 200-1\ 250}{150/\sqrt{100}}=-3.33$$

⑤ 因为 $-3.33\in(-\infty,-1.645)$ ，落入拒绝域，故拒绝原假设或接受备择假设，认为最近生产的这批零件的抗高温性能低于 1 250℃，不能认为产品符合质量要求。

2）大样本，总体分布和总体方差 σ^2 未知

在大样本的条件下，不论总体是否服从正态分布，由中心极限定理可知，样本均值 $\bar{X}$ 近似服从正态分布 $N(\mu,\frac{\sigma^2}{n})$ ，（ μ 为总体均值，σ^2 为总体方差，n 为样本容量）。总体方差未知

时，可用大样本方差 $S_{n-1}^2=\frac{1}{n-1}\sum_{i=1}^{n}(X_i-\bar{X})^2$ 代替总体方差 σ^2 来估计。所以总体均值的检验量为

$$Z=\frac{\bar{X}-\mu_0}{\frac{S_{n-1}}{\sqrt{n}}}$$

【统计实例】

某阀门厂的零件需要钻孔，要求孔径 10 厘米，孔径过大过小的零件都不合格。为了测试钻孔机是否正常，随机抽取了 100 件钻孔的零件进行检验，测得 $\bar{X}=9.6$ 厘米，$s=1$ 厘米。给定 $\alpha=0.05$，检验钻孔机的操作是否正常。

解：从题意可知，这是一个总体均值的双边检验问题。

① 提出假设：H_0：$\mu=10$，H_1：$\mu\neq10$。

② 建立检验统计量：

$$Z=\frac{\bar{X}-\mu_0}{\frac{S_{n-1}}{\sqrt{n}}}$$

③ 由给定的显著性水平 $\alpha=0.05$，查表得临界值 $\pm z_{\alpha/2}=\pm1.96$，因此拒绝域为 $(-\infty,-1.96)$ 及 $(1.96,\infty)$。

④ 计算实际检验量的数值：

$$z=\frac{\bar{X}-\mu_0}{\frac{S_{n-1}}{\sqrt{n}}}=\frac{9.6-10}{\frac{1}{\sqrt{100}}}=-4$$

⑤ 因为 $-4\in(-\infty,-1.96)$，落入拒绝域，故应拒绝原假设 H_0，接受 H_1，认为零件的孔径偏离了 10 厘米的合格要求，且偏小。这说明钻孔机的操作已不正常，应进行调试。

3）小样本，正态总体且方差 σ^2 未知

当总体服从正态分布 $N(\mu,\sigma^2)$，μ 和 σ^2 为未知参数，小样本时，要检验 H_0 的统计量是自由度为 $n-1$ 的 t 分布：

$$t=\frac{\bar{X}-\mu_0}{\frac{S_{n-1}}{\sqrt{n}}}=0$$

【统计实例】

某日用化工厂用一种设备生产香皂，其厚度要求为 5 厘米，今欲了解设备的工作性能是否良好，随机抽取 10 块香皂，测得平均厚度为 5.3 厘米，标准差为 0.3 厘米，试分别以 0.01、0.05 的显著性水平检验设备的工作性能是否合乎要求。

解：根据题意，香皂的厚度指标可以认为是服从正态分布的，但总体方差未知，且为小样本。这是一个总体均值的双边检验问题。

① 提出假设：H_0：$\mu=5$（合乎质量要求），H_1：$\mu\neq5$（不合乎质量要求）。

② 建立检验统计量：

由题目的条件，检验统计量为

$$t=\frac{\bar{X}-\mu_0}{\frac{S_{n-1}}{\sqrt{n}}}$$

③ 当 $\alpha=0.01$ 和自由度 $n-1=9$，查表得 $t_{\alpha/2}(9)=3.2498$，拒绝域为 $(-\infty,-3.2498)$ 及 $(3.2498,\infty)$，接受域为 $(-3.2498,3.2498)$。

当 $\alpha=0.05$ 和自由度 $n-1=9$，查表得 $t_{\alpha/2}(9)=2.2622$，拒绝域为 $(-\infty,-2.2622)$ 及 $(2.2622,\infty)$。

④ 计算实际检验量的值：

$$t=\frac{\bar{X}-\mu_0}{s/\sqrt{n}}=\frac{5.3-5}{0.3/\sqrt{10}}\approx 3.16$$

⑤ 当 $\alpha=0.01$ 时，$3.16\in(-3.2498,3.2498)$，落入接受域，故接受原假设 H_0，认为在 $\alpha=0.01$ 的显著性水平下，设备的工作性能尚属良好。当 $\alpha=0.05$ 时，$3.16\in(2.2622,\infty)$，落入了拒绝域，因此要拒绝原假设 H_0，认为在 $\alpha=0.05$ 的显著性水平下，设备的性能与良好的要求有显著性差异。

同样的检验数据，检验的结论不同，这似乎是矛盾的。其实不然，当在显著性水平 $\alpha=0.01$ 时接受原假设，只能是认为在规定的显著性水平下，尚不能否定原假设。接受 H_0，并不意味着有绝对的把握保证 H_0 为真。从此例看出，在95%的置信水平上否定原假设，并不一定能在99%的置信水平上否定原假设。

2. 总体比例的检验

在实际问题中，检验总体中具有某种特征的个体所占的比例是否为某个假设值 p_0，是经常遇到的，如一批产品中的次品率，适龄儿童的入学率，电视节目的收视率等。由中心极限定理可知，在大样本的情况下，样本比例 $\hat{p}$ 渐进服从正态分布，因而可用 Z 统计量进行检验。

$$Z=\frac{\hat{p}-p_0}{\sqrt{\frac{p_0(1-p_0)}{n}}}$$

【统计实例】

一项社会调查结果指出某市老年人口的比重为 14.7%，该市老年人口研究会为了检验调查结果的可靠程度，随机抽选了该市 400 名居民，其中有 57 名年龄在 65 岁以上的老年人。在给定显著性水平 $\alpha=0.05$ 下，调查结果是否支持该市老年人口的比重为 14.7%的看法?

解：这是一个有关总体比例的双边检验问题。

① 提出假设：H_0：$p=14.7\%$，H_1：$p\neq 14.7\%$。

② 计算子样比例 $\hat{p}=\frac{57}{400}=14.25\%$ 及实际检验量：

$$z=\frac{\hat{p}-p_0}{\sqrt{\frac{p_0(1-p_0)}{n}}}=\frac{0.1425-0.147}{\sqrt{\frac{0.147(1-0.147)}{400}}}\approx -0.254$$

③ 当 $\alpha=0.05$ 时，查正态分布表，得临界值 $z_{0.05/2}=\pm 1.96$。

④ 由于 $|z|\leqslant|z_{\alpha/2}|$，故接受 H_0，所以调查结果在 95%的概率保证程度下支持该市老年人口的比重为 14.7%的看法。

7.2.2 两个正态总体的参数检验

在许多实际问题和科学研究中，常常需要比较两个总体的参数，看它们是否有显著性的差别。例如，两个试验品种的农作物产量是否有明显的差异；在相同的年龄组中，高学历和低学历的职工收入是否有差异；两种农药杀虫效果的比较，等等。对此，可以利用两个正态总体的参数检验寻求答案。

1. 两个总体均值之差的抽样分布

两个总体均值之差的分布一般有以下三种情形。

(1) 当两个正态总体方差已知时，两总体均值之差的抽样分布为

$$Z=\frac{(\bar{X}_1-\bar{X}_2)-(\mu_1-\mu_2)}{\sqrt{\frac{\sigma_1^2}{n_1}+\frac{\sigma_2^2}{n_2}}}\sim N(0,1)$$

(2) 当两个总体分布和总体方差未知，两个均为大样本时，两总体均值之差的抽样分布为

$$Z=\frac{(\bar{X}_1-\bar{X}_2)-(\mu_1-\mu_2)}{\sqrt{\frac{S_{1n_1}^2}{n_1}+\frac{S_{2n_2}^2}{n_2}}}\sim N(0,\ 1)$$

(3) 当两个正态总体方差未知(但方差相等)，两个均为小样本时，两总体均值之差的抽样分布为

$$t=\frac{(\bar{X}_1-\bar{X}_2)-(\mu_1-\mu_2)}{S_w\sqrt{\frac{1}{n_1}+\frac{1}{n_2}}}\sim t(n_1+n_2-2)$$

$$S_w^2=\frac{(n_1-1)S_{1n_1}^2+(n_2-1)S_{2n_2}^2}{n_1+n_2-2},\ S_w=\sqrt{S_w^2}$$

2. 两个总体均值之差的检验

在对两个总体均值之差进行假设检验时，假设的形式一般有以下三种。

$$H_0:\mu_1=\mu_2,\ H_1:\mu_1\neq\mu_2$$
$$H_0:\mu_1\leqslant\mu_2,\ H_1:\mu_1>\mu_2$$
$$H_0:\mu_1\geqslant\mu_2,\ H_1:\mu_1<\mu_2$$

【统计实例】

在一项社会调查中，要比较两个地区居民的人均年收入。根据以往的资料，甲、乙两类地区居民人均年收入的标准差分别为 $\sigma_1=5\ 365$ 元和 $\sigma_2=4\ 740$ 元。现从两地区的居民中各随机抽选 100 户居民，调查结果：甲地区人均年收入 $\bar{X}_1=30\ 090$ 元，乙地区人均年收入为 $\bar{X}_2=28\ 650$ 元。试问，当 $\alpha=0.05$ 时，甲、乙两类地区居民的人均年收入水平是否有显著性的差别。

解：这是两个总体均值之差的显著性检验，没有涉及方向，所以是双边检验。由于两个样本均为大样本且总体方差已知，因而可用检验统计量：

$$Z=\frac{(\bar{X}_1-\bar{X}_2)-(\mu_1-\mu_2)}{\sqrt{\frac{\sigma_1^2}{n_1}+\frac{\sigma_2^2}{n_2}}}\sim N(0,\ 1)$$

① 提出假设：H_0：$\mu_1=\mu_2$，H_1：$\mu_1\neq\mu_2$。

② 根据子样计算实际检验量的值：

$$z=\frac{(\bar{X}_1-\bar{X}_2)-(\mu_1-\mu_2)}{\sqrt{\frac{\sigma_1^2}{n_1}+\frac{\sigma_2^2}{n_2}}}=\frac{(30\ 090-28\ 650)}{\sqrt{\frac{5\ 365^2}{100}+\frac{4\ 740^2}{100}}}\approx 2.05$$

③ 当 $\alpha = 0.05$ 时，查正态分布表得 $z_{\alpha/2} = \pm 1.96$ 。

④ 因为 $z = 2.05 > 1.96$ ，故拒绝 H_0 ，认为甲、乙两类地区居民的人均年收入有显著性差异。

【统计实例】

某车间比较用新、旧两种不同的工艺流程组装一种电子产品所用的时间是否有差异，已知两种工艺流程组装产品所用的时间服从正态分布，且 $\sigma_1^2 = \sigma_2^2$ 。第一组有 10 名技工用旧工艺流程组装产品，平均所需时间 $\overline{X}_1 = 27.66$ 分钟，子样标准差 $s_1 = 12$ 分钟，另一组有 8 名技工用新工艺流程组装产品，平均所需时间 $\overline{X}_2 = 17.6$ 分钟，标准差 $s_2 = 10.5$ 分钟。试问用新、旧两种不同工艺流程组装电子产品，哪一种工艺方法所需时间更少？（ $\alpha = 0.05$）

解：由题意知，总体方差 σ_1^2 、σ_2^2 未知，但两者相等。两样本均为小样本，故用 t 作检验统计量：

$$t = \frac{(\overline{X}_1 - \overline{X}_2) - (\mu_1 - \mu_2)}{S_w\sqrt{\dfrac{1}{n_1} + \dfrac{1}{n_2}}} \sim t(n_1 + n_2 - 2)$$

$$S_w^2 = \frac{(n_1 - 1)s_1^2 + (n_2 - 1)s_2^2}{n_1 + n_2 - 2}$$

① 提出假设，若 $\mu_1 - \mu_2 = 0$ ，则表示两种工艺方法在所需时间上没有显著差异；若 $\mu_1 - \mu_2 > 0$ ，则表示用新工艺方法所需时间少，所以，单边右检验：

$$H_0: \mu_1 - \mu_2 \leqslant 0$$

$$H_1: \mu_1 - \mu_2 > 0$$

② 由已知条件，$\overline{X}_1 = 27.66$，$\overline{X}_2 = 17.6$，$s_1^2 = 12$，$s_2^2 = 10.5$，$n_1 = 10$，$n_2 = 8$，计算检验量的值：

$$S_w^2 = \frac{(n_1 - 1)s_1^2 + (n_2 - 1)s_2^2}{n_1 + n_2 - 2} = \frac{(10 - 1)\,12^2 + (8 - 1)\,10.5^2}{10 + 8 - 2} = 129.23$$

$$S_w = \sqrt{129.23} \approx 11.37$$

$$t = \frac{(\overline{X}_1 - \overline{X}_2) - (\mu_1 - \mu_2)}{S_w\sqrt{\dfrac{1}{n_1} + \dfrac{1}{n_2}}}$$

$$= \frac{(27.66 - 17.6) - 0}{11.37\sqrt{\dfrac{1}{10} + \dfrac{1}{8}}} \approx 1.867$$

③ 当 $\alpha = 0.05$ 时，t 的自由度为 $n_1 + n_2 - 2 = 10 + 8 - 2 = 16$， 查 t 分布表，临界值为 $t_{0.05}(16) = 1.7459$ ，拒绝域为 $(1.7459, \infty)$ ，因 $1.867 \in (1.7459, \infty)$ 落入拒绝域，所以拒绝 H_0 ，接受 H_1 ，认为新工艺流程组装产品所用时间更少。

3. 两个总体比例之差的检验

两个总体比例之差的检验与两个总体均值之差的检验一样，所不同的只是比较的两个总体都是两点（0－1）分布的总体，即将两个总体中具有某种特征的个体的比例进行比较。设这两个总体中具有某种特征的个体的比例分别为 p_1 和 p_2 ，但 p_1 和 p_2 未知，可用子样比例 $\hat{p}_1$ 和 $\hat{p}_2$ 代替。在 6.3 节已给出了两个子样比例之差 $\hat{p}_1 - \hat{p}_2$ 的抽样分布，为近似地服从以 $p_1 - p$ 为期望，以 $\dfrac{p_1(1 - p_1)}{n_1} + \dfrac{p_2(1 - p_2)}{n_2}$ 为方差的正态分布。当检验两个总体比例之差等于 0，还是不等于 0 时，检验统计量的公式略有变化。

(1) 假设为

$$H_0: p_1 - p_2 = 0$$

$$H_1: p_1 - p_2 \neq 0$$

则检验统计量为

$$Z=\frac{(\hat{p}_1-\hat{p}_2)-(p_1-p_2)}{\sqrt{\hat{p}(1-\hat{p})(\frac{1}{n_1}+\frac{1}{n_2})}}$$

其中 $\hat{p}_1=\frac{X_1}{n_1},\hat{p}_2=\frac{X_2}{n_2},\hat{p}=\frac{X_1+X_2}{n_1+n_2}$，两个子样比例均为大样本，且 n_1p_1、$n_1(1-p_1)$、n_2p_2、$n_2(1-p_2)$ 均大于 5。

【统计实例】

某保险公司为了解吸烟人群中犯心脏病的比例是否显著高于不吸烟的人群犯心脏病的比例，作了一项调查。调查对象为 50 岁的男性(吸烟每天至少要吸一包)。结果 80 名吸烟者中有 20 名犯过心脏病，120 名不吸烟的人中有 15 名犯过心脏病。试以 $\alpha=0.05$ 的显著性水平推断吸烟人群与不吸烟人群中犯心脏病的比例是否有显著性差异。

解：由题意可知，这是一个单边右检验。令

p_1 表示吸烟人群中犯心脏病的比例，p_2 表示不吸烟人群中犯心脏病的比例。

$\hat{p}_1=\frac{X_1}{n_1}=\frac{20}{80}=0.25$ 为吸烟人群犯心脏病的子样比例，$\hat{p}_2=\frac{X_2}{n_2}=\frac{15}{120}=0.125$ 为不吸烟人群犯心脏病的子样比例。

① 提出假设：H_0：$p_1-p_2\leqslant 0$，H_1：$p_1-p_2>0$。

② 根据子样数据计算检验量的值：

$$\hat{p}=\frac{X_1+X_2}{n_1+n_2}=\frac{20+15}{80+120}=0.175$$

$$z=\frac{(\hat{p}_1-\hat{p}_2)-(p_1-p_2)}{\sqrt{\hat{p}(1-\hat{p})(\frac{1}{n_1}+\frac{1}{n_2})}}=\frac{(0.25-0.125)-0}{\sqrt{0.175(1-0.175)(\frac{1}{80}+\frac{1}{120})}}\approx 2.28$$

③ 当 $\alpha=0.05$ 时，查正态分布表得 $z_{0.05}=1.645$，拒绝域为 $(1.645,\infty)$。因为 $z=2.28\in(1.645,\infty)$ 落入拒绝域，故拒绝 H_0，接受 H_1，认为吸烟的人群中犯心脏病的比例要高于不吸烟的人群，表明吸烟与不吸烟的人群中犯心脏病的比例有显著性的差异。

(2) 当假设为 H_0：$p_1-p_2=d_0$，H_1：$p_1-p_2\neq d_0$。

则检验统计量为

$$Z=\frac{(p_1-p_2)-d_0}{\sqrt{\frac{p_1(1-p_1)}{n_1}+\frac{p_2(1-p_2)}{n_2}}}$$

【统计实例】

某市教育和卫生部门组成联合调查组，对城区初中的男生和女生中近视的人数比例作调查。在初中男生中随机抽查 60 人，有 18 人近视，在初中女生中抽查 40 人，有 14 人近视。当显著性水平为 $\alpha=0.05$ 时，是否可以认为城区初中的男生近视的比例要低于女生近视的比例。

解：做假设检验，令

p_1 表示初中男生近视的比例；p_2 表示初中女生近视的比例。

$H_0:p_1-p_2\geqslant 0$，表示男生和女生近视的人数比例没有显著差异。

$H_1:p_1-p_2<0$，表示男生近视的比例低于女生近视的比例。

由题意知，$\hat{p}_1=\frac{18}{60}=0.3,\hat{p}_2=\frac{14}{40}=0.35$。

实际检验统计量的值为

$$z=\frac{(\hat{p}_1-\hat{p}_2)-(p_1-p_2)}{\sqrt{\frac{\hat{p}_1(1-\hat{p}_1)}{n_1}+\frac{\hat{p}_2(1-\hat{p}_2)}{n_2}}}$$

$$=\frac{(0.30-0.35)-0}{\sqrt{\frac{0.3(1-0.3)}{60}+\frac{0.35(1-0.35)}{40}}}\approx -0.52$$

这是一个单边左检验，当 $\alpha=0.05$ 时，临界值为负的，查表得 $z_{0.05}=-1.645$，拒绝域为 $(-\infty,-1.645)$，$u=-0.52>-1.645$，故接受 H_0，拒绝 H_1，即尚不能认为该市城区初中男生近视的人数比例要低于初中女生近视的比例。

7.3 Excel在假设检验中的应用

本节介绍的总体参数假设检验包括一个正态总体和两个正态总体的参数检验。对于一个正态总体参数的检验，熟悉Excel的读者，可参照第6章的案例构造一张假设检验的Excel工作表，进行检验，限于篇幅这里不再介绍。下面分别就 Z 检验法和 t 检验法来介绍Excel在两个正态总体均值之差的检验中的应用。

7.3.1 Z检验法

设有两个正态总体，且为大样本，方差 σ_1^2 和 σ_2^2 已知，要求作两个总体均值之差的检验。

【统计实例】

为了评价A、B两厂生产的同一种轻型材料的抗压强度，分别从A、B两厂生产的材料中随机抽取样品。从A厂生产的材料中抽取了30个样品，从B厂生产的材料中抽取40个样品。根据以往的资料，A、B两厂生产的材料的抗压强度的方差分别为 $\sigma_A^2=64$ 和 $\sigma_B^2=100$。根据以上抽样结果(表7-2)，检验两厂生产的这种轻型材料的抗压强度是否有显著性差异(设 $\alpha=0.05$)。

表7-2 A、B两厂材料样品的抗压强度 （单位：千克/平方米）

A厂	85	87	73	64	97	70	74	88	92	73	83	89	82	76	90	94	72	86	74	88	87
	91	84	76	83	84	79	78	91	85												
B厂	91	84	66	93	75	66	85	65	78	85	74	83	79	75	64	76	80	83	91	78	87
	57	99	78	62	59	84	89	79	84	82	82	70	93	70	79	64	85	72	89		

解：首先将表7-2中A、B两厂的样品数据分别输入到Excel工作表中的A1：A30和B1：B40单元格。

1) 提出假设

$$H_0:\mu_1=\mu_2$$
$$H_1:\mu_1\neq\mu_2$$

2) 用Excel进行计算分析

① 选择“工具”→“数据分析”选项，在分析工具中选择“Z检验：二样本平均差检验”选项；

② 当出现对话框后，在“变量1的区域”文本框内输入A1：A30；在“变量2的区域”文本框内输入B1：B40；在“假设平均差”文本框内输入0；在“变量1的区域”文本框内输入64；在“变量2的区域”文本框内输入100；在“ ”文本框内输入0.05；在“输出选项”中选择输出区域(在此选择“新工作表”)。

单击“确定”按钮，输出图 7-7 的计算结果。

A1 ▾ fx z-检验：双样本均值分析

	A	B	C	D	E
1	z-检验：双样本均值分析				
2					
3		变量 1	变量 2		
4	平均	82.5	78.375		
5	已知协方差	64	100		
6	观测值	30	40		
7	假设平均差	0			
8	z	1.91636			
9	P(Z<=z) 单	0.02766			
10	z 单尾临界	1.644854			
11	P(Z<=z) 双	0.055319			
12	z 双尾临界	1.959964			

图 7-7　Z 检验：二样本平均差检验

由于 $z=1.91636<z_{\alpha/2}=1.95996$，所以接受 H_0。即认为 A、B 两厂生产的这种材料的抗压强度没有显著性差异。

7.3.2　*t* 检验法

有两个正态总体，方差 σ_1^2 和 σ_2^2 未知，且为小样本，作两个总体均值之差的检验。

【统计实例】

工厂的管理人员对组装新产品的两种方法所需要的时间(单位：分钟)进行测试，他们认为顺序的合理是节约时间、提高效率的关键。从采用方法 A 和方法 B 的两组工人中，各随机抽取 8 个工人，测试的结果见表 7-3。假设组装的时间服从正态分布，试以 0.05 的显著性水平比较两种组装方法是否有显著性差异。

表 7-3　组装产品所用的时间　　(单位：分钟)

工人	方法 A	方法 B
1	8.2	8.8
2	5.3	9.5
3	10.8	11.3
4	9.7	8
5	6.5	8.3
6	5.1	7.5
7	6	9.3
8	8	10.9

解：选择“工具”→“数据分析”选项，在分析工具中选择“*t* 检验：平均值的成对二样本分析”选项。

在出现的对话框中，在“变量 1 的区域”文本框内输入 A2：A9；在“变量 2 的区域”文本框内输入 B2：B9；在“假设平均差”文本框内输入 0；在“α”文本框内输入 0.05；在“输出选项”中选择区域(新工作表)；单击“确定”按钮，计算结果输出见图 7-8。

A1 fx t-检验：成对双样本均值分析

	A	B	C	D	E
1	t-检验：成对双样本均值分析				
2					
3		变量 1	变量 2		
4	平均	7.45	9.2		
5	方差	4.328571	1.814286		
6	观测值	8	8		
7	泊松相关:	0.460325			
8	假设平均:	0			
9	df	7			
10	t Stat	-2.62231			
11	P(T<=t) 单	0.017147			
12	t 单尾临!	1.894579			
13	P(T<=t) 双	0.034294			
14	t 双尾临!	2.364624			

图7-8　*t* 检验：二样本平均差检验

由于 $t=-2.62231<t_{\alpha/2}=2.3646$，所以接受 H_0，认为两种组装方法没有显著性差异。

本章小结

假设检验是统计推断的一类重要问题，同参数估计一样都是统计课程的重点。本章着重介绍假设检验的基本概念和原理，以及假设检验的一般方法和步骤。具体来说，就是两类假设(原假设与备择假设)、两类错误(弃真错误与取伪错误)、显著性水平、拒绝域和接受域等基本概念，然后比较详细地就 Z 检验法和 t 检验法，对一个正态总体和两个正态总体的参数检验分别作了介绍。并列举案例，介绍以 Excel 为工具进行假设检验的方法与步骤。

职业能力训练

一、单项选择题

1. 某茶厂规定其盒装的茶叶每盒的平均重量不低于 500 克，否则不能出厂。现对一批盒装的茶叶进行检验，要求其规定的可靠性要达到 99%，其原假设和备择假设应该是（　　）。

   A. H_0：$\mu=500$，H_1：$\mu\neq500$　　B. H_0：$\mu\leqslant500$，H_1：$\mu>500$

   C. H_0：$\mu\geqslant500$，H_1：$\mu<500$　　D. H_0：$\mu>500$，H_1：$\mu\leqslant500$

2. 在假设检验中，显著性水平是指(　　)。

   A. 原假设为真时被拒绝的概率　　B. 原假设为假时被接受的概率

   C. 原假设为真时被接受的概率　　D. 原假设为假时被拒绝的概率

3. 在一次假设检验中，当显著性水平 $\alpha=0.05$，H_0 被接受时，则用（　　）。

   A. 一定会被接受　　B. 一定不会被接受

   C. 可能会被接受　　D. 必须从新检验

4. 假设检验是检验(　　)的假设值是否成立。

   A. 样本指标　　B. 总体指标

C. 样本方差　　D. 样本平均数

5. 针对假设检验和区间估计之间的关系，下列说法正确的是(　　)。

A. 概念不同，但实质相同　　B. 两者完全没有关系

C. 两者存在相互对应关系　　D. 不能从数量上讨论它们之间的对应关系

二、多项选择题

1. 根据样本指标分析总体的假设值是否成立的方法称为(　　)。

A. 抽样估计　　B. 假设检验　　C. 统计抽样

D. 显著性检验　　E. 统计检验法

2. 假设检验的两类错误是指(　　)。

A. 弃真错误　　B. 弃假错误　　C. 取伪错误

D. 取假错误　　E. 计算错误

3. 下列正确的假设与备择假设有(　　)。

A. H_0：$\mu=\mu_0$，$H_1=\mu\neq\mu_0$　　B. H_0：$\mu\leqslant\mu_0$，H_1：$\mu>\mu_0$

C. H_0：$\mu\geqslant\mu_0$，H_1：$\mu<\mu_0$　　D. H_0：$\mu\geqslant\mu_0$，H_1：$\mu>\mu_0$

4. 假设检验的一般步骤是(　　)。

A. 提出原假设和备择假设　　B. 建立检验统计量

C. 规定显著性水平 α，确定 H_0 的拒绝域　　D. 计算实际检验量

E. 判断

5. 总体平均数的假设检验方法通常有(　　)。

A. 检验法　　B. U 检验法　　C. T 检验法

D. F 检验法　　E. 几何检验法

6. 一般来说，正态总体均值检验有下列几种情况(　　)。

A. 正态总体且方差已知

B. 正态总体且方差未知

C. 大样本，总体分布和总体方差未知

D. 大样本，总体分布和总体方差已知

E. 小样本，正态总体且方差未知

三、判断题

1. 检验主要是检验在抽样条件下所得到的样本指标是否真实。(　　)

2. 正态总体有两个参数，一个是均值(期望值)，一个是方差，这两个参数确定以后，一个正态分布也就确定了。(　　)

3. 原假设接受与否，与选择的检验统计量有关，与显著性水平无关。(　　)

4. 假设检验是一种决策方法，使用它不犯错误。(　　)

5. 在假设检验中，不拒绝原假设意味着没有证据证明原假设是错误的。(　　)

四、计算分析题

1. 某自动生产线在正常生产条件下有 2% 的产品是次品，一个质量检验员每小时抽取 5 件产品作检验，规定发现一个次品就拒绝。

要求：(1) 试建立原假设和备择假设。

(2) 说明检验统计量是什么。

(3) 给出接受域和拒绝域，并分别计算接受和拒绝的概率。

2. 某种电子元件，要求其使用寿命不得低于700小时。现从一批这种元件中随机抽取36件，测得其平均使用寿命为680小时。已知该元件寿命服从正态分布$\sigma=60$小时，试在显著性水平$\alpha=0.05$下，确定这批元件是否合格。

3. 某糖厂用自动打包机包装，每包标准重量为100千克。每天需要检验一次打包机包装是否正常。某日在打包机工作时，随机测得9包重量如下。

98.3　100.5　102.1　99.5　101.2　99.7　100.5　98.7　99.3

已知包重服从正态分布，试检验该日打包机的工作是否正常($\alpha=0.05$)。

4. 某厂家在广告中声称，该厂生产的汽车轮胎在正常条件下的平均行驶里程要高于25 000千米。在该厂生产的轮胎中随机抽取15只作试验，结果样本均值和标准差分别为27 000千米和5 000千米。假设轮胎寿命服从正态分布。在置信度$\alpha=0.05$时，试问厂家的广告是否真实。

5. 某药厂生产一种减肥药，欲了解该减肥药对不同的年龄群是否有差异，从40岁以上的人群中抽12人，经试验平均减肥4.04千克，标准差1.86千克；在40岁以下的人群中抽12人，平均减肥5.13千克，标准差1.72千克。试用显著性水平检验40岁上下不同年龄人群的减肥效果是否有差异。

第8章

统计指数

TONGJI ZHISHU

【学习目标】

知识目标：理解统计指数的概念及分类；理解指数体系和因素分析的概念；掌握综合指数、平均指数的编制方法及因素分析方法；了解几种常用的经济指数。

能力目标：能够使用统计指数描述社会经济现象；能够从相对数和绝对数两方面对社会经济现象的变动进行因素分析。

【案例导入】

居民消费价格指数，英文缩写为CPI，是根据与居民生活有关的产品及劳务价格统计出来的物价变动指标，通常作为观察通货膨胀水平的重要指标。中国CPI构成和各部分比重，2011年最新调整为，食品31.79%、烟酒及用品3.49%、居住17.22%、交通通信9.95%、医疗保健个人用品9.64%、衣着8.52%、家庭设备及维修服务5.64%、娱乐教育文化用品及服务13.75%。

一、从2011年1月起，我国CPI开始计算以2010年为对比基期的价格指数序列。这是自2001年计算CPI定基价格指数以来，第二次进行基期例行更换，首轮基期为2000年，第二轮基期为2005年。调整基期，是为了更容易比较。因为对比基期越久，价格规格品变化就越大，可比性就会下降。选择逢0逢5年度作为计算CPI的对比基期，是为了与我国国民经济和社会发展五年规划保持相同周期，便于数据分析与使用。

二、根据2010年全国城乡居民消费支出调查数据以及有关部门的统计数据，按照制度规定对CPI权数构成进行了相应调整。其中居住提高4.22个百分点，食品降低2.21个百分点，烟酒降低0.51个百分点，衣着降低0.49个百分点，家庭设备用品及服务降低0.36个百分点，医疗保健和个人用品降低0.36个百分点，交通和通信降低0.05个百分点，娱乐教育文化用品及服务降低0.25个百分点。

三、根据各选中调查市县的2010年最新商业业态、农贸市场以及服务消费单位状况，按照国家统一规定的原则和方法，增加了1.3万个调查网点。采集全国CPI价格的调查网点(包括食杂店、百货店、超市、便利店、专业市场、专卖店、购物中心以及农贸市场与服务消费单位等)达到6.3万个。

四、各选中调查市县根据当地居民的消费水平、消费习惯按照国家统一规定的原则和方法，对部分代表规格品及时进行更新。

2011年6月，全国居民消费价格总水平同比上涨6.4%。其中，城市上涨6.2%，农村上涨7.0%；食品价格上涨14.4%，非食品价格上涨3.0%；消费品价格上涨7.4%，服务项目价格上涨4.0%。全国居民消费价格总水平环比上涨0.3%。其中，城市上涨0.2%，农村上涨0.4%；食品价格上涨0.9%，非食品价格持平；消费品价格上涨0.4%，服务项目价格持平。

【解析】

一、各类商品价格同比变动情况

食品类价格同比上涨14.4%，影响价格总水平上涨约4.26个百分点。其中，粮食价格上涨12.4%，影响价格总水平上涨约0.34个百分点；肉禽及其制品价格上涨32.3%，影响价格总水平上涨约1.94个百分点(猪肉价格上涨57.1%，影响价格总水平上涨约1.37个百分点)；鲜蛋价格上涨23.3%，影响价格总水平上涨约0.16个百分点；水产品价格上涨13.9%，影响价格总水平上涨约0.32个百分点；鲜菜价格上涨7.3%，影响价格总水平上涨约0.18个百分点；鲜果价格上涨9.8%，影响价格总水平上涨约0.19个百分点。

烟酒类价格同比上涨2.7%。其中，烟草价格上涨0.3%，酒类价格上涨6.6%。

衣着类价格同比上涨2.1%。其中，服装价格上涨2.3%，鞋价格上涨0.5%。

家庭设备用品及维修服务类价格同比上涨2.5%。其中，耐用消费品价格上涨0.5%，家庭服务及加工维修服务价格上涨11.4%。

医疗保健和个人用品类价格同比上涨3.4%。其中，西药价格下降0.5%，中药材及中成药价格上涨12.4%，医疗保健服务价格上涨0.6%。

交通和通信类价格同比上涨0.9%。其中，交通工具价格下降1.0%，车用燃料及零配件价格上涨14.7%，车辆使用及维修价格上涨4.2%，城市间交通费价格上涨2.9%，市区公共交通费价格上涨2.6%；通信工具价格下降12.9%。

娱乐教育文化用品及服务类价格同比上涨0.6%。其中，教育价格上涨1.6%，文娱费价格上涨1.9%，旅游价格上涨4.6%，文娱用耐用消费品及服务价格下降6.4%。

居住类价格同比上涨6.2%。其中，水、电、燃料价格上涨4.1%，建房及装修材料价格上涨5.4%，住房租金价格上涨5.9%。

据测算，在6月6.4%的涨幅中，去年价格上涨的翘尾因素约为3.7个百分点，今年新涨价因素约为2.7个百分点。

二、各类商品环比价格变动情况

6月，食品价格环比上涨0.9%，见表8-1，影响居民消费价格总水平环比上涨约0.28个百分点(5月食品价格环比下降0.3%，影响价格总水平环比下降约0.08个百分点)。其中，肉禽及其制品价格环比上涨6.3%，涨幅比5月扩大4.7个百分点，猪肉价格环比上涨11.4%，涨幅比5月扩大8.8个百分点；水产品价格环比上涨2.0%，涨幅比5月扩大1.5个百分点；鲜蛋价格环比上涨4.6%，但涨幅比5月回落0.5个百分点。上述三类食品价格上涨共同影响价格总水平环比上涨约0.52个百分点，其中猪肉环比价格上涨影响价格总水平环比上涨约0.36个百分点。

6月，鲜菜、鲜果价格环比继续下降，降幅分别为0.8%和13.5%，共同影响价格总水平环比下降约0.33个百分点，与5月基本相同。

6月，非食品价格与上月持平，减缓了居民消费价格总水平的上涨(5月非食品价格环比上涨0.2%，影响价格总水平环比上涨约0.16个百分点)。其中，烟酒、家庭设备用品及维修服务、医疗保健和个人用品等三类价格环比分别上涨0.2%、0.2%和0.3%，衣着、交通和通信、居住等三类价格环比分别下降0.2%、0.1%和0.1%。

表8-1　6月居民消费价格

指标	6月		1~6月
	环比涨跌幅	同比涨跌幅	同比涨跌幅
居民消费价格	0.3%	6.4%	5.4%
其中：城市	0.2%	6.2%	5.2%
农村	0.4%	7.0%	5.9%
其中：食品	0.9%	14.4%	11.8%
非食品	0.0%	3.0%	2.7%
其中：消费品	0.4%	7.4%	5.9%
服务项目	0.0%	4.0%	4.1%
分类别			
食品	0.9%	14.4%	11.8%
烟酒及用品	0.2%	2.7%	2.3%
衣着	−0.2%	2.1%	1.0%
家庭设备用品及维修服务	0.2%	2.5%	2.0%
医疗保健和个人用品	0.3%	3.4%	3.2%
交通和通信	−0.1%	0.9%	0.3%
娱乐教育文化用品及服务	0.0%	0.6%	0.6%
居住	−0.1%	6.2%	6.3%

8.1　统计指数的概念和种类

8.1.1　统计指数的概念

指数起源于人们对价格动态的关注。

【统计实例】

人们关注的今天的面包价格与昨天的面包价格相比的变化，或者今天的面包、鸡蛋、香肠等价格与昨天的面包、鸡蛋、香肠等价格相比的变化。

统计指数是在研究社会经济现象的数量关系，分析社会经济现象在不同时间、空间、条件下数量的变动情况，测定有关因素影响的方向、程度的过程中产生的。在18世纪后半期，人们将反映不同时期商品价格涨跌情况的相对数称为价格指数。其后，指数的应用范围不断扩大，其含义和内容也随之发生了变化。从内容上看，指数由单纯反映一种现象的相对变动，到反映多种现象的综合变动；从对比的场合上看，指数由单纯的不同时间的对比分析，到不同空间的对比分析等。

统计指数有广义和狭义之分。从广义上说，凡是说明同类现象数量变动情况的相对数都称为统计指数。它包括简单现象数量变动的相对数和复杂现象数量变动的相对数。简单现象数量指的是有共同的计量单位，其标志值可以直接加总计算的数量，如某一产品的价格、产量、成本等。复杂现象数量指的是没有共同计量单位，其标志值不能直接加总计算的数量，如某一企业所有不同产品的价格、产量、成本等。因此，前面讲过的动态相对数、比较相对数、计划完成程度相对数都可以称为统计指数。但是通常所说的统计指数是狭义概念的指数，它是反映不能直接加总计算的多种事物或现象数量综合变动情况的相对数。本章主要讨论狭义指数的理论、编制方法及其在统计分析中的运用。

统计指数是一种特殊的相对数，它具有以下性质。

(1) 综合性。指数是反映一组变量在不同场合下的综合变动水平。在一组变量内，各变量的变化方向可能一致，也可能不一致，即使是同一变化方向也有变化快慢之分。总指数就是将这一组变量进行有机结合，反映其总体的综合变动状况。

(2) 相对性。指数是反映一组变量在不同场合下对比形成的相对数，它可以用于一组变量在不同时间上的动态对比，也可用于反映一组变量在不同空间上的静态比较。

(3) 平均性。指数是反映一组变量相对变动的代表性水平。这种平均性是以综合性为基础、与相对性相结合的，依据各变量的变动及其影响进行加权平均，用以揭示现象相对变动的一般水平。

8.1.2 统计指数的作用

1. 能综合反映复杂现象总的变动方向及变动幅度

统计指数是用百分数来表示的相对数，这个百分数大于或小于100%，反映社会经济现象数量上升或下降的变动方向；比100%大多少或小多少，则反映经济现象升或降的程度。例如，与2009年相比，2010年全国商品零售价格指数为104.1%，说明社会商品零售价格有涨有落，但总的来讲，涨了2.8%；又如，全国居民2010年与2009年相比的消费价格指数为103.32%，说明全国居民2010年所消费商品价格总水平比2009年上涨了3.9%。

2. 能分析和测定复杂现象总体中各因素对总量变动的影响方向和影响程度

在许多情况下，现象的总量指标是若干因素的乘积，例如：

(1) 商品销售额＝商品销售量×单位商品价格。

(2) 产品总成本=产品产量×单位产品成本。

(3) 生产费用总额=产量×单位产品的消费量×单位价格。

利用指数体系理论可以测定复杂社会经济现象总变动中，各构成因素的变动对现象总变动的影响情况，并对经济现象变化作综合评价。任何一个复杂社会经济现象的总体一般总是由多种因素构成的，如：销售额=价格×销售量。又如影响利润变化的各种因素有产品产量、产品销售量、产品成本、产品销售价格等。运用指数法编制商品零售价格指数和零售量指数，可以分析它们的变动对商品零售额变动的影响。编制产品产量指数、产品销售量指数、产品成本指数和产品销售价格指数等并分别对它们进行测定，根据各因素变动影响，可综合评价利润总额变动的情况。

3. 能用来研究复杂现象总体的长期变动趋势

一系列反映同类现象变动情况的指数形成指数数列，可以反映被研究现象的变动趋势。例如，根据1990～2005年共16年的零售商品价格资料，编制15个环比指数，从而构成价格指数数列。这样，就可以揭示价格的变动趋势，研究物价变动对经济建设和人民生活水平的影响程度。

此外，利用统计指数还可以进行地区经济综合评价、对比、研究计划执行情况。

8.1.3 统计指数的分类

1. 按研究范围不同

统计指数可分为个体指数、类(组)指数和总指数。

个体指数是表明复杂经济总体中个别要素变动情况的相对数。例如，某种商品销售量指数、个别商品的价格指数、单个产品的成本指数。个体指数通常记作K，例如：

$$\text{个体产品产量指数 } K_q=\frac{q_1}{q_0}$$

$$\text{个体产品成本指数 } K_z=\frac{z_1}{z_0}$$

$$\text{个体物价指数 } K_p=\frac{p_1}{p_0}$$

式中，q——产量；

z——单位产品成本；

p——商品或产品的单价；

下标1——报告期；

下标0——基期。

总指数是表明复杂经济总体中多种要素综合变动情况的相对数。例如，工业产品指数、商品零售价格指数、社会商品零售量指数、居民消费价格指数等都是总指数。

在个体指数与总指数之间还有组指数或类指数，就是把总指数反映的多种事物进行分类，按类进行统计的指数。例如，商品零售物价指数中的百货类零售价格指数、工业产品产量指数中的橡胶制品类产量指数等，它是表明复杂总体中某一类(组)现象的数量变动的相对数。

2. 按指数性质不同

统计指数可分为数量指标指数和质量指标指数。

数量指标指数是用来反映社会经济现象的数量或规模变动方向程度的指数。例如，产品产量指数、商品销售量指数等。

质量指标指数是用来反映社会经济现象质量、内涵变动情况的指数。例如，成本指数、物价指数、劳动生产率指数等。

3. 按照采用基期的不同

统计指数可分为定基指数和环比指数。

定基指数是反映社会经济现象的报告期数量与某一固定时期的数量进行对比的相对数。

环比指数是反映社会经济现象的报告期数量与其前一期的数量进行对比的相对数。

4. 按编制方法的不同

统计指数可分为综合指数、平均数指数和平均指标指数。

综合指数是通过同度量因素，将两个时期不能同度量的现象指标过渡到能够同度量的指标，然后再计算出的指数。它是总指数编制的基本形式。

平均数指数是从个体指数出发通过对个体指数加权平均计算而编制的指数。

平均指标指数是通过两个有联系的加权算术平均指标对比而计算出来的指数。

5. 按反映的时间状况不同

统计指数可分为动态指数和静态指数。

动态指数是说明现象在不同时间上发展变化情况的统计指数，如股票价格指数、社会商品零售价格指数、农副产品产量指数等。根据所选择基期的不同，动态指数又分为环比指数和定基指数。环比指数是指以报告期的前期为基期计算的统计指数。定基指数是指以某一固定时期为基期计算的统计指数。

静态指数是反映社会经济现象在同一时期不同空间对比情况的指数，如计划完成情况指数、地区经济综合评价指数等。

8.2 综合指数的编制

统计研究的对象主要是总体现象。因此，从研究对象的范围来看，主要是指总指数的编制。总指数的编制方法有综合指数、平均指标指数。

8.2.1 综合指数的概念与编制原则

1. 综合指数的概念

综合指数是计算总指数的基本形式，它是将两个同类不能同度量的复杂现象的数量转化为可同度量的数量，然后再进行对比求得说明复杂现象数量变动的相对数。很多事物由于计量单位不同，其数据不能直接加总，为了反映它们的总变动情况，就要把不能直接相加的总体过渡到能相加的总体。综合指数就是把不能直接相加的复杂现象，变成两个能够相加的总量指标，然后再进行对比而求得的总指数。

2. 综合指数的编制原则

综合指数的编制是先综合后对比。先综合就是不同度量不能直接加总，没有共同度量单位的各种不同事物的数量，过渡到能够度量、有共同度量单位、可以直接加总计算的过程。后对比就是将综合后的两个同类现象数量的总量进行比较计算的过程。这两个同类现象总量都是可以分解为两个或两个以上因素的量。这些众多因素又都可归纳为两类因素，一类是指数化因素，这是指数所要研究的对象，突出表现其变动情况的一个因素。另一类是同度量因素，这是指计算综合指数时，为了解决不能直接加总而引入使用的一个中介因素。同度量因素的作用有同度量(媒介)作用和权数作用。

如何设计综合指数的形式，关键是在经济联系中寻找同度量因素，而后再把它固定不变，以反映所要研究总体的某种因素的变化情况。归纳起来要解决以下两个问题：首先，将什么因素作为同度量因素是合理的？其次，把同度量因素固定在哪个时期是恰当的？

1）确定同度量因素

同度量因素的作用是把不能直接相加总的指标过渡为可以相加总的因素。究竟将什么因素作为同度量因素是合理的？

【统计实例】

某企业基期和报告期商品销售量和销售价格资料见表 8-2。

表 8-2　商品销售量和销售价格资料

商品名称	计量单位	销售量		价格/元	
		基期 q_0	报告期 q_1	基期 p_0	报告期 p_1
甲	件	48	60	20	20
乙	千克	50	60	10	8
丙	米	20	18	30	36

假如要编制商品销售量综合指数，因为：

(1) 三种商品销售量的计量单位不同，甲的是“件”、乙的是“千克”、丙的是“米”，不同单位的商品不能直接相加；

(2) 三种商品的价格是不同的，有的高，有的低，现在把它们的销售量简单相加，无异于把它们的价格同等看待，如此计算得出的销售量综合指数，显然与事实不符，因而是不科学的。

所以不能简单相加，用同度量因素(价格)把它过渡为销售额就可以相加了。

假如要编制商品价格综合指数，因为：

(1) 三种商品的价格表面上看起来相同，都是“元”，但实际上不一样，甲的是“元/件”，乙的是“元/千克”，丙的是“元/米”；

(2) 三种商品的销售量是不同的，有的大，有的小，现在把它们的价格简单相加，无异于把它们的销售量同等看待，如此计算得出的价格综合指数，显然与事实不符，因而是不科学的；

(3) 商品的计量单位是人为规定的，如果把甲的计量单位改为“百件”，乙的改为“吨”，丙的改为“尺”，用简单加总法得出的价格综合指数前后不同，这样，价格综合指数便没有确定的数值，这显然不符合事实，因而也是不科学的。

所以不能简单相加，用同度量因素(销售量)把单价过渡为销售额就可以相加了。

由于商品销售额＝商品销售量×商品销售单价，可以得出：

编制商品销售量综合指数(数量指标综合指数)时，以商品价格(质量指标)为同度量因素；编制商品价格综合指数(质量指标综合指数)时，以商品销售量(数量指标)为同度量因素。即

商品销售量综合指数：
$$\overline{K_q}=\frac{\sum q_1 p}{\sum q_0 p} \tag{8-1}$$

商品价格综合指数：
$$\overline{K_p}=\frac{\sum p_1 q}{\sum p_0 q} \tag{8-2}$$

2) 固定同度量因素

1864年，德国经济学家埃蒂恩·拉斯贝尔(Etienne Laspeyres)认为，无论是编制商品销售量综合指数(数量指标综合指数)，还是编制商品价格综合指数(质量指标综合指数)，都应当将同度量因素固定在基期。

但到了1874年，德国另一位经济学家哈曼·派许(Herman Paasche)认为，无论是编制商品销售量综合指数(数量指标综合指数)，还是编制商品价格综合指数(质量指标综合指数)，都应当将同度量因素固定在报告期。

	拉斯贝尔 (1864年) (固定在基期)	派许 (1874年) (固定在报告期)
销售量(数量指标)综合指数	$\overline{K_q}=\frac{\sum q_1 p_0}{\sum q_0 p_0}$	$\overline{K_q}=\frac{\sum q_1 p_1}{\sum q_0 p_1}$
价格(质量指标)综合指数	$\overline{K_p}=\frac{\sum p_1 q_0}{\sum p_0 q_0}$	$\overline{K_p}=\frac{\sum p_1 q_1}{\sum p_0 q_1}$

那么，同度量因素究竟是固定在基期还是报告期呢？按照货币起源来解释，所谓物价，一般是先有物，后有价，即价(p)不能在物(q)之前出现，最多是同时出现，即$q_0 p_0$、$q_1 p_1$是勉强可以说得通的，也是有意义的；至于$q_1 p_0$，由于q_1出现了，q_0一定出现，所以p_0的出现可以说得通，即$q_1 p_0$是有意义的。而$q_0 p_1$，由于q_0出现了，q_1不一定出现，所以p_1的出现是说不通的，即$q_0 p_1$是没有意义的。

特别提示

综上所述，可以得出结论：在编制销售量(数量指标)综合指数时，同度量因素固定在基期，采用拉斯贝尔计算公式；在编制销售价格(质量指标)综合指数时，同度量因素固定在报告期，采用派许计算公式。即

销售量(数量指标)综合指数：
$$\overline{K_q}=\frac{\sum q_1 p_0}{\sum q_0 p_0} \tag{8-3}$$

价格(质量指标)综合指数：
$$\overline{K_p}=\frac{\sum p_1 q_1}{\sum p_0 q_1} \tag{8-4}$$

综合指数有两种，即数量指标综合指数和质量指标综合指数。两种综合指数在计算形式上基本是一样的，但是在处理方法上有联系也有区别。

8.2.2 综合指数的编制方法

1. 数量指标综合指数的编制

当编制的综合指数的指数化因素是数量指标时，此综合指数就是数量指标综合指数(简称数量指数)。常见的有商品销售量指数、工业产品产量指数、农副产品产量指数等。

【例 8.1】某公司三种商品销售资料见表 8-3，试据此资料编制数量指标综合指数。

表 8-3 某公司三种商品销售资料表

商品名称	计量单位	销售量			价格/万元		
		基期 q_0	报告期 q_1	个体指数	基期 p_0	报告期 p_1	个体指数
甲	台	160	200	125%	0.20	0.25	125%
乙	件	200	180	90%	0.80	0.80	100%
丙	吨	500	600	120%	0.20	0.16	80%

解：从表 8-3 可以看出，甲商品的销售量指数为 125%，增长了 25%；乙商品销售量指数为 90%，下降了 10%；丙商品的销售量指数为 120%，增长了 20%，三种商品的销售量有升有降。但是要综合说明该公司三种商品销售量总的变动情况，就要编制销售量总指数。但从资料上看，该公司三种商品的性质、用途、计量单位均不同，所以不能将三种商品销售量直接加总，直接加总其结果毫无经济意义。根据社会经济现象的内在联系，商品价值量指标即商品销售额可以直接加总，而商品销售额又是商品销售量与商品销售价格的乘积。在计算商品销售量综合指数中，商品销售量是指数化因素，这时就应引进商品销售价格作为同度量因素，把不能直接加总的商品销售量过渡为可以加总的商品销售额指标。

明确了哪个指标作为同度量因素以后，还要将同度量因素固定下来，以消除其变动对总量的影响。其计算公式是

$$\overline{K}_q = \frac{\sum q_1 p}{\sum q_0 p}$$

式中，$\overline{K_q}$——商品销售量综合指数；

p——商品销售价格。

作为运算中的同度量因素，p 应固定在同一时期。但价格有基期价格 p_0 和报告期价格 p_1 之分。采用不同时期的价格计算出的商品销售量指数会有不同的结果，且有不同的经济内容。

1) 用基期价格作为同度量因素

其计算公式为

$$\overline{K}_q = \frac{\sum q_1 p_0}{\sum q_0 p_0}\text{(拉氏物量指数)}$$

此公式是德国学者拉斯贝尔(Laspeyres)于 1864 年首次提出的，故称为“拉氏公式”。

下面根据表 8-3 中的数据编制综合指数，计算过程见表 8-4。

表 8-4 综合指数计算表

商品名称	计量单位	销售量 q		价格 p/万元		销售额 pq/万元			
		基期 q_0	报告期 q_1	基期 p_0	报告期 p_1	p_0q_0	p_1q_1	p_0q_1	p_1q_0
甲	台	160	200	0.20	0.25	32	50	40	40
乙	件	200	180	0.80	0.80	160	144	144	160
丙	吨	500	600	0.20	0.16	100	96	120	80
合计	—	—	—	—	—	292	290	304	280

拉氏销售量指数为

$$\overline{K}_q=\frac{\sum q_1p_0}{\sum q_0p_0}=\frac{304}{292}\approx 1.041\,1\text{，即 }104.11\%$$

$$\sum q_1p_0-\sum q_0p_0=304-292=12(\text{万元})$$

计算结果表明，当商品销售价格固定在基期时，三种商品销售量指数为 104.11%，即在三种商品基期销售价格不变的情况下，该公司三种商品销售量报告期比基期增长了 4.11%；由于销售量上升而使得销售额相应增加了 12 万元。

2）用报告期价格作为同度量因素

其计算公式为

$$\overline{K}_q=\frac{\sum q_1p_1}{\sum q_0p_1}(\text{派氏物量指数})$$

此公式是德国学者派许(Peasche)于 1874 年首先提出的，故称为“派氏公式”。

派氏销售量指数为

$$\overline{K}_q=\frac{\sum q_1p_1}{\sum q_0p_1}=\frac{290}{280}\approx 1.035\,7\text{，即 }103.57\%$$

$$\sum q_1p_1-\sum q_0p_1=290-280=10(\text{万元})$$

计算结果表明，当商品销售价格固定在报告期时，三种商品销售量指数为 103.57%，即三种商品两个时期均按报告期价格销售的话，销售量报告期比基期增长了 3.57%；由于销售量上升而使得销售额相应增加了 10 万元。

特别提示

用两个指数公式计算，所得的结果不同，是因为拉氏指数用基期价格作为同度量因素，而派氏指数用报告期价格作为同度量因素所致。拉氏指数是说明假定价格为基期水平不变时销售量的变动情况。派氏指数是说明假定价格为报告期水平不变时销售量的变动情况。

由此可见，拉氏指数和派氏指数的经济内容不同。那么实践中究竟采用哪一个公式呢？这是由实际资料和分析研究目的来确定的。由于销售量指数在于测定各种商品销售量的总变动，应该只反映其纯变动。如果用派氏指数计算，即同度量因素固定在报告期，虽然价格被固定在报告期不变，但销售额指标却是按报告期价格计算的，其中已包含了价格的变动因素在内。因此用这个公式计算的销售量指数就达不到测定销售量变动的目的。所以在计算时必须排除价格变动的影响，采用拉氏公式即将同度量因素固定在基期，按原有价格水平测定销售量的变动，从而符合销售量指数计算的真正要求。

特别提示

在编制数量指标指数时，国内外统计学界较为一致的看法是用基期的质量指标作为同度量因素。

2. 质量指标综合指数的编制

当编制的综合指数的指数化因素是质量指标时，此综合指数就是质量指标综合指数(简称质量指数)。常见的有商品价格指数、工业产品出厂价格指数、产品成本指数等。

【例 8.2】仍以表 8-2 所示资料为例，计算该公司三种商品销售价格指数，说明质量指标综合指数的编制方法。

解：从表 8-2 可以看出，甲商品的销售价格指数为 125%，上升了 25%；乙商品的销售价格指数为 100%，不升不降；丙商品的销售价格指数为 80%，下降了 20%，三种商品的价格有升有降。但是要综合说明该公司三种商品销售价格总的变动情况，就需要编制价格总指数。但从资料上看，该公司三种商品的性质、用途、计量单位均不同，所以不能将三种商品的销售价格直接加总，直接加总其结果毫无经济意义。根据社会经济现象的内在联系，商品价值量指标即商品销售额可以直接加总，而商品销售额又是商品销售价格与商品销售量的乘积，在计算商品销售价格综合指数中，商品销售价格是指数化因素，这时就应引进商品销售量作为同度量因素，把不能直接加总的商品销售价格过渡为可以加总的商品销售额指标。计算商品销售价格综合指数时为了只突出商品销售价格变动的影响，就得将商品销售量这一同度量因素固定下来，其计算公式是

$$\overline{K}_p = \frac{\sum p_1 q}{\sum p_0 q}$$

式中，$\overline{K}_p$——商品销售价格综合指数。

式中的 q 就是商品销售量，作为运算中的同度量因素应固定在同一时期。但销售量有基期销售量 q_0 和报告期销售量 q_1，采用不同时期的销售量计算出的商品销售价格指数会有不同的结果，且有不同的经济内容。

1) 用基期销售量作为同度量因素

其计算公式为

$$\overline{K}_p = \frac{\sum p_1 q_0}{\sum p_0 q_0}\text{(拉氏物价指数)}$$

将表 8-2 中的数据代入公式，计算得：

$$\overline{K}_p = \frac{\sum p_1 q_0}{\sum p_0 q_0} = \frac{280}{292} \approx 0.958\,9\text{，即 }95.89\%$$

$$\sum p_1 q_0 - \sum p_0 q_0 = 280 - 292 = -12\text{(万元)}$$

计算结果表明，当商品销售量固定在基期时，三种商品的销售价格指数为 95.89%，即在三种商品基期销售量不变的情况下，该公司三种商品销售价格报告期比基期下降了

4.11%；由于销售价格下降而使得销售额相应减少了12万元。

2）用报告期销售量作为同度量因素

其计算公式为

$$\overline{K}_p=\frac{\sum p_1q_1}{\sum p_0q_1}\text{（派氏物价指数）}$$

派氏销售价格指数为

$$\overline{K}_p=\frac{\sum p_1q_1}{\sum p_0q_1}=\frac{290}{304}\approx 0.9539\text{，即 }95.39\%$$

$$\sum p_1q_0-\sum p_0q_0=290-304=-14\text{（万元）}$$

计算结果表明，当商品销售量固定在报告期时，三种商品的销售价格指数为95.39%，即在三种商品报告期销售量不变的情况下，该公司三种商品销售价格报告期比基期下降了4.61%；由于销售价格下降而使得销售额相应减少了14万元。

特别提示

用两个指数公式计算，所得的结果不同，是因为拉氏指数用基期销售量作为同度量因素，而派氏指数用报告期销售量作为同度量因素所致。拉氏指数是说明假定销售量为基期水平不变时价格的变动情况。派氏指数是说明假定销售量为报告期水平不变时价格的变动情况。换言之，拉氏指数反映的是在基期销售量结构条件下的物价变化，而派氏指数反映的是在当前(报告期)销售量结构条件下的物价变化。

由此可见，拉氏指数和派氏指数的经济内容不同。那么实践中究竟采用哪一个公式呢?这是由实际资料和分析研究目的来确定的。如果由拉氏公式计算，即同度量因素固定在基期，说明按以往的销售量计算商品价格的变动趋势。公式的绝对数差额说明由于物价变动，消费者按过去购买量购买商品多支付或少支付的总金额，没有现实意义。而采用派氏公式，即同度量因素固定在报告期，说明按现在销售量计算的商品价格的变动状况。公式的绝对数差额说明由于物价涨跌，消费者实际购买商品多支付或少支付的总金额。按照派氏公式计算物价指数，符合价格指数计算的要求，具有现实意义。

特别提示

在编制质量指标指数时，通常用报告期的数量指标作为同度量因素。

8.3 平均数指数编制

平均数指数是从指数化因素的个体指数出发，对个体指数进行加权平均计算得到总指数的一种方法，它是计算总指数的另一种重要形式。平均数指数是在不具备复杂经济现象数量的全部原始资料，而只能提供某一指标的个体指数和报告期或基期的总值时编制的指数。平均数指数克服了必须资料齐全和运算工作量大的缺点，计算比较简便。平均数指数可进一步分为加权算术平均数指数、加权调和平均数指数和固定权数加权平均数指数。

8.3.1 加权算术平均数指数

加权算术平均数指数，是以个体指数为变量值，以一定时期的总值指标为权数，对个体指数加权算术平均以计算总指数的一种方法。加权算术平均数指数多用于数量指标指数的编制，权数多为基期总值指标。

【例 8.3】某公司三种商品销售情况见表 8-5，计算三种商品销售量总指数。

表 8-5 某公司三种商品销售情况及销售量指数计算表

商品名称	计量单位	销售量			基期销售额 q_0p_0/万元	$k_qq_0p_0$ /万元
		基期 q_0	报告期 q_1	个体指数 $k_q=q_1/q_0$		
甲	台	160	200	1.25	32	40
乙	件	200	180	0.90	160	144
丙	吨	500	600	1.20	100	120
合计	—	—	—	—	292	304

解：编制销售量总指数，一般采用拉氏物量指数公式 $\overline{K_q}=\dfrac{\sum q_1p_0}{\sum q_0p_0}$，但公式中的分母已知，分子未知，无法直接运用该公式计算销售量总指数，需将公式变形使用。

设：k_q 为三种商品的销售量个体指数，即

$$k_q=\frac{q_1}{q_0},\ q_1=k_qq_0$$

则有

$$\overline{K}_q=\frac{\sum q_1p_0}{\sum q_0p_0}=\frac{\sum k_qq_0p_0}{\sum q_0p_0}$$

公式 $\overline{K_q}=\dfrac{\sum k_qq_0p_0}{\sum q_0p_0}$ 与第 4 章所述的加权算术平均数的形式相似，个体指数 k_q 是变量值，q_0p_0 是权数，所以用该公式计算总指数的方式称为加权算术平均法。由此可知，在权数为 q_0p_0 的情况下，加权算术平均数指数是拉氏综合指数的变形。

根据表 8-5 的资料，三种商品的销售量总指数为

$$\overline{K}_q=\frac{\sum k_qq_0p_0}{\sum q_0p_0}=\frac{304}{292}\approx 104.11\%$$

$$\sum k_qq_0p_0-\sum q_0p_0=304-292=12(\text{万元})$$

计算结果与前面的拉氏综合指数的结果完全一致，经济内容也完全一致，只是采用的公式及利用的资料不同。

从例 8.3 中可知，当已知商品个体指数及特定权数为基期总值指标 q_0p_0 时，可用综合指数的变形形式加权算术平均数指数计算总指数，其结果的实际意义与综合指数的相同。加权算术平均数实际上是综合指数的变形，两者虽然形式不同，但结果和经济内容是一致的。在以 q_0p_0 为权数的情况下，两者之间可以相互转化，加权算术平均数指数用于编制数量指标指数。

8.3.2 加权调和平均数指数

加权调和平均数指数，是以个体指数为变量值，以一定时期的总值为权数，对个体指数加权调和平均以计算总指数的一种方法。加权调和平均数指数多用于质量指标指数的编制，权数多为计算期总值指标。

【例 8.4】某公司三种商品销售情况见表 8－6，根据表中资料计算三种商品的价格总指数。

表 8－6　某公司三种商品销售情况及价格指数计算表

商品名称	计量单位	价格 p/万元			报告期销售额 p_1q_1/万元	$\frac{p_1q_1}{k_p}$/万元
		基期 p_0	报告期 p_1	个体价格指数 $k_p=p_1/p_0$		
甲	台	0.20	0.25	1.25	50	40
乙	件	0.80	0.80	1.00	144	144
丙	吨	0.20	0.16	0.80	96	120
合计	—	—	—	—	290	304

解：编制价格总指数，一般采用派氏物价指数公式 $\overline{K}_p=\dfrac{\sum p_1q_1}{\sum p_0q_1}$，但公式中的分子已知，分母未知，无法直接用该公式计算价格总指数，需将公式变形使用。

设：k_p 为各种商品的个体指数，即

$$k_p=\frac{p_1}{p_0},\quad p_0=\frac{p_1}{k_q}$$

则有

$$\overline{K}_p=\frac{\sum p_1q_1}{\sum p_0q_1}=\frac{\sum p_1q_1}{\sum \dfrac{p_1q_1}{k_p}}$$

公式 $\overline{K_p}=\dfrac{\sum p_1q_1}{\sum \dfrac{p_1q_1}{k_q}}$ 与第 4 章所述的加权调和平均数的形式相似，个体指数 k_p 是变量值，p_1q_1 是权数，所以称这种方法为加权调和平均法。由此可知，在权数为 p_1q_1 的情况下，加权调和平均数指数是派氏综合指数的变形。

根据表 8－6 的资料，三种商品的价格总指数为

$$\overline{K}_p=\frac{\sum p_1q_1}{\sum \dfrac{p_1q_1}{k_p}}=\frac{290}{304}\approx 95.39\%$$

$$\sum p_1q_1-\sum \frac{p_1q_1}{k_p}=290-304=-14(\text{万元})$$

计算结果与前面的派氏综合指数的结果完全一样，经济内容也完全一致，只是采用的公式及利用的资料不同。

从例 8.4 中可知，当已知商品的个体指数及特定权数为报告期总值指标 p_1q_1 时，可用综合指数的变形形式加权调和平均法计算总指数，其结果的实际意义与综合指数的相同。加权

调和平均数实际上也是综合指数的变形，两者虽然形式不同，但结果和经济内容是一致的。在以 q_1p_1 为权数的情况下，两者之间可以相互转化，加权调和平均数指数用于编制质量指标指数。

特别提示

在客观经济领域中，许多重要经济指数的编制工作，广泛应用平均数指数。这些平均数指数的编制往往使用重点产品或代表产品的个体指数，权数则根据实际资料作进一步推算确定。

8.3.3 固定权数加权算术平均数指数

固定权数加权平均数指数是以指数化因素的个体指数为基础，使用固定权数对个体指数或类指数进行加权平均计算的一种总指数。所谓固定权数是指加权平均法计算中的权数用比重的形式固定下来，一段时间内不作变动，固定使用的权数。

从理论上讲，固定权数加权平均数指数也应有固定权数加权算术平均数指数和固定权数加权调和平均数指数之分，但在实际应用中极少采用固定权数加权调和平均数指数，故这里仅介绍固定权数加权算术平均数指数。其计算公式为

$$\overline{K}=\frac{\sum k\omega}{\sum \omega}$$

式中，k——个体(类)指数；

ω——固定权数。

在我国实际统计业务中，各种物价指数常用固定权数加权算术平均数指数编制。现以我国零售物价指数为例，说明固定权数加权算术平均数指数的应用。

我国商品零售物价指数是在商品分类的基础上编制的。其一般做法：首先，将全部零售商品分成若干个大类，在每个大类下分若干中类，中类下分为若干个小类，再在各小类下选出若干代表规格品；其次，根据家计调查(居民家庭抽样调查)或统计报表资料结合社会商品零售额统计资料，计算各类商品零售额在社会商品零售总额中所占比重 ω($\omega=\frac{p_0q_0}{\sum p_0q_0}$)，并将其作权数固定下来，若干年不变；再次，根据调查选出的代表规格品价格资料，计算不同层次的价格个体(类)指数；最后，用固定权数加权算术平均数指数计算全部商品零售物价总指数。

【例8.5】已知某地区某年各类零售商品的价格个体指数及固定权数资料见表8-7，试编制该地区商品零售物价总指数。

表8-7　某地区某年商品零售物价总指数计算表

商品类型	个体指数 k_p	固定权数 ω	$k_p\omega$
一、食品类	104.56%	51%	5 332.56
二、衣着类	100.42%	23%	2 309.66
三、日用品类	99.11%	15%	1 486.65

续表

商品类型	个体指数 k_p	固定权数 ω	$k_p\omega$
四、文化用品类	99.02%	4%	396.08
五、医药类	106.70%	3%	320.1
六、燃料类	125.48%	4%	501.92
合计	—	100%	10 346.97

解：该地区商品零售物价总指数 $\overline{K}_p=\dfrac{\sum k_p\omega}{\sum\omega}=\dfrac{10\ 346.97}{100}\approx 103.47\%$

8.3.4 综合指数与平均指数的关系

综合指数与平均指数的区别如下。

(1) 出发点不同。综合指数是从总量的因素分解出发，先确定同度量因素，把不同度量的总体过渡为同度量的总体，然后固定同度量因素不变，以测定另一个因素的变动情况。而平均数指数则是从个体指数出发，对个体指数进行不同加权平均，避开了总体内各要素的量不能直接加总对比的问题。综合指数法的关键问题是同度量因素及时期选择问题，而平均数指数的主要问题是权数的选择及加权公式的确定问题。

(2) 对资料的要求及经济内容不同。综合指数要求一一对应的全面原始资料，其结果的经济意义十分明显，既可说明现象变动的方向和程度，也可说明现象变动所产生的实际效果。平均数指数可使用代表性资料、抽查资料等非全面资料，权数可用现成资料或比重权数资料等计算总指数，灵活简便，但其结果一般只能说明现象变动的方向和程度，而不能说明现象变动所产生的实际效果。

综合指数与平均数指数的联系如下。

(1) 在理论上有变形(依存)关系。从纯数学理论出发，平均数指数恒等于综合指数，两种平均数指数都是从综合指数变形而来的。在实际应用中采用何种公式主要依据编制指数的目的和占有的原始资料而定。

总指数的常用计算公式见表 8-8。

表 8-8 总指数的常用计算公式

总指数	加权综合法	加权平均法	
		算术平均法	调和平均法
数量指数	$\overline{K}_q=\sum q_1p_0/\sum q_0p_0$	$\overline{K}_q=\sum k_qp_0q_0/\sum p_0q_0$	
	$\overline{K}_q=\sum q_1p_1/\sum q_0p_1$		$\overline{K}_q=\sum p_1q_1/\sum(p_1q_1/k_q)$
质量指数	$\overline{K}_p=\sum p_1q_0/\sum p_0q_0$	$\overline{K}_p=\sum k_pp_0q_0/\sum p_0q_0$	
	$\overline{K}_p=\sum p_1q_1/\sum p_0q_1$		$\overline{K}_p=\sum p_1q_1/\sum(p_1q_1/k_p)$

(2) 在资料口径完全一致时，二者的计算结果及经济内容完全相同。

8.4 指数体系和因素分析

8.4.1 指数体系

1. 指数体系的概念

社会经济现象之间的相互联系、相互影响的关系是客观存在的。构成指数体系的指数必须满足两个条件。

第一，各因素指数的乘积等于总变动指数。

第二，各因素指数分子与分母差额的总和等于总量指数实际发生的总差额。有些社会经济现象之间的联系可以用经济方程表现出来，如：

商品销售额＝商品销售量×商品销售价格

产品产值＝产品出厂价格×产品产量

上述的这种关系，按指数形式表现时，同样也存在这种对等关系。即

商品销售额指数＝商品销售量指数×商品销售价格指数

产品产值指数＝产品出厂价格指数×产品产量指数

这种数量对等关系也表现在绝对数之间。即

商品销售额实际增减额＝销售量变动的影响额＋价格变动的影响额

产品产值实际增减额＝出厂价格变动的影响额＋产量变动的影响额

在统计分析中，将三个或三个以上具有内在联系即经济上有联系，数量上保持一定对等关系的统计指数所构成的整体称为指数体系。指数体系一般保持两个对等关系，一是各影响因素指数的连乘积等于总变动指数；二是各因素对总额变动影响差额的总和等于实际发生的总差额。

上述指数体系，按编制综合指数的一般原理，用公式可写成

$$\frac{\sum p_1q_1}{\sum p_0q_0}=\frac{\sum p_1q_1}{\sum p_0q_1}\times\frac{\sum p_0q_1}{\sum p_0q_0}$$

$$\sum p_1q_1-\sum p_0q_0=\left(\sum p_1q_1-\sum p_0q_1\right)+\left(\sum p_0q_1-\sum p_0q_0\right)$$

2. 指数体系的作用

统计指数体系具有科学的依据、客观的联系、简便的等式，在统计工作和经济活动中起着重要的作用。

(1) 推算指数体系中的某一未知指数。指数体系表现为一个数量对等关系式，根据已经掌握的若干个指数，可以依据其组成的体系等式，推算出体系中的某一个未知指数。

(2) 便于展开因素分析。指数体系是经济量分解成几个因素所组成的等式，从等式可以看出受哪些因素影响，还可以依据指数体系进一步计算、测定各因素影响的方向和程度。

(3) 用综合指数法编制总指数时，指数体系也是确定同度量因素时期的根据之一。因为指数体系是进行因素分析的根据，要求各指数之间在数量上保持一定的联系。因此，编制产品产量指数时，如用基期价格作同度量因素，那么编制产品价格指数时就必须用报告期的产

品产量作为同度量因素；如果编制产品产量指数用报告期价格作为同度量因素，那么编制产品价格指数时就必须用基期的产品产量作为同度量因素。

8.4.2 因素分析

1. 因素分析法的概念和分类

因素分析就是利用指数体系分析现象总变动中各因素变动的影响方向和影响程度的一种统计分析方法。例如，用指数体系来分析价格、销售量的变动对销售额的影响；分析工资水平、工人结构、工人总数的变动对工资总额的影响等。

1）两因素分析和多因素分析

因素分析法按分析对象包含的因素多少可分为两因素分析和多因素分析。两因素分析是指研究对象仅包含两个因素的变动分析，它是因素分析的基本方法，如销售额受销售价格和销售量的影响分析。多因素分析是指研究对象包含两个以上因素变动的分析，如原材料消耗额受产量、原材料单耗、原材料价格的影响。

2）总量指标因素分析和平均指标因素分析

因素分析法按分析的指标种类的不同可分为总量指标因素分析和平均指标因素分析。总量指标因素分析是指对总量指标变动中各影响因素的影响方向和影响程度的分析，如对产值变动中产量、出厂价格变动影响的分析。平均指标因素分析就是对平均指标变动中各影响因素影响方向和影响程度的分析。例如，同一单位不同时期职工平均工资受各类职工工资水平和职工人数构成因素影响的分析。

2. 总量指标因素分析

1）总量指标的两因素分析

总量指标有两因素分析和多因素分析。两因素分析最关键的是确定同度量因素的时期，一般应遵循的原则：一个因素指数的同度量因素固定在报告期，则另一个因素指数的同度量因素固定在基期，即两个指数的同度量因素不能同时固定在报告期或同时固定在基期。现以实例说明总量指标两因素分析的方法。

【例8.6】某企业三种产品的资料见表8-9，要求据此分析产品产量、单位产品成本的变动对总成本的影响。

表8-9 某企业总成本因素分析资料及计算表

产品名称	计量单位	产量 q		单位成本 z/元		总成本 zq/元		
		基期 q_0	报告期 q_1	基期 z_0	报告期 z_1	q_0z_0	q_1z_1	q_1z_0
甲	台	200	250	20	22	4 000	5 500	5 000
乙	件	500	600	10	8	5 000	4 800	6 000
丙	吨	100	120	40	50	4 000	6 000	4 800
合计	—	—	—	—	—	13 000	16 300	15 800

解：根据总成本指数＝产量指数×单位成本指数建立指数体系。

$$\text{相对数体系：}\frac{\sum q_1z_1}{\sum q_0z_0}=\frac{\sum q_1z_0}{\sum q_0z_0}\times\frac{\sum q_1z_1}{\sum q_1z_0}$$

绝对数体系：$\sum q_1 z_1 - \sum q_0 z_0 = (\sum q_1 z_0 - \sum q_0 z_0) + (\sum q_1 z_1 - \sum q_1 z_0)$

具体分析如下。

(1) 三种产品总成本变动为

$$\text{总成本指数} = \frac{\sum q_1 z_1}{\sum q_0 z_0} = \frac{16\ 300}{13\ 000} \approx 125.38\%$$

$$\text{总成本变动额} = \sum q_1 z_1 - \sum q_0 z_0 = 16\ 300 - 13\ 000 = 3\ 300(\text{元})$$

计算结果表明三种产品的总成本报告期比基期增长 25.38%，在绝对数上增加 3 300 元。

(2) 三种产品产量变动及影响程度为

$$\text{产量总指数} = \frac{\sum q_1 z_0}{\sum q_0 z_0} = \frac{15\ 800}{13\ 000} \approx 121.54\%$$

$$\text{产量变动对总成本的影响额} = \sum q_1 z_0 - \sum q_0 z_0 = 15\ 800 - 13\ 000 = 2\ 800(\text{元})$$

计算结果表明三种产品的产量报告期比基期增长 21.54%，由此导致总成本增加 2 800 元。

三种产品出厂价格变动及影响程度为

$$\text{单位成本总指数} = \frac{\sum q_1 z_1}{\sum q_1 z_0} = \frac{16\ 300}{15\ 800} \approx 103.16\%$$

$$\text{单位成本变动对总成本的影响额} = \sum z_1 q_1 - \sum z_0 q_1 = 16\ 300 - 15\ 800 = 500(\text{元})$$

计算结果表明三种产品的单位成本报告期比基期增长 3.16%，由此导致总成本增加 500 元。

(3) 用指数体系反映。

在相对数上：121.54%×103.16%=125.38%

在绝对数上：2 800+500=3 300(元)

由此可见，由于三种产品产量报告期比基期上升 21.54%，使总成本增加 2 800 元；又由于三种产品单位成本报告期比基期上升 3.16%，使总成本增加 500 元。两者共同作用的结果：三种产品的总成本报告期比基期上升 25.38%，总成本增加 3 300 元。

2) 总量指标的多因素分析

对三个以上因素的现象进行分析所采用的方法称为多因素分析法。

例如，以下指数体系，就是三个因素的变动分析。

工业净产值指数=职工人数指数×劳动生产率指数×净产值占总产值的比重指数

工业产品原材料支出总额指数=产量指数×单位产品原材料消耗量指数
×单位原材料价格指数

产值指数=职工人数指数×工人占职工人数比重指数×工人劳动生产率指数

总量指标多因素分析过程中应注意的问题有以下两个方面。

第一，在因素变动分析中，为了分析某一因素指数的变动影响，需要使其他两个或两个以上的因素同度量固定不变。被固定的因素应固定在哪个时期，必须依据综合指数的编制原则来选定。即在测定数量指标因素的变动影响时应以基期质量指标作为固定因素；而在测定质量指标因素变动时，应以报告期数量指标作为同度量因素。

第二，根据现象各因素相互之间的内在联系，正确地确定各因素的替换程序。一般可用下列原则来加以检验。

(1) 数量指标在前，质量指标在后的原则。如果相邻的两个指标同时都是数量指标或质量指标，则把相对看来属于数量指标的因素放在前面。

(2) 两个相邻指标相乘，必须具有实际经济意义。例如，对工业企业原材料支出总额的因素分析，就要按产量(q)、单位产品原材料消耗量(m)、单位原材料的价格(p)的顺序排列。只有这样排列，才能保证它们彼此适应和相互结合，具有实际经济意义。即

原材料支出额=产量×单位产品原材料消耗量×单位原材料价格

上式用字母表示为

$$\sum qmp = \sum q \times m \times p$$

综上所述，根据以上原则，将构成所要分析的总量指标的各个因素按顺序排列，数量指标在前，质量指标在后。分析第一个因素变动对总量指标影响的时候，将后面的各个因素固定在基期；分析第二个因素变动对总量指标影响的时候，则在第一个因素已经替换为报告期的基础上进行，即将分析过的因素固定在报告期，将后面的因素仍然固定在基期；以此类推，直到分析完为止。

【统计实例】

原材料支出总额=产品产量×单位产品原材料消耗量×原材料价格

产品产量相对于单位产品原材料消耗量和原材料价格来说，为数量指标；原材料价格相对于产品产量和单位产品原材料消耗量来说，则是质量指标；而单位产品原材料消耗量相对于产品产量来说是质量指标；相对于原材料价格来说，则为数量指标。因此，对应指数体系为

原材料支出总额指数=产量指数×单位产品原材料消耗量指数×原材料价格指数

$$\frac{\sum q_1 m_1 p_1}{\sum q_0 m_0 p_0} = \frac{\sum q_1 m_0 p_0}{\sum q_0 m_0 p_0} \times \frac{\sum q_1 m_1 p_0}{\sum q_1 m_0 p_0} \times \frac{\sum q_1 m_1 p_1}{\sum q_1 m_1 p_0}$$

变化的绝对差额为

$$\sum q_1 m_1 p_1 - \sum q_0 m_0 p_0 = \left(\sum q_1 m_0 p_0 - \sum q_0 m_0 p_0\right) + \left(\sum q_1 m_1 p_0 - \sum q_1 m_0 p_0\right) + \left(\sum q_1 m_1 p_1 - \sum q_1 m_1 p_0\right)$$

式中，q_1 ——报告期产品产量；

q_0 ——基期产品产量；

m_1 ——报告期单位产品原材料消耗量；

m_0 ——基期单位产品原材料消耗量；

p_1 ——报告期原材料价格；

p_0 ——基期原材料价格。

【例 8.7】原材料支出总额计算表见表 8-10。

表 8-10 原材料支出总额计算表

产品名称	产量/台		原材料名称	每台消耗量/千克		原材料价格/元		原材料费用总额/元			
	基期 q_0	报告期 q_1		基期 m_0	报告期 m_1	基期 p_0	报告期 p_1	$q_0 m_0 p_0$	$q_1 m_0 p_0$	$q_1 m_1 p_0$	$q_1 m_1 p_1$
甲	90	100	A	40	36	40	48	144 000	160 000	144 000	172 800

续表

产品名称	产量/台		原材料名称	每台消耗量/千克		原材料价格/元		原材料费用总额/元			
	基期 q_0	报告期 q_1		基期 m_0	报告期 m_1	基期 p_0	报告期 p_1	$q_0m_0p_0$	$q_1m_0p_0$	$q_1m_1p_0$	$q_1m_1p_1$
乙	70	85	B	30	26	40	48	84 000	102 000	88 400	106 080
丙	60	70	C	15	14	32	37	28 800	33 600	31 360	36 260
合计	—	—	—	—	—	—	—	256 800	295 600	263 760	315 140

根据表 8 - 7 资料计算得：

$$\frac{\sum q_1m_1p_1}{\sum q_0m_0p_0}=\frac{315\ 140}{256\ 800}\approx 122.7\%$$

$$\sum q_1m_1p_1-\sum q_0m_0p_0=315\ 140-256\ 800=58\ 340(\text{元})$$

$$\frac{\sum q_1m_0p_0}{\sum q_0m_0p_0}=\frac{295\ 600}{256\ 800}\approx 115.1\%$$

$$\sum q_1m_0p_0-\sum q_0m_0p_0=295\ 600-256\ 800=38\ 800(\text{元})$$

$$\frac{\sum q_1m_1p_0}{\sum q_1m_0p_0}=\frac{263\ 760}{295\ 600}\approx 89.2\%$$

$$\sum q_1m_1p_0-\sum q_1m_0p_0=263\ 760-295\ 600=-31\ 840(\text{元})$$

$$\frac{\sum q_1m_1p_1}{\sum q_1m_1p_0}=\frac{315\ 140}{263\ 760}\approx 119.5\%$$

$$\sum q_1m_1p_1-\sum q_1m_1p_0=315\ 140-263\ 760=51\ 380(\text{元})$$

则指数关系为

$$122.7\%=115.1\%\times 89.2\%\times 119.5\%$$

绝对额的变动为

$$58\ 340=38\ 800+(-31\ 840)+51\ 380$$

从以上计算结果可以看出：原材料支出总额增长 22.7%，增加 58 340 元，是由于产量增长 15.1%，增加 38 800 元；单位产品原材料消耗降低 10.8%，减少支出 31 840 元；原材料价格上涨 9.5%，增加支出 51 380 元三方面共同影响的结果。

3. 平均指标的因素分析

加权算术平均数 $\bar{x}=\dfrac{\sum xf}{\sum f}=\sum x\left(\dfrac{f}{\sum f}\right)$ 受两个因素的影响：一是各组水平 x；二是各组结构 $\dfrac{f}{\sum f}$。如果平均指标发生变化$\left(\dfrac{\bar{x}_1}{\bar{x}_0}\right)$，显然是 x 和 $\dfrac{f}{\sum f}$ 变动的结果。因此，可以采用类似前面的总量指标两因素分析的方法对平均指标的变动作因素分析，即利用指数体系

从各组水平 x 和各组结构 $\frac{f}{\sum f}$ 的变动对平均指标变动的影响情况进行分析。

平均指标的变动也即平均指标指数，又称可变构成指数，它反映平均指标的实际变动方向和程度。记为

$$可变构成指数=\frac{\sum x_1 f_1}{\sum f_1} \div \frac{\sum x_0 f_0}{\sum f_0}$$

分子与分母的差额 $\frac{\sum x_1 f_1}{\sum f_1}-\frac{\sum x_0 f_0}{\sum f_0}$ 表示平均指标增加或减少的数额。

为了分析各组水平 x 和各组结构 $\frac{f}{\sum f}$ 两因素的变动对平均指标变动的影响情况，每次分别固定一个因素，考虑另一个因素的变化。

首先分析各组水平 x 的变动对平均指标变动的影响，这时将各组结构 $\frac{f}{\sum f}$ 固定在报告期，由此得到的指数称为固定构成指数，它反映了各组水平 x 的变动方向和程度。记为

$$固定构成指数=\frac{\sum x_1 f_1}{\sum f_1} \div \frac{\sum x_0 f_1}{\sum f_1}$$

分子与分母的差额 $\frac{\sum x_1 f_1}{\sum f_1}-\frac{\sum x_0 f_1}{\sum f_1}$ 表示由于各组水平变动而使平均指标变化的数额。

其次分析各组结构 $\frac{f}{\sum f}$ 的变动对平均指标变动的影响，这时将各组水平固定在基期，由此得到的指数称为结构影响指数。记为

$$结构影响指数=\frac{\sum x_0 f_1}{\sum f_1} \div \frac{\sum x_0 f_0}{\sum f_0}$$

分子与分母的差额 $\frac{\sum x_0 f_1}{\sum f_1}-\frac{\sum x_0 f_0}{\sum f_0}$ 表示由于各组结构变动而使平均指标变化的数额。

上述三个指数在相对数上构成下列等式：

可变构成指数＝固定构成指数×结构影响指数

即

$$\frac{\dfrac{\sum x_1 f_1}{\sum f_1}}{\dfrac{\sum x_0 f_0}{\sum f_0}}=\frac{\dfrac{\sum x_1 f_1}{\sum f_1}}{\dfrac{\sum x_0 f_1}{\sum f_1}} \times \frac{\dfrac{\sum x_0 f_1}{\sum f_1}}{\dfrac{\sum x_0 f_0}{\sum f_0}}$$

在绝对量上存在如下等式：

$$\frac{\sum x_1 f_1}{\sum f_1}-\frac{\sum x_0 f_0}{\sum f_0}=\left(\frac{\sum x_1 f_1}{\sum f_1}-\frac{\sum x_0 f_1}{\sum f_1}\right)+\left(\frac{\sum x_0 f_1}{\sum f_1}-\frac{\sum x_0 f_0}{\sum f_0}\right)$$

特别提示

可变构成指数、固定构成指数与结构影响指数组成一个指数体系，称为平均指标指数体系。

【例 8.8】某企业职工的工资资料见表 8-11。要求：分析职工工资水平和工人结构的变动对总平均工资的影响。

表 8-11 平均工资因素分析表

职工类别	月平均工资/元		职工人数/人		工资总额/元		
	基期 x_0	报告期 x_1	基期 f_0	报告期 f_1	$x_0 f_0$	$x_0 f_1$	$x_1 f_1$
学徒	450	500	60	180	27 000	81 000	90 000
熟练工人	500	600	180	270	90 000	135 000	162 000
管理人员	1 000	1 100	240	150	240 000	150 000	165 000
合计	—	—	480	600	357 000	366 000	417 000

解：(1) 总平均工资的变动如下。

$$\text{可变构成指数}=\frac{\dfrac{\sum x_1 f_1}{\sum f_1}}{\dfrac{\sum x_0 f_0}{\sum f_0}}=\frac{\dfrac{417\ 000}{600}}{\dfrac{357\ 000}{480}}=\frac{695}{743.75}\approx 93.45\%$$

$$\frac{\sum x_1 f_1}{\sum f_1}-\frac{\sum x_0 f_0}{\sum f_0}=695-743.75=-48.75(\text{元})$$

计算结果表明该企业全体职工的月平均工资报告期比基期下降 6.55%，人均减少 48.75 元。

(2) 总平均工资受各因素影响的情况如下。

$$\text{固定构成指数}=\frac{\dfrac{\sum x_1 f_1}{\sum f_1}}{\dfrac{\sum x_0 f_1}{\sum f_1}}=\frac{\dfrac{417\ 000}{600}}{\dfrac{366\ 000}{600}}=\frac{695}{610}\approx 113.93\%$$

$$\frac{\sum x_1 f_1}{\sum f_1}-\frac{\sum x_0 f_1}{\sum f_1}=695-610=85(\text{元})$$

计算结果表明由于各组工资上涨 13.93%，而使工资人均增加 85 元。

$$\text{结构影响指数}=\frac{\dfrac{\sum x_0 f_1}{\sum f_1}}{\dfrac{\sum x_0 f_0}{\sum f_0}}=\frac{\dfrac{366\ 000}{600}}{\dfrac{357\ 000}{480}}=\frac{610}{743.75}\approx 82.02\%$$

$$\frac{\sum x_0 f_1}{\sum f_1}-\frac{\sum x_0 f_0}{\sum f_0}=610-743.75=-133.75(\text{元})$$

计算结果表明由于职工人数结构变动工资下降 17.98%，而使工资人均减少 133.75 元。

(3) 用指数体系反映。

在相对数上：93.45% = 113.93% × 82.02%。

在绝对数上：−48.75(元)=85+(−133.75)。

上式表明：由于各组工资水平上涨 13.93%，总平均工资增加 85 元；由于职工人数结构变动工资下降 17.98%，总平均工资减少 133.75 元。两因素共同影响使总平均工资下降 6.55%，减少 48.75 元。

8.5 几种常用的经济指数

我国统计实践中，常用的经济指数主要有商品零售价格指数、居民消费价格指数、农产品收购价格指数、农业生产资料指数、工业生产指数、工农业商品综合比价指数、工业品出厂价格指数、固定资产投资价格指数、生产价格指数、股票价格指数、货币购买力和进出口商品价格指数与贸易条件指数等。其中与人民生活关系最为密切的是商品零售价格指数和居民消费价格指数。

8.5.1 物价指数

按加权算术平均指数计算零售物价指数的步骤：首先计算每种商品的个体价格指数，再将每个个体指数乘以相应的权数，而后计算平均指数。在计算零售物价指数时，作为权数的价值指标就是商品销售额。现在仍以 $K_p=p_1/p_0$ 表示个体价格指数，以 V 表示商品销售额，则按加权算术平均计算的零售物价指数可用下式表示：

$$\overline{K}_p=\frac{\sum K_pV}{\sum V}$$

当 $V=p_0q_0$ 时，则

$$\overline{K}_p=\frac{\sum K_pp_0q_0}{\sum p_0q_0}$$

当 $V=p_0q_1$ 时，则

$$\overline{K}_p=\frac{\sum K_pp_0q_1}{\sum p_0q_1}$$

上两式都是按加权算术平均法计算零售物价指数的公式，但采用的权数不同，第一式中的 p_0q_0 是基期实际商品销售额，第二式中的 p_0q_1 是按基期价格计算的报告期销售额。将两个公式再作适当变换：

$$\overline{K}_p=\frac{\sum K_pp_0q_0}{\sum p_0q_0}=\frac{\sum (p_1/p_0)p_0q_0}{\sum p_0q_0}=\frac{\sum p_1q_0}{\sum p_0q_0}=\overline{K}_{p(l)}$$

即以 $V=p_0q_0$ 为权数计算的加权算术平均零售物价指数等于按综合指数计算的 L 式零售物价指数。

当 $V=p_0q_1$ 时，则有

$$\overline{K}_p=\frac{\sum K_p p_0 q_1}{\sum p_0 q_1}=\frac{\sum (p_1/p_0)p_0 q_1}{\sum p_0 q_1}=\frac{\sum p_1 q_1}{\sum p_0 q_1}=\overline{K}_{p(p)}$$

即以 $V=p_0q_1$ 为权数计算的加权算术平均零售物价指数等于按综合指数计算的 P 式零售物价指数。

以上结果表明在加权算术平均指数与综合指数之间存在着内在的联系，这种联系在其他经济指数中也同样存在。但必须是按照指定时期的价格及数量计算的情况下，这种联系才能被保持下来。

下面根据表 8－12 的资料分别计算加权算术平均零售物价指数，见表 8－13。

表 8－12　某市基期和报告期主要食品及工业消费品的价格及销售量

商品	计量单位	基期		报告期		个体价格指数 $K_p=p_1/p_0$	按不同时期价格计算的销售额/元			
		价格 p_0/元	销售量 q_0	价格 p_1/元	销售量 q_1		p_0q_0	p_0q_1	p_1q_0	p_1q_1
—	—	(1)	(2)	(3)	(4)	(5)	(6)	(7)	(8)	(9)
稻米	10^2千克	70.6	7 120	280.0	7 540	3.966	502 672	532 324	1 993 600	2 111 200
豆油	10^2千克	420.5	920	795.0	975	1.891	386 860	409 987.5	731 400	775 125
大白菜	10^2千克	15.0	15 600	40.0	18 720	2.667	234 000	280 800	624 000	748 800
黄瓜	10^2千克	121.2	5 900	220.6	6 120	1.820	715 080	741 744	1 301 540	1 350 072
菠菜	10^2千克	60.8	6 400	189.8	6 650	3.122	389 120	404 320	1 214 720	1 262 170
豆腐	10^2千克	68.4	2 500	122.4	2 840	1.789	171 000	194 256	306 000	347 616
猪肉	10^2千克	518.2	1 200	1 426.0	1 215	2.752	621 840	629 613	1 711 200	1 732 590
苹果	10^2千克	250.8	3 400	360.5	3 245	1.437	852 720	813 846	1 225 700	1 169 822.5
棉布	10^2米	309.6	4 070	620.0	3 650	2.003	1 260 072	1 130 040	2 523 400	2 263 000
香皂	百块	260.5	1 075	420.2	1 070	1.613	280 037.5	278 735	451 715	449 614
电灯泡	百个	74.5	840	130.0	760	1.745	62 580	56 620	109 200	98 800
自行车	百辆	32 350.0	675	42 800.0	580	1.323	21 836 250	18 763 000	28 890 000	24 824 000
合计	—	—	—	—	—	—	27 312 231.5	24 235 285.5	41 082 475	37 132 809

表 8－13　零售物价指数(加权算术平均法)计算表

商品	计量单位	个体价格指数 $K_p=p_1/p_0$	商品销售额/元			
			p_0q_0	p_0q_1	$K_pp_0q_0$	$K_pp_0q_1$
—	—	(1)	(2)	(3)	(4)	(5)
稻米	10^2千克	3.966	502 672.0	532 324.0	1 993 600.0	2 111 200.0
豆油	10^2千克	1.891	386 860.0	409 987.5	731 400.0	775 125.0
大白菜	10^2千克	2.667	234 000.0	280 800.0	624 000.0	748 800.0
黄瓜	10^2千克	1.820	715 080.0	741 744.0	1 301 445.6	1 349 974.1
菠菜	10^2千克	3.122	389 120.0	404 320.0	1 214 720.0	1 262 170.0

续表

商品	计量单位	个体价格指数	商品销售额/元			
		$K_p=p_1/p_0$	p_0q_0	p_0q_1	$K_pp_0q_0$	$K_pp_0q_1$
豆腐	10^2千克	1.789	171 000.0	194 256.0	305 919.0	347 524.0
猪肉	10^2千克	2.752	621 840.0	629 613.0	1 711 200.0	1 732 590.0
苹果	10^2千克	1.437	852 720.0	813 846.0	1 225 700.0	1 169 822.5
棉布	10^2米	2.003	1 260 072.0	1 130 040.0	2 523 400.0	2 263 000.0
香皂	百块	1.613	280 037.5	278 735.0	451 715.0	449 614.0
电灯泡	百个	1.745	62 580.0	56 620.0	109 200.0	98 800.0
自行车	百辆	1.323	21 836 250.0	18 763 000.0	28 890 000.0	24 824 000.0
合计	—	—	27 312 231.5	24 235 285.5	41 082 299.6	37 132 619.6

表 8-13 中第(1)、(2)、(3)列为已知资料，计算时设计(4)、(5)两列。将第(2)、(4)两列底下横行总和数字代入公式得

$$\overline{K}_p=\frac{\sum K_pp_0q_0}{\sum p_0q_0}=\frac{41\ 082\ 475.0}{27\ 235\ 285.5}\approx 150.4\%$$

将第(3)、(5)两列底下横行总和数字代入公式得

$$\overline{K}_p=\frac{\sum K_pp_0q_1}{\sum p_0q_1}=\frac{37\ 132\ 619.6}{24\ 235\ 285.5}\approx 153.2\%$$

以上计算结果表明：以 $V=p_0q_0$ 为权数计算的加权算术平均零售物价指数与按 L 式计算的结果完全一致；以 $V=p_0q_1$ 为权数计算的加权算术平均零售物价指数与 P 式计算的结果完全一致。但加权平均指数与综合指数却是两种不同类型的指数，因为它们的计算原理、方法与所用资料都完全不同。此外也可以用 p_1q_0、p_1q_1 为权数计算零售物价指数，读者可自行设计，在此从略。

在我国统计实践中，商品零售价格指数采用固定权数加权的算术平均指数，其计算方法与居民消费价格指数相同，本节后面将予以介绍。

8.5.2 工业品产量指数

工业品产量指数是数量指标指数，这类指数既可以用综合指数计算，也可以用加权算术平均法计算，按加权算术平均法计算工业品产量指数公式为

$$\overline{K}_q=\frac{\sum K_qV}{\sum V}$$

当 $V=p_0q_0$ 时，则有

$$\overline{K}_q=\frac{\sum K_qp_0q_0}{\sum p_0q_0}$$

式中，$K_q=q_1/q_0$——个体数量指数；

p_0q_0——基期实际产品价值。

可以证明，按此式计算的工业品产量指数与按 L 式计算的工业品产量指数完全一致，即

$$\overline{K}_q=\frac{\sum K_q p_0 q_0}{\sum p_0 q_0}=\frac{\sum (q_1/q_0)p_0 q_0}{\sum p_0 q_0}=\frac{\sum p_0 q_1}{\sum p_0 q_0}=\overline{K}_{q(l)}$$

根据表 8－14 的资料按加权算术平均法求产量指数(表 8－15)。

表 8－14　某地区四种主要商品销售量情况表

商品类别	计量单位	销售量		个体销售量指数 $K_q=q_1/q_0$	单位商品基期价格 p_0/元	基期销售额 p_0q_0/千元	按基期价格核算的报告期 p_0q_1 销售额/千元
		基期 q_0	报告期 q_1				
—	—	(1)	(2)	(3)	(4)	(5)	(6)
甲	吨	1 000	1 100	1.10	200	200	220
乙	吨	2 500	2 800	1.12	500	1 250	1 400
丙	台	3 600	4 000	1.11	300	1 080	1 200
丁	件	400	420	1.05	1 200	480	504
合计	—	—	—	—	—	3 010	3 324

表 8－15　工业品产量指数(加权算术平均法)计算表

工业产品	计量单位	个体产量指数 $K_q=q_1/q_0$	基期产品价值/千元 p_0q_0	$K_qp_0q_0$
—	—	(1)	(2)	(3)
甲	吨	1.10	200	220
乙	吨	1.12	1 250	1 400
丙	台	1.11	1 080	1 200
丁	件	1.05	480	504
合计	—	—	3 010	3 324

将表 8－15 中第(2)、(3)两列合计数代人上式得：

$$\overline{K}_q=\frac{\sum K_q p_0 q_0}{\sum p_0 q_0}=\frac{3\ 324}{3\ 010}\approx 110.4\%$$

按加权算术平均指数与按 L 式计算结果完全一致，但计算方法与应用资料不同。由于基期实际产值在工作中更容易取得，计算方法也很简便，因此加权算术平均指数有较大的实用价值。

8.5.3　居民消费价格指数

在我国价格指数体系中，居民消费价格指数、商品零售价格指数占有很重要的地位，并受到多方面的重视。这两种指数都是按加权算术平均法计算的，但与上面的加权法不同，采用的是固定权数。

【统计实例】

以居民消费价格指数为例，介绍其编制过程和方法。至于商品零售价格指数的编制过程和方法则与居

民消费价格指数相同。

居民消费价格指数是用于反映城乡居民所购买的消费品价格和生活服务价格的变动趋势和变动程度的指数。根据这一指数计算的数值，可用于分析、了解消费品零售价格和生活服务价格变动对居民生活费用支出的影响程度，为各级领导机关研究和制定居民消费价格政策、工资政策以及为新国民经济核算体系中消除价格变动因素的核算提供科学依据。居民消费价格指数也是计算货币购买力的主要依据。

在各省(自治区)，居民消费价格指数按城市、农村分别计算，而后按照城乡居民消费额比率分别加权汇总，成为全省(自治区)居民消费价格指数。在计算指数时，除了要经常掌握市场上主要消费品及各项生活服务价格及其变动外，也要广泛利用居民住户调查资料，以掌握居民生活消费支出的数额及构成的变动，这些资料都是计算居民消费价格指数的基础资料。

居民消费价格指数的内容十分广泛，既包括购买各项生活消费品的价格，也包括邮电、交通、文娱等各项生活服务项目的价格。在生活消费品中按其性质和用途不同，又可以分成许多不同的类别和商品集团。为了详细了解各类消费品的价格和支出情况，还有必要进一步分类观察。根据我国现行居民消费价格调查方案的规定，将消费品分成八个大类：食品、衣着、家庭设备及用品、医疗保健、交通和通信工具、娱乐教育和文化用品、居住、服务项目；在大类之中又根据性质、用途不同，细分成为中类、小类；最后是有代表性的规格等级的商品或服务项目。目前，国家统计局规定的统计调查消费品和服务项目有 325 种，各地可根据实际情况适当调整调查品种，但增选商品不得超过 45 种。

在计算指数时一般采取分类、分层计算的方法，即由单项商品或服务的价格指数，加权汇总成小类指数，再由小类指数继续按加权方法汇总成中类指数、大类指数及总指数，这样分类、分层计算有利于观察不同种类商品的价格变动趋势及其对居民生活的影响，计算指数也较为方便。

计算居民消费价格指数最基本的公式为

$$\overline{K}_p = \frac{\sum K_p p_0 q_0}{\sum p_0 q_0}$$

式中，$K_p = p_1/p_0$ ——个体价格指数或类指数；

$p_0 q_0$ ——与个体指数或类指数相应的基期消费支出，这项资料通常是从居民住户调查的有关资料中取得。

在一般情况下，K_p 只用于代表个体的价格指数，但在居民消费价格指数中，由于采用分类、分层计算的方法，当由小类指数汇总计算中类指数，由中类指数汇总计算大类指数，以及由大类指数汇总计算总指数时，K_p 则用于代表不同层次的类指数，$p_0 q_0$ 则代表相应的不同层次的类指数的基期消费支出。

在实际计算价格指数时，为了使计算过程尽量简化，于是进一步将上述用绝对额表示的消费支出转化成相对数，即将以上指数公式中的消费支出 $p_0 q_0$ 转化为各项支出占支出总额的比率，并以 W 表示，即 $W = p_0 q_0 / \sum p_0 q_0$ 。为了便于计算和汇总，W 以百分数表示，且只取整数，$\sum W = 100$ 。于是在计算居民消费价格指数时，有

$$\overline{K}_p = \frac{\sum K_p W}{\sum W}$$

将 $\overline{K}_p = \frac{\sum K_p p_0 q_0}{\sum p_0 q_0}$ 与 $\overline{K}_p = \frac{\sum K_p W}{\sum W}$ 进行比较可以看出，两式实质上是相同的，不同之处在于将原来的以绝对额表示的权数转化为以相对数表示的权数。在居民消费价格指数中，权数一经确定一年以内保持不变，因此也称为固定权数，而将公式 $\overline{K}_p = \frac{\sum K_p W}{\sum W}$ 称为按固定权数计算的加权算术平均指数。

以上指数计算过程参见表 8 - 16。

当权数确定以后，即可按固定权数指数公式计算居民消费价格指数，其步骤大致如下(表 8 - 17)。

表 8-16　居民消费价格指数中权数的确定

商品类别及项目	消费支出/元	权数 W			
		大类	中类	小类	单项商品
总计	35 000	100			
一、食品	21 700	62	100		
1. 粮食	1 931		9	100	
(1) 细粮	1 203			62	100
面粉	422				35
稻米	671				56
江米	25				2
挂面	85				7
(2) 粗粮	728			38	100
玉米面	552				76
小米	176				24
2. 淀粉及薯类	650		3		
……					
3. 菜类	2 778		13		
……					
……			…		
二、烟酒及用品	935	3			
三、衣着	4 900	14			
四、家庭设备用品及服务	2 030	6			
五、医疗保健和个人用品	1 085	3			
六、交通和通信	770	2			
七、娱乐教育、文化用品及服务	1 435	4			
八、居住	2 145	6			

表 8-17　居民消费价格指数计算表

商品类别及项目	规格等级	计量单位	平均价格		权数	指数	计算列
			p_0/元	p_1/元		$K_p=p_1/p_0$	K_pW
总计					100	122.3%	122.287
一、食品					62	125.0%	77.5
1. 粮食					9	115.5%	10.392
(1) 细粮					62	120.5%	74.714
面粉	普通粉	千克	1.72	2.00	35	116.3%	40.698
稻米	标二	千克	2.24	2.80	56	125.0%	70.0
江米	标二	千克	2.74	2.90	2	105.8%	2.117
挂面	高强粉	千克	2.73	3.00	7	109.9%	7.692
(2) 粗粮					38	107.2%	40.748
玉米面	一等	千克	1.50	1.62	76	108.0%	82.08

续表

商品类别及项目	规格等级	计量单位	平均价格		权数	指数	计算列
			p_0/元	p_1/元		$K_p=p_1/p_0$	K_pW
小米	一等	千克	2.29	2.40	24	104.8%	25.153
2. 淀粉及薯类					3	114.8%	3.444
……					…	…	…
3. 菜类					13	160.2%	20.826
……					…	…	…
……					…	…	…
二、烟酒及用品					3	122.6%	3.678
三、衣着					14	127.4%	17.836
四、家庭设备用品及服务					6	110.6%	6.636
五、医疗保健和个人用品					3	121.5%	3.645
六、交通和通信					2	116.4%	2.328
七、娱乐教育、文化用品及服务					4	105.8%	4.232
八、居住					6	107.2%	6.432

(1) 求每种商品或服务项目的个体价格指数。例如，面粉的价格指数为

$$K_p=p_1/p_0=2.00/1.72\approx 116.3\%$$

(2) 将所有个体价格指数分别乘以相应权数，再除以权数总和，得小类价格指数。例如，细粮小类价格指数为

$$\overline{K}_p=\frac{\sum K_pW}{\sum W}=\frac{116.3\%\times 35+125.0\%\times 56+105.8\%\times 2+109.9\%\times 7}{100}=\frac{120.50}{100}=120.5\%$$

(3) 根据小类价格指数及相应的权数，按以上方法计算中类价格指数。例如，由细粮小类指数、粗粮小类指数计算粮食类指数为

$$\overline{K}_p=\frac{\sum K_pW}{\sum W}=\frac{120.5\%\times 62+107.2\%\times 38}{100}=\frac{115.446}{100}=115.446\%$$

(4) 根据中类指数及相应的权数，按以上方法计算大类指数。例如，由粮食类指数、淀粉类指数、菜类指数等共 16 个中类指数，计算食品类指数为

$$\overline{K}_p=\frac{\sum K_pW}{\sum W}=\frac{115.5\%\times 9+114.8\%\times 3+160.2\%\times 13+\cdots}{100}=\frac{125}{100}=125.0\%$$

(5) 根据大类指数及相应的权数，按以上方法计算总指数。根据表 8-14 中已有资料计算如下。

$$\overline{K}_p=\frac{\sum K_pW}{\sum W}=\frac{122.287}{100}\approx 122.3\%$$

8.5.4 农产品收购价格指数

农产品收购价格指数，是反映国家农产品收购价格变动趋势和程度的相对数，它是研究农产品收购价格变化对农民收入、国家财政支出等的影响，并计算工农业产品综合比价指数

的依据。由于农产品收购季节性强，时间比较集中，产品品种比较少。这样，在年末能够较快地取得各类农产品实际收购金额和各代表规格品价格的资料，从而可以用报告期农产品实际收购金额作为权数，对各类代表规格品的价格个体指数采用加权调和平均法计算，以得到农产品收购价格指数，其公式为

$$\overline{K}_p = \frac{\sum p_1 q_1}{\sum \frac{p_1 q_1}{k_p}}$$

式中，k_p——各类代表规格品的收购指数；

$p_1 q_1$——相应各类代表规格品的报告期收购金额。

8.5.5 股票价格指数

股票价格变动是股票市场(或称证券市场)最重要的经济现象之一。它既可以为投资者带来利益，也可以使投资者遭受损失。股票价格指数是用来表示多种股票价格一般变化趋势的相对数。

股票价格指数一般由证券交易所、金融服务机构、咨询研究机构或者新闻单位编制和发布。其编制的步骤如下。

(1) 根据上市公司的行业分布、经济实力、资信等级等因素，选择适当数量的有代表性的股票，作为编制指数的样本股票。样本股票可以随时更换或作数量上的增减，以保持良好的代表性。

(2) 按期到股票市场上采集样本股票，简称采样。

(3) 利用科学的方法和先进的手段计算出指数值。

(4) 通过新闻媒体向社会公众公开发布。

为保持股价指数的连续性，使各个时期计算出来的股价指数相互可比，有时还需要对指数作相应的调整。

编制股票价格指数的主要方法是加权综合法。即以样本股票的发行量或交易量为同度量因素(或称权数)计算股价指数。其计算公式按同度量因素所属时期不同分为两种。

$$\text{基期加权综合股价指数} = \frac{\sum p_1 q_0}{\sum p_0 q_0}$$

$$\text{报告期加权综合股价指数} = \frac{\sum p_1 q_1}{\sum p_0 q_1}$$

式中，p_0、p_1——基期、报告期的股价；

q_0、q_1——基期、报告期的发行量或交易量。

其中，以发行量加权的综合股价指数，称为市价总额指数；以交易量加权的综合股价指数，称为成交总额指数。

8.5.6 货币购买力指数

所谓货币购买力，是指单位货币所能购买商品和服务的数量。货币购买力的变化，直接反映币值的变化。根据货币流通的规律，如果货币发行量过多，货币就会贬值，货币购买力就会下降。对人民生活来说，货币购买力的变化，直接影响生活水平的变化。影响人民生活

水平提高的不只是货币收入的多少，还有货币购买力的大小。因此，反映货币购买力的变化，对分析货币流通量是否正常，研究人民生活水平的变动都有重要的意义。

货币购买力的大小同商品和服务价格变化成反比。统计根据这种关系，通过编制居民消费价格指数，来反映货币购买力的变化。其公式为

$$货币购买力指数=\frac{1}{居民消费价格指数}$$

由于物价的变动影响货币购买力，因此，不同时期等量的货币收入，其实际收入就存在着差异。所以，在观察居民收入水平变化时，必须考虑到物价变动或货币购买力的变化。它们之间存在如下的关系：

$$实际收入指数=货币收入指数\times货币购买力指数$$

对职工而言，则有

$$实际工资指数=货币工资指数\times货币购买力指数$$

此外，还有工业产品出厂价格指数、外贸商品价格指数、贸易条件指数等。限于篇幅，不逐一介绍。

【小资料】

国民幸福指数

如果说 GDP(国内生产总值)、GNP(国民生产总值)是衡量国富、民富的标准，那么应该还需要一个衡量人的幸福快乐的标准。在国际社会，这个刚刚出现的标准称 GNH(国民幸福总值)，不同的人对幸福感的理解和诠释不同。市民××说："幸福就是工资再高一点，晚上少加班。"而职业经理人××认为："最幸福的事情就是我要把公司做成一个世界品牌。"而专家认为，幸福感可以理解为满意感、快乐感和价值感的有机统一。

国民幸福总值最早于 20 世纪 70 年代由南亚的不丹王国的国王提出，他认为"政策应该关注幸福，并应以实现幸福为目标"，人生"基本的问题是如何在物质生活(包括科学技术的种种好处)和精神生活之间保持平衡"。在这种执政理念的指导下，不丹创造性地提出了由政府善治、经济增长、文化发展和环境保护四级组成的"国民幸福总值"指标。

类似 GNH 这样的尝试，在国际社会已经有多种，如"绿色 GDP"、联合国人类发展指标，英国的"国内发展指数"(MDP，该指数扣除了为抵消社会和环境成本而耗费的开支，考虑了长期的环境损毁和自然资本贬值，肯定了为确保谨慎投资和贸易平衡进行的一系列经济调整，反映了收入增加 1 英镑对穷人的意义要大于富人的事实，计入了家庭劳动的价值)等。这些指标的创设，反映出单一 GDP 指标的局限性，也昭示着人类自身的新需要。

我国的国民幸福指数

"现在很多地方政府都提出了幸福指数、群众满意度等新的评价指标，总的来看虽然有点简单，但这件事做起来总比不做强。"中国科学院院士程国栋提出了一份《落实"以人为本"，核算"国民幸福指数"》的提案，建议国家组织有关部门研究制订一套"国民幸福指数"的评价体系。

2004 年，我国人均 GDP 已经是 1 270 美元。1980 年以来，我国的 GDP 以年均 9.3%的高速度增长，在东亚创造了新的经济奇迹。经济成就举世瞩目，而整体的人文发展情况却呈现出与 GDP 增长不协调的逆态势。2003 年环境污染和生态破坏造成的经济损失占当年 GDP 的 15%，反映收入分配公平性的基尼系数超过 0.4(社会失衡临界点)。

根据荷兰 Erasmus 大学的 Ruut Veenhoven 教授对我国 3 次幸福指数的调查，我国 1990 年国民幸福指数为 6.64(1～10 标度)，1995 年上升到 7.08，但 2001 年却下降到 6.60。数据表明，即使经济持续快速增长也并不能保证国民幸福的持续增加。

本章小结

本章阐述了统计指数的概念、作用、编制方法和利用指数体系进行因素分析的原理和原则。统计指数有广义和狭义之分，广义指数是说明同类现象数量变动情况的相对数，狭义指数是反映不能直接加总计算的多种事物或现象数量综合变动情况的相对数。

统计指数理论主要研究狭义指数。狭义指数的主要作用：①综合反映复杂现象总变动方向及变动幅度；②分析和测定复杂现象中各因素变动对总量变动的影响方向和影响程度；③研究复杂现象的长期变动趋势。

统计指数的编制有综合指数和平均指数两种方法。综合指数有数量指标指数和质量指标指数；平均指数有算术平均数指数和调和平均数指数。

因素分析就是利用指数体系，分析现象总变动中各因素变动的影响方向和影响程度的统计分析方法。常用的有总量指标的因素分析和平均指标的因素分析。

职业能力训练

一、判断题

1. 数量指标指数反映总体的总规模水平，质量指标指数反映总体的相对水平或平均水平。（　）

2. 编制质量指标指数，按一般原则应采用报告期数量指标作同度量因素。（　）

3. 在平均指标变动因素分析中，可变构成指数是专门用以反映总体构成变化影响的指数。（　）

4. 用平均数指数形式计算总指数，既可以用全面调查资料，也可以用非全面调查资料。（　）

5. 指数的概念有广义和狭义两种，总指数一般是指广义的指数，在指数体系中则是指狭义的指数。（　）

6. 总指数的计算形式有综合指数和平均数指数两种。（　）

7. 为了使成本指数的计算符合现实的经济意义，编制单位成本指数应当用基期的产品产量作为同度量因素。（　）

8. 在单位成本指数 $\frac{\sum q_1 p_1}{\sum q_1 p_0}$ 中，$\sum q_1 p_1 - \sum q_1 p_0$ 表示单位成本增减的绝对额。（　）

9. 如果物价上涨 16%，则用同样多的货币能买到原来商品数量的 84%。（　）

10. 平均数指数也是编制总指数的一种重要形式，有它独立的应用意义。（　）

11. 劳动生产率的可变构成指数为 119.5%，结构影响指数为 110.2%，则劳动生产率的固定构成指数为 108.4%。（　）

12. 以产量作为同度量因素计算的单位产品的某种原材料消耗量指数是数量指标指数。（　）

二、单项选择题

1. 按照指数的性质不同，指数可分为(　　)。

A. 个体指数和总指数
B. 简单指数和加权指数
C. 数量指标指数和质量指标指数
D. 动态指数和静态指数

2. 在指数的概念中(　　)。
A. 简单指数是指个体指数，加权指数是指总指数
B. 简单指数是指总指数，加权指数是指个体指数
C. 简单指数和加权指数都是指个体指数
D. 简单指数和加权指数都是指总指数

3. 根据指数研究的范围不同，可以把它分为(　　)。
A. 个体指数和总指数
B. 简单指数和加权指数
C. 综合指数和平均指数
D. 动态指数和静态指数

4. 设 p 表示商品的价格，q 表示商品的销售量，$\dfrac{\sum p_1q_1}{\sum p_0q_1}$ 说明了(　　)。
A. 在基期销售量条件下，价格综合变动的程度
B. 在报告期销售量条件下，价格综合变动的程度
C. 在基期价格水平下，销售量综合变动的程度
D. 在报告期价格水平下，销售量综合变动的程度

5. 按照个体价格指数和报告期销售额计算的价格指数是(　　)。
A. 综合指数　　B. 平均指标指数
C. 加权算术平均指数　　D. 加权调和平均指数

6. 作为综合指数变形使用的平均指数，下列可以作为加权平均指数的权数的是(　　)。
A. p_0q_0　　B. p_1q_1　　C. p_0q_1　　D. p_1q_0

7. 用加权平均法求总指数时，所需资料(　　)。
A. 必须是全面资料
B. 必须是非全面资料
C. 既可以是全面资料，也可以是非全面资料
D. 个体指数可以用全面调查资料，权数一定用非全面调查资料

8. 根据指数所采用的基期不同，指数可分为(　　)。
A. 数量指标指数和质量指标指数
B. 拉氏指数和派氏指数
C. 环比指数和定基指数
D. 时间指数、空间指数和计划完成指数

9. 综合指数一般是(　　)。
A. 简单指数　　B. 加权指数
C. 静态指数　　D. 平均指数

10. 平均指标指数中的平均指标通常是(　　)。
A. 简单调和平均数　　B. 简单算术平均数

C. 加权调和平均数　　D. 加权算术平均数

11. 在由三个指数所组成的指数体系中，两个因素指数的同度量因素通常(　　)。

A. 都固定在基期

B. 都固定在报告期

C. 一个固定在基期，一个固定在报告期

D. 采用基期和报告期的平均

12. 某商店在价格不变的条件下，报告期销售量比基期增加10%，那么报告期商品销售额比基期增加(　　)。

A. 1%　　B. 5%　　C. 10%　　D. 3%

13. 在物价上涨后，同样多的人民币少购买商品3%，则物价指数为(　　)。

A. 97%　　B. 103.09%　　C. 3%　　D. 109.13%

14. 某种产品报告期与基期比较，产量增长26%，单位成本下降32%，则生产费用支出总额为基期的(　　)。

A. 166.32%　　B. 85.68%　　C. 185%　　D. 54%

15. 若销售量增加，销售额持平，则物价指数(　　)。

A. 降低　　B. 增长

C. 不变　　D. 趋势无法确定

16. 某商店本年同上年比较，商品销售额没有变化，而各种商品价格上涨了7%，则商品销售量增(或减)的百分比为(　　)。

A. －6.54%　　B. －3%　　C. ＋6.00%　　D. ＋14.29%

三、多项选择题

1. 下列属于指数范畴的指标有(　　)。

A. 动态相对数　　B. 离散系数　　C. 计划完成相对数

D. 季节比率　　E. 比较相对指标

2. 报告期数值和基期数值之比可称为(　　)。

A. 动态相对指标　　B. 发展速度　　C. 增长速度

D. 统计指数　　E. 比例相对数

3. 下列属于质量指标指数的有(　　)。

A. 价格总指数　　B. 个体价格指数　　C. 销售量总指数

D. 销售总额指数　　E. 平均指标指数

4. 指数按选择基期的不同可分为(　　)。

A. 静态指数　　B. 动态指数　　C. 定基指数

D. 综合指数　　E. 环比指数

5. 统计指数按其反映的时态状况不同，可分为(　　)。

A. 综合指数　　B. 平均指数　　C. 简单指数

D. 动态指数　　E. 静态指数

6. 综合指数的特点是(　　)。

A. 由两个总量指标对比形成

B. 固定一个或一个以上因素，仅观察其中一个因素的变动

C. 分子或分母中有一项假定指标

D. 编制时可按范围逐步扩大

E. 编制时需要全面资料

7. 如果用综合指数的形式编制工业产品产量总指数，下列项目可以作为同度量因素的有（　　）。

A. 报告期价格　　B. 基期价格　　C. 报告期单位成本

D. 基期单位成本　　E. 工人劳动生产率

8. 派氏的综合指数公式是（　　）。

A. $\dfrac{\sum q_1 p_1}{\sum q_0 p_1}$　　B. $\dfrac{\sum q_1 p_0}{\sum q_0 p_0}$　　C. $\dfrac{\sum p_1 q_1}{\sum p_0 q_1}$

D. $\dfrac{\sum p_1 q_0}{\sum p_0 q_0}$　　E. $\dfrac{\sum q_1 p_1}{\sum q_0 p_0}$

9. 设 p 为价格，q 为销售量，则总指数 $\dfrac{\sum p_0 q_1}{\sum p_0 q_0}$ 的意义是（　　）。

A. 综合反映多种商品的销售量的变动程度

B. 综合反映商品价格和销售量的变动程度

C. 综合反映商品销售额的变动程度

D. 反映商品销售量变动对销售额变动的影响程度

E. 综合反映多种商品价格的变动程度

10. 如果用 p 表示商品价格，q 表示商品销售量，则公式 $\sum p_1 q_1 - \sum p_0 q_1$ 的意义是（　　）。

A. 综合反映价格变动和销售量变动的绝对额

B. 综合反映销售额变动的绝对额

C. 综合反映由于多种商品价格变动而增减的销售额

D. 综合反映由于价格变动而使消费者增减的货币支出额

E. 综合反映多种商品销售量变动的绝对额

11. 加权算术平均指数是一种（　　）。

A. 平均指数　　B. 综合指数　　C. 总指数

D. 个体指数平均数　　E. 平均指标指数

12. 职工劳动生产率指数为（　　）。

A. 拉氏指数　　B. 派氏指数　　C. 总指数

D. 数量指标指数　　E. 质量指标指数

13. 指数体系中，指数之间的数量关系（　　）。

A. 表现在总量指数等于它的因素指数之积

B. 不仅表现为总量指数与因素指数之积的对等关系

C. 表现在总量指数等于它的因素指数之和

D. 表现在总量指数等于它的因素指数的代数和

E. 表现在总量指数等于它的因素指数之差

14. 某产品的生产总成本 2001 年为 20 万元，比 2000 年多支出 0.4 万元，单位成本 2001

年比 2000 年降低 2%，则(　　)。

A. 生产总成本指数为 102%

B. 单位成本指数为 2%

C. 产品产量指数为 104%

D. 单位成本指数为 98%

E. 由于单位成本降低而节约的生产总成本为 0.408 万元

15. 某工业局所属企业报告期生产费用总额为 50 万元，比基期多 8 万元，单位成本报告期比基期上升 7%，于是(　　)。

A. 生产费用总额指数为 119.05%

B. 成本总指数为 107%

C. 产品产量总指数为 111.26%

D. 由于产量变动而增加的生产费用额为 4.73 万元

E. 由于单位成本变动而增加的生产费用额为 3.27 万元

四、计算题

1. 设某市场出售四种季节性商品，去年第三季度和今年第三季度的价格及销售量资料见表 8-18。

表 8-18　去年第三季度和今年第三季度的价格及销售量资料

商品名称	计量单位	第三季度价格/元		第三季度销售量	
		去年	今年	去年	今年
甲	件	1.4	1.3	1 480	1 690
乙	只	1.0	1.2	20	30
丙	千克	20.0	25.0	200	500
丁	米	30.0	30.0	120	150

试根据上述资料，分别运用拉氏公式、派氏公式计算价格指数及销售量指数，并比较其计算结果。

2. 某企业三种产品的产量及成本资料见表 8-19。

表 8-19　某企业三种产品的产量及成本

产品名称	产量/件		单位成本/元	
	基期	报告期	基期	报告期
甲	500	600	18	16
乙	3 000	3 500	25	24
丙	1 500	2 000	20	20

试根据表 8-19 资料，从相对数和绝对数两方面分析总成本变动中：

(1) 受三种产品单位成本变动的影响；

(2) 受三种产品产量变动的影响。

3. 甲、乙两种商品的价格及销售量资料见表 8-20。

表 8-20 甲、乙两种商品的价格及销售量

商品名称	计量单位	价格/元		销售量	
		基期	报告期	基期	报告期
甲	件	8	9.6	400	480
乙	只	6	7.2	200	240

试根据上述资料，分析总销售额的变动中：

(1) 价格变动的影响程度；

(2) 销售量变动的影响程度；

(3) 对比上面两种计算结果，观察相对量分析与绝对分析是否一致，并说明原因。

4. 甲、乙两乡的粮食生产见表 8-21。

表 8-21 甲、乙两乡的粮食产量

分类	甲乡		乙乡	
	播种面积/公顷	千克/公顷	播种面积/公顷	千克/公顷
水田	8	9.6	400	480
稻田	6	7.2	200	240

试根据以上资料：

(1) 甲乡、乙乡粮食的总平均公顷产量；

(2) 上述结果与表中所列的组平均公顷产量在说明问题时是否一致，请分析其原因。

5. 设某工厂工人人数及工资资料见表 8-22。

表 8-22 某工厂工人人数及工资

工人分组	工人数/人		月平均工资/元	
	基期	报告期	基期	报告期
老工人	800	600	125	130
新工人	300	600	70	72

试根据上述资料：

(1) 分析该厂工资总额变动中，工人人数变动和月平均工资变动的影响程度；

(2) 分析该厂工资总额变动中，工人总数、新老工人人数构成及月平均工资三个因素变动的影响程度。

第9章 相关与回归分析

XIANGGUAN YU HUIGUI FENXI

【学习目标】

知识目标：本章主要介绍了相关分析和回归分析的基本理论，了解相关分析的概念、内容和多元线性回归分析的基本思想；掌握相关关系测定和一元线性回归分析的计算方法。

能力目标：能够测定客观现象间是否具有相关关系；可以熟练地进行一元线性回归计算和分析。

【案例导入】

1947 年，宝丽来公司创始人埃德文·兰德博士(Dr. Edwin Land)宣布，他们在研究即时显像的技术方面迈出了新的一步，这使得一分钟成像成为可能。紧接着，公司开始拓展用于大众摄影的业务。宝丽来的第一台相机和第一卷胶卷诞生于 1949 年。在那之后，他们不断地在化学、光学和电子学方面进行试验和发展。

宝丽来公司的另一项主要业务是为技术和工业提供产品，目前，它正致力于使即时显像技术在现代可视的通信环境下，成为日益增长的成像系统中的关键部分。为此，宝丽来公司推出了多种可进行即时显像的产品，以供专业摄影、工业、科学和医学之用。除此之外，公司还在磁学，太阳镜、工业偏振镜、化工、传统涂料和全息摄影的研制和生产方面有自己的优势。

用于衡量摄影材料感光度的测光计，可以提供许多有关胶片特性的信息，如它的曝光时间范围。在宝丽来中心感光实验室中，科学家们把即时显像胶片置于一定的温度和湿度下，使之近似于消费者购买后的保存条件，然后再对其进行系统地抽样检验和分析。他们选择专业彩色摄影胶卷，抽取分别已保存 1～13 个月不等的胶卷，以便研究它们保存时间和感光速率之间的联系。数据显示，感光速率随保存时间的延长而下降，他们之间相应变动的关系可用一条直线或线性关系近似地表示。

【解析】

运用回归分析，宝丽来公司建立了一个方程式，它能反映胶卷保存时间长短对感光速率的影响。

$$Y = -19.8 - 7.6x$$

式中，Y——胶卷感光速率；

x——胶卷保存时间(月)。

从这一方程式可以看出，胶卷的感光速率平均每月下降 7.6 个单位。通过此分析得到的信息，有助于宝丽来公司把消费者的购买和使用结合起来考虑，调整生产，提供顾客需要的胶卷。

本章将学习如何运用回归分析法建立具有两个变量的方程式，例如，在宝丽来公司的案例中，建立以胶卷感光速率和保存时间为变量的方程式。在后面的章节中，还将把这一概念扩展到具有两个以上变量的情形。

9.1 相关分析的概念与内容

相关与回归是现代统计学中非常重要的内容，相关与回归分析是处理变量数据之间相关关系的一种统计方法。通过相关分析，可以判断两个或两个以上变量之间是否存在相关关系、相关关系的方向、形态及相关关系的密切程度；回归分析是对具有相关关系现象间数量变化的规律进行测定，确立一个回归方程式，即经验公式，并对所建立的回归方程式的有效性进行分析、判断，以便进一步估计和预测。现在，相关与回归分析已经广泛应用到企业管理、商业决策、金融分析以及自然科学和社会科学等许多研究领域。

9.1.1 相关关系的概念

现实世界中的各种现象相互联系、相互制约、相互依存，某些现象发生变化时，另一现象也随之发生变化。例如，商品价格的变化会刺激或抑制商品销售量的变化；劳动力素质的高低会影响企业的效益；直接材料、直接人工的价格变化对产品销售成本有直接的影响；居民收入的高低会影响对该企业产品的需求量等等。研究这些现象之间的依存关系，找出它们之间的变化规律，是对经搜集、整理过的统计数据进行数据分析，为客观、科学地统计提供依据。

现象间的依存关系大致可以分为两种类型：一类是函数关系，另一类是相关关系。

1. 函数关系

函数是指现象之间呈现一种严格的确定的依存关系，表现为某一现象发生变化另一现象也随之发生变化，而且有确定的值与之相对应。

【统计实例】

银行的1年期存款利率(年息)为1.98%，存入的本金用 x 表示，到期本息用 y 表示，则 $y=x+1.98\%x$(不考虑利息税)；再如，某种股票的成交额 Y 与该股票的成交量 X 、成交价格 P 之间的关系可以用 $Y=PX$ 来表示，这都是函数关系。

2. 相关关系

相关关系是指客观现象之间确实存在的，但数量上不是严格对应的依存关系。在这种关系中，对于某一现象的每一数值，另一现象可以有若干数值与之相对应。例如，成本的高低与利润的多少有密切关系，但与某一确定的成本相对应的利润却是不确定的。这是因为影响利润的因素除了成本外，还有价格、供求平衡、消费嗜好以及其他偶然因素。

【统计实例】

生育率与人均GDP的关系也属于典型的相关关系。人均GDP高的国家，生育率往往较低，但二者没有唯一确定的关系，这是因为除了经济因素外，生育水平还受教育水平、城市化水平以及不易测量的民族风俗、宗教和其他随机因素的共同影响。

具有相关关系的某些现象可表现为因果关系，即某一或若干现象的变化是引起另一现象变化的原因，它是可以控制的、给定的值，称为自变量；另一个现象的变化是自变量变化的结果，它是不确定的值，称为因变量。例如，资金投入与产值之间，前者为自变量，后者为因变量。但具有相关关系的现象并不都表现为因果关系，如生产费用和生产量、商品的供求与价格等。这是由于相关关系比因果关系包括的范围更广泛。

特别提示

相关关系和函数关系既有区别，又有联系。有些函数关系往往因为有观察或测量误差以及各种随机因素的干扰，在实际中常常通过相关关系表现出来；而在研究相关关系时，对其数量间的规律性了解得越深刻，则相关关系越有可能转化为函数关系或借助函数关系来表现。

9.1.2 相关关系的种类

现象之间的相关关系从不同的角度可以分为不同类型。

1. 按照相关关系涉及变量(或因素)的多少

单相关，又称一元相关，是指两个变量之间的相关关系，如广告费支出与产品销售量之间的相关关系。

复相关，又称多元相关，是指三个或三个以上变量之间的相关关系，如商品销售额与居民收入、商品价格之间的相关关系。

偏相关，在一个变量与两个或两个以上的变量相关的条件下，当假定其他变量不变时，其中两个变量的相关关系称为偏相关。例如，在假定商品价格不变的条件下，该商品的需求量与消费者收入水平的相关关系即为偏相关。

2. 按照相关形式不同

线性相关，又称直线相关，是指当一个变量变动时，另一变量随之发生大致均等的变动。从图形上看，其观察点的分布近似地表现为一条直线。例如，人均消费水平与人均收入水平通常呈线性关系。

非线性相关，一个变量变动时，另一变量也随之发生变动，但这种变动不是均等的。从图形上看，其观察点的分布近似地表现为一条曲线，如抛物线、指数曲线等，因此也称曲线相关。例如，工人加班加点在一定数量界限内，产量增加，但一旦超过一定限度，产量反而可能下降，这就是一种非线性关系。

3. 按照相关现象变化的方向不同

正相关，当一个变量的值增加或减少时，另一个变量的值也随之增加或减少。例如，工人劳动生产率提高，产品产量也随之增加；居民的消费水平随个人所支配收入的增加而增加。

负相关，当一个变量的值增加或减少时，另一变量的值反而减少或增加。例如，商品流转额越大，商品流通费用越低；利润随单位成本的降低而增加。

4. 按相关程度

完全相关，当一个变量的数量完全由另一个变量的数量变化所确定时，二者之间即为完全相关。例如，在价格不变的条件下，销售额与销售量之间的正比例函数关系即为完全相关，此时相关关系便成为函数关系，因此也可以说函数关系是相关关系的一个特例。

不相关，又称零相关，当变量之间彼此互不影响，其数量变化各自独立时，则变量之间为不相关。例如，股票价格的高低与气温的高低一般情况下是不相关的。

不完全相关，即两个变量的关系介于完全相关和不相关之间。由于完全相关和不相关的数量关系是确定的或相互独立的，因此统计学中相关分析的主要研究对象是不完全相关。

9.1.3 相关分析的内容

相关分析是对客观经济现象间存在的相关关系进行分析研究的一种统计方法。其目的在于对现象间所存在的依存关系以及所表现出的规律性进行数量上的推断和认识，以便做出预测和决策。相关分析的内容包括两个方面。

1. 判别现象间有无相关关系

现象间有无相关关系，这是相关分析的出发点。只有现象间确实存在相关关系，才可能进行相关分析。所以进行相关分析时，首先要通过定性分析，借助相关表和相关图来判别现象间是否确实存在相关关系，否则就会产生认识上的偏差，得出错误的分析结论。

2. 测定相关关系的表现形态和密切程度

相关关系是一种数量上不严格的相互依存关系。只有当变量间确实存在高度密切的相关关系时，才可能进行相关分析，对现象进行预测、推算和决策。因此，判定现象间存在相关关系后，需要进一步测定相关关系的表现形态和密切程度。统计上，一般是通过编制相关表、绘制相关图和计算相关系数来做出判断。

9.1.4 相关分析的任务

相关分析的目的，就是要在错综复杂的客观现象中，通过大量观察的统计资料，探讨现象之间相互依存关系的形式和相关的密切程度，并找出合适的表达形式，为推算未知和预测未来提供数据，具体任务有以下几方面。

1. 揭示现象之间是否具有相关关系

这要从两个方面加以判断：一方面要对现象之间的联系开展理论研究，按照经济理论、专业知识和实践经验，进行定性分析和判断；另一方面要对大量的实际统计资料，通过编制相关表、绘制相关图等一系列统计分析方法，对被研究的现象变量之间是否真正存在相关关系做出统计判断。

2. 测定现象相关关系的密切程度

相关关系是一种不严格的数量关系，统计分析的任务之一就是要确定这种数量关系的密切程度，通常是计算相关系数或相关指数以反映相关关系的密切程度。

3. 构建现象相关关系数学模型

依据相关的密切程度，研究确定相关变量之间数量关系的表现形式，确立恰当的数学模型，以便对其进行回归分析。

4. 测定因变量估计值的误差程度

根据已确定的变量之间相关的直线方程或曲线方程，在给定若干个自变量值时，可求出因变量相应的估计值。一般来说，估计值与实际值是有一定出入的，相关分析要通过科学方法测定估计值与实际的误差程度，从而确认相关与回归分析的可靠性大小。

9.2 相关关系的判断与测定

9.2.1 相关关系的判断

进行相关关系分析，首先要判断现象之间是否存在相关关系，这是相关分析的出发点。判断现象之间是否存在相关关系，一般是对现象进行定性分析、编制相关表和绘制相关图。

1. 定性分析

对现象进行定性分析，就是根据现象质的规定性，运用理论知识、专业知识、实际经验来进行判断和分析。

【统计实例】

根据经济理论来判别居民的货币收入与社会商品购买力是否存在相关关系；根据生物遗传理论，来判别父辈的身高与子辈的身高是否存在相关关系等。定性分析是进行相关分析的基础，在此基础上，根据需要通过编制相关表和绘制相关图来进行分析。

2. 定量分析

定量分析是利用相关表或相关图，进一步判断经过定性分析确认的具有相关关系的现象之间相关的方向、形式和密切程度。

1）相关表

相关表是一种反映变量之间相关关系的统计表。将某一变量按其取值的大小排列，然后将与其相关的另一变量的对应值平等排列，便可得到简单的相关表。

【统计实例】

表 9－1 就是某公司广告费与销售收入所形成的相关表。

表 9－1　某公司 A 产品广告费与销售收入相关表

年份	1	2	3	4	5	6	7	8	9	10
年广告费/万元	2	2	3	4	5	6	6	6	7	7
年销售收入/万元	50	51	52	53	53	54	55	56	56	57

表 9－1 中资料表明，销售收入随着广告费的增加而增长，二者之间存在着较明显的正相关关系。

根据对自变量是否分组，相关表分为简单相关表和分组相关表。表 9－2 即为简单相关表。分组相关表是将原始数据进行分组编制而成的相关表。分组相关表又分为单变量分组相关表和双变量分组相关表。单变量分组相关表是将两个变量中的一个变量进行分组，而另一个变量不分组，并对分组的变量计算各组的次数，而不分组的变量则计算平均数。以表 9－1 的统计资料可编制表 9－2 所示的单变量分组相关表。

表 9－2　某公司 A 产品广告费与销售收入单变量分组相关表

年广告费/万元	年数累计	年销售收入/万元
2	2	50
3	1	52
4	1	53
5	1	53
6	3	55
7	2	56

表 9－2 将年广告费进行分组，并计算相同年广告费出现的次数。年销售收入不分组，但要计算各组年销售收入的平均数。从表 9－2 可以看出，随着年广告费的增加年销售收入的平均数也增加，二者之间具有线性相关关系。

双变量分组相关表是对两个变量都加以分组形成的相关表。以表 9－1 资料可编制表 9－3 所示的双变量分组相关表。

表 9-3 某公司 A 产品广告费与销售收入双变量分组相关表

年广告费/万元	年销售收入/万元							合计
	50～51	51～52	52～53	53～54	54～55	55～56	56～57	
7							2	2
6					1	2		3
5				1				1
4			1					1
3		1						1
2	2							2
合计	2	1	1	1	1	2	2	10

在编制双变量分组相关表时，自变量和因变量的数值都进行分组。将自变量各组标志值放在各行，其排列顺序由大到小；将因变量各组标志值放在各列，其排列顺序由小到大。

2) 相关图

从相关表中往往很难看出现象之间的相关形式。因此，常将相关表上的数据描在平面直角坐标系中形成相关图。相关图也称相关散点图或散点图，是将具有相关关系的两个变量值描绘在坐标图上，以横轴表示自变量 x，纵轴表示因变量 y，按两变量的对应值标出坐标点的分布状况的统计图。相关图上的点称为相关点。相关图是粗略观察现象之间相关程度和相关形态的一种有效工具，同时为测定相关关系奠定了基础。

依据表 9-1 的统计资料，绘制相关散点图见图 9-1。

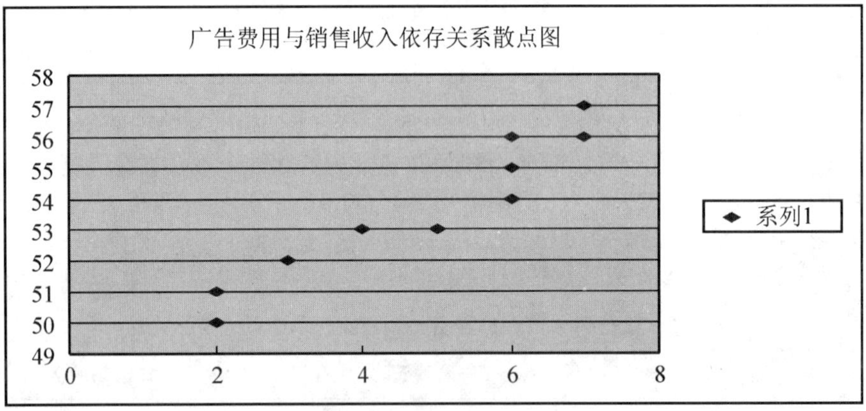

图 9-1 相关散点图

图 9-1 的横轴表示产量 x，纵轴表示单位成本 y，两变量值的坐标点显示两个变量的相关关系，从图 9-1 可以看出，x 与 y 之间的相关关系近似于一条直线，它们属于线性正相关。

在相关图中，若相关点呈现出一定的规律性，如大致为一条直线或一条曲线，就表明现象之间存在相关关系，且为直线相关或曲线相关。相关点越密集，表明相关关系越密切。若相关点分布没有规律，表明现象之间没有相关关系或存在低度相关关系。

从以上分析可以看出，用相关表和相关图均能粗略观察出现象之间的相关关系。相关图与相关表都有能用来观察相关形态的作用，但相关图应以相关表提供的资料为依据。

9.2.2 相关关系的测定

测定现象之间的相关关系有相关系数、相关指数等统计分析指标，下面介绍相关系数及其计算方法。

1. 相关系数的概念及特点

1）相关系数的概念

相关系数是指在直线相关的条件下，说明两个现象之间相关关系紧密程度的统计分析指标，用 r 表示。相关系数的取值范围和意义可概括为以下几点。

(1) r 的取值范围为 $-1 \leqslant r \leqslant 1$。

(2) r 的绝对值越接近于 1，表明相关关系越密切；越接近于 0，表明相关关系越不密切。

(3) $r=+1$ 或 $r=-1$，表明两现象完全相关。

(4) $r=0$，表明两变量无直线相关关系。

(5) $r>0$，现象呈正相关；$r<0$，现象呈负相关。实践中，一般将现象的相关关系分为四个等级：$|r|<0.3$ 表示不相关，$0.3 \leqslant |r|<0.5$ 表示低度相关；$0.5 \leqslant |r|<0.8$ 表示显著相关；$|r| \geqslant 0.8$ 表示高度相关。

2）相关系数的特点

(1) 两变量为对等关系，可以不区分自变量和因变量，其相关系数只有一个值。

(2) 相关系数有正负号，反映正相关或负相关关系。

(3) 若以抽样调查取得资料，则两变量均应有相同的随机性，这也是对等关系的要求。对全面统计资料而言，不存在随机性的问题，均为确定性资料。

2. 简单相关系数的计算

1）积差法

公式：
$$r=\frac{\sum(x_i-\bar{x})(y_i-\bar{y})}{\sqrt{\sum(x_i-\bar{x})^2}\sqrt{\sum(y_i-\bar{y})^2}}$$

式中，r——简单相关系数；

x——自变量；

y——因变量；

x_i——自变量及其变量值；

y_i——因变量及其变量值。

该公式也可写成

$$r=\frac{\sigma_{xy}^2}{\sigma_x\sigma_y}$$

式中，r——简单相关系数；

$\sigma_x=\sqrt{\frac{1}{n}\sum(x-\bar{x})^2}$——自变量的标准差；

$\sigma_y=\sqrt{\frac{1}{n}\sum(y-\bar{y})^2}$——因变量的标准差；

$\sigma_{xy}^2=\frac{1}{n}\sum(x-\bar{x})(y-\bar{y})$——自变量 x 与因变量 y 的协方差。由此可知，相关系数是两个变量协方差与两个变量标准差乘积的比。

【例 9.1】利用表 9-1 的统计资料计算简单相关系数。

先计算年广告费 x 的平均数 $\bar{x}$ 和年销售收入 y 的平均数 $\bar{y}$

$$\bar{x}=\frac{48}{10}=4.8$$

$$\bar{y}=\frac{537}{10}=53.7$$

再将表 9-4 中的数据代入积差法公式得

$$r=\frac{36}{\sqrt{32.6}\sqrt{45.57}}=\frac{36}{5.7096\times6.7505}=\frac{36}{38.4530}=0.9340$$

相关系数 $r=0.9340$，说明 A 产品年广告费用与年销售收入之间是高度相关关系。

表 9-4　积差法相关系数计算表

年份	年广告费 x_i/万元	年销售收入 y_i/万元	$x_i-\bar{x}$	$y_i-\bar{y}$	$(x_i-\bar{x})^2$	$(y_i-\bar{y})^2$	$(x_i-\bar{x})(y_i-\bar{y})$
1	2	50	−2.8	−3.7	7.84	13.69	10.36
2	2	51	−2.8	−2.6	7.84	6.76	7.28
3	3	52	−1.8	−1.7	2.24	0.89	3.06
4	4	53	−0.8	−0.7	0.64	0.49	0.56
5	5	53	0.2	0.7	0.04	0.49	0.14
6	6	54	1.2	0.3	1.44	0.09	0.36
7	6	55	1.2	1.3	1.44	1.69	0.36
8	6	56	1.2	2.3	1.44	5.29	1.56
9	7	56	2.2	2.3	4.84	5.29	5.06
10	7	57	2.2	3.3	4.84	10.89	7.26
合计	48	537	—	—	32.6	45.57	36

2）简捷法

表 9-5　简捷法相关系数计算表

年份	年广告费 x_i/万元	年销售收入 y_i/万元	x^2	y^2	xy
1	2	50	4	2 500	100
2	2	51	4	2 601	102
3	3	52	9	2 704	156
4	4	53	16	2 809	212
5	5	53	25	2 809	265
6	6	54	36	2 916	324
7	6	55	36	3 025	330
8	6	56	36	3 136	336
9	7	56	49	3 136	392
10	7	57	49	3 249	399
合计	48	537	264	28 885	2 616

根据积差法计算简单相关系数比较麻烦，计算项目较多，会导致相关系数的数值出现一定程度的误差。将积差法公式整理变形，得出相关系数的简捷计算公式：

$$r=\frac{n\sum xy-\sum x\sum y}{\sqrt{n\sum x^{2}-(\sum x)^{2}}\sqrt{n\sum y^{2}-(\sum y)^{2}}}$$

【例 9.2】利用表 9－1 中资料用简捷法计算简单相关系数。

$$\begin{aligned}r&=\frac{10\times2\ 616-48\times537}{\sqrt{10\times264-48^{2}}\sqrt{10\times28\ 885-537^{2}}}\\&=\frac{26\ 160-25\ 776}{\sqrt{2\ 640-2\ 304}\sqrt{288\ 850-288\ 369}}\\&=\frac{384}{18.330\ 3\times21.931\ 7}=0.934\ 0\end{aligned}$$

利用简捷法计算的结果与积差法计算的结果基本相同，但简捷法少计算了一部分数值，提高了计算效率，也就相应提高了相关系数的准确性。

3）其他变形公式

利用相关系数积差法公式可推导出相关系数的其他计算公式：

$$r=\frac{\sum xy-n\overline{xy}}{\sqrt{\sum x^{2}-n\bar{x}^{2}}\sqrt{\sum y^{2}-n\bar{y}^{2}}}$$

或

$$r=\frac{\overline{xy}-\bar{x}\bar{y}}{\sqrt{\frac{1}{n}\sum(x-\bar{x})^{2}}\sqrt{\frac{1}{n}\sum(y-\bar{y})^{2}}}$$

9.3 一元线性回归分析

9.3.1 回归分析的概念与特点

1. 回归分析的概念

“回归”一词是由英国生物学家高尔顿(F. Galton)在研究人体身高的遗传问题时首先提出的。根据遗传学的观点，子辈的身高受父辈影响，以 X 记父辈身高，Y 记子辈身高。虽然子辈身高一般受父辈影响，但同样身高的父亲，其子身高并不一致，因此，X 和 Y 之间存在一种相关关系。一般而言，父辈身高者，其子辈身高也高，依此推论，祖祖辈辈遗传下来，身高必然向两极分化，而事实上并非如此，显然有一种力量将身高拉向中心，即子辈的身高有向中心回归的特点。“回归”一词即源于此。虽然这种向中心回归的现象只是特定领域里的结论，并不具有普遍性，但从它所描述的关于 X 为自变量，Y 为不确定的因变量这种变量间的关系看，和回归含义是相同的。不过，回归分析虽然沿用了“回归”一词，但内容已有很大变化，它是一种应用于许多领域的广泛的分析研究方法，在经济理论研究和实证研究中也发挥着重要的作用。

回归分析就是对具有相关关系的两个变量之间数量变化的一般关系进行测定，确定一个与之相应的数学表达式，以便进行估计和预测的一种统计方法。

2. 回归分析的特点

(1) 回归分析的两个变量是非对等关系。在回归分析中，两个变量之间哪一个是因变量，哪一个是自变量要根据研究目的的具体情况来确定。自变量、因变量不同，所得出的分析结果也不相同。而在相关分析中，相关关系的两个变量是对等的，不必区分哪一个是自变量，哪一个是因变量。

(2) 回归分析中，因变量 Y 是随机变量，自变量 X 是可控变量。可依据研究的目的分别建立对于 X 的回归方程或对于 Y 的回归方程；而相关分析中，被研究的两个变量都是随机变量，它只能通过计算相关系数来反映两个变量之间的密切程度。

3. 回归分析的类型

回归分析研究两个及两个以上的变量时，根据变量的地位、作用不同分为自变量和因变量。一般把作为估测根据的变量称为自变量，把待估测的变量称为因变量。反映自变量和因变量之间联系的数学表达式称为回归方程，某一类回归方程的总称为回归模型。在回归分析中根据研究的变量多少可以分为一元回归和多元回归。若只有一个自变量和一个因变量的回归称为一元回归或简单回归。若自变量的数目在两个或两个以上，因变量只有一个，则称为多元回归。根据所建立的回归模型的形式，又可以分为线性回归和非线性回归。

4. 回归分析的内容

(1) 建立回归方程。依据研究对象变量之间的关系建立回归方程。

(2) 进行相关关系的检验。相关关系检验就是选择恰当的相关指标，判定所建立的回归方程中变量之间关系的密切程度。相关程度越高，就表明回归方程与实际值的偏差越小，拟合效果越好。如果回归方程变量间的相关关系不好，所建立的回归方程就失去了意义。

(3) 利用回归模型进行预测。如果回归方程拟合得好，就可以用它来作变量的预测，根据自变量取值来估计因变量的值。由于回归方程与实际值之间存在误差，预测值不可能就是由回归方程计算所得的确定值，其应该处于一个范围或区间。这个区间称为预测值的置信区间，它说明回归模型的适用范围或精确程度。实际值位于该区间的可靠度一般应在95%以上。

5. 相关分析与回归分析的区别与联系

就其研究对象来说，它们都研究变量之间的相互关系。但是相关分析与回归分析存在着明显的区别：相关分析泛指两个变量之间存在相关关系时，不必指出何者是自变量或因变量，两个变量是对等关系，都是随机变量；在回归分析中，必须根据研究目的，分别确定其中的自变量和因变量，两个变量是不对等关系，其中因变量是随机变量，而自变量是非随机变量。二者研究的侧重点不同。相关分析主要是研究变量之间是否存在相关关系及相关关系的表现形式和密切程度；而回归分析是运用一定的回归模型来测定一个或几个自变量的变化对因变量数量变化的影响。下面介绍一元线性回归分析。

9.3.2 一元线性回归分析

1. 一元线性回归模型

一元线性回归模型也称简单线性回归模型，是分析两个变量之间相互关系的数学方程式，其一般表达式为

$$\hat{y}=a+bx$$

式中，$\hat{y}$——因变量 y 的估计值；

x——自变量；

a、b——回归模型的待定参数，其中 b 又称回归系数，它表示自变量每增加一个单位时，因变量的平均增减量。

用 x_i表示自变量 x 的实际值，用 y_i表示因变量 y 的实际值($i=1, 2, 3, \cdots, n$)，因变量的实际值与估计值之差用 e_i 表示，称为估计误差或残差，即 $e_i=y_i-\hat{y}_i$。依据最小平方法理论可得：

$$\sum_{i=1}^{n} y_i = na + b\sum_{i=1}^{n} x_i \qquad (1)$$

$$\sum_{i=1}^{n} x_i y_i = a\sum_{i=1}^{n} x_i + b\sum_{i=1}^{n} x_i^2 \qquad (2)$$

由(1)、(2)两式即可求出 a、b 的计算公式：

$$b=\frac{\sum_{i=1}^{n} x_i y_i-\frac{1}{n}\sum_{i=1}^{n} x_i\sum_{i=1}^{n} y_i}{\sum_{i=1}^{n} x_i^2-\frac{1}{n}(\sum_{i=1}^{n} x_i)^2}=\frac{\sum_{i=1}^{n} x_i y_i-n\cdot\overline{xy}}{\sum_{i=1}^{n} x_i^2-n\cdot\bar{x}^2}$$

$$a=\frac{\sum_{i=1}^{n} y_i-b\sum_{i=1}^{n} x_i}{n}=\bar{y}-b\bar{x}$$

上述的回归方程式在平面坐标系中表现为一条直线，即回归直线。当 $b>0$ 时，y 随 x 的增加而增加，两变量之间存在着正相关关系；当 $b<0$ 时，y 随 x 的增加而减少，两变量之间为负相关关系；当 $b=0$ 时，y 为一常量，不随 x 的变动而变动。这为判断现象之间的相互关系，分析现象之间是否处于正常状态提供了标准。

【例 9.3】应用表 9-1 的资料建立一元线性回归模型。

设年广告费为自变量 x，年销售收入为因变量 y，则有

$$y=a+bx$$

依据表 9-6 数据可得：

$$b=\frac{\sum_{i=1}^{n} x_i y_i-\frac{1}{n}\sum_{i=1}^{n} x_i\sum_{i=1}^{n} y_i}{\sum_{i=1}^{n} x_i^2-\frac{1}{n}(\sum_{i=1}^{n} x_i)^2}=\frac{2616-\frac{1}{10}\times 48\times 537}{264-\frac{1}{10}\times 48^2}\approx 1.142\ 9$$

表 9-6 一元线性回归方程计算表

年份	年广告费 x/万元	年销售收入 y/万元	x^2	y^2	xy
1	2	50	4	2 500	100

续表

年份	年广告费 x/万元	年销售收入 y/万元	x^2	y^2	xy
2	2	51	4	2 601	102
3	3	52	9	2 704	156
4	4	53	16	2 809	212
5	5	53	25	2 809	265
6	6	54	36	2 916	324
7	6	55	36	3 025	330
8	6	56	36	3 136	336
9	7	56	49	3 136	392
10	7	57	49	3 249	399
合计	48	537	264	28 885	2 616

$$a=\frac{\sum_{i=1}^{n}y_i-b\sum_{i=1}^{n}x_i}{n}=\frac{537-1.142\,86\times 48}{10}\approx 48.214\,3$$

一元线性回归方程为

$$y=48.214\,3+1.142\,9x$$

方程中，$a=48.214\,3$ 为初始水平，$b=1.142\,9$ 为回归系数。方程表明年广告费每增加一万元，年销售收入将会增加 1.142 9 万元。

2. 一元回归模型的检验

1）相关系数及其显著性检验

一般说来，相关系数可以反映自变量 x 和因变量 y 之间的线性相关程度，相关系数 r 的绝对值越接近于1，则 x 与 y 之间的线性关系越密切。但相关系数通常是根据总体的样本数据计算得出，带有一定的随机性，会出现误差，因而有必要对相关系数进行显著性检验，以此来说明建立的回归模型有无实际意义。

为保证回归方程具有最低的线性关系，人们将相关系数 r 的临界值列成专门的表，即相关系数检验表。在给定的显著性水平 α 值以及自由度 n，查相关系数检验表，即可找到对应的 r 的最低临界值 r_α，据此就可以判断线性关系是否成立。在社会经济现象中，显著性水平 α 通常取 0.05(95%以上建立的回归模型方才可靠、精确)。自由度指的是样本容量 n 与回归模型中待定参数的个数 m 之间的差，即自由度$=n-m$。例如，例 9.3 中样本容量 $n=10$，回归模型中待定参数个数 $m=2$，则自由度$=n-m=10-2=8$。若 $|r|\geqslant r_{\alpha(n-m)}$，表明在显著性水平 α 条件下，变量间的线性关系是显著的，建立的回归方程是有意义的；若 $|r|<r_{\alpha(n-m)}$，表明在显著性水平 α 条件下变量间的线性关系不显著，建立的回归模型的实际意义待定。

【例 9.4】依据例 9.3 的资料，对 A 产品年广告费及年销售收入的相关关系进行显著性检验。

由例 9.1 计算可知，$r=0.968\,7$，自由度$=n-m=10-2=8$，给定 $\alpha=0.05$，查“相关系数检验表”得 $r_{0.05(10-2)}=0.631\,9$。$r>r_{0.05(10-2)}$，它表明有 95%的概率保证 A 产品年广告费与年销售收入之间具有线性相关关系，所建立的回归方程 $y=48.214\,3+1.142\,9x$ 是有意义的。

2）估计标准误差检验

估计标准误差也称估计标准差或估计标准误，是残差平方和的算术平均数的平方根，用 S_y 表示。其计算公式为

$$S_y=\sqrt{\frac{\sum_{i=1}^{n}e_i^2}{n-m}}$$

式中，S_y——估计标准误差；

e_i——估计残差(实际值与估计值之差)；

n——样本容量；

m——回归模型中待定参数的个数。

$$\sum_{i=1}^{n}e_i^2=\sum_{i=1}^{n}(y_i-\hat{y})^2=\sum_{i=1}^{n}(y_i-a-bx_i)^2$$

残差的平方和可以反映实际值与回归直线的离散程度。而计算其平均数，可以消除求和项数对残差平方和的影响。因而，在此基础上计算出的估计标准误差更能反映出实际值与回归直线的平均离散程度。估计标准差是一项误差分析指标，用于判断回归模型拟合的优劣程度。

上式计算估计标准差较繁琐，可以采用简捷计算方法计算估计标准差。其简捷计算公式为

$$S_y=\sqrt{\frac{\sum_{i=1}^{n}y_i^2-a\sum_{i=1}^{n}y_i-b\sum_{i=1}^{n}x_iy_i}{n-m}}$$

【例 9.5】运用表 9－6 中的数据计算估计标准差。由表 9－6 可知，$\sum_{i=1}^{n}y_i^2=28\ 885$，$a=48.214\ 3$，$b=1.142\ 9$，$\sum_{i=1}^{n}y_i=537$，$n=10$，$m=2$，$\sum_{i=1}^{n}x_iy_i=2\ 616$，则用简捷公式计算估计标准差：

$$S_y=\sqrt{\frac{28\ 885-48.214\ 3\times537-1.142\ 9\times2\ 616}{10-2}}\approx0.715\ 4$$

S_y 越大，实际值与回归直线的离散程度越大；反之，S_y 越小，实际值与回归直线的离散程度越小。一般要求 $\frac{S_y}{\bar{y}}<15\%$。

运用上述两种公式计算出的估计标准差从理论上说应该是相等的，但在实际计算过程中，由于回归方程的待定系数 a 和 b 也是利用公式计算出来的，在计算的过程中通常会涉及四舍五入的情况，从而导致两种计算公式的结果不一致。但其偏差往往很小，不会影响对问题的分析。

例 9.5 中 $S_y=0.715\ 4$，$\bar{y}=53.7$，$\frac{S_y}{\bar{y}}=\frac{0.715\ 4}{53.7}\approx0.013\ 3$

由此可见，一元线性回归方程 $y=48.214\ 3+1.142\ 9x$ 精度较好。

3. 运用模型进行预测

一元线性回归模型通过上述检验，若其精度较好，拟合度优，即可用其进行预测。

例 9.5 中一元线性回归方程 $y=48.2143+1.1429x$，若 2005 年 A 产品广告费为 8 万元，将 $x=8$(万元)代入回归方程中，则年销售收入预测值为

$$y=48.2143+1.1429\times 8=57.3862(\text{万元})$$

由于实际计算中不可避免要出现误差，因而预测值应该是在一定的范围之内，而不是一个确定值。因此，除了测算一个数值点外，还应测算预测值可能产生的范围，即测算其置信区间。上述预测只测算了一个数值点，假定其他因素不变，$S_y=0.7154$，置信度为 95%($F_{(t)}=95\%$)，查正态分布概率表，$F_{(t)}=95\%$，$t=1.96$，则 A 产品 2005 年估计销售收入为

$$\hat{y}=57.3862\pm 1.96\times 0.7154$$

即 A 产品年广告费为 8 万元时，其年销售收入在(55.984，58.7918)。

4. 应用实例

【例 9.6】某地居民年平均消费水平和食品类销售额统计资料见表 9-7 第 2、3 列所示，试据表中资料分析居民平均消费水平与食品类销售额的关系，并预测居民年平均消费水平达到 213 万元时的食品类销售额。

表 9-7　某地食品销售额依居民消费水平回归方程计算表

年份	居民平均消费水平 x_i/万元	食品类销售额 y_i/万元	x_iy_i	x_i^2	y_i^2
1	64	56	3 584	4 096	3 136
2	70	60	4 200	4 900	3 600
3	77	66	5 082	5 929	4 356
4	82	70	5 740	6 724	4 900
5	92	78	7 176	8 464	6 084
6	107	88	9 416	11 449	7 744
7	125	102	12 750	15 625	10 404
8	143	118	16 874	20 449	13 924
9	165	136	22 440	27 225	18 496
10	189	155	29 295	35 721	24 025
合计	1 114	929	116 557	140 582	96 669

解：第一，建立回归模型。令居民平均消费水平为 x，食品类销售额为 y。设$\hat{y}=a+bx$。

第二，计算参数 a 和 b 的值。依据表 9-7 资料计算可得：

$$b=\frac{\sum_{i=1}^{n}x_iy_i-\frac{1}{n}\sum_{i=1}^{n}x_i\sum_{i=1}^{n}y_i}{\sum_{i=1}^{n}x_i^2-\frac{1}{n}(\sum_{i=1}^{n}x_i)^2}=\frac{116557-1114\times 929\times\frac{1}{10}}{140582-(1114)^2\times\frac{1}{10}}\approx 0.7927$$

$$a=\frac{1}{n}\sum_{i=1}^{n}y_i-b\frac{1}{n}\sum_{i=1}^{n}x_i=\frac{929}{10}-0.7927\times\frac{1}{10}\times 1114\approx 4.593$$

由此，可得一元线性回归方程：

$$\hat{y}=4.593+0.7927x$$

第三，进行相关性检验。

(1) 计算相关系数。

$$r=\frac{n\sum xy-\sum x\sum y}{\sqrt{n\sum x^2-(\sum x)^2}\sqrt{n\sum y^2-(\sum y)^2}}=0.999\ 7$$

可见，y 与 x 高度线性相关。

(2) 估计标准误差检验。

$$S_y=\sqrt{\frac{\sum_{i=1}^{n}y_i^2-a\sum_{i=1}^{n}y_i-b\sum_{i=1}^{n}x_iy_i}{n-m}}$$

$$=\sqrt{\frac{96\ 669-4.593\times929-0.792\ 7\times116\ 557}{10-2}}\approx0.959\ 8$$

$$\bar{y}=92.9$$

$$\frac{S_y}{\bar{y}}=\frac{0.959\ 8}{92.9}\approx0.010\ 3<15\%$$

由此可判断出 y 与 x 的线性相关是较强的。

第四，预测当居民平均消费水平达到 213 万元时，食品类销售额是多少。

将 $x=213$(万元)，代入 $\hat{y}=4.593+0.792\ 7x$，得：

$$\hat{y}=4.593+0.792\ 7\times213=173.438(\text{万元})$$

若其可靠度为 95%，则其置信区间为(173.438−1.96×0.959 8，173.438+1.96×0.959 8)，即置信区间为(171.56，175.36)，当下一年食品类销售额的预测范围在 171.52～175.32 万元。

9.4 多元线性回归分析

一元线性回归分析所反映的是一个自变量与一个因变量之间的关系。但在现实生活中，某一社会经济现象的变化通常是受多项因素变动影响的。例如，企业的年销售额要受销售数量、销售单价、市场供求状况、广告投入等多种因素的影响。对这种预测对象受多个因素影响的社会经济现象就需要采用多元线性回归分析来解释变量之间的关系。多元线性回归分析是利用回归分析的原理，寻找因变量与多个自变量之间的变化规律，以建立回归模型，并利用所建立的回归模型进行预测。多元回归分析可分为线性和非线性两种，这里仅以二元线性回归为例来说明多元线性回归分析的原理与方法。

9.4.1 二元线性回归分析

1. 二元线性回归模型

一个因变量 y 与两个自变量 x_1、x_2 呈线性相关，则可建立二元线性回归模型：

$$\hat{y}=a+b_1x_1+b_2x_2$$

式中，$\hat{y}$——因变量的估计值；

a——回归常数；

b_1、b_2——回归系数；

x_1、x_2——自变量。

在一元线性回归分析中，利用最小二乘法推导出待定参数 a、b 的计算公式。同样，也可根据最小二乘法推导出二元线性回归方程的参数 a、b_1、b_2 的值。依据最小二乘法，要使实际值与对应估计值之间的残差平方和（$Q=\sum_{i=1}^{n}e_i^2$）最小，参数 a、b_1、b_2 应满足的条件是

$$\begin{cases}\dfrac{\partial Q}{\partial a}=2\sum_{i=1}^{n}(y_i-a-b_1x_{1i}-b_2x_{2i})=0\\ \dfrac{\partial Q}{\partial b_1}=2\sum_{i=1}^{n}(y_i-a-b_1x_{1i}-b_2x_{2i})(-x_{1i})=0\\ \dfrac{\partial Q}{\partial b_2}=2\sum_{i=1}^{n}(y_i-a-b_1x_{1i}-b_2x_{2i})(-x_{2i})=0\end{cases}$$

将上式整理，可得到关于 a、b_1、b_2 的正规方程组：

$$\begin{cases}\sum_{i=1}^{n}y_i=na+b_1\sum_{i=1}^{n}x_{1i}+b_2\sum_{i=1}^{n}x_{2i}\\ \sum_{i=1}^{n}x_{1i}y_i=a\sum_{i=2}^{n}x_{1i}+b_1\sum_{i=1}^{n}x_{1i}^2+b_2\sum_{i=1}^{n}x_{1i}x_{2i}\\ \sum_{i=1}^{n}x_{2i}y_i=a\sum_{i=1}^{n}x_{2i}+b_1\sum_{i=1}^{n}x_{1i}x_{2i}+b_2\sum_{i=1}^{n}x_{2i}^2\end{cases}$$

【例 9.7】某商品的需求量主要受商品价格及居民收入水平的影响，近十年该商品的需求量与商品价格及居民收入的有关资料见表 9－8，试建立二元线性回归方程。

表 9－8　某商品需求量、价格及居民收入统计表

年份	需求量/千克	价格/元	居民收入/万元
1	5	8	30
2	6	9	30
3	6.5	7	40
4	7	6	50
5	7.5	7	60
6	8	6	120
7	9	5	130
8	10	4	110
9	10	5	100
10	11	3	130

解：设 y 表示需求量，x_1 表示价格，x_2 表示居民收入，则回归方程为

$$\hat{y}=a+b_1x_1+b_2x_2$$

回归方程的参数计算(表 9－9)如下。

$$\bar{y}=\frac{80}{10}=8，\bar{x}_{1i}=\frac{60}{10}=6，\bar{x}_{2i}=\frac{800}{10}=80$$

由正规方程组得 a、b_1、b_2 的线性方程组：

$$\begin{cases}80=10a+60b_1+800b_2\\ 450=60a+390b_1+4\ 210b_2\\ 7\ 050=800a+4\ 210b_1+79\ 800b_2\end{cases}$$

解此方程组，得：

$$a=11.228 \qquad b_1=-0.725 \qquad b_2=0.014$$

故二元线性回归方程为$\hat{y}=11.228-0.725x_1+0.014x_2$

这一模型表明，当居民收入不变时，价格每上涨一元，该商品的需求量将平均减少 0.724 千克；当商品价格不变时，居民收入每增加一万元，该商品的需求量将平均增加 0.014 千克。

表 9-9　某商品需求量依价格、居民收入回归计算表

年份	需求量(y_i)/千克	价格(x_{1i})/元	居民收入(x_{2i})/万元	$x_{1i}y_i$	$x_{2i}y_i$	$x_{1i}x_{2i}$	x_{1i}^2	x_{2i}^2
1	5	8	30	40	150	240	64	900
2	6	9	30	54	180	270	81	900
3	6.5	7	40	45.5	260	280	49	1 600
4	7	6	50	42	350	300	36	2 500
5	7.5	7	60	52.5	450	420	49	3 600
6	8	6	120	48	960	720	36	14 400
7	9	5	130	45	1 170	650	25	16 900
8	10	4	110	40	1 100	440	16	12 100
9	10	5	100	50	1 000	500	25	10 000
10	11	3	130	33	1 430	390	9	16 900
合计	80	60	800	450	7 050	4 210	390	79 800

2. 二元回归模型的检验

1) 相关系数及显著性检验

复相关系数是反映一个因变量与其他多个自变量之间的线性相关程度的指标，用 R 表示。其计算公式为

$$R=\sqrt{\frac{\sum_{i=1}^{n}(\hat{y}_i-\bar{y})^2}{\sum_{i=1}^{n}(y_i-\bar{y})^2}}=\sqrt{1-\frac{\sum_{i=1}^{n}(y_i-\hat{y}_i)^2}{\sum_{i=1}^{n}(y_i-\bar{y}_i)^2}}$$

此公式只能在因变量的估计值求得以后才能运用。其简捷计算公式为

$$R=\sqrt{1-\frac{\sum_{i=1}^{n}y_i^2-a\sum_{i=1}^{n}y_i-b_1\sum_{i=1}^{n}x_{1i}y_i-b_2\sum_{i=1}^{n}x_{2i}y_i}{\sum_{i=1}^{n}y_i^2-n(\bar{y}_i)^2}}$$

【例 9.8】依据例 9.7 的资料计算复相关系数(表 9-10)。

表 9-10　复相关系数计算表

年份	需求量(y_i)	$\hat{y}_i$	$(y_i-\hat{y}_i)^2$	$(y_i-\bar{y}_i)^2$	y_i^2
1	5	5.9	0.81	9	25
2	6	5.1	0.81	4	36
3	6.5	6.7	0.04	2.25	42.25
4	7	7.6	0.36	1	49
5	7.5	7.0	0.25	0.25	56.25

续表

年份	需求量(y_i)	$\hat{y}_i$	$(y_i-\hat{y}_i)^2$	$(y_i-\bar{y}_i)^2$	y_i^2
6	8	8.6	0.36	0	64
7	9	9.4	0.16	1	81
8	10	9.9	0.01	4	100
9	10	9.0	1.0	4	100
10	11	1.9	0.01	9	121
合计	80	80.1	3.81	34.5	674.5

$$R=\sqrt{1-\frac{3.81}{34.5}}\approx 0.943$$

若显著性水平 $\alpha=0.05$ 时，自由度$=10-3=7$，查“相关系数检验表”得，$R_{0.05(10-3)}=0.785$，由相关系数及其显著性水平检验数值可知，上述二元线性方程具有高度相关关系。

复相关系数的取值范围为 $0\leqslant R\leqslant 1$。复相关系数为 1，表明因变量与自变量之间存在严密的线性关系；复相关系数为 0，则表明因变量与自变量之间不存在任何线性相关关系。一般情况下，复相关系数的取值在 0～1，表明变量之间存在一定程度的线性相关关系。

2) 估计标准误检验

二元线性回归分析中，估计标准误也是残差平方和的算术平均数的平方根。其一般计算公式为

$$S_y=\sqrt{\frac{\sum_{i=1}^{n}(y_i-\hat{y}_i)^2}{n-m}}$$

其简捷计算公式为

$$S_y=\sqrt{\frac{\sum_{i=1}^{n}y_i^2-a\sum_{i=1}^{n}y_i-b_1\sum_{i=1}^{n}x_{1i}y_1-b_2\sum_{i=1}^{n}x_{2i}y_i}{n-m}}$$

$$S_y=\sqrt{\frac{\sum_{i=1}^{n}y_i^2-a\sum_{i=1}^{n}y_i-b_1\sum_{i=1}^{n}x_{1i}y_1-b_2\sum_{i=1}^{n}x_{2i}y_i}{n-m}}$$

用例 9.8 中的数据计算估计标准误差：

$$S_y=\sqrt{\frac{674.5-11.228\times 80-(-0.725)\times 450-0.014\times 7\,050}{10-3}}\approx 0.738$$

估计标准误为 0.738，说明建立的二元线性回归方程拟合度较好。

3. 利用已建立的二元回归模型进行预测

【例 9.9】以例 9.7 建立的二元线性回归方程预测当商品价格为 8 元，居民收入为 100 万元时，某商品的需求量。

解：将 $x_1=8$，$x_2=100$ 代入二元线性回归方程：$\hat{y}=11.228-0.725x_1+0.014x_2$ 得 $\hat{y}=11.228-0.725\times 8+0.014\times 100=6.83$(千克)。若其置信度为 95%($t=1.96$)，则其置信区

间为(6.83－1.96×0.738，6.83＋1.96×0.738)，即当价格为8元，居民收入为100万元时，商品需求量预测值在5.384～8.276千克。

9.4.2 运用回归分析应注意的问题

相关与回归分析是重要的统计分析方法，在统计学知识体系中占有重要的地位。它对于我们加深现象间相互依存关系的认识，促使这种认识由定性阶段进入定量阶段都具有重要意义。但是，在运用回归分析的过程中还应注意以下几点。

(1) 注意现象的复杂性，因而在选择对因变量的影响因素时要选择影响因变量的主要因素。一种现象产生的结果往往受多种因素的影响，在进行回归分析时，自变量越多，计算工作量越大，分析也越复杂，从而影响工作的效率。因此，应选择主要自变量来进行分析研究。

(2) 正确理解回归系数。回归系数的值不表示变量之间相关关系的密切程度，只表示自变量与因变量变动的比率。

(3) 注意相关系数与回归方程有效性的检验。在进行相关与回归分析中所得出的相关系数、回归直线模型、估计标准误差等都是根据样本数据计算出来的，但所作的结论却是针对总体的。因而，在进行回归分析时，应检验回归模型的有效性。

(4) 充分发挥计算机的作用。当变量较多、数据较大时，用手工方法进行定量分析，往往难度很大。计算机的应用与发展，为进行回归分析提供了便利。可以使用专门开发的统计回归分析软件来建立回归模型、求解参数、测定相关系数、计算估计标准误差等工作。

9.5 Excel在相关与回归分析中的运用

9.5.1 相关图的绘制

将表9-11中的资料建立Excel工作表，见图9-2。

表9-11 广告费与月平均销售额相关表 （单位：万元）

年广告费投入	月均销售额
12.5	21.2
15.3	23.9
23.2	32.9
26.4	34.1
33.5	42.5
34.4	43.2
39.4	49.0
45.2	52.8
55.4	59.4
60.9	63.5

图 9－2　表 9－11 的 Excel 工作表

制作相关图的步骤如下。

(1) 选择区域 A1：B11，见图 9－2，单击工具栏中的“图表向导”按钮，在图表向导的“图表类型”对话框中选择“XY 散点图”，见图 9－3。

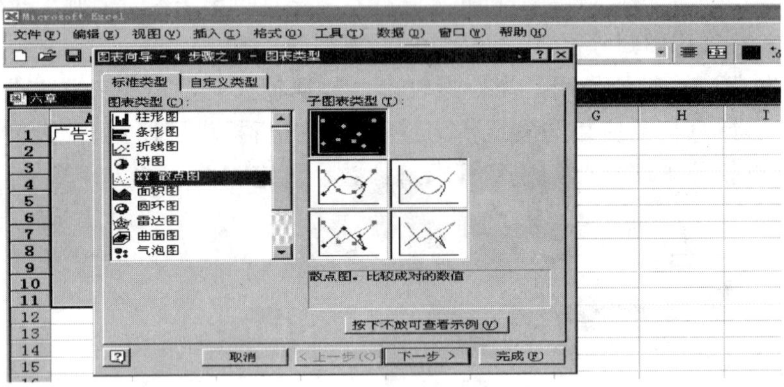

图 9－3　选择图表类型

(2) 在“子图表类型”选项组中选择第一种散点图，并单击“下一步”按钮，弹出“图表源数据”对话框（图 9－4），选择源数据。

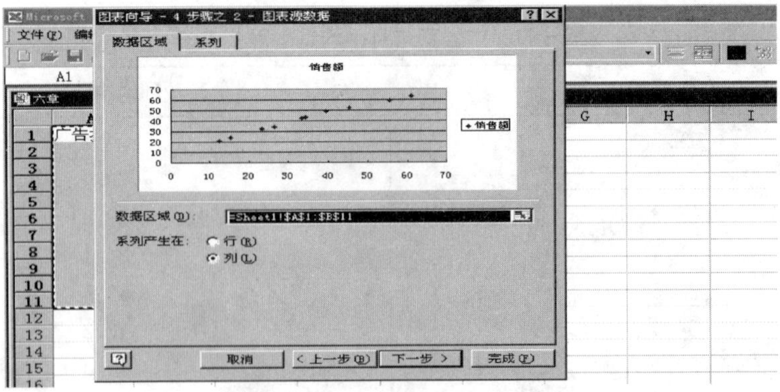

图 9－4　选择图表源数据

(3) 单击“下一步”按钮，弹出“图表选项”对话框，设置图表标题等。

(4) 单击“下一步”按钮，弹出“图表位置”对话框，设置图表位置（图 9－5）。

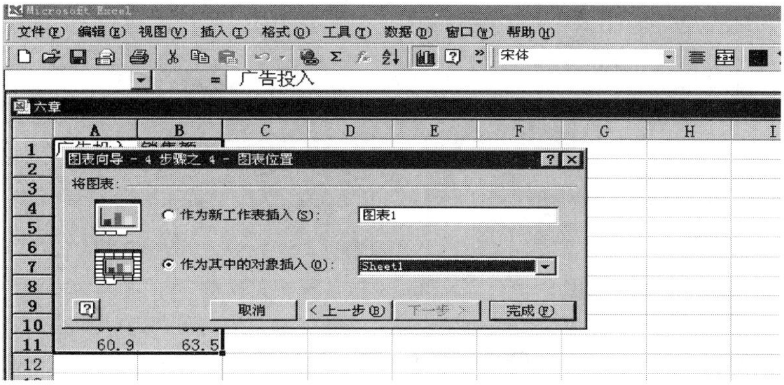

图 9－5　设置图表位置

(5) 单击“完成”按钮，并对图形进行修饰编辑，最后得到图 9－6 所示的广告投入与月平均销售额的散点图。

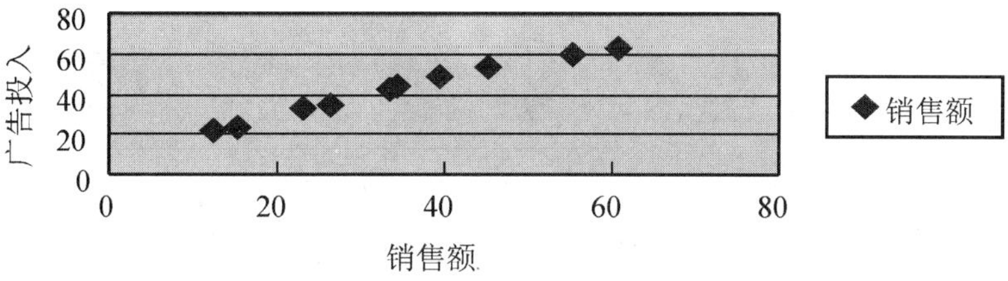

图 9－6　广告投入与月平均销售额的散点图

9.5.2　相关系数

在 Excel 中，相关系数函数和相关系数宏提供了两种计算相关系数的方法。

1. 相关系数函数

在 Excel 中，CORREL 函数和 PERSON 函数提供了计算两个变量之间的相关系数的方法，这两个函数是等价的。与相关系数有关的函数还有 RSQ(相关系数的平方，即判定系数 r^2)和 COVAR(协方差函数)。

这里以 CORREL 函数和表 9－1 中的资料为例，介绍利用函数计算相关系数的方法。

(1) 单击“插入函数”按钮 f_x，在“插入函数”对话框的函数类别中选择“统计”选项。

(2) 在“选择函数”列表框中选择“CORREL”选项，单击“确定”按钮，弹出“函数参数”对话框。

(3) 在“array1”中输入第一个变量“广告投入”的数据区域 A2：A11，“array2”中输入第二个变量“月均销售额”的数据区域 B2：B11，即可得到函数的计算结果，见图 9－7。

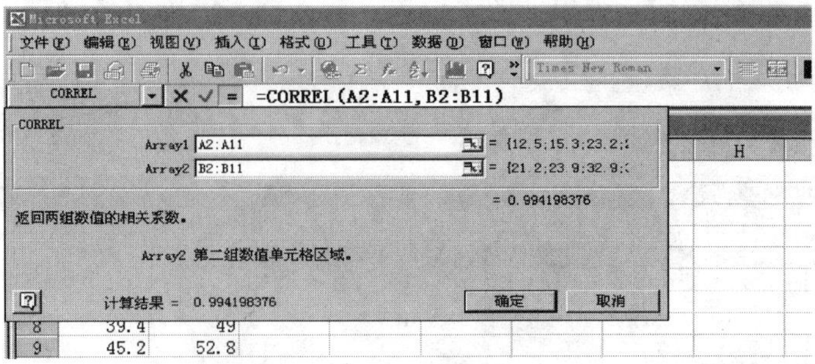

图 9-7　CORREL 函数计算相关系数

2. 相关系数宏

在 Excel 数据分析宏中，Excel 专门提供了计算相关系数宏的过程。利用此宏过程，可以计算多个变量之间的相关矩阵。

仍然以表 9-1 中资料为例，利用相关系数宏计算相关系数矩阵的过程如下。

(1) 单击“工具”菜单，选择“数据分析”选项，弹出“数据分析”对话框。

(2) 在“分析工具”列表框中，选择“相关系数”选项，弹出“相关系数”对话框，见图 9-8。

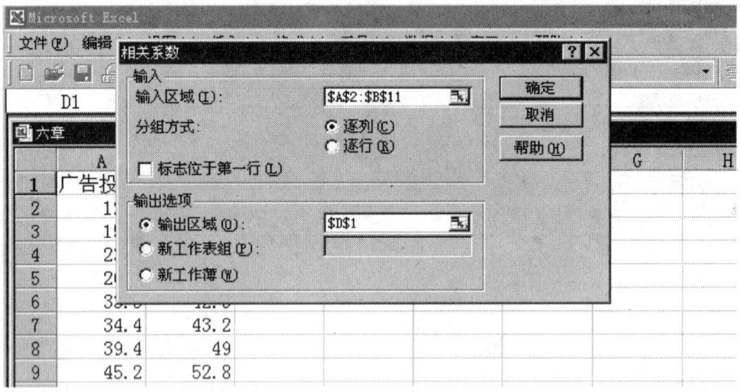

图 9-8　“相关系数”对话框

(3) 在“输入区域”中输入两个变量所在区域 A2：B11，数据以列排列，输出区域选择同一工作表中的 D1 单元格。计算结果见图 9-9。

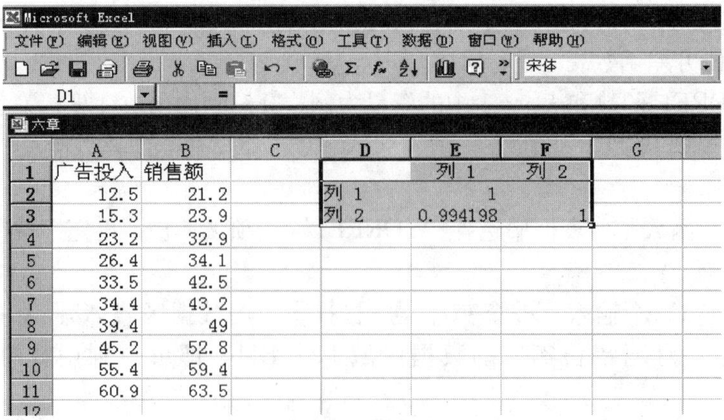

图 9-9　相关系数计算结果

9.5.3 回归分析宏

除了回归分析宏外，Excel 虽然提供了 9 个函数(表 9－12)用于建立回归模型和回归预测，但 Excel 提供的回归分析宏具有更为方便的特点。仍以表 9－1 中广告投入与销售额的关系资料为例，利用一元线性回归方程确定两个变量之间的定量关系。

表 9－12 用于回归分析的工作表函数

函数名	定 义
INTERCEPT	一元线性回归模型截距的估计值
SLOPE	一元线性回归模型斜率的估计值
RSQ	一元线性回归模型的判定系数(r^2)
FORECAST	依照一元线性回归模型的预测值
STEYX	依照一元线性回归模型的预测值的标准误差
TREND	依照多元线性回归模型的预测值
GROWTH	依照多元指数回归模型的预测值
LINEST	估计多元线性回归模型的未知参数
LOGEST	估计多元指数回归模型的未知参数

回归宏确定两个变量之间定量关系的过程如下。

(1) 单击“工具”菜单，选择“数据分析”选项，弹出“数据分析”对话框。在“分析工具”列表框中，选择“回归”选项，弹出“回归”对话框。

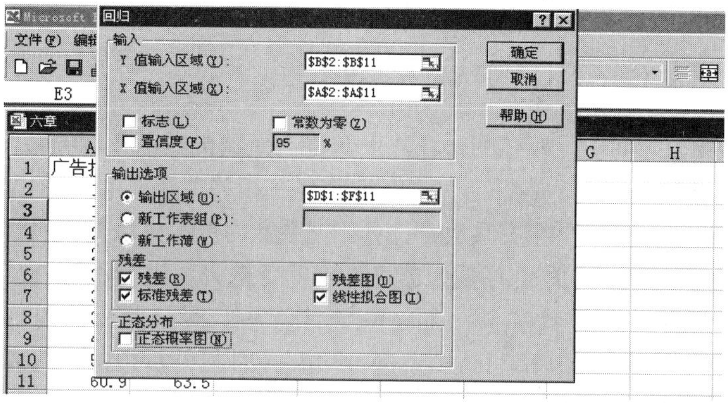

图 9－10 设置回归选项

(2) 在“输入”选项组的“Y 值输入区域”内输入 B2：B11，在“X 值输入区域”内输入 A2：A11，见图 9－10。如果是多元线性回归，则 X 值的输入区域就是除 Y 变量以外的全部解释变量。

(3) 勾选“标志”复选框，设置置信度水平为 95%，输出结果选择新工作表组。

(4) 勾选“残差”复选框、“标准残差”复选框和“线性拟合图”复选框。单击“确定”按钮，即得到图 9－11 所示的回归分析结果和图 9－12 所示的残差表。

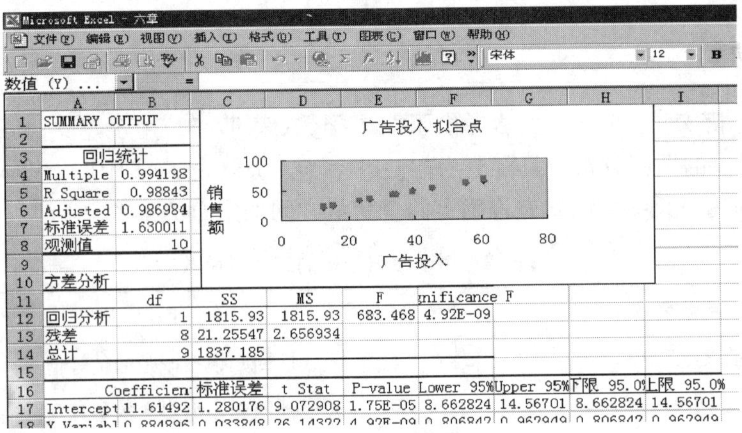

	A	B	C	D	E	F	G	H	I
1	SUMMARY OUTPUT								
2									
3	回归统计								
4	Multiple	0.994198							
5	R Square	0.98843							
6	Adjusted	0.986984							
7	标准误差	1.630011							
8	观测值	10							
9									
10	方差分析								
11		df	SS	MS	F	gnificance F			
12	回归分析	1	1815.93	1815.93	683.468	4.92E-09			
13	残差	8	21.25547	2.656934					
14	总计	9	1837.185						
15									
16		Coefficien	标准误差	t Stat	P-value	Lower 95%	Upper 95%	下限 95.0%	上限 95.0%
17	Intercept	11.61492	1.280176	9.072908	1.75E-05	8.662824	14.56701	8.662824	14.56701
18	X Variabl	0.884896	0.033848	26.14322	4.92E-09	0.806842	0.962949	0.806842	0.962949

图 9-11　回归分析结果

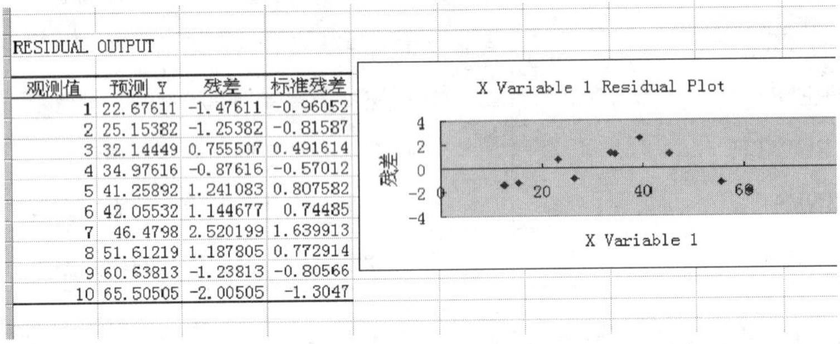

RESIDUAL OUTPUT

观测值	预测 Y	残差	标准残差
1	22.67611	-1.47611	-0.96052
2	25.15382	-1.25382	-0.81587
3	32.14449	0.755507	0.491614
4	34.97616	-0.87616	-0.57012
5	41.25892	1.241083	0.807582
6	42.05532	1.144677	0.74485
7	46.4798	2.520199	1.639913
8	51.61219	1.187805	0.772914
9	60.63813	-1.23813	-0.80566
10	65.50505	-2.00505	-1.3047

图 9-12　残差表

本章小结

本章阐述了相关关系的基本概念、相关程度的测定方法和一元线性回归分析的基本理论和计算方法。

相关关系是指现象之间客观存在的，在数量变化上受随机因素影响的，非确定性的相互依存关系。相关分析的主要任务就是测定现象间是否存在相关关系，若存在，其相关程度如何。测定线性相关程度的主要指标是相关系数，计算相关系数的基本方法是积差法及其简捷法。

回归分析就是对具有相关关系的变量之间的数量变化关系进行测定，确定一个与之相对应的数学表达式，以便进行估计和预测的一种统计方法。回归分析的内容：①建立回归方程；②进行相关关系检验；③利用回归模型进行预测。回归分析根据自变量多少，可分为一元回归和多元回归；根据现象间依存关系的形式，可分为线性回归和非线性回归。这里要求重点掌握一元线性回归分析。

职业能力训练

一、单项选择题

1. 现象之间相互依存关系的程度越高，则相关系数值(　　)。

A. 越接近于∞　　　　B. 越接近于−1

C. 越接近于1　　D. 越接近于−1或1

2. 已知变量 x 与 y 之间存在负相关关系，指出下列回归方程中错误的是(　　)。

A. $\hat{y}=-10-0.8x$　　B. $\hat{y}=100-1.5x$

C. $\hat{y}=-150+0.9x$　　D. $\hat{y}=25-0.7x$

3. 当所有观察值 y 都落在回归直线 $\hat{y}=a+bx$ 上，则 x 与 y 之间的相关系数(　　)。

A. $r=1$　　B. $-1<r<0$

C. $r=1$ 或 $r=-1$　　D. $0<r<1$

4. 相关系数 $r=0$，说明两个变量之间(　　)。

A. 相关程度很低　　B. 不存在任何相关关系

C. 完全负相关　　D. 不存在直线相关关系

5. 在回归方程 $\hat{y}=a+bx$ 中，回归系数 b 表示(　　)。

A. 当 $x=0$ 时 y 的期望值

B. x 变动一个单位时 y 的变动总额

C. y 变动一个单位时 x 的平均变动量

D. x 变动一个单位时 y 的平均变动量

二、多项选择题

1. 下列现象中属于相关关系的有(　　)。

A. 压力与压强　　B. 现代化水平与劳动生产率

C. 圆的半径与圆的面积　　D. 身高与体重

E. 机械化程度与农业人口

2. 销售额与流通费用率，在一定条件下存在相关关系，这种相关关系属于(　　)。

A. 正相关　　B. 单相关　　C. 负相关

D. 复相关　　E. 完全相关

3. 在直线相关和回归分析中(　　)。

A. 据同一资料，相关系数只能计算一个

B. 据同一资料，相关系数可以计算两个

C. 据同一资料，回归方程只能配合一个

D. 据同一资料，回归方程随自变量与因变量的确定不同，可能配合两个

E. 回归方程和相关系数均与自变量和因变量的确定无关

4. 确定直线回归方程必须满足的条件是(　　)。

A. 现象间确实存在数量上的相互依存关系

B. 相关系数 r 必须等于1

C. 相关现象必须均属于随机现象

D. 现象间存在着较密切的直线相关关系

E. 相关数列的项数必须足够多

5. 在回归分析中，确定直线回归方程的两个变量必须是(　　)。

A. 一个自变量，一个因变量

B. 均为随机变量

C. 对等关系

D. 一个是随机变量，一个是可控变量

E. 不对等关系

三、计算题

1. 某地高校教育经费(x)与在校学生数(y)连续六年的统计资料见表 9－13。

表 9－13 某地高校教育经费与在校学生数

教育经费 x/万元	316	343	373	393	418	455
在校学生数 y/万人	11	16	18	20	22	25

要求：(1) 建立回归直线方程。

(2) 估计教育经费为 500 万元的在校学生数。

2. 在其他条件不变的情况下，某种商品的需求量(y)与该商品的价格(x)有关，现对给定时期内的价格与需求量进行观察，得到表 9－14 所示的一组数据。

表 9－14 某商品给定时期的价格和需求量

价格 x/元	10	6	8	9	12	11	9	10	12	7
需求量 y/吨	60	72	70	56	55	57	57	53	54	70

要求：(1) 计算价格与需求量之间的简单相关系数。

(2) 拟合需求量对价格的回归直线。

(3) 确定当价格为 15 元时，需求量的估计值。

3. 某公司所属 8 个企业的产品销售资料见表 9－15。

表 9－15 某公司所属 8 个企业的产品销售资料

企业编号	产品销售额/万元	销售利润/万元
1	170	8.1
2	220	12.5
3	390	18.0
4	430	22.0
5	480	26.5
6	650	40.0
7	950	64.0
8	1 000	69.0

要求：(1) 计算产品销售额与利润额之间的相关系数。

(2) 确定利润额对产品销售额的直线回归方程。

(3) 确定产品销售额为 1 200 万元时利润额的估计值。

第 10 章

国民经济核算

GUOMIN JINGJI HESUAN

【学习目标】

知识目标：了解国民经济的主要分类和国民经济核算的主要内容；掌握几种国民经济核算主要指标的含义和计算方法。

能力目标：能够正确理解国家和地方政府公布的国民经济和社会发展统计指标的含义和作用。在科研和管理工作中能够正确应用国民经济核算体系。

【案例导入】

地方 GDP 之和高于全国总量

2012 年，我国统计将迎来一项革命性的改革。这项被称为革命性的改革，就是在全国启动的以“企业一套表”制度改革为核心的统计“四大工程”建设，即通过建立统一的企业名录库，在统一的数据处理平台上联网直报“企业一套表”信息，这是中国统计流程的再造。届时企业将直接在网络上将原始数据上报国家统计局数据管理中心和 13 个分中心，改变过去数据层层上报的模式，以此切实促进中国的统计生产方式实现革命性转变。

截至 2011 年 7 月 27 日，根据全国各省区市公布的上半年国内生产总值的数据，31 个省区市 GDP 总和约为 22.7 万亿元，而国家统计局发布的上半年全国 GDP 为 20.4 亿元，地区之和超出全国约 2 万多亿元。其实这是一个老问题，自 1985 年在国家和地方层面分别核算 GDP 数据以来，地方统计总和一直高于全国的 GDP 总量。

而现在，这一老问题有了转机，“企业一套表”和“联网直报”即将实施。

【解析】

现在的 GDP 核算，我国实行的是分级核算，即国家统计局核算国家的 GDP，省统计局核算本省的 GDP。我国一直计划推动这样一项改革，就是国家统计局直接核算分省的 GDP 总量、结构、速度。

但是无论国家来算，还是地方自己算，都要依据同一个基础，那就是包括企业数据在内的基础数据，如果基础数据准了，应该说谁算某种程度上结果都是一样的。我们全力推动的以“企业一套表”为核心的“四大工程”，在实现了“统计直报”之后，将直接推动国家统计局更方便有效地获取企业信息，夯实统一核算的原始数据基础。

现在全国的发达地区都面临着产业转型，这些地区都面临着新的命题——如何多层次反映其发展。当发达地区向三产和创新转型的时候，用 GDP 一个指标恐怕不能全面反映其真实发展状况。为此，我国就需要一套科学合理的指标体系，来全面反映经济社会发展的各个方面。这个指标体系也不可能完全否定 GDP。GDP 的核心指标的地位是难以一时代替的。但应该从过去太重视 GDP 转向兼顾生产发展、结构调整、生态改善、生活提高、政治文明的多元政绩观。我国正在尝试着设计和计算“综合发展指数(CDI)。

运用统计手段建立数据体系，来系统描述一国国民经济的现实状况，即国民经济核算。本章首先从国民经济两大核算体系的发展历程入手，介绍国民经济核算的整体框架，继而介绍国民经济核算中的一些总量指标，包括国内生产总值、国民生产总值、国民可支配收入等，其中以国内生产总值最为重要。可以说，这些总量涵盖了经济生活的基本方面，准确把握它们的含义和核算方法是很有必要的。

10.1 国民经济核算体系发展历程

国民经济核算是以整个国民经济为对象的宏观核算。它采用统一的货币计量单位，运用一套相互有机联系的数表，系统描述了一个时期国民经济发展的整体状况，所提供资料构成了经济信息系统的中心内容。

由于各国管理体制的差别以及所遵循的宏观经济理论的差别，自 20 世纪 30 年代起，国际上形成了两大国民经济核算体系类型。一是在市场经济国家应用的国民账户体系(SNA)，二是在计划经济国家应用的物质产品平衡体系(MPS)。

10.1.1 两大国民经济核算体系的形成与发展

国民经济核算体系(SNA)是当今世界上绝大多数国家实行的核算制度，它的形成和发展包括四个阶段。

第一阶段：1928—1952年，是SNA的孕育期。1928年，国际联盟举行了一次有关经济统计的国际会议，会议决议第一次在世界上把国际可比性作为其工作目标，从而标志着国际核算体系孕育的开始。直接促使国民经济核算发展的重大事件，有20世纪30年代经济大萧条、二战战时动员和战后摊派国际组织费用等，但其内在原因，还是宏观经济管理强化对经济统计数据的客观要求日益增多，且对数据的国际可比性提出了更高的要求。此外，宏观经济理论的发展也对国民收入统计工作起到了很大的推动作用。战后是国民经济核算体系孕育的加速期，英国经济学家斯通所领导的专家小组为国际联盟起草的报告——《国民收入的计量和社会账户的建立》，可以看作是SNA的胚胎形式。

第二阶段：1953—1967年，是SNA的初创期。1953年，以联合国统计委员会的名义公布了《国民核算体系及其辅助表》，这标志着SNA的正式诞生，国际的国民经济核算工作开始脱离了无组织状态。但SNA1953文本的重心在于国民收入与生产核算，它对核算内容的体系化还只是初步的。在此期间，SNA又进行了几次小的修订。

第三阶段：1968—1992年，是SNA的成长期。1968年是经济统计历史上值得特别重视的一年，其原因之一便是SNA经过重大修订后公布于世。经过国民经济核算专家们的精心设计和开发，SNA吸纳了在开创之初还难以包容的部分：投入产出核算、资金流量核算、国际收支核算等。另外，对资产负债核算纳入体系也做了前期准备。由此，SNA集宏观经济统计之大成，基本完成了核算框架的构建。但SNA1968文本偏重于体系的精美，对其应用的可行性重视不够。

第四阶段：1993年以后，SNA进入成熟期。1993年，五个国际组织联合组织修订的SNA得以公布，这次修订标志着SNA的成熟。SNA1993文本的特点是更新、澄清、简化和协调。这里的更新并不是对核算体系内容结构的重建，而是适应国际经济发展变化而补充或强调一些新内容，所以1993年的改造主要是使SNA更加容易被接受。

在SNA之外，还曾存在过一个国际核算体系，即物质产品平衡体系，简称MPS。MPS由原苏联始创，主要为原经济互助委员会国家使用。MPS1965年开始得到系统阐述，1971年以联合国名义公布，1984年又进行了重大修订。从核算内容上看，MPS核算范围过窄，侧重于物质生产、实物流量以及生产环节的核算，对第三产业的状况、资金运动状况、分配和使用状况、国际收支状况反映不力，难以适应现代社会中宏观经济管理对核算的要求。从核算方法上看，MPS主要采用单式平衡表，不如SNA的复式记账表可以系统地科学反映国民经济运行的全过程。进入20世纪80年代，原实行计划经济的各国先后进行了经济体制改革，引入了市场经济机制，与此相适应，原应用MPS的各国先后开始运用SNA的核算原理和方法，联系本国经济运行实际，进行国民经济核算体系的改革，MPS作为现实应用的体系已不复存在。

历史发展到今天，国民经济核算体系在联合国的推动下，已从当初的国民收入统计，发展到具有现代分析和核算意义的现代国民经济核算阶段。在此期间，国民经济核算体系由草创形成，趋于逐渐完善，其中心体系也由国民经济的运行，扩展到社会核算等诸多前沿领域。这些变革，使得现代国民经济核算体系所涵盖的范畴更为充实。

10.1.2 我国国民经济核算体系

我国国民经济核算体系的建立和发展，大体可分为三个阶段。

第一阶段：1952—1984 年。这一阶段采用的是物质产品平衡体系，即 MPS 体系，是当时高度集中的计划经济管理体制下的历史产物。它适应了当时社会的经济基础和生产力发展水平的需要，为我国开展大规模的社会主义经济建设，为科学的计划经济管理发挥了重要作用。

第二阶段：1985—1992 年。这一阶段是 MPS 与 SNA 两种核算体系共存阶段。当时采用两种体系并存、两者并用的方式，主要是立足于我国当时国民经济的管理是实行有计划的商品经济这一主导思想。国民经济核算工作既要考虑以计划指令为主所需要的指标体系，又要兼顾市场调节为辅所需要的数据资料，以适应我国经济体制的发展变化过程，满足国民经济发展和党政决策部门的需要。另外，国际上还存在着东欧和原苏联等采用 MPS 体系的国家。可以说，这一阶段两体系共存的现象，有着当时社会经济发展和受经济理论制约的特殊历史背景。在这一阶段，我国统计工作者与经济理论工作者、教育工作者密切合作，研制出了能够把两种国民经济核算体系相互转化的《中国国民经济核算体系(试行方案)》(1992 年)，并付诸实施，较好地解决了从计划经济向社会主义市场经济转换时期的核算问题。在这一阶段，国家统计局不仅发布以 MPS 体系“国民收入”为挂帅指标的系列核算数据，同时核算以 SNA 体系“国内生产总值”为挂帅指标的系列核算数据。

第三阶段：1993 年至今。这一阶段是取消 MPS 体系，采用 SNA 体系基本核算框架、核算原则与方法，并结合中国的实际建立我国新国民经济核算体系的时期，也可称为与国际接轨时期。党的十四大确定了建立社会主义市场经济体制的改革目标，实现了社会主义经济理论的重大突破，在国民经济核算方面扫清了理论上的障碍。从国际环境看，以前实行 MPS 的原苏联、东欧国家也陆续放弃了这个体系，而采取了 SNA。MPS 的国际作用日趋消失。我国的国民核算工作实践也表明，由于经济体制的变革，MPS 体系在反映国民经济发展变化方面的缺陷越来越明显，而中国宏观经济分析和管理工作者已经改变了应用 MPS 指标的习惯，逐步适应了应用 SNA 有关指标分析和处理经济问题。在这一阶段，为了适应我国改革开放新形势发展及宏观经济管理的需要，中国新国民经济核算体系以联合国 1968 年 SNA 和 1993 年 SNA 草案为基础，并结合中国的具体情况，开始向 SNA 全面过渡和转化，设计并编制了国内生产总值及其使用表、投入产出表、资金流量表、资产负债表、国际收支平衡表和一套国民经济循环账户，同时取消了 MPS 的国民收入等有关指标。

从以上三个阶段的进程可以看出，我国的国民经济核算体系的改革和发展是随着我国的经济体制的变化而循序渐进变化的。特别是第二阶段过渡的成功，为第三阶段工作打下了良好的基础。

10.2 国民经济核算的基本框架

10.2.1 国民经济核算体系的概念

国民经济核算体系由一套逻辑严密、协调一致而完整的宏观经济账户、资产负债表和表式组成，它们的基础是一套符合国际惯例的概念、定义、分类的核算规则。在此框架里，经济数据可以按照经济分析、决策和政策制定的要求，以一定的程式编制和表述。

国民经济核算体系是依据国民经济客观运行过程建立的。在国民经济核算中，首先要解决的一个问题是对国民经济运行系统进行描述，这些描述可归纳为以下几个基本问题的回答。

——经济主体(谁?)
——活动目的(为什么?)
——活动项目(干什么?)
——流量(活动规模?)
——存量(资产和负债?)
——核算规则(如何记账?)

对国民经济运行过程的系统描述和计算，就形成了独特的国民经济核算体系。这个体系主要包括下列要素：交易者分类；交易分类；对流量和存量的测度因子，通常采用一系列的核算指标；描述工具，通常包括账户、平衡表、数学模型。

10.2.2 国民经济的主要分类

国民经济是一个庞大的研究总体，要准确统计其规模水平，正确认识其内部构成特征，必须首先对其进行科学的分类。从现阶段宏观经济研究的实践来看，通常根据不同的研究目的，按领域、行业、部门、三次产业等重要标志，将国民经济总体划分成性质不同的类别。

1. 按生产领域分类

国民经济按生产领域分类，主要是按生产活动的产品形态及其在社会再生产中的地位分类，其具体分类又有两种。

1) 物质生产和非物质生产

按生产活动的产品形态及其在社会再生产中的地位，可以将国民经济生产活动划分为物质生产和非物质生产两大领域。农业、工业(含采掘业和制造业等)、建筑业，直接生产有形的物质产品，它们都属于“物质生产领域”。商业、货物运输和邮电(通信)业本身并不生产物质产品，但其活动是物质产品生产过程的直接延伸，故也可划归“物质生产领域”。其他各种服务部门则属于“非物质生产领域”。

将国民经济分为两大生产领域的实际意义在于，适当强调物质生产在整个经济体系中的基础地位，进而深入考察两大生产领域的结构比例关系。从历史上看，物质生产活动作为人类最为基本的生产活动或生存手段一直占有重要地位，而非物质生产活动的产生和发展又总是以物质生产水平的充分提高为基础。

2) 货物生产与服务生产

这种划分单纯考虑产品的形态特征，并不强调一种服务活动与物质产品的再生产流程有无直接关系。所谓“货物”是指一切具有外在表现或存在形态的产品，包括农业、工业和建筑业的产品；“服务(或劳务)”则是指其他一切不具有外在形态、只能通过活动本身提供某种使用价值或效用的产品。货物是生产活动的成果；服务则既是一种生产活动，又是该种活动的成果。从使用特点来看，货物通常是可以贮存的，因而其生产、流通和使用过程是可分离的；服务则相反，它是不可贮存的，其生产、流通和使用过程同步进行，同时完成，生产多少也就使用多少。但是，从经济分析的角度说，无论货物还是服务，其再生产过程中都存在着供需失衡的可能性，都值得专门研究。

2. 按行业分类

按行业分类是最为基本、也是最为重要的国民经济分类。与三次产业分类相比，国民经济行业分类更为系统、完整。行业分类也构成了三次产业分类和其他一些重要的国民经济部门分类的基础。世界各国和有关国际组织都制定了专门的行业分类标准，其中最具权威性的就是联合国颁布的国际标准分类。

行业分类是一个相对完备的国民经济分类体系，它具有多层次的结构，便于灵活地进行相应的分解和归并处理，满足国民经济管理和核算的各种需要。

国民经济行业的分类对象是从事各种生产经营活动的所有经济主体的总和。其分类标志则是它们所从事的生产经营活动的经济性质(简称“活动性质”)。这里所谓“活动性质”，既要体现作为生产经营活动成果的产品的性质，也要适当体现产品生产过程的投入结构和生产工艺等方面的某些重要特征。

1）国际行业分类标准

联合国曾于1948年制定过行业分类的有关国际标准，推荐给各成员国参照使用，此后又经过反复修订。现在采用的《国际标准行业分类(ISIC)》将国民经济划分为17个门类。这17个门类包括：①农业、狩猎业、林业；②渔业；③矿业和采掘业；④制造业；⑤电力、煤气和自来水供应；⑥建筑业；⑦批发和零售商业、汽车、摩托车修理及个人家庭财产修理业；⑧饭店旅馆业；⑨运输、仓储、邮电通信业；⑩金融、保险业；⑪房地产业和租赁业；⑫公共行政、国防、社会治安部门；⑬教育；⑭卫生；⑮社会团体、其他社会和个人服务；⑯受雇佣私人家庭服务；⑰跨地区的团体和实体。

2）我国行业分类标准

当前，我国国民经济行业的分类标准(国民经济行业分类与代码 GB/T 4754—2002)将国民经济分为20个类别：①农、林、牧、渔业，包括农业、林业、畜牧业、渔业和农、林、牧、渔服务业；②采矿业，包括煤炭开采和洗选业、石油和天然气开采业、黑色金属矿采选业、有色金属矿采选业、非金属矿采选业和其他采矿业；③制造业，包括农副食品加工业、食品制造业、饮料制造业、烟草制品业、纺织业、纺织服装、鞋、帽制造业、皮革、毛皮、羽毛(绒)及其制品业、木材加工及木、竹、藤、棕、草制品业、家具制造业、造纸及纸制品业、印刷业和记录媒介的复制、文教体育用品制造业、石油加工、炼焦及核燃料加工业、化学原料及化学制品制造业、医药制造业、化学纤维制造业、橡胶制品业、塑料制品业、非金属矿物制品业、黑色金属冶炼及压延加工业、有色金属冶炼及压延加工业、金属制品业、通用设备制造业、专用设备制造业、交通运输设备制造业、电气机械及器材制造业、通信设备、计算机及其他电子设备制造业、仪器仪表及文化、办公用机械制造业、工艺品及其他制造业以及废弃资源和废旧材料回收加工业；④电力、燃气及水的生产和供应业，包括电力、热力的生产和供应业、燃气生产和供应业及水的生产和供应业；⑤建筑业，包括房屋和土木工程建筑业、建筑安装业、建筑装饰业和其他建筑业；⑥交通运输、仓储和邮政业，包括铁路运输业、道路运输业、城市公共交通业、水上运输业、航空运输业、管道运输业、装卸搬运和其他运输服务业、仓储业和邮政业；⑦信息传输、计算机服务和软件业，包括电信和其他信息传输服务业、计算机服务业和软件业；⑧批发和零售业，包括批发业和零售业；⑨住宿和餐饮业，包括住宿业和餐饮业；⑩金融业，包括银行业、证券业、保险业和其他金融活动；⑪房地产业；⑫租赁和商务服务业，包括租赁业和商务服务业；⑬科学研究、技术服务和地质勘查业，包括研究与试验发展、专业技术服务业、科技交流和推广服务业和地质勘查业；⑭水利、环境和公共设施管理业，包括水利管理业、环境管理业和公共设施管理业；⑮居民服务和其他服务业，包括居民服务业和其他服务业；⑯教育；⑰卫生、社会保障和社会福利业，包括卫生、社会保障业和社会福利业；⑱文化、体育和娱乐业，包括新闻出版业、广播、电视、电影和音像业、文化艺术业、体育和娱乐业；⑲公共管理和社会组织，包括中国共产党机关、国家机构、人民政协和民主党派、群众团体、社会团体和宗教组织以及基层群众自治组织；⑳国际组织。

3. 按机构部门分类

1）机构单位与机构部门

机构部门的分类单位是机构型单位，机构单位指能以自己的名义拥有资产、发生负债、从事经济活动并与其他实体进行交易的经济实体。根据机构单位在生产、消费、融资活动中所起的不同作用，资金流量核算将常住单位分为如下四类机构单位：非金融企业、金融机构、政府单位、住户和国外。国民经济的“机构”就是由一组从事相同或相近的经济活动的机构型单位所组成的整体。

机构部门的划分，要体现各种经济活动在有关生产与非生产、金融与非金融、政府与非政府、营利与非营利等方面的具体属性，在财务收支上的重要差别，以及在活动职能、行为方式、经济类型等的状况。

2）机构部门的分类

在我国国民经济统计中，将机构单位划分为非金融企业部门、金融机构部门、政府部门、住户部门、非常住单位与国外部门五个类别。

（1）非金融企业部门。非金融企业指主要从事市场货物生产和提供非金融市场服务的常住企业，它主要包括各类法人企业。所有非金融企业归并在一起，就形成非金融企业部门。

（2）金融机构部门。金融机构指主要从事金融中介以及与金融中介密切相关的辅助金融活动的常住单位，它主要包括中央银行、商业银行和政策性银行、非银行信贷机构和保险公司。所有金融机构归并在一起，就形成金融机构部门。

（3）政府部门。政府部门是各种行使政府职能的政府单位所组成的整体。政府单位指在我国境内通过政治程序建立的、在一特定区域内对其他机构单位拥有立法、司法和行政权的法律实体及其附属单位。政府单位的主要职能是利用征税和其他方式获得的资金向社会和公众提供公共服务。通过转移支付，对社会收入和财产进行再分配。它主要包括各种行政单位和事业单位。

（4）住户部门。住户指共享同一生活设施、部分或全部收入和财产集中使用、共同消费住房、食品和其他消费品与消费服务的常住个人或个人群体。所有住户归并在一起，就形成住户部门。

（5）非常住单位与国外部门。所有不具有常住性的机构单位都是非常住单位。将所有与我国常住单位发生交易的非常住单位归并在一起，就形成国外部门。

4. 三次产业分类

三次产业是根据社会生产活动历史发展的顺序对产业结构的划分。产品直接取自自然界的部门称为第一产业，对初级产品进行再加工的部门称为第二产业，为生产和消费提供各种服务的部门称为第三产业。目前，三次产业分类是世界上较为通用的产业结构分类，但各国的划分又不尽一致。

我国的三次产业划分如下。

第一产业：农业(包括种植业、林业、牧业和渔业)。

第二产业：工业(包括采掘业，制造业，电力、煤气及水的生产和供应业)和建筑业。

第三产业：除第一、第二产业以外的其他各业。由于第三产业包括的行业多、范围广，根据我国的实际情况，第三产业可分为两大部分；一是流通部门，二是服务部门。具体又可分为四个层次。

第一层次：流通部门，包括交通运输、仓储及邮电通信业，批发和零售贸易、餐饮业。

第二层次：为生产和生活服务的部门，包括金融、保险业，地质勘查业、水利管理业，房地产业，社会服务业，农、林、牧、渔服务业，交通运输辅助业，综合技术服务业等。

第三层次：为提高科学文化水平和居民素质服务的部门，包括教育、文化艺术及广播电影电视业，卫生、体育和社会福利业，科学研究业等。

第四层次：为社会公共需要服务的部门，包括国家机关、政党机关和社会团体以及军队、警察等。

10.2.3 国民经济核算的内容框架

国民经济核算体系包括中心框架和附属核算两部分。

中心框架是国民经济核算体系的基本部分。在内容上，中心框架用于直接反映国民经济运行过程及其结果，国民经济分析中所应用的各主要经济总量和分量几乎都是由中心框架来提供的；在方法上，以不同经济活动间的内在联系为基础，通过复式记账这种特定的方法，使整个中心框架具有严密的逻辑一致性，不同核算部分保持了严格的数量联系。

中心框架的内容有两种归纳方法。一种方法是将中心框架的内容归纳为国民收入与生产核算、投入产出核算、资金流量核算、国际收支核算和资产负债核算五个子体系，其中以国民收入与生产核算为中心。每一个核算子体系都有其特定的核算对象，不同核算子体系之间保持着概念上和数量上的联系。这样便于将国民经济划分为相互独立的若干个领域来组织核算。另一种归纳方法是用国民经济账户体系来表现国民经济核算的内容。具体来说，是在国民经济整体和部门两个层次上，按照国民经济运行过程的不同阶段，分别设置账户，形成账户体系，所设置的账户包括由生产账户、收入分配账户、收入使用账户组成的经常账户，由资本账户、金融账户和其他积累账户组成的积累账户，以及期初期末两个时点上的资产负债账户。由于应用了复式记账方法，整个账户体系在核算内容、方法等方面具有完整性和一致性。

附属核算体现中心框架内容的扩展，通过对国民经济某一方面的进一步核算，或深化或补充中心框架的内容。在方法上，附属核算一方面要以中心框架的原理为基础和起点，另一方面又在核算方法上具有灵活性，它与中心框架之间的联系有时可能仅是逻辑上的，不一定具有确定的数量关系。

下面按照我国国民经济核算体系的方案，简要介绍国民经济核算五个子体系及其附属补充表的内容组成。

1. 国内生产总值及其使用表

表 10-1 是对某一时期国民经济最终产品生产、分配和使用总量的核算，以国内生产总值为核心，表的左方反映生产和收入的初次分配状况，右方反映使用状况。

表 10-1　国内生产总值及其使用表

	序号	生产方		序号	使用方
一、总产出	1		一、总支出	8	
二、中间投入	2		二、中间使用	9	
三、国内生产总值(3=1−2)	3		三、国内生产总值(10=11+14+17−18)	10	
1. 固定资产折旧	4		1. 总消费	11	
2. 劳动者报酬	5		(1)居民消费	12	
3. 生产税净额	6		(2)社会消费	13	
4. 营业盈余	7		2. 总投资	14	
			(1)固定资本形成	15	
			(2)存货增加	16	
			3. 出口	17	
			4. 进口	18	
			5. 统计误差	19	

2. 投入产出表

表 10-2 以国内生产总值及其使用表为起点，重点核算了产业部门间的相互提供和利用的中间产品流量，其横行表示各部门当期生产产品的分配去向，纵列表示各部门生产的投入来源，详细表现了社会产品的生产和使用结构，表现了国民经济各产业部门之间的技术经济联系。

表 10-2　投入产出表

<table>
<tr><td colspan="4" rowspan="4">产出
投入</td><td colspan="7">中间使用</td><td colspan="4">最终使用</td><td rowspan="4">进口</td><td rowspan="4">总产出</td></tr>
<tr><td colspan="4">物质生产部门</td><td colspan="2">非物质生产部门</td><td rowspan="3">中间使用合计</td><td>总消费</td><td>总投资</td><td rowspan="3">出口</td><td rowspan="3">最终使用合计</td></tr>
<tr><td>第一产业</td><td>第二产业</td><td colspan="2">第三产业</td><td colspan="2">第三产业</td><td rowspan="2">居民消费 社会消费</td><td rowspan="2">固定资本形成 库存增加</td></tr>
<tr><td>粮食种植业 … 第一产业合计</td><td>煤炭开采业 … 第二产业合计</td><td>铁路货运业 …</td><td>物质生产部门合计</td><td>铁路客运业 … 第三产业合计</td><td>非物质生产部门合计</td></tr>
<tr><td rowspan="3">中间投入</td><td rowspan="3">物质生产部门</td><td>第一产业</td><td>粮食种植业
…
第一产业合计</td><td></td><td></td><td></td><td></td><td></td><td></td><td></td><td></td><td></td><td></td><td></td><td></td><td></td></tr>
<tr><td>第二产业</td><td>煤炭开采业
…
第二产业合计</td><td></td><td></td><td></td><td></td><td></td><td></td><td></td><td></td><td></td><td></td><td></td><td></td><td></td></tr>
<tr><td>第三产业</td><td>铁路货运业
…
物质生产部门合计</td><td></td><td></td><td></td><td></td><td></td><td></td><td></td><td></td><td></td><td></td><td></td><td></td><td></td></tr>
</table>

续表

产出 \ 投入				中间使用							最终使用				进口	总产出
				物质生产部门				非物质生产部门		中间使用合计	总消费	总投资	出口	最终使用合计		
				第一产业	第二产业	第三产业		第三产业								
				粮食种植业…第一产业合计	煤炭开采业…第二产业合计	铁路货运业…	物质生产部门合计	铁路客运业…第三产业合计	非物质生产部门合计		居民消费 社会消费	固定资本形成 库存增加				
中间投入	非物质生产部门	第三产业	铁路客运业 … 第三产业合计													
			非物质生产部门合计													
	中间投入合计															
增加值	固定资产折旧 劳动者报酬 生产税净额 营业盈余															
	合计															
总投入																

3. 资金流量表

资金流量表包括两张表。资金流量表 1 是收入与分配表(表 10－3)，是对国民经济范围内收入分配过程的核算，来源方记录收入，使用方记录支出，由此表现各机构部门如何以增加值为起点而发生各种收入分配流量，形成可支配收入，以及在扣除消费与非金融投资之后最终形成的资金余缺(即各部门或正或负的金融投资)；资金流量表 2 是金融交易表(表 10－4)，它围绕资金余缺，主要反映各部门参与金融交易的状况，使用方记录因增加金融资产而贷出的资金，来源方记录通过增加负债而借入的资金，从而解释了各部门所余资金的去向和所缺资金的来源，同时表现了这一时期的资金运动状况。

表 10－3　资金流量表 1(收入与分配部分)

部门 \ 项目	序号	居民		企业		行政事业		财政		金融		国外		合计	
		使用	来源	使用	来源	使用	来源	使用	来源	使用	来源	使用	来源	使用	来源
		1	2	3	4	5	6	7	8	9	10	11	12	13	14
一、部门增加值	1														
二、国外初始收入	2														

续表

项目＼部门	序号	居民		企业		行政事业		财政		金融		国外		合计	
		使用	来源	使用	来源	使用	来源	使用	来源	使用	来源	使用	来源	使用	来源
		1	2	3	4	5	6	7	8	9	10	11	12	13	14
三、劳动者报酬	3														
四、上缴财政	4														
五、财政支出	5														
六、财产收入	6														
七、转移	7														
小计	8														
八、可支配总收入	9														
九、总消费	10														
十、总储蓄	11														
十一、总投资	12														
1. 固定资本形成	13														
2. 存货增加	14														
十二、净金融投资	15														

表 10－4　资金流量表 2(金融交易部分)

项目＼部门	序号	居民		企业		行政事业		财政		金融		国外		合计	
		使用	来源	使用	来源	使用	来源	使用	来源	使用	来源	使用	来源	使用	来源
		1	2	3	4	5	6	7	8	9	10	11	12	13	14
净金融投资	1														
资金来源合计	2														
资金运用合计	3														
国内金融交易	4														
(1)流通中货币	5														
(2)活期存款	6														
(3)定期存款	7														
(4)居民储蓄存款	8														
(5)外币存款	9														
(6)流动资金贷款	10														
(7)固定资产投资贷款	11														
(8)外币贷款	12														
(9)财政借款(净)	13														
财政存款	14														
财政借款	15														
(10)有价证券及集资	16														
政府债券	17														
金融机构债券	18														

续表

部门 项目	序号	居民		企业		行政事业		财政		金融		国外		合计	
		使用	来源	使用	来源	使用	来源	使用	来源	使用	来源	使用	来源	使用	来源
		1	2	3	4	5	6	7	8	9	10	11	12	13	14
企业债券	19														
股票	20														
其他	21														
(11)保险准备金	22														
(12)结算资金	23														
(13)其他(净)	24														
国际资本往来	25														
长期资本	26														
短期资本	27														
国际储备资产	28														
统计误差	29														

4. 国际收支平衡表

表10－5集中反映一国的对外经济往来关系，根据所运用的借贷记账法原理，贷方记录对外经济活动的收入和资金流入，借方记录对外经济活动的支出和资金流出，表现了一国对外经济活动的规模和收支平衡状况。

表10－5　国际收支平衡表

项目	差额	借方	贷方	项目	差额	借方	贷方
甲	1	2	3	甲	1	2	3
国际收支总计				2. 无偿援助和捐赠			
一、经常项目				3. 侨汇			
对外贸易				4. 居民其他收支			
1. 出口				二、资本(资金)往来项目			
2. 进口				长期资本(资金)往来			
非贸易往来				1. 直接投资			
1. 货运				(1)外国和港澳台地区在华直接投资			
2. 港口供应与服务							
3. 旅游收支				(2)中国在外国和港澳台地区直接投资			
4. 投资收支							
(1)利润				2. 证券投资			
(2)利息				(1)外国和港澳台地区在华证券投资			
(3)银行收支							
5. 其他非贸易往来				(2)中国在外国和港澳台地区证券投资			
其中：政府交往收支							
劳务承包收支				3. 国际组织贷款			
无偿转让				4. 外国政府贷款			
1. 与国际组织往来				5. 银行借款			

续表

项目	差额	借方	贷方	项目	差额	借方	贷方
甲	1	2	3	甲	1	2	3
6. 地方、部门借款				3. 延期付款			
7. 延期付款				4. 延期收款			
8. 延期收款				5. 其他			
9. 加工装配、补偿贸易中应付客商作价设备款				三、误差与遗漏			
10. 租赁				四、储备资产增减额			
11. 对外贷款				1. 黄金储备			
12. 其他				2. 外汇储备			
短期资本(资金)往来				3. 特别提款权			
1. 银行借款				4. 在基金组织的储备头寸			
2. 地方、部门借款				5. 对基金信贷的使用			

5. 资产负债表

表10－6反映一国和各部门的经济存量，其中使用方记录非金融资产和金融资产，来源方记录负债和资产负债差额，资产负债差额表现了一部门的净资产和一国的国民财产。

上述内容中，前四个子体系是关于经济流量的核算，反映核算期当期实际发生的经济活动总量；后一个子体系是关于存量的核算，反映在特定核算时点上一国或一部门所拥有的经济资产总量。

表10－6　资产负债表(期末)

项目＼部门	序号	居民		企业		政府		金融		国外		合计	
		使用	来源	使用	来源	使用	来源	使用	来源	使用	来源	使用	来源
		1	2	3	4	5	6	7	8	9	10	11	12
一、非金融资产	1												
1. 固定资产	2												
(1)固定资产原值	3												
(2)固定资产折旧(一)	4												
2. 存货	5												
3. 其他资产	6												
二、国内金融资产与负债	7												
1. 通货	8												
2. 存款	9												
3. 贷款	10												
4. 股票及其他产权	11												
5. 证券(不含股票)	12												
6. 保险准备金	13												
7. 其他	14												

续表

部门 项目	序号	居民		企业		政府		金融		国外		合计	
		使用	来源	使用	来源	使用	来源	使用	来源	使用	来源	使用	来源
		1	2	3	4	5	6	7	8	9	10	11	12
三、国外金融资产与负债	15												
1. 长期资本往来	16												
2. 短期资产往来	17												
四、储备资产	18												
五、资产负债差额	19												

6. 附属补充核算表

附属补充核算表的内容比较庞杂，有的属于非价值量核算，以实物单位表现，有的是为上述中心框架核算服务的过渡表。具体包括：①人口平衡表，反映人口规模、变动和人口构成情况；②劳动力平衡表，反映劳动力资源及其分配与利用的情况；③自然资源表，反映各种自然资源的数量、构成分布及其开发利用情况；④主要商品资源和使用平衡表，是从实物形态出发观察有关国计民生的主要商品的供需平衡状况；⑤企业部门投入表和企业部门产出表，主要反映企业部门的产出结构和投入结构，是投入产出表的基础和补充；⑥综合价格指数表，为国民经济核算的动态分析提供一系列价格指数资料。

这样组成的国民经济核算，是一个具备统一性和一致性的体系，核算结果是一个统一的和分层次的数据体系，可以广泛应用于经济活动监测、宏观经济分析、经济政策和决策制定，以及国际间比较。具体说来，核算的统一性与一致性体现在以下方面。第一，以货币作为统一的计量单位，从而使核算具有了一致的计量标准。第二，在核算范围、概念定义、分类设置上具有一致性，保证了核算内容的一致和衔接。第三，运用了统一的记账方法——复式记账法，即同一经济活动在不同的核算中作两次记录，这不仅使经济活动获得了更加丰富的表现，更重要的是使不同核算部分之间保持严密的数量联系成为可能。第四，具体核算中贯彻了统一的权责发生制和市场计价原则，即统一将经济活动发生的时间而不是收支结算时间作为核算记录时间，并统一用核算期当期的实际市场价格来估算各有关总量的价值，它们为核算数据的衔接一致提供了保证。

10.3 SNA的主要综合指标

10.3.1 国内生产总值

1. 国内生产总值的概念

国内生产总值(GDP)是对一国经济在核算期内所有常住单位生产的最终产品总量的度量。在价值构成上，国内生产总值体现为当期生产过程中的新增价值，包括劳动者新创造的价值($V+M$)和固定资产磨损价值(C_1)，但不包括生产过程中作为中间投入的价值；在实物构成上，它是当期生产的最终产品，包括用于消费、积累以及净出口的产品，但不包括各种被其他生产部门消耗的中间产品。

特别提示

从价值形态看，国内生产总值表现为一个国家的所有常住单位在一定时期内生产的全部产品的价值与同期投入的中间产品的价值的差额，即所有常住单位的增加值之和。

从收入形态看，国内生产总值表现为一个国家的所有常住单位在一定时期内的生产活动所形成的原始收入之和。

从产品形态看，国内生产总值表现为所有最终产品的价值之和。

2. 国内生产总值的核算方法

国民经济是一个周而复始、永不停顿的过程，一个时期的生产成果必然要被分配和使用，由此形成各部门的收入和支出。因此，作为衡量一国在特定时期生产总量的国内生产总值，不仅可以在生产环节上加以计算，而且可以在分配和使用环节上通过相应的收入和支出加以计算，由此形成三种计算方法：第一是在生产部门，按照其产出量和投入量直接计算国内生产总值，通常称为生产法；第二是通过由初次分配过程产生的收入流量计算国内生产总值，通常称为收入法或分配法；第三是通过对使用产品形成的支出流量计算国内生产总值，通常称为支出法或最终使用法。一个时期的生产成果在价值上必然通过分配形成各方面的收入，在使用价值上必然以一定方式投入使用，因此，从生产、分配、使用三方面计算的结果在总量上应该相等，这就是国内生产总值核算中的生产、收入、支出三方等价的原则。通过上述三种方法的计算，不仅可以在相互印证的基础上计算国内生产总值，更重要的是，可以通过国内生产总值在不同角度上的构成，反映出国民经济循环过程不同阶段上的基本状况和相互联系。下面简述各方法。

1）生产法计算国内生产总值

运用生产法，国内生产总值是所有常住单位当期生产的新增价值总和。从价值形成角度入手，自当期生产的产品总价值中剔除生产过程所投入的中间产品转移价值，即可求得当期生产活动的增加值。其计算公式为

$$增加值=总产出-中间投入$$

(1) 总产出是反映核算期内各生产单位生产总成果的总量指标，体现为全部货物与服务产出的总价值。总产出的计算主要按照产业部门进行，如工业总产出、农业总产出等。尽管不同部门具有不同的生产特点，由此计算总产出的具体方法也有所区别，但从基本原则上，一个单位或部门的总产出总是体现为该单位或部门在核算期内的生产量与其市场价格的乘积而后求和。限于篇幅，这里不可能分部门具体叙述各产业部门总产出的计算方法，下面只就有关问题作一归纳。

第一，对货物的生产，其总产出是当期货物产量与货物价格的乘积，对服务产出，总产出是当期服务产量与服务价格的乘积。对那些附着在货物之上的服务生产尤其应该注意，计入服务总产出的仅是所追加的服务价值，不包括所附着的货物本身的价值。例如，货物运输业的总产出是运输量与其运价的乘积，不包括所运输货物本身的价值，批零贸易业的总产出不能用其贸易额衡量，而只能用贸易活动在货物原购买价上的追加额。

第二，无论是货物还是服务，只要是市场化的生产，其产品价格都是由市场所决定的，其总产出就是当期生产量的市场价值。对非市场化的生产，有些可以在市场上找到对应的价格，这时应按当期产量进行估算求得其总产出，如农民留作自用的农产品产量，自有住房提供的服务。对那些没有市场对应物的非市场性生产，如政府所提供的公共服务，无法找到相应的价格，计算总产出所采用的方法是以投入代替产出，用其生产中所花费的各种经常性费用与固定资产磨损额之和作为总产出。

(2) 中间投入又称中间消耗，是指各生产单位为获得总产出而消耗或使用的非耐用性物品和服务的价值。计算中间投入必须注意，第一，计入中间投入的应仅限于生产过程中消耗的非耐用性物质产品和服务，对固定资产的消耗一般不包括在内；第二，中间投入的核算必须与总产出的计算方法及内容保持一致，所计入的应是当期消耗量，而且应是当期总产出中所包含的中间投入。确定这些原则的目的，是为了实现总产出与中间投入的正确比较，计算出准确的增加值。

(3) 增加值是总产出价值扣除中间投入价值后的余额。由于从总产出中扣除了中间投入，因而增加值不包含重复计算的产出，它较准确地反映了各生产单位在核算期内的生产成果和对整个国民经济的贡献值。

在生产单位和产业部门层次上，增加值是一个余值，它本身没有量纲，不能体现为任何一组实际的货物与服务，其数额大小既取决于核算期内的生产规模(用总产出表示)，又取决于生产过程中的消耗水平(表现为单位产品总价值中中间投入价值所占的比例)。这样，企业无论是增加产量还是降低消耗，其努力都可以在增加值上得到体现。所以增加值是衡量企业和部门生产成果、考察经济效益的较理想的指标。在国民经济层次上，将所有生产单位的增加值加总在一起，所得到的国内生产总值不再仅仅是一个余值，而是与体现为最终产品的货物和服务实体相对应的价值量。

增加值有总值与净值两种表示，以上所述是关于总值的计算。如果从总值中扣除固定资本消耗，就可得到净增加值。理论上说，净增加值更加符合增加值的定义，因为固定资本消耗是原有价值的转移而不是本期生产活动新创造的价值。然而由于在客观上难以准确测定固定资本消耗的数值，会计核算所提供的固定资产折旧也仅是一个以固定资产原值为基础的估算值，并不一定能准确地反映当期固定资产的实际消耗量，如果将其从增加值中硬性扣除，所得结果同样是一个不能确定的数值。因此，实践中更常用的是未作扣除的总增加值。

2) 收入法计算国内生产总值

收入法又称分配法，是从初次分配环节各单位增加值所形成的收入流量计算国内生产总值的方法。按照这种方法，国内生产总值是固定资本消耗、劳动者报酬、生产税净额和营业盈余的总和。

固定资本消耗，是各生产单位当期生产过程对固定资产的耗费价值。由于固定资产的耐用性，固定资本消耗只能按照一定的预计使用年限对固定资产价值进行分摊，提取各年份的固定资本消耗额。在各种经营性企业单位，会计核算按期实际提取固定资产折旧，这时应按实际提取数值计入增加值中；在另外一些单位，包括那些非经营性的行政事业单位、农村集体单位和居民户，并不实际提取固定资产折旧，这时应按照它们所拥有的固定资产价值和相应的折旧率虚拟估算出固定资本消耗，计入增加值。

劳动者报酬，是劳动者在生产过程中所创造的价值为自己所得的部分，体现为生产单位以各种形式支付给劳动者的报酬。具体形式有：①货币性收入，包括生产单位对其职工支付的工资、薪金、奖金、各种津贴和补贴，还包括个体经营者和其他劳动者得到的货币纯收入；②实物收入，包括各生产单位免费提供给职工的各种物品和服务、农户从集体经营中分得的实物收入、居民户自产自用的实物收入；③各生产单位为其职工向政府和保险部门支付的社会保险金。

生产税净额，是各生产单位向政府财政缴纳的生产税与政府财政向生产单位支付的补贴相抵后的净额。其中，生产税是指政府财政针对各生产单位生产、销售、购买及使用货物与服务所征收的税金、专项收入和其他规费，如产品税、营业税、增值税、车船使用税等。生产补贴相当于负税收，是指在政府出于某种目的迫使生产单位以低于生产成本的价格出售产品的情况下，由财政给予生产单位的补贴。

营业盈余，是各生产单位增加值扣除上述三项后的余额，其主要构成部分是生产单位的盈利，体现各单位进行生产活动的收益。在那些非盈利性服务部门，没有或很少有营业盈余。

3）支出法计算国内生产总值

支出法又称最终使用法，是从产品最终使用角度核算国内生产总值的方法。一个时期的最终产品要么被国内常住单位用于消费或积累，要么被出口到国外。考虑到国内常住单位的消费与积累中会包括一部分进口产品，将其从本国出口中扣除后，国内生产总值应是下述各项目的总和，即

国内生产总值＝总消费＋总投资＋(出口－进口)

如果去掉净出口项目，只就总消费和总投资相加，其结果是一国当期最终使用的货物与服务总量，通常称为国内支出总值。

总消费是指国内常住单位在核算期内对货物与服务的最终消费支出，消费的内容主要是非耐用性货物和服务，此外包括除住房外的耐用消费品。总消费的计算要分居民消费和社会集体消费两部分进行。居民消费是由居民住户直接完成的消费，指核算期内为满足个人和家庭消费需求而花费的全部支出，其内容包括以下三部分：①居民实际用于购买生活消费品的货币支出。②居民实际用于生活消费的各种服务支出，如交通费、房租、洗理费、日用修理费、医疗保健费、教育费用、文化娱乐费用等。③以自产自用或实物分配方式获得的消费，如自有住房服务、农民自产自用的农产品，以及计入劳动报酬的其他货物与服务。社会集体消费支出包括政府消费支出与集体消费支出两部分。集体消费支出是指各单位为满足其成员集体消费目的而购买货物与服务所花费的支出，受益者仅限于本单位成员，如集体福利设施费、集体福利事业补贴、文娱体育宣传费、农村村民委员会经费开支等。政府消费支出是指政府无偿提供给居民和社会公众的货物与服务所花费的支出，其中一部分是政府从市场上购买货物与服务直接提供给居民所形成的支出，如发放的救灾物资，另一部分则是政府为完成公共服务生产而花费的支出。

总投资是指国内常住单位用于非金融资产积累所花费的支出，具体包括固定资本形成与库存增加两部分。固定资本形成是各常住单位在核算期内用于购置和建造固定资产的全部投资支出，体现为固定资产存量的增加。所涉及的固定资产包括各类房屋、建筑物、机器设备、役畜种畜、多年生经济林木和在建工程等。库存增加是指各单位库存物资增加的价值总和。具体包括各生产单位原材料、燃料、动力等储备物资的库存增加，各生产单位在产品和制成品库存的增加，各商业单位商品库存的增加，以及国家物资储备的增加。核算方法一般采用差额法，即用期末库存价值与期初库存价值相减求本期增加额。

净出口是出口减进口的净额。这里，进口和出口是指一国常住单位与国外之间所有的关于货物与服务的交换和无偿转让活动。对外提供货物与服务即为出口，自国外获得货物与服务即为进口。

上述核算方法及其结果最终由国内生产总值及其使用表来表现。应该说，不同方法的核算结果在理论上应该是一致的。

特别提示

在实际工作中，由于要从不同方面搜集资料，而且有时需要对数据进行估算，因而不可避免地会出现统计误差。通常的处理方法是将统计误差控制在一定限度内，并列入表的相应位置（表 10－7）。

【例 10.1】已知某地区 2002 年统计资料如下。

总产出 28 000 亿元；最终消费 14 000 亿元，其中居民消费 11 800 亿元，公共消费 2 200 亿元；资本形成总额 5 600 亿元，其中固定资本形成总额 5 040 亿元，库存增加 360 亿元，贵重物品净获得 200 亿元；出口 2 400 亿元；进口 2 000 亿元；固定资本消耗 2 800 亿元；劳动者报酬 8 400 亿元；生产税 840 亿元；生产补贴 140 亿元。

要求：(1) 根据以上统计资料计算该地区的国内生产总值、中间消耗、营业盈余；

(2) 编制该地区的国内生产总值账户。

解：国内生产总值＝总消费＋总投资＋净出口

＝1 400＋5 600＋(2 400－2 000)＝20 000(亿元)

中间消耗＝总产出－国内生产总值＝28 000－20 000＝8 000(亿元)

营业盈余＝国内生产总值－劳动者报酬－固定资产折旧－生产税净额

＝20 000－8 400－2 800－(840－140)＝8 100(亿元)

表 10－7　国内生产总值账户　（单位：亿元）

使用		来源	
总产出	28 000	总消费	14 000
减：中间消耗	8 000	居民消费	11 800
劳动者报酬	8 400	公共消费	2 200
固定资本消耗	2 800	总投资	5 600
生产税净额	700	固定资本形成总额	5 040
营业盈余	8 100	库存增加	360
		贵重物品净获得	200
		净出口	400
		出口	2 400
		减：进口	2 000
国内生产总值	20 000	国内生产总值	20 000

10.3.2 国民生产总值

国民生产总值(GNP)，用于反映一国常住单位以国内生产总值为基础参与国际间收入初次分配活动的结果，是测度该国常住单位在核算期内所得到的生产性收入总量的指标。由于国际间劳动和资本等生产要素的流动，由此产生了劳动和资本报酬等生产性收入在国际间的流动，即一部分价值以劳动报酬或财产收入的形式由国内分配给国外，同时又接受国外分配给该国的劳动报酬和财产收入，通常称前一流量为付给国外的要素收入，称后一流量为来自国外的要素收入。因此，国民生产总值实际上是在国内生产总值基础上形成的，二者的关系可用下式表示：

国民生产总值＝国内生产总值＋来自国外的要素收入－付给国外的要素收入

10.3.3 国民生产净值

国民生产净值(net national product，NNP)。它是指一个国家在一定时期内所生产的产品和劳务的净值。它等于国民生产总值扣除当年固定资产消耗(即折旧)后的数值。它表示能够用于消费，追加固定资产和储备(即净投资)的产品和劳务的总量。从分配要素看，它是由工资、利润、利息、租金和间接税(如货物税、销售税、娱乐税等)相加的总量。

国民生产净值＝国民生产总值－固定资产折旧

或

国民生产净值＝工资＋利息＋利润＋租金＋间接税

10.3.4 国民收入

国民收入(national income，NI)国民收入是指一个国家的生产要素(劳动、资本和土地)所有者在一定时期内从生产的产品和劳务中所得的全部收入。简言之就是要素收入(包括工资、利润、利息、租金等)的总和。在有政府津贴的情况下，还要加上津贴，因为资本主义国家，津贴是政府由于采取必要的政策而支付给企业的补助金，属于生产要素的收入。但是国民收入中不包括间接税，因为它不属于生产要素的收入。

国民收入与国民生产净值所包含的产品和劳务的内容是相同的，只是分析角度和采用的价格不同。国民生产净值从生产角度考察，按市场价格计算；国民收入是从要素收入角度考察，按要素成本计算。所以通常说，国民收入是按要素成本计算的国民生产净值，而国民生产净值则是按市场价格计算的国民收入。

国民收入＝国民生产总值－固定资产折旧－企业间接税＋津贴

或

国民收入＝国民生产净值－企业间接税＋津贴

或

国民收入＝工资＋利润＋利息＋租金＋津贴

10.3.5 个人收入

个人收入(personal income，PI)。它是指全社会成员在一定时期内从各种来源所得的收入的总和，包括劳动收入、业主收入、租金收入、股息及利息收入、来自政府和非盈利组织对个人的转移支付，如救济金、补助金等。

国民收入是个人收入的主要来源，但国民收入中有些并未分配给个人，如公司或企业未分配的利润，雇主对雇员的社会保险支付等。相反，有些要素收入通过再分配又成为个人收入，如政府对个人的转移支付如抚恤金，救济金等。所以，个人收入有可能会大于国民收入。

个人收入＝国民收入－(公司未分配利润＋公司利润税金＋公司和个人缴纳的社会保险费)＋(政府对个人支付的利息＋政府对个人的转移支付＋企业对个人的转移支付)

或

个人收入＝工资和薪金＋业主收入＋个人租金收入＋股息＋个人利息收入＋政府和企业对个人的转移支付－个人缴纳的社会保险费

10.3.6 个人可支配收入

个人可支配收入(personal disposable income，PDI)。个人收入还不是居民实际拿到手可任意使用的款项。一个国家的所有个人。在一定时期内实际得到的，可用于消费支出和储蓄的收入，称为个人可支配收入。它等于个人收入扣除个人税和非税支付以后的金额。个人税包括个人的所得税、财产税、地产税和赠予税等。非税支付包括罚款、教育费和医疗费等。

个人可支配收入＝个人收入－(个人税＋非税支付)

＝个人消费支出＋个人储蓄

【统计实例】

某国家(地区)国民经济主要指标见表 10－8。

表 10－8 某国家(地区)国民经济主要指标 (单位：亿元)

国内生产总值			5 000
加	本国常住单位从国外获得的收入	300	
减	外国非常住单位从本国获得的收入	200	
等于	**国民生产总值**		5 100
减	固定资产折旧	800	
等于	**国民生产净值**		4 300
减	企业间接税	600	
加	政府津贴	100	
等于	**国民收入**		3 800
减	公司未分配利润	300	
	公司利润税金	50	
	公司和个人缴纳的社会保险费	80	
加	政府对个支付的利息	30	
	政府与企业对个人的转移支付	20	
等于	**个人收入**		3 420
减	个人所得税及非税支付	100	
等于	**个人可支配收**		3 320

本章小结

本章主要阐述了我国国民经济的主要分类和国民经济统计主要内容和指标。

国民经济按生产活动的产品形态及其在社会再生产中的地位，可分为物质生产和非物质生产两大领域，或分为货物生产和服务生产；按机构单位划分为非金融企业部门、金融机构部门、政府部门、住户部门、非常住单位与国外部门五个类别；按三次产业分为第一产业、第二产业、第三产业。

国民经济统计的主要内容有国内生产和国民收入核算、投入产出核算、资金流量核算、国际收支核算和资产负债核算等。

国民经济统计主要指标有国内生产总值、国民生产总值、国内生产净值、国民生产净值、国民收入、个人收入和个人可支配收入等。

职业能力训练

一、单项选择题

1. MPS 的全称和应用范围是(　　)。

A. 物质产品平衡体系，计划经济国家

B. 物质产品平衡体系，市场经济国家

C. 国民账户体系，市场经济国家

D. 国民账户体系，计划经济国家

2. 国民账户体系的英文简称和应用范围是(　　)。

A. MPS，计划经济国家　　B. MPS，市场经济国家

C. SNA，市场经济国家　　D. SNA，计划经济国家

3. 国民账户体系 SNA 在核算方法上采用(　　)法。

A. SNA 横向平衡表　　B. 纵向平衡表

C. 复式记账　　D. 抽样推断

4. SNA 的核心指标是(　　)。

A. 国民生产总值　　B. 国内生产总值　　C. 国民生产净值　　D. 国民收入

5. 国民生产总值＝国内生产总值＋(　　)。

A. 国民最终收入　　B. 国民可支配收入

C. 国民收入　　D. 国外净要素收入

6. 物质生产包括(　　)。

A. 工业、农业、商业、货物运输邮电(电信)业

B. 工业、农业、商业和服务业

C. 工业、农业、商业和金融保险业

D. 工业、农业、餐饮和服务业

7. 导游活动(　　)。

A. 既是生产活动，又是服务活动

B. 既是生产活动，又是该活动的成果

C. 生产、流通和储存过程可以分离

D. 不存在供需失衡问题

8. 国民经济行业分类的标志是(　　)。

A. 经济单位所处生产领域　　B. 经济单位产品的性质

C. 生产经营活动的经济性质　　D. 生产经营活动的使用价值

9. 生产单位在生产过程中所消耗的物质产品与支付的劳务费用中用于职工个人消费的部分(　　)。

A. 不属于中间消耗

B. 属于中间消耗

C. 可以忽略

D. 有些领域属于中间消耗，有些领域不属于中间消耗

10. 生产税净额是指(　　)。

A. 国家所征收的各种税、附加费和规费

B. 生产税减生产补贴后的余额

C. 因使用固定资产、土地被征收的税

D. 因使用劳动力被征收的税

二、多项选择题

1. 国民经济核算体系的内容包括(　　)。

A. 国内生产总值核算　B. 投入产出核算　C. 资金流量核算

D. 资产负债核算　E. 国际收支核算

2. 下列核算表中，属于补充表的是(　　)。

A. 国际收支平衡表　B. 人口平衡表　C. 劳动力平衡表

D. 自然资源平衡表　E. 综合价格指数表

3. 国内生产总值的计算有三种计算方法，即(　　)。

A. 生产法　B. 收入法　C. 平衡法

D. 支出法　E. 累计法

4. 从收入法的角度计算国内生产总值，它是由(　　)四种要素构成的。

A. 固定资产折旧　B. 财产收入　C. 劳动者报酬

D. 生产税净额　E. 营业盈余

5. 国民经济统计的主要内容包括(　　)。

A. 国内生产和国民收入核算　B. 投入产出核算　C. 国际收支核算

D. 资产负债核算　E. 资金流量核算

6. 收入法国内生产总值是(　　)之和。

A. 固定资产折旧　B. 劳动者报酬　C. 利息收入

D. 生产税净额　E. 营业盈余

7. 国民生产总值＝(　　)。

A. 国内生产总值　B. －中间消耗

C. ＋来自国外的要素收入　D. －付给国外的要素收入

E. ＋国民生产净值

8. 国民收入＝(　　)。

A. 国民生产总值　B. －固定资产折旧　C. ＋国民生产净值

D. ＋津贴　E. －企业间接税

9. 个人可支配的收入是指个人在一定时期内实际得到的，可用于消费支出和储蓄的全部

收入，它等于(　　)。

A. 个人收入　　B. 加个人所得税　　C. 减个人所得税
D. 加个人非税支付　　E. 减个人非税支付

三、计算题

设某地区某年的有关资料见表10-9。

表10-9　某地区某年国民经济资料表　　(单位：亿元)

生产		使用	
总产出	28 229.3	居民消费	6 537.3
中间消耗	15 662.9	社会消费	1 463.0
固定资产折旧	1 322.2	固定资产投资	4 183.3
劳动者报酬	6 476.8	库存增加	627.0
生产税	1 570.8	出口	1 728.1
补贴	689.7	进口	1 972.3
营业盈余	3 886.3		

试根据上述资料，用三种方法计算国内生产总值。

四、案例分析题

已知某国某年经济活动资料如下。

国内总产出30 000亿元，中间消耗20 000亿元，政府消费500亿元，居民消费7 000亿元，固定资产投资2 000亿元，出口2 500亿元，进口2 000亿元，固定资产折旧1 000亿元，劳动者报酬7 000亿元，企业间接税500亿元，政府津贴100亿元，营业盈余1 500亿元，来自国外的要素收入300亿元；付给国外劳动者从的要素收入200亿元。试用生产法、收入法和使用法计算国内生产总值和国民收入。

参 考 文 献

[1] 刘学华．统计学原理[M]．上海：立信会计出版社，2003.

[2] 杜欢政，宁自军．统计学[M]．北京：科学出版社，2010.

[3] 贾俊平．统计学[M].4版．北京：中国人民大学出版社，2009.

[4] 吴惠荣．统计学原理[M].4版．上海：上海交通大学出版社，2010.

[5] 李洁明，祁新娥．统计学原理[M].5版．上海：复旦大学出版社，2010.

[6] 杜欢政，宁自军．统计学[M]．修订版．北京：科学出版社，2010.

[7] 肖淑芳．管理统计学基础[M]．北京：北京理工大学出版社，2009.

[8] 范文正，林洪．统计学原理[M]．广州：广东高等教育出版社，2002.

[9] 钟新联，师应来．统计基础知识 [M]. 3版．北京：中国财政经济出版社，2011.

[10] 赵喜仓，查奇芬．统计学[M]．北京：北京师范大学出版社，2010.

[11] 高和鸿，郭茜，孟浩．统计学[M]．北京：经济管理出版社，2010.

[12] 刘辉．统计学[M]．北京：中国社会科学出版社，2010.

[13] 向蓉美，王青华．统计学[M]．成都：西南财经大学出版社，2011.

[14] 杜家龙．统计学[M]．北京：电子工业出版社，2011.

[15] 李军．统计学[M]．北京：经济科学出版社，2011.

[16] 李桂华，张建华，周红．统计学[M]．北京：清华大学出版社，2008.

[17] 朱钰，杨殿学．统计学[M]．西安：西北工业大学出版社，2009.

[18] 李静萍，高敏雪．经济社会统计 [M].2版．北京：中国人民大学出版社，2010.

[19] 王涛，张恩英．统计学 [M]．北京：科学出版社，2010.

[20] 曾五一．统计学[M]．北京：中国金融出版社，2006.

北京大学出版社高职高专财经类规划教材书目

财务会计系列

序号	书　名	标准书号	主　编	定价	出版年月
1	统计学基础	978-7-81117-756-5	阮红伟	30	201101 第 2 次印刷
2	统计学原理	978-7-81117-825-8	廖江平	25	201111 第 3 次印刷
3	统计学原理	978-7-301-21924-9	吴思莹	36	201301
4	统计学原理与实务	978-7-5038-4836-0	姜长文	26	201007 第 5 次印刷
5	实用统计基础与案例	978-7-301-20409-2	黄彬红	35	201204
6	经济学基础	978-7-301-21034-5	陈守强	34	201301
7	经济法实用教程	978-7-81117-675-9	胡卫东	39	201111 第 3 次印刷
8	经济法原理与实务	978-7-5038-4846-9	孙晓平	38	200905 第 3 次印刷
9	财经法规	978-7-81117-885-2	李　萍	35	201202 第 2 次印刷
10	会计基本技能	978-7-5655-0067-1	高东升	26	201211 第 3 次印刷
11	会计基础实训	978-7-301-19964-0	刘春才	29	201201
12	会计基础实务	978-7-301-21145-8	刘素菊等	27	201208
13	企业会计基础	978-7-301-20460-3	徐炳炎	33	201204
14	基础会计	978-7-5655-0062-6	常　美	28	201008
15	基础会计教程	978-7-81117-753-4	侯　颖	30	200907
16	基础会计教程与实训	978-7-5038-4845-2	李　洁	28	201008 第 5 次印刷
17	基础会计教程与实训（第 2 版）	978-7-301-16075-6	李　洁	30	201301 第 2 次印刷
18	基础会计实训教程	978-7-5038-5017-2	王桂梅	20	201106 第 3 次印刷
19	基础会计原理与实务	978-7-5038-4849-0	侯旭华	28	200908 第 3 次印刷
20	财务管理	978-7-5655-0328-3	翟其红	29	201107
21	财务活动管理	978-7-5655-0162-3	石兰东	26	201301 第 2 次印刷
22	财务管理教程与实训	978-7-5038-4837-7	张　红	37	200911 第 3 次印刷
23	财务会计	978-7-5655-0117-3	张双兰	40	201101
24	财务会计（第 2 版）	978-7-81117-975-6	李　哲	32	201003
25	财务会计	978-7-301-20951-6	张严心等	32	201208
26	财务会计实用教程	978-7-5038-5027-1	丁增稳	36	200805
27	财务会计实务	978-7-301-22005-4	管玲芳	36	201301
28	财务管理	978-7-301-17843-0	林　琳	35	201301 第 2 次印刷
29	Excel 财务管理应用	978-7-5655-0358-0	陈立稳	33	201108
30	中小企业财务管理教程	978-7-301-19936-7	周　兵	28	201201
31	财务管理实务教程		包忠明	30	201303
32	成本会计	978-7-5655-0130-2	陈东领	25	201101
33	成本会计	978-7-81117-592-9	李桂梅	28	201207 第 3 次印刷
34	成本会计实训教程	978-7-81117-542-4	贺英莲	23	201101 第 3 次印刷
35	成本费用核算	978-7-5655-0165-4	王　磊	27	201211 第 2 次印刷
36	成本会计	978-7-301-19409-6	徐亚明	24	201211 第 2 次印刷
37	成本会计实务	978-7-301-19308-2	王书果	36	201108
38	成本会计	978-7-301-21561-6	潘素琼	27	201301
39	审计业务操作	978-7-5655-0171-5	涂申清	30	201301 第 2 次印刷
40	审计业务操作全程实训教程	978-7-5655-0259-0	涂申清	26	201204 第 2 次印刷
41	审计学原理与实务	978-7-5038-4843-8	马西牛	32	201007 第 2 次印刷
42	税务会计实用教程	978-7-5038-4848-3	李克桥	37	200808 第 2 次印刷
43	涉税业务核算	978-7-301-18287-1	周常青	29	201101
44	企业纳税实务	978-7-5655-0188-3	司宇佳	25	201101
45	企业纳税与筹划实务	978-7-301-20193-0	郭武燕	38	201203
46	纳税申报与筹划	978-7-301-20921-9	李英艳等	38	201207
47	企业纳税计算与申报	978-7-301-21327-8	傅凤阳	30	201210

序号	书　名	标准书号	主　编	定价	出版年月
48	会计电算化实用教程	978-7-5038-4853-7	张耀武	28	200802
49	会计电算化实用教程（第 2 版）	978-7-301-09400-6	刘东辉	20	200806
50	电算会计综合实习	978-7-301-21096-3	陈立稳等	38	201208
51	会计电算化项目教程		亓文会	33（估）	201301
52	会计英语	978-7-5038-5012-7	杨　洪	28	200908 第 2 次印刷
53	财经英语阅读	978-7-81117-952-1	朱　琳	29	201301 第 3 次印刷
54	行业特殊业务核算	978-7-301-18204-8	余　浩	30	201101
55	预算会计	978-7-301-20440-5	冯　萍	39	201205

经济贸易系列

序号	书　名	标准书号	主　编	定价	出版年月
1	资产评估	978-7-81117-645-2	董亚红	40	201107 第 2 次印刷
2	国际结算	978-7-81117-842-5	黎国英	25	201207 第 2 次印刷
3	国际结算	978-7-5038-4844-5	徐新伟	32	200907 第 2 次印刷
4	国际贸易结算	978-7-301-20980-6	罗俊勤	31	201207
5	货币银行学	978-7-5038-4838-4	曹　艺	28	201206 第 4 次印刷
6	货币银行学	978-7-301-21181-6	王　菲等	37	201209
7	国际金融基础与实务	978-7-5038-4839-1	冷丽莲	33	200708
8	国际金融	978-7-301-21097-0	张艳清	26	201208
9	国际金融实务	978-7-301-21813-6	付玉丹	36	201301
10	国际贸易概论	978-7-81117-841-8	黎国英	28	201204 第 4 次印刷
11	国际贸易理论与实务	978-7-5038-4852-0	程敏然	40	200708
12	国际贸易实务	978-7-301-19393-8	李湘滇	34	201108
13	国际贸易实务操作	978-7-301-19962-6	王言炉	37	201201
14	国际贸易实务	978-7-301-20929-5	夏新燕	30	201208
15	国际贸易实务	978-7-301-20192-3	刘　慧等	25	201203
16	国际贸易实务	978-7-301-16838-7	尚　洁等	26	201208
17	国际商务谈判	978-7-81117-532-5	卞桂英	33	201001 第 2 次印刷
18	国际商务谈判（第 2 版）	978-7-301-19705-9	刘金波	35	201112
19	国际商法实用教程	978-7-5655-0060-2	聂红梅	35	201204 第 2 次印刷
20	进出口贸易实务	978-7-5038-4842-1	周学明	30	200805 第 2 次印刷
21	金融英语	978-7-81117-537-0	刘　娣	24	201009 第 3 次印刷
22	财政基础与实务	978-7-5038-4840-7	才凤玲	34	201001 第 2 次印刷
23	财政与金融	978-7-5038-4856-8	谢利人	37	200808 第 2 次印刷
24	外贸单证	978-7-301-17417-3	程文吉	28	201109
25	新编外贸单证实务	978-7-301-21048-2	柳国华	30	201208
26	国际商务单证	978-7-301-20974-5	刘　慧等	29	201207
27	商务英语学习情境教程	978-7-301-18626-8	孙晓娟	27	201109
28	国际投资	978-7-301-21041-3	高田歌	33	201208
29	商业银行会计实务	978-7-301-21132-8	王启姣	35	201208
30	商业银行经营管理	978-7-301-21294-3	胡良琼等	27	201209
31	保险实务	978-7-301-20952-3	朱丽莎	30	201208
32	国际市场营销项目教程	978-7-301-21724-5	李湘滇	38	201301
33	报关实务	978-7-301-21987-4	董章清等	35	201301
34	报关与报检实务		农晓丹	33（估）	201301
35	报检报关业务：认知与操作	978-7-301-21886-0	姜　维	38	201301
36	外贸英语函电	978-7-301-21847-1	倪　华	28	201301

营销管理系列

序号	书　名	标准书号	主　编	定价	出版年月
1	电子商务实用教程	978-7-301-18513-1	卢忠敏	33	201211 第 2 次印刷

序号	书　名	标准书号	主　编	定价	出版年月
2	网络营销理论与实务	978-7-5655-0039-8	宋沛军	32	201112 第 2 次印刷
3	电子商务项目式教程	978-7-301-20976-9	胡　雷	25	201208
4	电子商务英语	978-7-301-17603-0	陈晓鸣	22	201111 第 2 次印刷
5	市场营销学	978-7-5038-4859-9	李世宗	28	200807 第 2 次印刷
6	市场营销	978-7-81117-957-6	钟立群	33	201207 第 2 次印刷
7	市场调查与预测	978-7-5655-0252-1	徐　林	27	201105
8	市场调查与预测	978-7-301-19904-6	熊衍红	31	201112
9	市场营销理论与实训	978-7-5655-0316-0	路　娟	27	201107
10	市场营销项目驱动教程	978-7-301-20750-5	肖　飞	34	201206
11	市场调查与预测情景教程	978-7-301-21510-4	王生云	36	201301
12	市场调研案例教程	978-7-81117-570-7	周宏敏	25	201101 第 2 次印刷
13	营销策划技术	978-7-81117-541-7	方志坚	26	201012 第 2 次印刷
14	营销策划	978-7-301-20608-9	许建民	37	201205
15	现代推销技术	978-7-301-20088-9	尤凤翔等	32	201202
16	推销与洽谈	978-7-301-21278-3	岳贤平	25	201009
17	商务沟通实务	978-7-301-18312-0	郑兰先	31	201112 第 2 次印刷
18	商务礼仪	978-7-5655-0176-0	金丽娟	29	201207 第 2 次印刷
19	商务礼仪	978-7-81117-831-9	李　巍	33	201205 第 3 次印刷
20	现代商务礼仪	978-7-81117-855-5	覃常员	24	201206 第 3 次印刷
21	商务谈判	978-7-5038-4850-6	范银萍	32	200908 第 2 次印刷
22	商务谈判	978-7-301-20543-3	尤凤翔等	26	201205
23	职场沟通实务	978-7-301-16175-3	吕宏程	30	201208
24	管理学基础	978-7-81117-974-3	李蔚田	34	201204 第 3 次印刷
25	管理学原理	978-7-5038-4841-4	季　辉	26	201007 第 3 次印刷
26	管理学原理与应用	978-7-5655-0065-7	秦　虹	27	201207 第 2 次印刷
27	管理学实务教程	978-7-301-21324-7	杨清华	33	201301
28	企业管理	978-7-5038-4858-2	张　亚	34	201007 第 3 次印刷
29	现代企业管理	978-7-81117-806-7	于翠华	38	200908
30	现代企业管理	978-7-301-19687-8	刘　磊	32	201204 第 2 次印刷
31	通用管理实务	978-7-81117-829-6	叶　萍	39	201101 第 2 次印刷
32	中小企业管理	978-7-81117-529-5	吕宏程	35	201108 第 4 次印刷
33	中小企业管理（第 2 版）	978-7-301-21124-3	吕宏程	39	201208
34	企业管理实务	978-7-301-20657-7	关善勇	28	201205
35	连锁经营与管理	978-7-5655-0019-0	宋之苓	37	201208 第 3 次印刷
36	企业经营管理模拟训练（含记录手册）	978-7-301-21033-8	叶　萍等	29	201208
37	企业经营 ERP 沙盘实训教程	978-7-301-21723-8	葛颖波	29	201301
38	管理信息系统	978-7-81117-802-9	刘　宇	30	200907
39	现代公共关系原理与实务	978-7-5038-4835-3	张美清	25	201003 第 2 次印刷
40	公共关系实务	978-7-301-20096-4	李　东等	32	201202
41	人力资源管理	978-7-5038-4851-3	李蔚田	40	200802
42	人力资源管理实务	978-7-301-19096-8	赵国忻	30	201107
43	消费心理学	978-7-81117-661-2	臧良运	31	201205 第 5 次印刷
44	消费心理与行为分析	978-7-301-19887-2	王水清	30	201112
45	广告原理与实务	978-7-5038-4847-6	郑小兰	32	201007 第 2 次印刷
46	零售学	978-7-81117-759-6	陈文汉	33	201111 第 2 次印刷
47	商品学概论	978-7-5038-4855-1	方凤玲	20	201008 第 3 次印刷
48	秘书理论与实务	978-7-81117-590-5	赵志强	26	200812
49	广告实务	978-7-301-21207-3	夏美英	29	201209
50	营销渠道开发与管理	978-7-301-21214-1	王水清	34	201209
51	商务统计实务	978-7-301-21293-6	陈晔武	29	201209

序号	书　名	标准书号	主　编	定价	出版年月
52	秘书与人力资源管理	978-7-301-21298-1	肖云林等	25	201209
53	市场营销学	978-7-301- 22046-7	饶国霞等	35	201301

物流管理系列

序号	书　名	标准书号	编著者	定价	出版时间
1	现代物流概论	978-7-81117-803-6	傅莉萍	40	201010 第 2 次印刷
2	现代物流管理	978-7-301-17374-9	申纲领	30	201205 第 2 次印刷
3	现代物流管理	978-7-5038-4854-4	沈　默	37	200908 第 3 第印刷
4	现代物流概论	978-7-301-20922-6	钮立新	38	201207
5	企业物流管理	978-7-81117-804-3	傅莉萍	32	201208 第 3 次印刷
6	物流专业英语	978-7-5655-0210-1	仲　颖	24	201205 第 2 次印刷
7	现代生产运作管理实务	978-7-301-17980-2	李陶然	39	201211 第 2 次印刷
8	物流案例与实训	978-7-301-17521-7	申纲领	28	201201 第 2 次印刷
9	物流市场调研	978-7-81117-805-0	覃　逢	22	201102 第 2 次印刷
10	物流营销管理	978-7-81117-949-1	李小叶	36	201205 第 2 次印刷
11	采购管理实务	978-7-301-17917-8	李方峻	28	201205 第 2 次印刷
12	采购实务	978-7-301-19314-3	罗振华	33	201108
13	供应链管理	978-7-301-20639-3	杨　华	33	201205
14	采购与供应链管理实务	978-7-301-19968-8	熊　伟	36	201201
15	采购作业与管理实务	978-7-301-22035-1	李陶然	30	201301
16	仓储管理技术	978-7-301-17522-4	王　冬	26	201007
17	仓储管理实务	978-7-301-18612-1	李怀湘	30	201209 第 2 次印刷
18	仓储与配送管理	978-7-81117-995-8	吉　亮	38	201207 第 3 次印刷
19	仓储与配送管理实训教程	978-7-81117-886-9	杨叶勇	24	201209 第 2 次印刷
20	仓储与配送管理实务	978-7-5038-4857-5	郭曙光	44	201009 第 2 次印刷
21	仓储与配送管理实务	978-7-301-20182-4	李陶然	35	201203
22	仓储与配送管理项目式教程	978-7-301-20656-0	王　瑜	38	201205
23	仓储配送技术与实务		张建奇	33（估）	201301
24	物流运输管理	978-7-301-17506-4	申纲领	29	201109 第 2 次印刷
25	物流运输实务	978-7-301-20286-9	黄　河	40	201203　、
26	运输管理项目式教程	978-7-301-19323-5	钮立新	30	201108
27	物流信息系统	978-7-81117-827-2	傅莉萍	40	201205 第 2 次印刷
28	物流信息系统案例与实训	978-7-81117-830-2	傅莉萍	26	200908
29	物流信息技术与应用	978-7-301-17212-4	谢金龙	30	201211 第 3 次印刷
30	物流成本管理	978-7-301-20891-5	傅莉萍	28	201207
31	第三方物流综合运营	978-7-301-21213-4	施学良	32	201209
32	物流市场营销	978-7-301-21249-3	张　勤	36	201209
33	国际货运代理实务	978-7-301-21968-3	张建奇	38	201301
34	物流经济地理	978-7-301-21963-8	葛颖波等	29	201301
35	运输组织与管理项目式教程	978-7-301-21946-1	苏玲利	26	201301

相关教学资源如电子课件、电子教材、习题答案等可以登录 www.pup6.com 下载或在线阅读。

扑六知识网(www.pup6.com)有海量的相关教学资源和电子教材供阅读及下载(包括北京大学出版社第六事业部的相关资源)，同时欢迎您将教学课件、视频、教案、素材、习题、试卷、辅导材料、课改成果、设计作品、论文等教学资源上传到 pup6.com，与全国高校师生分享您的教学成就与经验，并可自由设定价格，知识也能创造财富。具体情况请登录网站查询。

如您需要免费纸质样书用于教学，欢迎登陆第六事业部门户网(www.pup6.cn)填表申请，并欢迎在线登记选题以到北京大学出版社来出版您的大作，也可下载相关表格填写后发到我们的邮箱，我们将及时与您取得联系并做好全方位的服务。

扑六知识网将打造成全国最大的教育资源共享平台，欢迎您的加入——让知识有价值，让教学无界限，让学习更轻松。

联系方式：010-62750667，sywat716@126.com（经管），lihui851085153@163.com（物流），linzhangbo@126.com，欢迎来电来信咨询。